聖嚴研究 第十六輯

Studies of Master Sheng Yen **Vol.16**

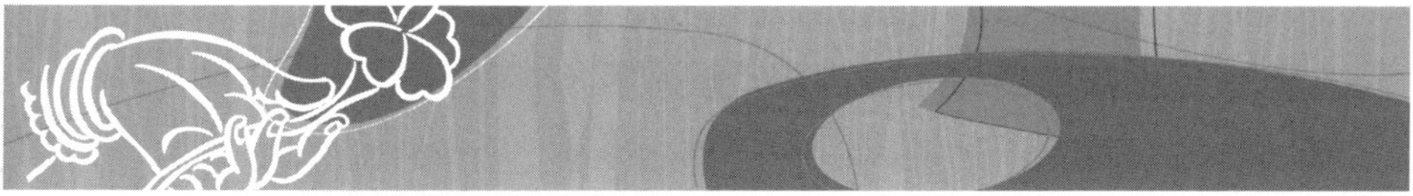

二〇二四年八月

聖嚴研究

第十六輯

目錄

宗教重返與佛教現代主義的角力
——聖嚴法師禪修理論與教學

鄧偉仁
法鼓文理學院佛教學系副教授暨系主任

摘要

本文主要討論佛教禪修現代化的脈絡下聖嚴法師的禪修理論與教學的特徵與意涵。本文所討論的佛教禪修現代化的脈絡是回應「宗教世俗化」，但這個脈絡發展出兩種意涵不同的潮流：一、宗教重返，二、佛教現代主義。「宗教重返」強調宗教觀念與實踐對現代個人與社會重新產生重要的影響，而「佛教現代主義」則凸顯佛教核心價值受到現代性的影響而有所侵蝕。在這個脈絡下，本文檢視與分析聖嚴法師的禪修理論與教學後，認為聖嚴法師的禪法在現代化的過程中，對於個人與社會群體有顯著影響的同時，也能走出佛教現代主義的趨勢，延續佛教禪修戒、定、慧的修行原則，以及出世解脫的目標。

關鍵詞：聖嚴法師、佛教禪修、世俗化、宗教重返、佛教現代主義

一、前言

在全球化與現代化的進程中，宗教對於社會與自然環境是否仍有重要的影響力，受到社會學與宗教學者的關注。總的來說，宗教發展持續經歷著「世俗化」與「宗教重返」兩個方向的拉鋸。當然「世俗化」與「宗教重返」都各自有不同的理解與定義，但基本上是指出宗教對於個人世界觀、價值觀，以及對於公共領域相關事務，如政治、經濟、教育等是否仍有影響力。許多早期古典社會學者，指出歐洲的啟蒙運動（Enlightenment）、工業與科學革命所促成的理性主義是「世俗化」的主要緣由。❶在此之後的社會學學者則認為宗教以各種形式在社會不同層面上重新獲得重要的角色扮演，成為重要的社會作者。❷在這個「宗教重返」的趨勢下，同樣地，佛教不僅在原生文化社會中重新受到重視，更透過全球化，以新的宗教與異國文化的力量在西方社會出

---

❶ 例如 Max Weber, *The Protestant Ethic and the Spirit of Capitalism* (1904) and in *Economics and Society* (1933); Peter Berger, *The Sacred Canopy* (1967); David Martin, *A General Theory of Secularization* (1978). 然而，Berger 與 Marin 後來都修正他們的觀點，認為宗教以與過去傳統不一樣的形式仍影響著社會。

❷ 例如 Thomas Luckmann, "Social Reconstruction of Transcendence," in *Secularization and Religion* (1987); José Casanova, "The Secular, Secularizations, Secularisms," in *Rethinking Secularism* (2011); Charles Taylor, "Why We Need a Radical Redefinition of Secularism?," in *The Power of Religion in the Public Sphere* (2011); Jürgen Habermas, *Postmetaphysical Thinking II: Essays and Replies* (2017)。

現，特別是禪修（靜坐、冥想等等），確實，許多學者也注意到佛教以「禪修」的形式重返於佛教原生社會，並且在新社會中發揮愈來愈大的影響力。然而，許多佛教學者也指出有些現代佛教禪修更多是現代性的產物，不僅僅是一種簡化的佛法，甚至失去佛教原有的核心價值與核心修行目標，有些學者稱這種現象為「佛教現代主義」。❸這種以「佛教現代主義」形式的「宗教重返」，似乎讓佛教不僅在自己原有的佛教文化圈在現代化的進程中仍可發揮影響力，同時也讓原來非佛教文化圈的社會也開始學習佛教，讓佛教在個人與社會層面開始發揮影響力。然而，「佛教現代主義」對佛教本身卻也造成本質上的變化。本文試圖在「宗教重返」與「佛教現代主義」這個脈絡下探討聖嚴法師的禪修理論與教學。我們希望討論聖嚴法師所教導的禪修，例如從集中心、統一心、到無心，或者聖嚴法師高階禪法中，默照禪法的「無法之法」，是佛教傳統止觀禪修的「宗教重返」還是馬克馬漢（David McMahan）所說的「佛教現代主義」，是現代性意識型態下的產物？

二、佛教現代主義下的禪修

在這個小節，我們將簡單介紹佛教現代主義的形成，以及佛教現代主義下的禪修的主要特點。

---

❸ David McMahan, *The Making of Buddhist Modernism* (2008); McMahan, "Buddhism and Global Secularisms," *Journal of Global Buddhism* (2017); Richard Payne, Secularizing Buddhism (2021).

在《佛教現代主義的形成》（*The Making of Buddhist Modernism*）一書中，馬克馬漢論述「佛教現代主義」指佛教在現代社會（包括西方社會與東方傳統的佛教社會）傳播過程中，受到三種現代性的意識型態影響，而產生本質上的變化。這三種現代性的意識型態為：（一）新教改革（Protestant Reformation），（二）科學革命（Scientific Revolution）與啟蒙運動（Enlightenment），以及（三）浪漫主義（Romanticism）。❹以下我們進一步說明這三種現代性對於禪修的理論與修習的方式的影響：

（一）新教改革（Protestant Reformation）

新教傳教士在亞洲的對「傳福音（missionization）」活動是伴隨著殖民主義。這樣的強勢傳教是「十九世紀及二十世紀早期，亞洲的佛教改革者，……將基督教視為佛教不得不回應的對象」而回應的結果，無論以模仿或批評的方式，都不自主地吸取了新教改革的精神，特別是如「模糊僧俗之間的界線、更加現世（this-worldly）的傾向、更廣大的社會參與（engagement）、弱化儀式而強調個體的解脫」

❹ "To comprehend the encounter between Buddhism and modernity, we must clarify the multivalent term 'modernity'... It is safe to say, however, that modernity generally refers to the gradually emerging social and intellectual world rooted in the Protestant Reformation, the Scientific Revolution, the European Enlightenment, Romanticism, and their successors reaching up to the present." David McMahan, *The Making of Buddhist Modernism*, Oxford: Oxford University Press, 2008, p. 9.

等。❺這些由亞洲佛教的改革者所試圖革新的現代佛教，也由於當時亞洲的佛教交流以及佛教的西傳，而成為全球化的現象。這種新教化的現代佛教展現在禪修運動的居士化❻以及去宗教化，並且讓原本嵌在佛教的信仰、教理與儀軌的整體脈絡中的禪修獨立地開展，並凸顯其在佛教傳統修行中的唯一重要性。這個受現代性影響的禪修運動，使得不少西方以及具現代化的亞洲佛教徒誤解佛教是一個「不需要有特別的信仰或遵循特定教條的宗教，學佛只需要培養慈悲心，修行禪修來達到安定的心。」❼因此傳統佛教禪修的次第：戒、定、慧便被化約成一種所謂單純的無價值判斷的「正

❺ "Sinhalese Buddhism among the middle classes in Ceylon, as Gombrich and Obeyesekere have pointed out, developed a Protestantized form in resistance to Christian missionaries, adopting themes such as the blurring of the distinction between monk and laity, a more this-worldly orientation, greater social engagement, a deemphasis on ritual, and an emphasis on individual salvation." 同上，頁 70。

❻ 參考 Eric Braun, *The Birth of Insight: Meditation, Modern Buddhism, and the Burmese Monk Ledi Sayadaw*, Chicago: The University of Chicago Press, 2003. Eric 研究緬甸十八世紀末，英國殖民下的佛教內觀運動的現代開展背後的歷史與政治脈絡。他將這個內觀運動的開展以及內觀禪修的現代化或簡化，稱為現代內觀禪修的誕生。他指出這個影響現代的內觀禪修的源頭本身就是現代性的產物。

❼ "After the various impressions from popular films and magazine articles, someone faithfully conveyed that semester's version of what has become a standard view: that Buddhism is a religion in which you don't really have to believe anything in particular or follow any strict rules; you simply exercise compassion and maintain a peaceful state of mind through meditation." David McMahan, *The Making of Buddhist Modernism*, p. 10.

念」。此外，現代佛教改革者面對強勢的新教傳教的挑戰的同時，也不自覺地受到新教改革的獨尊《聖經》而去教會的神學傳統（scholasticism）的精神的影響。雖然回歸「原始聖典」❽有助於回歸佛法本懷，釐清佛陀真正的教法，但另一方面也讓發展了二千多年，跨歷史、跨文化與跨亞洲的佛教，簡化成「原始聖典」中抽象的理論，而忽視佛法在不同的歷史時空下在不同的文化土壤的開展，以及祖師古德的體驗與教法。

（二）科學革命（Scientific Revolution）與啟蒙運動（Enlightenment）

科學革命與啟蒙運動為現代人帶來以科學實證為主的知識論。以科學為主的知識論，不但認為合乎科學原則的宗教才是理性的，值得追隨的宗教，更進一步地將科學數據與論述強加在宗教教義與修行上。在這個科學主義主導的現代社會，心理學與醫學的目的，不但成為了佛教禪修應然的期待，甚至由應然而轉變成實然的想像。此外，佛教禪修傳統的多元意義，❾將被化約成「心識的瑜伽」（mental

---

❽ 「原始聖典」理論上指的是釋迦牟尼佛四十多年的教化的紀錄。雖然從歷史的角度來看，巴利聖典是最接近這個紀錄的文獻，但是巴利佛教的權威學者，Steve Collins 指出，我們現有的巴利聖典更多是錫蘭佛教大寺派（Mahāvihāra）在宗派競爭下的產物。參見 Steven Collins, "On the Very Idea of the Pāli Canon," *Journal of the Pali Text Society* 15, 1990, pp. 89-126。

❾ 筆者認為佛教禪修傳統的意義，除了前述的心的訓練之外，還包括禪師

exercise）甚至化約成腦神經科學。❿佛教現代化的改革者以及現代化佛教的擁護者（包括僧人與居士），往往不自覺地以「佛法合乎科學證據」或以「科學證據能證明佛法」的說法來推廣佛法。殊不知，這種說法背後隱含的預設是用科學證據來做為判攝佛法價值的標準。一位資深的西方佛教學者，Donald Lopez，提醒當代的佛教擁護者，佛法的科學性的強調始於十九世紀歐洲傳教士與東方學／梵語學學者以文獻科學的方法，從文獻中得出的結論，其結果就是創造出一位釋迦牟尼佛所未「授記」過的「科學佛」。⓫

與學生的關係、禪修文學與藝術的產生、禪堂的建築與禪堂清規的建立等等。另外，Eric Greene 對中國三至五世紀的禪修傳統的研究發現，禪修在這期間的中國，主要的功能並非如我們現代了解的斷煩惱、解脫、或者身心療癒，而更多是結合懺悔儀式，一方面做為幫助懺悔業障的功效。另一方面用來檢驗懺悔的結果。詳見：Eric Greene, “Meditation, Repentance, and Visionary Experience in Early Medieval Chinese Buddhism,” Ph.D. Dissertation, University of California, Berkeley, 2012。

❿ 關於用腦神經科學來說明禪修的效用的問題與迷思，請參考伊旺・湯普森（Evan Thompson）的最新文章：“Looping Effects and the Cognitive Science of Mindfulness Meditation”。湯普森指出禪修（包括西方正念禪修）對人的影響是全面的，單純從大腦，無論是海馬迴、杏仁核或大腦前額葉灰質的改變，是無法說明禪修對人的影響，無論是正面或負面。比較完整的理解，應該從以下四個 E 面向來理解：embodied、embedded、extended，以及 enactive。大致來說，禪修對身心所產生的改變是多面向的，個人身體的行為（embodied）、社會文化、人際關係（embedded）、自然環境與物質文明（extended），以及以上各個面向的交互作用（enactive）。詳見 Edited by David McMahan and Erik Braun, *Meditation, Buddhism, and Science*, p. 57-58。

⓫ Donald Lopez, *The Scientific Buddha: His Short and Happy Life*, New Haven: Yale University Press, 2012, pp. 21-46.

（三）浪漫主義（Romanticism）

浪漫主義可以說是對科學理性主義的挑戰，重視感性的認識以及直觀的體驗。展現在宗教則強調宗教的神聖性與宗教體驗，特別是被稱為神祕主義（mysticism）的靈修或禪修體驗。⓬在浪漫主義影響的現代性語境下，正如走在林間放鬆身體、放空心靈，直接體驗徐徐微風與肌膚接觸的觸覺，蟲鳴的聲音本身、或者當下身心的任何感受的浪漫主義者，現代佛教禪修不約而同地強調覺知每一個當下的經驗，不思惟經驗的內容是善是不善、是雜染是清淨、是焦慮是輕鬆，無需參照教理而有所取捨。在這個趨勢下，浪漫主義式的佛教禪修強調禪修者客觀地覺知並接受每一個當下的自我，接受每一個生起的心識意念。這樣的原則明顯迥異與去除雜染不善的心，增長善念，清淨自心的傳統佛教禪修。⓭

⓬ “Romantic expressivism, encompasses the literary, artistic, and philosophical movement that arose in part as a critique of the increasing rationalization, mechanization, and desacralization of the western world brought about by industrialism and the scientific revolution. This movement sought to reaffirm sacrality and mystery and to find hidden depths in nature, art, and the human soul that it claimed were increasingly occluded by calculating rationality and instrumental reason.” 同上，頁 11。此外，關於佛教禪修經驗與神祕主義的討論，可參考：Sharf, Robert, “Experience” in *Critical Terms for Religious Studies*, edited by Mark Taylor, Chicago: University of Chicago Press, 1998, pp. 94-116；Gimello, Robert. “Mysticism and Meditation” in *Mysticism and Philosophical Analysis*, edited by Steven Katz, Sheldon Press, 1978, pp. 170-199。

⓭ 這是佛教禪修的目的，同時也是佛陀教法的概括：“sabbapāpassa

在《佛教現代主義的形成》一書的第七章〈禪修與現代性〉（Meditation and Modernity），作者馬克馬漢提到，傳統歷史上的亞洲佛教混合著各種修行與法門，包括戒律、儀軌法會、布施、供養、行善、念佛、也有禪修，然而二十世紀新興的佛教禪修運動（西方與亞洲皆有），幾乎排除其他形式的修行，甚至刻意排除佛像和佛教傳統術語。這種現象，馬克馬漢分析是以上幾種現代性不同程度上的影響的結果。加州大學柏克萊分校佛教學者沙夫（Rober Sharf）在他的文章〈經驗的說法與宗教研究〉（The Rhetoric of Experience and the Study of Religion），亦有相同的觀點，認為傳統佛教，禪修僅僅是各種修行的一部分，甚至未必是最受重視的修行法門，甚至許多重要的古德，例如著《清淨道論》的覺音論師以及著《摩訶止觀》的智者大師等，也都同時強調戒律、信仰與教理，而不會把禪修經驗單獨視為佛法，因為僅僅禪修經驗本身未必合乎佛法。

馬克馬漢繼續指出，現代禪修運動，特別是西方正念修行，很少教導禪修最終目的是為了見到世間生死輪迴的問題，而能得到了解脫生死的方法，反而以單純地「覺察當下」禪修的方法，引導眾生接受自我、接受每天的例行生活

---

akaraṇaṃ Kusalassa upasampadā sacittapariyodapanaṃ etaṃ buddhāna sāsanaṃ," *Dhammapāda*.《法句經》卷 2，第 183 偈頌：「諸惡莫作，諸善奉行，自淨其意，是諸佛教。」（CBETA 2024.R1, T04, no. 210, p. 567b1-2）其中「諸惡莫作」與「諸善奉行」展現在心的修行上便是「四正勤」：已經生起的不善心，使其減少，尚未生起的不善心，使其不生，已經生起的善心，使其增長，尚未生起的善心，使其生起。

或職業，認為不加判斷地純粹覺知是比較「健康的」心理。這種對身心健康的說法很顯然與佛教的說法迥異。佛陀的教法認為趨向解脫輪迴的心是健康的（梵語：kuśala），反之趨向輪迴的心，即使是樂觀而快樂的，也是不健康的（梵語：akuśala）。

綜上所述，受到佛教現代主義影響的禪修可歸納出下列三種：

1. 去脈絡化的禪修：禪修的修習離開了佛教的宇宙觀，如六道輪迴等佛教教義的脈絡。⓮
2. 去價值善惡判斷的禪修：傳統佛教的禪修包含「戒、定、慧」三學，去價值善惡判斷的禪修則忽略了禪修的根基——戒學。⓯
3. 入世導向的禪修：以身心的放鬆、安定或快樂為目標，而非以開悟解脫為目標。

本文的課題即是從以上三個面向來對照聖嚴法師的禪修理論與教學。我們將看到聖嚴法師很重視佛法以及禪修教學的現代化，也就是說不能照搬傳統的佛教語言與教學方法，應該契合現代人的根器以及回應現代的需求。然而筆者認為

⓮ 或許有人會認為漢傳佛教的禪宗本來就強調不立文字，佛教教義的本質視語言為概念，因此語言的表達都是妄念，不但不利於禪法開悟，反而有所謂「所知障」的障礙。然而，本文將指出，聖嚴法師的禪法教學是非常重視經教的。

⓯ 雖然聖嚴法師根基六祖惠能的教法，也強調禪法是「不思惡、不思善」，但是本文也指出，聖嚴法師認為「不思惡、不思善」是禪法的境界，而善惡的判斷對於禪修來說仍是重要的基礎。

法師的禪修教學的創新，是一種佛教傳統止觀禪修的「宗教重返」，以一種自身的體悟以及創新的語彙與教學，讓佛教禪修傳統的完整性與次第性得以在現代語境下「重返」，因此也避免了佛教現代主義對佛教禪修產生的誤區。

為了看出聖嚴法師的禪修教學在哪些層面或多大程度是傳統佛教禪修的「重返」，下面將扼要地總結傳統佛教禪修的方法與意義。

三、佛教傳統「禪修」

「禪」與「修」合為一詞「禪修」，並非來自傳統佛典，而是現代用語。佛教傳統的「禪」一詞指的是「禪那」（梵語：dyāna，巴利語：jhāna），通常指的心專注時（或稱為定、三摩地，梵語：samādhi）心的狀態與品質。根據這專注的心的不同品質分為第一禪那、第二禪那、第三禪那與第四禪那：

> 在遠離欲求以及遠離不善法的心識狀態下，由於〔此二者〕的遠離，吾人的心產生禪定的喜與樂、同時具有尋與伺 ⑯ 而進入並安住於第一禪那（初禪）……。
>
> 從〔第一禪那〕之後，吾人的心不再有尋與伺的活動，處於輕安與一心的專注、禪定的喜與樂由此專注（三摩

⑯ 尋（vitakka）與伺（vicāra）是心的兩種作用（屬於心所法），稱為禪支。這兩種心所使得心能趨向禪修的對象（所緣），並且環伺於此對象而不離開。在初禪產生另外三個禪支為喜、樂與心一境性。

地）的狀態產生而進入並安住於第二禪那……。

從〔第二禪那〕之後，由於逐漸遠離禪定的喜，吾人的心處於平衡（捨）的狀態、具足覺知（正念）與正知、身體遍滿禪定的樂而進入並安住於第三禪那……。

從〔第三禪那〕之後，吾人的心捨棄樂受與苦受，如同上一個階段對於喜與憂的消除，處於清淨的平衡與覺知而進入並安住於第四禪那。⓱

「禪那」是一種心極為專注於禪修的對象（所緣）的結果，這種專注在佛教傳統稱為三摩地或三昧或翻譯成漢語「定」（梵語：samādhi）。此時心除了專注之外，初禪那心所產生的五個禪支尋、伺、喜、樂與心一境性有對治五種阻礙心的訓練的心識狀態稱為「蓋」，分別為貪欲、瞋恚、睡眠與

⓱ 此段文字為筆者自己從以下巴利原文的中譯："kho bho ayaṃ attā vivicceva kāmehi vivicca akusalehi dhammehi savitakkaṃ savicāraṃ vivekajaṃ pītisukhaṃ paṭhamaṃ jhānaṃ...Yato kho bho ayaṃ attā vitakkavicārānaṃ vūpasamā ajjhattaṃ sampasādanaṃ cetaso ekodībhāvaṃ avitakkaṃ avicāraṃ samādhijaṃ pītisukhaṃ dutiyaṃ jhānaṃ upasampajja viharati...Yato kho bho ayaṃ attā pītiyā ca virāgā upekkhako ca viharati sato ca sampajāno sukhaṃ ca kāyena paṭisaṃvedeti, yantaṃ ariyā ācikkhanti upekkhako satimā sukhavihārīti taṃ tatiyaṃ jhānaṃ upasampajja viharati...Yato kho bho ayaṃ attā sukhassa ca pahānā dukkhassa ca pahānā pubbeva somanassadomanassānaṃ atthagamā1 adukkhamasukhaṃ upekkhāsatipārisuddhiṃ catutthaṃ jhānaṃ upasampajja viharati upasampajja viharati." Sāmaññaphala Sutta, Dīgha Nikāya I, pp. 37-38. *Sāmanññphala sutta* in *Dīgha Nikāya*（《長部》第 2 經，《沙門果經》）。

昏沉、掉舉與惡作以及疑。⓲這種達到「禪那」的心的訓練在傳統佛教禪修中稱為「奢摩他」或翻譯為「止」（梵語：śamatha）。達到「禪那」是「禪修」的基礎訓練之一，因此「禪修」不能理解為「禪那」的「修持」。

在現代語境下，所謂「禪修」而英語稱為“meditation”指的是「修」——「心的修持」或「心的訓練」，梵語作citta-bhāvanā。「禪修」是獲得真實的認知（慧）的方法，是佛教獲得三種認知中最徹底而究竟的方法。這三種認知分別為：（一）聽聞佛法得來的認知（聞所成慧，梵語：śrutamayī-prajñā）、（二）思惟佛法得來的認知（思所成慧，梵語：cintāmayī-prajñā）以及（三）心的「禪修」得來的智慧（修所成慧，梵語：bhāvanāmayī-prajñā）。正如《相應部》所說的，「禪修」包括心與慧的「修」：「比丘！吾人在戒行建立後應勤奮不懈地修行心與慧，他／她將能解脫〔生死輪迴的〕束縛。」⓳

經文中「心的修行」（citta-bhavayaṃ）指的是訓練心的專注與不善心的去除，而「慧的修行」（paññā-bhavayaṃ）

⓲ 掉舉（巴利語：uddhacca）指的是焦慮不安與心的躁動；惡作（巴利語：kukkucca）指的是走不出過去的懊惱；疑（巴利語：vicikicchā）是一種猶豫不決。禪那與禪支於五蓋的對治詳見：Paravahera Vajirañāṇa Mahāthera, *Buddhist Meditation in Theory and Practice*, first edition 1962, revised by Allan Bomhard, Charleston: Charleston Buddhist Fellowship publication, 2010, pp. 27-29。

⓳ “sīle patiṭṭhāya naro sapañño cittaṃ ca bhavayaṃ ātāpī nipako bhikkhu, so imaṃ vijaṭaye jatan'ti,” *Saṃyutta Nikāya*, I, p. 13.

指的是培養心的洞察力以認識萬物的真實樣貌。

佛教對心的訓練有許多方法以及步驟。但原則上不出三個面向：戒、定與慧。例如《雜阿含》第一二五八經說：「如是，比丘！修身、修戒、修心、修慧，以彼修身、修戒、修心、修慧故，於如來所說修多羅甚深明照，難見難覺，不可思量，微密決定，明智所知，彼則頓受、周備受，聞其所說，歡喜崇習，出離饒益。」[20]又《大般涅槃經》：「佛言：『一切眾生，凡有二種：一者有智，二者愚癡。若能修習身、戒、心、慧，是名智者。』」[21]

經中所說的「修身」指的是日常生活中對於眼、耳等感官的守護，避免恣意地滿足感官的欲求，「修戒」指的是倫理道德上的為善避惡。這兩者是心的訓練的準備工作。不修身，我們的心會因不停地「攀緣」而難以專注。不修戒，我們會因為犯錯而產生懊惱、愧疚、恐懼等包袱，讓心如同背負沉重的包袱而難以訓練。「修心」指的就是本文所說的，用禪修的方法鍛鍊心對所緣的專注力，以利於洞察事物的真實樣貌。「修慧」是用禪觀的方法發展心的洞察力，認識事物的緣起性、無常、無我等真實的樣貌。依照佛教的說法，心的鍛鍊是透過禪修的方式提昇心的品質，將道理內化，幫助心得到真實的認識，產生真正的智慧。

---

[20] 《雜阿含經》卷 47，CBETA, T02, no. 99, p. 345b8-10。

[21] 《大般涅槃經》卷 31，CBETA, T12, no. 374, p. 552a24-25。

四、聖嚴法師禪修理論與教學

聖嚴法師禪修理論與教學做完整性與系統性的呈現可能需要好幾本書才能完成，不僅僅因為內容非常多，包括演講、帶禪修的開示、小參及文章的寫作，以及對弟子個別的指導。同時也因為法師的禪修教學往往考慮學習者的根器、文化背景以及需要，而有所不同，如果沒有完整的而有系統的整理、分析、歸納等，非常容易斷章取義。筆者需要先聲明，自己對聖嚴法師禪修理論與教學的掌握並不完整，個人能力所及也無法詳盡聖嚴法師的禪修理論與教學。因此，本文僅討論聖嚴法師禪修理論與教學在哪些層面是傳統佛教禪修的「重返」，以及如何避免陷入「去脈絡化」、「去善惡價值判斷」以及「入世導向」的現代佛教主義式的禪修。本文所使用的資料主要來自於「聖嚴師父禪修演講 1976-2008 目錄」，共三百零三次。演講的地點主要在紐約東初禪寺、北投農禪寺，其他包括美國、加拿大地區的大學（四十餘所）、宗教場所、會館、臺灣的法鼓山道場以及公共演講場所（國父紀念館、文化中心、世貿中心等）、醫院，以及雜誌專訪等。㉒這些演講大部分都收錄在《法鼓全集》的第四輯「禪修類」以及其他如「文集類」、「經典釋義類」、「生活佛法類」等。而演講的內容主要是聖嚴法師對於禪修相關的教義理論的解說、以及禪修方法的開示，包括修行的

㉒ 詳見附錄：「聖嚴師父禪修演講 1976-2008 目錄」。

次第，從初階的身心放鬆、禪定到高階的默照禪與話頭禪、止觀，以及禪法的區別、禪修錯誤觀念的導正，及禪修的目的等。

為了能比較聚焦地討論本文關注的課題，在上述資料中本文將聚焦在兩次聖嚴法師的禪修教學：（一）聖嚴法師在一九九二年二月九日至十二日的第一屆社會菁英禪修營㉓的禪修教學（收錄於《聖嚴法師教禪坐》）。㉔以及（二）二〇〇二年六月象岡默照禪十的開示（收錄於《聖嚴法師教默照禪》）㉕。

選擇這兩次的禪修教學，主要是希望涵括為期較短的初階禪修。以及為期較長的高階禪修㉖，如此我們可以窺見法師在現代語境下對一般普羅大眾或菁英知識分子的禪修教學的全貌，內容包括法師所認為的禪修應有的佛法概念以及從基礎到高階的禪修步驟。

㉓ 此活動現已更名為「自我超越禪修營」。

㉔ 釋聖嚴，〈禪修方法指導〉，《聖嚴法師教禪坐》，《法鼓全集》4-15，臺北：法鼓文化，2020 紀念版，頁 11。

㉕ 釋聖嚴，《聖嚴法師教默照禪》，《法鼓全集》4-16，臺北：法鼓文化，2020 紀念版，頁 3。

㉖ 一般禪修中心的禪期是七日至十日。本文聚焦於對居士及普羅大眾開放的禪修教學，因此不比較更長的禪期如四十九日或更長或不定期的、通常是佛教僧團中的禪修修持。

一九九二年禪修營教學內容綱要

一、禪修方法指導

(一)禪修重在體驗

(二)禪修入門方法

1. 暖身運動　2. 七支坐法　3. 放鬆身心　4. 數呼吸　5. 數佛號
6. 調心方法　7. 起坐前的全身按摩　8. 打坐注意事項

(三)經行、立禪

1. 經行方法　2. 步步為營　3. 立足點和方向感　4. 立禪

(四)對治妄念，禪修與神通

1. 對治妄念　2. 禪修與神通

二、一般佛法開示

1. 佛與菩薩　2. 活在現在，佛在現在　3. 慚愧心
4. 拜佛的意義　5. 蒙山施食　6. 發願　7.〈四弘誓願〉
8. 皈依三寶　9. 感恩　10. 三寶恩　11. 迴向　12. 因果、因緣
13. 戒、定、慧三學　14. 身、口、意三儀　15. 人成即佛成

三、自我肯定、自我提昇、自我消融

1. 修行避免簡而不實，略而不詳的修行方法及態度。
2. 自我消融的「無我」的境界需要經過認識自我、自我肯定及自我提昇的成長階段。
3. 具體方法則是先練習包容心、關懷心，最後再培養無相心。

四、禪修的功能

1. 菩薩的意義　2. 身心的放鬆　3. 打坐的功能　4. 打坐的反應
5. 自我的肯定　6. 自我的成長　7. 自我的消融

二〇〇二年象岡默照禪十開示綱要

	早上	晚上
第一天		（報到日）放鬆放下，準備用功： 1. 師父引進門，修行在個人 2. 保持新鮮的感覺 3. 只在當下
第二天	默照的基礎觀念與方法： 1. 觀念與方法並行 2. 何謂默照？ 3. 以五停心、四念住為基礎 4. 體驗呼吸，珍惜生命	超越對立，有無雙泯： 1. 不受影響，隨時回到方法 2. 不思善，不思惡 3. 絕學無為閒道人， 不除妄想不求真 4. 念念繫在方法上

第三天	隨息法與只管打坐： 1. 改變偏差即是修行 2. 只管打坐 3. 隨息觀	真正的修行是心中無事： 1. 選佛場 2. 不觸事而知，不對緣而照
第四天	心無所求，安住在當下： 1. 無所求的態度 2. 放下執著，放下煩惱 3. 好好把握現在 4. 身心都在打坐	法住法位，世間相常住： 1. 天地萬物皆在說法 2. 以智慧處理事，以慈悲對待人 3. 法住法位，世間相常住
第五天	開悟與默照禪法： 1. 何謂開悟？ 2. 「無我」的觀念最重要	集中心、統一心、無心： 1. 放捨諸相，休息萬事 2. 統一心的三種境界 3. 放捨一切，便是悟境現前
第六天	凡所有相，皆是虛妄： 1. 心中無事，不受干擾 2. 止於一念不是無心 3. 凡所有相，皆是虛妄	慚愧、懺悔法門／無相、無我： 1. 以慚愧、懺悔禮拜來安心 2. 用心法鍊心 3. 不動是默，清楚是照 4. 歷歷妙存，靈靈獨照
第七天	禪修應具備的基本佛教知識： 1. 佛法的基本原則——「三法印」 2. 佛法的變遷 3. 佛法的傳播	解脫樂、護法神： 1. 解脫樂勝於世間樂、定樂 2. 不期待護法神 3. 踏實用方法
第八天	直觀與空觀： 1. 不分內外 2. 不起對立 3. 直觀與空觀	以恆常心用功不急求開悟： 1. 攬之不得，不可名其有； 磨之不泯，不可名其無 2. 以恆常心修行 3. 悟不等於解脫
第九天	發出離心與菩提心： 1. 佛法與其他宗教不共的觀念 2. 出離心與菩薩道	以感恩、迴向心面對順逆因緣： 1. 感恩心 2. 分享修行利益就是迴向
第十天	（圓滿日）結束是另一階段修行的開始： 1. 將方法帶回日常生活中 2. 發菩提心	

接下來，筆者將以「宗教重返」與「佛教現代主義」來歸納聖嚴法師禪法理論與教學之特色及意義。

五、「宗教重返」

「宗教重返」的部分主要是檢視聖嚴法師禪修理論與教學如何在現代語境下傳承佛教傳統禪修（雖然也存在一些差異），如何使得佛教傳統禪修在現代生活與現代社會中重新發揮影響力。

（一）傳統止觀的傳承

聖嚴法師的禪修理論與教學不僅承接漢傳佛教禪宗禪法的精神，也可以說是延續印度傳統佛教的止觀禪法。原則上，聖嚴法師的禪法是重視禪定（samādhi），也就是止（śamatha），法師說：「在唐朝以前，中國的禪是以修定為主的，所謂禪觀或禪數；而唐朝以後，初期的中國禪宗，是以慧為目標。至於我自己，則時常跟我的弟子們說，禪的修行，是必須經過定的過程，但不以定為目標，乃以定為進入禪境的手段。若修定不修禪，易落入外道的四禪八定；若修禪不修定，能夠進入禪境的可能，就極為渺茫。」[27]法師對於「定」的說法是：

> 「冥想」，佛教的專有名詞叫禪那（dhyāna），譯成中文有定、靜慮、思惟修等意思。所謂定，是心止於一境；靜慮相當於英文的 meditation，用現代語說就是冥想；思

[27] 釋聖嚴，《拈花微笑》，《法鼓全集》4-5，臺北：法鼓文化，2020 紀念版，頁 279。

> 惟修不是思想，而是用心在方法上不斷地觀照，每次一離開方法就再回到方法，使自己繫念於方法。若以我的觀念來說明，就是用方法把散亂的心念變成能夠集中的心念，然後再達到心念的前後統一，這就是入定，如果能更進一步把統一的定心破除、揚棄，出現的就是無我和無心的境界。一般稱此境界為見性、開悟。

法師對於定的定義以及定學對於整個禪修修行的位置，與本文上述所指出印度佛教傳統的定學的說法基本上是一致的。[28] 在聖嚴法師的禪修理論中，他用「集中心」與「統一心」來說明佛教「定」的修持與境界。「集中心」是將心置於一個可以專注的對象，也就是所緣境，心的專注需要有專注的對象。根據聖嚴法師的說法，在「集中心」這個階段心仍有些許妄念，仍有小我與對象的「概念分別」。在此基礎上繼續用功便能進一步達到「統一心」的境界，身心與我融合而無區別，身心與原來專注的對象以及外在環境也融合無區別，此時可以說是一種身心環境統一成「大我」的狀態，這也就是從小我到大我進一步到無我的過程。[29]

---

[28] 釋聖嚴，《禪與悟》，《法鼓全集》4-6，臺北：法鼓文化，2020 紀念版，頁 19-20。聖嚴法師將「冥想」或英文的 meditation 理解為禪那（dhyāna）。然而根據筆者在本文的解說，meditation 應是與佛教專有名詞 bhavanā 對應。

[29] 「用方法時，雖然有雜念、有妄想、有瞌睡，但是朝著提起方法的方向去努力，將散亂、昏沉的心，變成集中心，這就是修行的次第。有了基礎修行的經驗，雜念自然愈來愈少，會感覺到身與心是結合在一起。本

傳統印度佛教「觀」的修持如前文所述，是在定的修持的基礎上，使得心有足夠的清淨與專注，而透過觀察身心以及諸法的無我性、無常性、苦性或緣起性，而達到洞見諸法真實樣貌的直觀。在聖嚴法師的禪法教學上，就是超越「統一心」，心也不「住」這個內外統一、身心統一的狀態，而達到「無心」[30]。「無心」並不是心念不生起的無意識狀態，或者神祕經驗所說的純粹意識經驗（pure consciousness experience）只有意識而無任何認識或意識內容[31]，而是「放

來是『我在打坐、我在打坐』，突然間會發現，打坐和我、身體和我，是同一個東西，『我』的這個念頭已經不存在，這時就是統一心的出現。到了這個程度，可能對環境的聲音與狀況還是知道的，如果完全聽不到，那就是進入『未到地定』，尚未進入深層的定。但是以默照禪而言，不應該進入到未到定，而應該清楚知道身體在打坐以及環境裡的狀況，只是沒有特別去注意這些狀況。當自己的身體與自我分不開時，其實『我』已經跟環境融合在一起了，這是自己與環境的內外統一。統一時，不再把環境裡的狀況當成對象，雖然也聽得到或看得到，但不是以對立的態度來聽、來看，環境裡的任何東西都是與自己合而為一。但是請諸位不要想刻意變成內外統一，『刻意』是妄念，無法產生統一。內外統一是從身心統一自然而然進入的，如果刻意想要跨一步，結果反而會變成退步，這就離開統一心了。」詳見釋聖嚴，〈第五天：晚上——集中心、統一心、無心〉，《聖嚴法師教默照禪》，頁 144。

[30] 關於「止」、「觀」的次第，聖嚴法師似乎有不同於傳統印度佛教的看法。一般而言，禪修的次第是先止後觀（如本文「傳統佛教禪修」一節所示），或者是止觀雙運。當然「觀」的力量也能產生「定」。然而聖嚴法師說默照禪一開始時先用照，也就是觀，因為大乘禪法的基礎跟五停心與四念住相關。可能是受「五停心觀」——數息觀、念佛觀、不淨觀、慈悲觀、因緣觀的中文影響，認為這五種禪法是「觀」禪。但根據傳統佛教，這五種禪法都是證得定的方法，而非修得觀慧——無常、無我、緣起的方法。

[31] 詳見 Robert Forman 所編的 *The Program of Pure Consciousness: Mysticism*

捨諸相」的日常生活，也就是《金剛經》所說的「凡所有相，皆是虛妄」的般若智慧。[32]這個無心的境界，如同證得有餘涅槃的佛陀，透過定的修持而進一步得到洞見諸法緣起的智慧，而在接下來四十餘年的弘化利生，佛陀一樣有行、住、坐、臥的日常生活，也使用語言與概念教導弟子開悟，而佛陀的心始終是「放捨諸相」、無我的狀態。「無心」一詞是禪宗的用語，但其內涵並非如字面上——沒有心識生起的意思。由此可知，聖嚴法師所教導的「觀」慧，是真正的悟境，但不是一種特定的心識狀態，而是一種具有般若智慧、無我、去概念建構的生活態度。此禪修理論明顯地不同於強調無價值判斷的覺察、自我接受、減壓、降血壓、和緩病痛的佛教現代主義式的禪修，包括比較風行的葛印卡內觀禪修、超覺靜坐（transcendental meditation）以及卡巴金的

---

and Philosophy (1997)。

[32] 釋聖嚴，《聖嚴法師教默照禪》：「二、止於一念不是無心　但是，一些空洞的夢想，對心理是負擔，對時間則是浪費。所以要『放捨諸相，休息萬事』，讓我們在用方法時只有『當下，當下……』，有了任何經驗就是『放下，放下……』，同時不斷地繼續用方法。如果經驗到統一心時，知道是統一心，因為正處在統一心的狀態中無法放下，等境界過了之後，要告訴自己：『這個境界不是我要的！』……我們不希望進入念念統一的定境，但也不要把統一心當成壞事，可是絕對不要把統一心當成追求的目的。…… 但這只是統一心，是一種修行的經驗，不是無心，並未得解脫，也不是智慧。……無心，不是追求可得，一追求就是妄想心，而是要放下、放下……，『放捨諸相，休息萬事』。……『凡所有相，皆是虛妄』這兩句話是《金剛經》所說，也可以說是佛法的根本原則。意思是：凡是所有一切的相，都要將它當成是虛妄的，只要不去執著它，就會產生智慧。」（《法鼓全集》4-16，頁 152-154）

正念減壓（MBSR）。

（二）現代應用

聖嚴法師禪修的現代應用，整體而言就是法師所提倡的「心靈環保」。但僅就從前文兩次禪期的開示，我們可以看到聖嚴法師如何將禪修理論融入現代，符合現代人的需求。雖然聖嚴法師的禪法教學也會回應現代人的身心與社會需求，如身心健康、接受自我、增進社會福祉等。例如，聖嚴法師所教導的禪修入門方法，即是從身心放鬆與安定來增進身心健康。此外在《禪與悟》一書中，聖嚴法師教導如何用禪修，透過認識自己、自我肯定、自我提昇、自我消融、心的安定、智慧的提昇等來幫助現代人面對問題，如缺乏安全感、生活緊張與壓力、家庭婚姻、親子的問題以及職業與環境等問題。㉝再者，法師在《禪的理論與實踐》一書中，還講述禪修如何幫助企業：對於得失的態度，放鬆身心才能提起事業，禪修可以營造一個自利利人的企業文化，符合現代

㉝「用禪或禪定的方法，第一層，可達到和睡覺相同的效果，因為，用禪定方法的時候，不需去面對或思考自己發生的一些困擾及問題，可暫時把問題放在一邊，用禪定的方法收攝身心，使達內心的平靜。進一步，從禪的修行，透過平靜的心，可產生處理事情的智慧，從面對問題進而解決問題，不但提高了自己處理問題的勇氣，同時也增加了解決問題的能力。所以，印度傳統的禪法，第一層，是把問題放在一邊；第二層，則能夠順利地解決問題，也就是從禪定產生出智慧，問題解決了以後，當然煩惱就不存在了。」詳見：釋聖嚴，〈禪與現代人的生活〉，《禪與悟》，《法鼓全集》4-6，頁 303。

強調的企業社會責任精神。[34]但要注意的是，聖嚴法師的禪法教學的主要目的並非回應現代需要，而是承續佛教的禪修傳統——開悟或證得解脫，以智慧與慈悲度化眾生。

六、走出「佛教現代主義」的禪修

這部分筆者將分析聖嚴法師的禪修理論與教學，如何進一步地有別於去脈絡化，或去宗教化、去善惡價值判斷、入世導向的「佛教現代主義」式的禪修。

（一）不離佛教傳統脈絡的禪修

雖然聖嚴法師強調要用現代的語言以及與現代世界接軌的觀念與需求來教導禪修，但其禪修教學更強調佛教禪修的宗教脈絡，包括指引禪修原則與禪修目的的佛法。例如在一九九二年的禪修營中，聖嚴法師特別講授與禪修連結的佛法，例如禪眾認識自利利他禪修典範的佛與菩薩，拜佛可以消滅慢心以及培養恭敬心，在禪修的晚課儀式中，法師提到蒙山施食是佛法強調解除眾生煩惱、同修福報的意義，禪修者應該發願度眾生、斷煩惱、學法門以及成佛道。皈依三寶對於禪修的重要性。在二〇〇二年象岡默照禪十開示中，聖嚴法師教導說禪修應具備基本佛教知識，包括三法印、佛教歷史，以及佛教的傳播過程中因時、因地、因人的佛法開展。

---

[34] 釋聖嚴，〈企業與禪修〉，《禪的理論與實踐》，《法鼓全集》4-18，臺北：法鼓文化，2020 紀念版，頁 188。

在流行的佛教現代主義下的禪修教學，一般都是強調去佛教的宗教性、去魅（韋伯的概念）、忽視信仰以及禪修以外的儀式等等。然而我們可以看到法師的禪修教學卻強調佛教的宗教性、儀式、護法神[35]，特別是信仰的重要性：

> 因為信仰本身是屬於感性，而禪修的人，多重視自己的修行，希望從修行中得到身心感應，得到禪修的經驗，因此很不容易接受宗教層次的信仰，其實這是絕對錯誤的事。……如果要想修行修得好，還需要有護法龍天的護持，沒有護法龍天的護持，可能就會在身心方面有障礙出現，形成魔障。所以禪修而不相信在自力之外，還有佛菩薩及護法神的力量，那就不能夠算是佛法的修行。[36]

再者，佛教現代主義下的現代佛教禪修幾乎完全忽略佛教經典教義，雖然傳統佛教認為開悟、直觀實相或涅槃的經驗也是言語道斷，斷除語言文字以及概念思維，同樣地，禪宗修持也強調不立文字，這些都會讓人誤以為禪修不需要文字經

---

[35] 釋聖嚴，《聖嚴法師教默照禪》：「打坐工夫好，護法神一定會來幫助，如果打坐時，五心煩躁，混身都是刺，護法神當然就跑走了。不要認為護法神都是大菩薩，他們或許是跟著你的一種靈體，只要你對他有益，他就來；譬如拜佛時，他也跟著拜；吃飯供養，他也會得到些東西，護法神跟著修行的人，對他是有用的。修行好了，護法神自然會來，但是請諸位不要老是想要護法神來。」（《法鼓全集》4-16，頁178-179）

[36] 釋聖嚴，〈禪修與信仰〉，《禪鑰》，《法鼓全集》4-9，臺北：法鼓文化，2020 紀念版，頁 194-195。

教的基礎以及引導。不過，非但傳統佛教強調經、律、論三藏的重要，聖嚴法師的禪修教學也一再強調文字教義的重要性，例如《禪門修證指要》：

> 可是，文字仍是一種最好的工具和媒介，為了使人達到不立文字的目的，最初還得用文字來做為通往悟境的路標。以路標為目的地是愚癡，不依路標所指而前進，更加危險；以研究經教為唯一的工作而不從事實際的戒定慧三學的修證者，那是佛學的領域，不是學佛的態度。所以如永嘉大師起先研究經教，後來以禪悟而遇六祖惠能之後，便說：「入海算沙徒自困，卻被如來苦訶責，數他珍寶有何益？從來蹭蹬覺虛行，多年枉作風塵客。」一般人只見到禪宗大德訶斥文字的執著，殊不知，唯具有淵博學問的人，才能於悟後掃除文字，又為我們留下不朽的著作，引導著我們，向著正確的佛道邁進。故在悟前的修行階段，若無正確的教義做指導，便會求升反墮。因此，明末的蕅益大師智旭，極力主張「離經一字，即同魔說」的看法。[37]

（二）重視戒律善惡的禪修

現代流行的現代佛教主義下的禪修通常不重視戒律，由於強調去價值判斷的覺察，所以也不會強調善惡對錯的判斷，反而應該接受自己，包括自己的缺點。雖然禪宗的六祖

---

[37] 釋聖嚴，《禪門修證指要》，《法鼓全集》4-1，臺北：法鼓文化，2020紀念版，頁 4-5。

惠能也提到禪法是「不思善、不思惡」，強調不起善、惡，空、有，迷、悟等二元對立，但是這是禪修修行的結果。從聖嚴法師禪修理論的次第來看，是透過集中心、統一心、最後達到無心的結果，而不是禪修的方法。聖嚴法師的禪修教學是重視戒律的，在《拈花微笑》一書中強調：「所謂禪的修行，究竟是怎麼修？修些什麼？告訴諸位，除了戒定慧三學之外，沒有其他東西可修。而持戒是修行禪的先決條件。」[38]禪宗強調的不思善惡是指對於善的經驗不需津津樂道，對於惡的經驗也不需懊惱悔恨。[39]正如前文所示，傳統佛教禪修的其中一個重要的功能就是清淨自心，聖嚴法師說：「在佛法中，有所謂『四正勤』的德目：『已生之惡當斷除，未生之惡令不起，未生之善令生起，已生之善令增長。』以此四德能斷懈怠，故又名為『四正斷』。這是在修道過程中，必須時時提起，念茲在茲的工作。」[40]

---

[38] 釋聖嚴，《拈花微笑》，《法鼓全集》4-5，頁 273。

[39] 《聖嚴說禪》：「其實善與惡要分層次，一般人必須有善、有惡的區別，如果不思善、不思惡，一定會對社會產生困擾。至於對修行人或個人修養來說，嫉惡如仇或太執著於善都不太好。真正的灑脫自在是在善惡之上，這才是最究竟的最高境界。」（《法鼓全集》4-11，臺北：法鼓文化，2020 紀念版，頁 30）；《禪的理論與實踐》：「『不思善、不思惡』並不是說在這個世界上，沒有對或錯、好或壞，而是說，對於好的，不要起貪心，對於壞的，也不要起瞋恨心。」（《法鼓全集》4-18，頁 133）

[40] 釋聖嚴，《禪鑰》，《法鼓全集》4-9，頁 189。

（三）出世導向的禪修

聖嚴法師的禪修教學的最終目的很清楚地是自度度人，也就是使自己與眾生開悟解脫。[41]在二〇〇二的默照開示中，聖嚴法師多次提到默照禪法的目標是開悟，並且必須透過佛法「無我」觀念的引導。[42]此外，法師也教導真正的樂是解脫之樂，這個說法是來自佛陀的遺教：「諸行無常，是生滅法，生滅滅已，寂滅為樂。」[43]

七、結論

綜上所述，聖嚴法師的禪法理論與教學不是期待傳統原封不動的宗教重返，因為他用現代的語言回應現代需求，使得傳統的禪修與現代社會得以連結。再者，聖嚴法師教導開

---

[41] 釋聖嚴，《禪的生活》：「佛法勸人修行，沒有目標，那麼，我們坐在筏上，不是東飄西蕩，永遠到不了岸嗎？是的，真正的佛法是無法可說；真正的悟境是無境可悟；真正的彼岸是無岸可登。若有一個目標，一個悟境，便如《法華經》的譬喻，那僅是一座化城。化城是對一些走得已疲倦的人，是對長遠的路途生了退心的人而設的。領隊者對大家說，目的地就要到了，那個地方很不錯，非常安適，大家聽了便加緊腳步，進入了那個中途的休息站。對於經過長途跋涉，走了一程又一程，卻感覺目標遙遙無期的人，這是鼓勵、是希望、是安慰。」（《法鼓全集》4-4，臺北：法鼓文化，2020 紀念版，頁 229）

[42] 釋聖嚴，《聖嚴法師教默照禪》：「用默照或打坐的方法是不能開悟的，只是幫助減少妄念，以此達成開悟的目的。如果觀念不正確，沒有用無我的觀念來指導，最多只能入定。」（《法鼓全集》4-16，頁 141）

[43] Aniccā vata saṅkhārā uppāda vaya dhammino uppajjitvā nirujjhanti tesaṃ vūpa samo sukho (*Mahāparinibbāna sutta in Dīgha Nikāya*).

悟是以禪宗的禪法：話頭禪與默照禪為主，然而，對於初期的禪修教學，聖嚴法師教導數息與「身在哪裡，心在哪裡」的內觀禪法。另一方面，法師的禪法理論與教學也不是去傳統制度、教義、信仰、宗教性的佛教現代主義，而是在現代語境下接著說的佛教，不是順應現代，但也不是否定現代，而是幫助現代、轉化困境、解決問題的現代佛教。

參考文獻

一、佛教原典

The Dīgha Nikāya. Ed. T.W. Rhys Davids and J.E. Carpenter, 3 vols. London: Pali Text Society, 1890-1911.

《雜阿含經》，CBETA, T02, no. 99。

《法句經》，CBETA 2024.R1, T04, no. 210。

《大般涅槃經》，CBETA, T12, no. 374。

二、聖嚴法師著作

釋聖嚴，《禪門修證指要》，《法鼓全集》4-1，臺北：法鼓文化，2020 紀念版。

釋聖嚴，《禪的生活》，《法鼓全集》4-4，臺北：法鼓文化，2020 紀念版。

釋聖嚴，《拈花微笑》，《法鼓全集》4-5，臺北：法鼓文化，2020 紀念版。

釋聖嚴，《禪與悟》，《法鼓全集》4-6，臺北：法鼓文化，2020 紀念版。

釋聖嚴，《禪鑰》，《法鼓全集》4-9，臺北：法鼓文化，2020 紀念版。

釋聖嚴，《聖嚴說禪》，《法鼓全集》4-11，臺北：法鼓文化，2020 紀念版。

釋聖嚴，《聖嚴法師教禪坐》，《法鼓全集》4-15，臺北：法鼓文化，2020 紀念版。

釋聖嚴，《聖嚴法師教默照禪》，《法鼓全集》4-16，臺北：法鼓文化，2020 紀念版。

釋聖嚴，《禪的理論與實踐》，《法鼓全集》4-18，臺北：法鼓文化，2020 紀念版。

三、其他參考書目

Batchelor, Stephen. 2016. *After Buddhism: Rethinking the Dharma for a Secular Age*. New Haven, CT: Yale University Press.

Braun, Erik. 2013. *The Birth of Insight: Meditation, Modern Buddhism, and the Burmese Monk Ledi Sayadaw*. Chicago: The University of Chicago Press.

Casanova, José. 2011. "The Secular, Secularizations, Secularisms," in *Rethinking Secularism*, edited by Craig Calhoun, Mark Juergensmeyer and Jonathan VanAntwerpen. Oxford: Oxford University Press, pp. 54-74.

Collins, Steven. 1990. "On the Very Idea of the Pāli Canon," *Journal of the Pali Text Society* 15, pp. 89-126.

Forman, Robert. (ed.) 1997. *The Program of Pure Consciousness: Mysticism and Philosophy*. Oxford University Press.

Gimello, Robert. 1978. "Mysticism and Meditation," in *Mysticism and Philosophical Analysis*, edited by Steven Katz. Sheldon Press, pp. 170-199.

Greene, Eric. 2012. "Meditation, Repentance, and Visionary Experience in Early Medieval Chinese Buddhism," Ph.D. Dissertation. University of California, Berkeley.

Habermas, Jürgen. 1992. *Postmetaphysical Thinking: Philosophical Essays*. Cambridge: The MIT Press.

Habermas, Jürgen, and Charles Taylor. 2011. "Dialogue," in Judith Butler, Jürgen Habermas, Charles Taylor, Cornel West, *The Power of Religion in the Public Sphere*, edited by Eduardo Mendieta and

Jonathan VanAntwerpen. New York: Columbia University Press, pp. 60-69.

Habermas, Jürgen. 2017. *Postmetaphysical Thinking II: Essays and Replies*. Cambridge: Polity Press.

Lopez, Donald. 2012. *The Scientific Buddha: His Short and Happy Life*. New Haven: Yale University Press, pp. 21-46.

Luckmann, Thomas. 1987. "Social Reconstruction of Transcendence," in *Secularization and Religion: The Persisting Tension*. (*Acts of the XIXth International Conference for the Sociology of Religion*)

McMahan, David L. 2008. *The Making of Buddhist Modernism*, Oxford: Oxford University Press.

McMahan, David L. 2017. "Buddhism and Global Secularisms." *Journal of Global Buddhism* 18: 112-128.

Payne, Richard K. (ed.) 2021. *Secularizing Buddhism: New Perspectives on a Dynamic Tradition.* Boulder, CO: Shambala.

Sharf, Robert. 1998. "Experience," in *Critical Terms for Religious Studies*, edited by Mark Taylor. Chicago: University of Chicago Press, pp. 94-116.

Taylor, Charles. 2007. *A Secular Age.* Cambridge: The Belknap Press of Harvard University Press.

Taylor, Charles. 2011. "Why We Need a Radical Redefinition of Secularism," in Judith Butler, Jürgen Habermas, Charles Taylor, Cornel West, *The Power of Religion in the Public Sphere*, edited by Eduardo Mendieta and Jonathan Van Antwerpen. New York: Columbia University Press, pp. 34-59.

附錄

聖嚴師父禪修演講 1976-2008 目錄

1976.08.15 @ 新罕布夏州松壇：〈佛教的基礎思想〉 9
1977.01.01 @ 美國佛教會：〈坐禪的功能〉 12
1977.03.23 @ 加拿大多倫多大學：〈日本佛教之不同於中國佛教的諸問題〉 21
1977.10.23 @ 加拿大多倫多市中山紀念堂：〈佛教的信仰和教義〉 29
1977.10.24 @ 加拿大多倫多市中山紀念堂：〈佛教的修行方法〉 37
1978.11.12 @ 北投中華佛教文化館：〈念去去千里煙波〉、〈放下與擔起〉 45
1978.11.19 @ 大專佛學講座：〈禪的本質〉 53
1978.11.30 @ 文章發表（非演講）：〈從小我到無我〉 70
1979.06.24 @ 美國："DREAMING AND WAKING" 76
1979.12.16 @ 美國〔WBAI〕IN THE SPIRIT："CH'AN MEDITATION" 79
1980.01.?? @ 美國："A TALK GIVEN BY SHIH-FU DURING THE JANUARY RETREAT" 84
1980.03.20 @ 美國："ONE AND TEN THOUSAND" 86
1980.05.28 @ 美國 RETREAT："STAGES OF EMPTINESS IN MEDITATION" 89
1980.06.29 @ 美國 RETREAT："THE PROBLEM OF DEATH" 91
1980.07.13 @ 美國 SPECIAL CH'AN CLASS："TEA WORDS" 93
1980.07.20 @ 美國 RETREAT："THE BITTER PRACTICE" 95
1980.07.24 @ 美國 RETREAT："THE FOUR GREAT BARRIERS" 97
1980.10.05 @ 臺灣農禪寺：〈正與邪〉 100
1980.10.19 @ 臺灣農禪寺：〈真與假〉 106
1980.11.24 @ 美國〔WBAI〕IN THE SPIRIT："SILENT ILLUMINATION CH'AN" 113
1980.11.26-12.03 @ 美國紐約東初禪寺：〈禪意盡在不言中——〈默照銘〉〉 117
1981.01.04 @ 美國紐約東初禪寺："VOIDNESS AND LONINESS 空虛和寂寞" 129
1981.01.18 @ 美國紐約東初禪寺：〈來與去〉 131
1981.03.25 @ 文章發表（非演講）：〈夢中人的夢話〉 137
1981.04.24 @ 美國紐約哥倫比亞大學："IS PRACTICE NECESSARY? 禪修是必要的嗎？" 147
1981.05.03 @ 美國〔WBAI〕IN THE SPIRIT：〈THE THREE

REQUIREMENTS OF CH'AN 禪修三要〉 148
1981.06.21 @ 美國哈利曼公園銀礦湖：〈OPEN UP TO NATURE 迎向大自然〉 150
1981.07.12 @ 美國紐約東初禪寺：〈HOT AND COLD 冷和熱〉 152
1981.07.18 @ 美國紐約東初禪寺：〈RIGHT ATTITUDE AS AN AID TO PRACTICE 修行的正確心態〉 154
1981.08.09 @ 臺灣農禪寺：〈日日是好日〉 156
1981.08.30 @ 臺灣農禪寺：〈禪詩與禪畫〉 162
1981.10.11 @ 臺灣農禪寺：〈放下〉、〈放下萬緣〉 168
1981.10.19 @ 臺灣農禪寺：〈真與假〉 174
1981.12 @ 美國 ??：“STRICTNESS AND LAXITY” 181
1981.12.10 @ 美國紐約東初禪寺：“WHERE IS MY MASTER?” 183
1982.03.28 @ 中華佛教居士會：〈禪的修行與體驗〉 185
1982.??.?? @ 美國：〈EMPTINESS AND EXISTENCE 空與有〉 192
1982.05 @ 美國紐約東初禪寺：〈COMPASSIONATE CONTEMPLATION 慈悲觀〉 194
1982.05.29 @ 美國紐約東初禪寺：“LETTING GO” 196
1982.05.29 @ 美國紐約東初禪寺：〈捨〉 198
1982.06.02 @ 美國紐約東初禪寺：“THE OTHER SIDE” 200
1982.07.02-09 @ 美國紐約東初禪寺：“DISCOVERING YOUR FAULTS” 202
1982.07.02-09 @ 美國紐約東初禪寺：“DON'T LOOK FOR SUFFERING” 204
1982.10.10 @ 臺灣農禪寺：〈自力與他力——禪與淨土〉 205
1982.10.17 @ 臺灣農禪寺：〈絕處逢生〉 210
1982.10.24 @ 臺灣農禪寺：〈狹路相逢〉 214
1982.10.31 @ 臺灣農禪寺：〈宗通與說通——禪與教〉 219
1982.11.07 @ 臺灣農禪寺：〈道不在坐〉 224
1982.11.22 @ 美國紐約大學：〈禪與神祕主義〉、〈禪定‧禪‧神祕主義〉 231
1982.11.22 @ 美國紐約大學：“MEDITATION, MYSTICISM AND CH'AN” 233
1982.??.?? @ 美國：“TUNING THE HARP” 236
1983.02.24 @ 臺灣農禪寺：〈新與舊〉 238
1983.03.13 @ 臺灣農禪寺：〈時空與生命〉 244
1983.03.20 @ 臺灣農禪寺：〈本與末〉 253
1983.04.10 @ 臺灣農禪寺：〈矛盾與統一〉 259
1983.04.17 @ 臺灣農禪寺：〈大與小〉 264
1983.04.24 @ 臺灣農禪寺：〈降魔〉 271
1983.??.?? @ 美國：“THE PEACEFUL AND THE FORCEFUL METHOD” 278

1983.06.11 @ 美國紐約美國佛教會大覺寺：〈世界和平〉 280
1983.06.11 @ 美國〔WBAI〕IN THE SPIRIT：〈無分別〉 284
1983.07.10 @ 美國紐約東初禪寺：〈佛、眾生、無明〉 289
1983.07.10 @ 美國紐約東初禪寺："BUDDHAS, SENTIENT BEINGS, AND IGNORANCE" 291
1983.07.24 @ 美國紐約東初禪寺：〈輪迴與涅槃〉 294
1983.07.24 @ 美國紐約東初禪寺："SAMSARA AND NIRVANA" 297
1983.09.10 @ 臺灣農禪寺：〈老鼠入牛角〉 300
1983.09.25 @ 臺灣農禪寺：〈事與心〉 306
1983.10.02 @ 臺灣農禪寺：〈有與無〉 312
1983.10.09 @ 臺灣農禪寺：〈知與覺〉 319
1983.10.16 @ 臺灣農禪寺：〈指與月〉 325
1983.10.23 @ 臺灣臺北市國父紀念館：〈禪與現代人的生活〉 331
1983.10.30 @ 臺灣農禪寺：〈無有恐怖〉 345
1983.11.08 @ 美國紐約東初禪寺：〈述夢〉 352
1983.11.08 @ 美國紐約東初禪寺："A DREAM NARRATIVE" 356
1983.11.20 @ 美國紐約東初禪寺：〈THOUGHT WITH AND WITHOUT PURPOSE 有目的與無目的〉 361
1983.12.04 @ 美國紐約東初禪寺：〈LOVE AND DESIRE 愛與欲〉 365
1984.03.11 @ 臺灣農禪寺：〈疑心與疑情〉 369
1984.03.18 @ 臺灣農禪寺：〈鍛鍊心〉 373
1984.03.25 @ 臺灣農禪寺：〈無心〉 377
1984.04.08 @ 臺灣農禪寺：〈安心〉 383
1984.04.08 @ 臺灣農禪寺："SETTLING THE MIND" 388
1984.05.27 @ 美國："WHAT IS DHYANA?" 392
1984.06.10 @ 美國："WHY SENTIENT BEINGS ARE SENTIENT BEINGS" 398
1984.06.20 @ 美國紐約東初禪寺：〈四念處〉 401
→ 與四念處相關文章：〈禪的悟境與魔境〉 404
1984.06.24 @ 美國紐約東初禪寺：〈禪病〉 407
1984.06.24 @ 美國紐約東初禪寺："CH'AN SICKNESS" 410
1984.07.08 @ 美國紐約東初禪寺：〈拜師〉 416
1984.07.29 @ 美國紐約東初禪寺：〈師徒之間〉 419
1984.09.02 @ 臺灣臺北市國父紀念館：〈禪與人生〉 423
1984.09.09 @ 臺灣農禪寺：〈善與惡〉 439
1984.09.16 @ 臺灣農禪寺：〈拈花微笑〉 446
1984.09.30 @ 臺灣農禪寺：〈守一與守心〉 452
1984.10.09 @ 臺灣農禪寺：〈知與覺〉 458
1984.10.14 @ 臺灣農禪寺：〈最上一層樓——禪宗戒定慧的三個層次〉 464
1984.10.16 @ 臺北世界新聞專科學校：〈生命的圓融〉 472

1984.10.16 @ 臺灣農禪寺：〈指與月〉 478
1984.11.04 @ 美國紐約東初禪寺：“DAILY PRACTICE AND INTENSIVE PRACTICE” 484
1984.11.04 @ 美國紐約東初禪寺：“NO ANGER OR LOVE BETWEEN MASTER AND DISCIPLE” 489
1984.12.16 @ 加拿大湛山精舍：〈佛法無邊〉 492
1985.02.17 @ 臺灣農禪寺：〈活路與絕路〉 498
1985.03.10 @ 臺灣農禪寺：〈禪病療法〉 506
1985.03.17 @ 臺灣農禪寺：〈生與死〉 512
1985.03.24-04.14 @ 臺灣農禪寺：〈四弘誓願〉 518
1985.04.23 @ 臺灣農禪寺：〈因緣果法〉 519
1985.05.24-31 @ 臺灣農禪寺：〈僧璨：〈信心銘〉〉 527
1985.05.28 @ 美國紐約東初禪寺：〈中國的維摩詰——龐居士〉 590
1985.06.09, 16 @ 美國紐約東初禪寺：〈SUPERNORMAL POWERS 神通力〉 599
1985.07.21 @ 美國：“CREATIONS OF THE MIND” 604
1985.11.22 @ 美國華盛頓特區大河道教中心：〈FOUR VIEWS OF CH’AN 禪的四個觀點〉 607
1985.11.24 @ 美國紐約東初禪寺：“CHANGE AND CHANGELESSNESS” 614
1986.01.05 @ 美國紐約東初禪寺：“MIND, MATTER, AND EMPTINESS” 618
1986.01.26 @ 臺灣農禪寺：〈休閒與修行〉 624
1986.03.02 @ 臺灣農禪寺：〈魔境〉 630
1986.05.30 @ 美國紐約東初禪寺：〈禪與新心理療法〉 637
1986.08.04 @ 臺灣農禪寺：〈在家與出家〉 642
1986.08.17 @ 臺灣農禪寺：〈夢中說夢〉 649
1986.08.17 @ 臺灣農禪寺：“TALKING ABOUT DREAMS WHILE IN DREAMS” 655
1987.06.05 @ 美國麻州羅爾大學：〈禪與現代人的生活〉 662
1987.06.24 @ 美國紐約東初禪寺：〈話夢人生〉 669
1988.01.31 @ 臺灣農禪寺：〈有分別與無分別〉 672
1988.03.05 @ 高雄女中：〈禪——你・我・他〉 674
1988.03.06 @ 高雄女中：〈禪——多・一・無〉 679
1988.05.07 @ 加拿大多倫多大學：“CHINESE CH'AN AND ITS RELEVANCE IN NORTH AMERICA TODAY” 684
1988.08.17 @ 臺中市中興堂：〈正道與邪道〉 693
1988.08.18 @ 臺中市中興堂：〈悟與誤〉 700
1988.09.30 @ 臺北縣淡江大學：〈禪與纏〉 707
1988.11.11 @ 美國麻州羅爾大學：〈時空與生命的超越〉 717
1988.11.12 @ 美國哈佛大學燕京圖書館演講廳：〈禪與悟〉 730

1989.11.10 @ 美國密西根大學：“BIOGRAPHY OF A CHINESE MONK (WITH Q & A)” 740
1989.11.17 @ 美國新澤西州西東大學：〈THE HISTORY OF CH’AN 禪的生活〉 748
1990.03.17 @ 臺北市立圖書館北投分館：〈禪悟與靜坐〉 752
1990.04.16 @ 美國聖路易禪中心：〈禪悟與靜坐〉 759
1990.04.17 @ 美國密蘇里州華盛頓大學：〈禪與日常的藝術生活〉、〈禪與日常生活〉 764
1990.04.17 @ 美國密蘇里州華盛頓大學：“CH’AN AND DAILY LIFE” 769
1990.04.19 @ 美國威斯康辛大學的麥迪遜校區：〈禪坐〉、〈禪修方法的演變〉 775
1990.04.28 @ 美國紐約東初禪寺：〈禪的文化〉 783
1990.05.25-06.01 @ 美國紐約東初禪寺：“ATTITUDE TOWARDS PRACTICE AND THE FRUITS OF PRACTICE” 788
1990.05.25-06.01 @ 美國紐約東初禪寺：〈無常與死〉 795
1990.06.01 @ 美國紐約東初禪寺：〈法喜與禪悅〉 797
1990.07.10 @ 臺北市國父紀念館：〈善與惡——如何建立正確的價值觀念〉 801
1990.07.11 @ 臺北市國父紀念館：〈情與理——如何處理複雜的人際關係〉 810
1990.07.19 @ 板橋體育館：〈心淨國土淨〉 816
1990.08.18 @ 高雄市中正文化中心：〈禪——如來如去〉 821
1990.09.20 @ 永和市國父紀念館：〈人間淨土〉 826
1990.10.18 @ 香港沙田大會堂：〈禪——解脫自在〉 834
1990.10.18 @ 香港沙田大會堂：“FREEDOM AND LIBERATION” 840
1990.10.19 @ 香港沙田大會堂：〈禪——平常身心〉 845
1990.10.25 @ 美國三藩市市立總醫院：〈佛教與心理健康〉、〈禪——心理健康〉 851
1990.10.25 @ 美國三藩市市立總醫院：“BUDDHISM AND MENTAL HEALTH” 858
1990.10.29 @ 美國北加州的 UKIAH SARWA DHARMA：〈內靜與外和——禪〉 864
1990.11.04 @ 美國紐約東初禪寺：“CH’AN: THUS COME, THUS GONE” 870
1990.11.08 @ 美國紐約市立大學布洛倫學院：〈從禪的傳統談人類意識〉、〈禪——人類意識〉 879
1990.11.08 @ 美國紐約市立大學布洛倫學院：“HUMAN CONSCIOUSNESS IN THE CH'AN PERSPECTIVE” 883
1990.12.08 @ 美國紐約莊嚴寺：〈禪——擔水砍柴〉 889
1991.01.25-02.01 @ 臺灣農禪寺：〈農禪寺第四十期禪七〉 900
1991.03.12 @ 臺南市文化中心：〈禪與人生〉 935

1991.10.13 @ 美國紐約東初禪寺：〈佛法在現代世界的重要性〉、〈人心清淨・環境清淨〉 941
1991.10.13 @ 美國紐約東初禪寺："THE IMPORTANCE OF BUDDHADHARMA IN THE MODERN WORLD" 944
1991.10.15 @ 美國新澤西州州立蒙克萊學院：〈禪與日常生活〉 952
1991.10.18 @ 加拿大多倫多大學：〈LIFE IN A CH'AN MONASTERY 禪師在叢林寺院的生活與修行〉 958
1991.11.05 @ 美國喬治亞州亞特蘭大市佛教會：〈現代佛教的人生觀〉 965
1992.02.10 @ 臺灣農禪寺：〈禪——自我的消融〉 971
1992.02.11 @ 臺灣農禪寺：〈禪——自我的提昇〉 978
1992.04.12 @ 美國紐約大學法學院：〈禪的智慧〉 985
1992.04.26 @ 美國紐約東初禪寺：〈禪的心靈環保〉 994
1992.04.26 @ 美國東初禪寺："ENVIRONMENTAL PROTECTION AND SPIRITUAL ENVIRONMENTAL PROTECTION" 1000
1992.05.01 @ 美國耶魯大學：〈什麼是禪〉、〈禪是什麼〉 1006
1992.05.14 @ 美國紐約西藏中心 TIBET CENTER："THE REASON I'M A CH'AN MONK" 1012
1992.06.06 @ 美國紐約華埠的中華公所：〈積極的人生觀〉 1018
1992.06.28-07.02 @ 美國紐約東初禪寺：〈東初禪寺第五十七期禪七〉 1027
1992.07.30 @ 臺灣農禪寺：〈妄念・雜念與正念〉 1037
1992.08.15 @ 臺灣華視大樓視聽中心：〈自私與無我〉 1040
1992.08.15 @ 臺灣華視大樓視聽中心："SELFISHNESS AND SELFLESSNESS" 1046
1992.09.06 @ 臺北市世貿中心國際會議中心：〈理性與感性〉 1052
1992.09.21 @ 中華慧炬佛學會：〈現代佛教青年應有之人生觀〉 1068
1992.10.21 @ 美國密蘇里州聖路易士華盛頓大學："CH'AN TRADITION: HISTORY, THEORY, PRACTICE" 1074
1992.10.22 @ 美國伊利諾州香檳市聯合兄弟會教堂：〈THE TEN OX HERDING PICTURES 十牛圖〉 1077
→ 與十牛圖相關文章：〈禪的悟境與魔境〉 1083
1992.10.23 @ 美國印第安那州普渡大學：〈禪與藝術〉 1100
1992.10.24 @ 美國俄亥俄州州立大學：〈生命與時空〉 1105
1992.10.25 @ 美國俄亥俄州伍斯特凱斯西儲大學：〈禪與悟〉 1112
1992.10.25 @ 美國俄亥俄州伍斯特凱斯西儲大學："CH'AN AND ENLIGHTENMENT" 1117
1992.11.01 @ 美國紐約東初禪寺：〈自我與無我〉 1123
1992.11.13 @ 美國紐約法拉盛臺灣會館：〈理性與感性〉 1127
1992.11.13 @ 美國紐約法拉盛臺灣會館："REASON AND EMOTION" 1135

1992.11.14 @ 美國紐約法拉盛臺灣會館：〈智慧與福報〉 1141
1992.11.28-12.04 @ 美國紐約東初禪寺：〈東初禪寺第五十八期禪七〉 1148
1992.12.26-12.31 @ 美國紐約東初禪寺：〈東初禪寺第五十九期禪七〉 1165
1992.12.26-12.31 @ 美國紐約東初禪寺："INSTRUCTIONS FOR THE SEVEN-DAY MEDITATION RETREAT" 1176
1993.01.16 @ 臺灣農禪寺：〈梅子熟了〉 1188
1993.02.07 @ 臺灣農禪寺：〈安心之道〉 1194
1993.03.12 @ 臺北市中正紀念堂廣場：〈綠化大地，淨化人間〉 1199
1993.04.04 @ 華視視聽中心：〈無我與真我〉 1204
1993.04.07 @ 臺灣農禪寺《商業周刊》專訪：〈禪修工作，禪修認知〉 1213
1993.05.09 @ 美國紐約東初禪寺：〈照顧自己，關懷他人〉 1215
1993.05.09 @ 美國紐約東初禪寺："EGOTISM AND ALTRUISM" 1218
1993.05.15 @ 臺灣《光華》雜誌專訪：〈禪修，為目的而來，無目的而回〉 1224
1993.06.15 @ 臺灣農禪寺《商業周刊》專訪：〈禪師的心路歷程，禪修的真正意義〉 1227
1993.08.03 @ 臺北市政府：〈提得起·放得下〉 1229
1993.08.07 @ 花蓮市明義國小：〈提昇人品的佛教〉 1235
1993.08.15 @ 臺灣農禪寺：〈虛與實〉 1242
1993.09.01-04 @ 臺灣法鼓山：〈禪修方法指導〉 1246
1993.09.01-04 @ 臺灣法鼓山：〈一般佛法開示〉 1270
1993.09.01-04 @ 臺灣法鼓山：〈自我肯定、自我提昇、自我消融〉 1291
1993.09.01-04 @ 臺灣法鼓山：〈結營前的綜合討論〉 1295
1993.09.08 @ 板橋市立體育館：〈以佛教慈悲心談我們的居住環境〉、〈從佛教看我們的居住環境〉 1301
1993.10.09 @ 臺灣農禪寺：〈我與環境不一不二〉 1312
1993.10.10 @ 臺灣農禪寺：〈禪坐的基礎方法〉 1317
1993.10.23 @ 美國紐約華埠的中華公所：〈提起與放下〉 1324
1993.10.24 @ 美國紐約東初禪寺：〈人生觀的層次〉 1332
1993.10.24 @ 美國紐約東初禪寺："THE CH'AN VIEW OF LIFE" 1341
1993.10.29 @ 巴西聖保羅大學：〈禪的知與行〉 1350
1993.11.01 @ 巴拉圭及巴西交界處的福斯市：〈禪如何用於日常生活〉 1355
1993.11.13 @ 美國紐約大學：〈禪——我們的身·心·世界〉 1361
1993.11.14 @ 美國紐約東初禪寺："ON MINDFULNESS OF BIRTH AND DEATH" 1368
1993.11.17 @ 美國賓州費城的天普大學宗教系研究所：〈禪的知與行〉 1372

1993.12.?? @ 美國紐約東初禪寺："SHIKANTAZA AND SILENT ILLUMINATION" 1380
1994.01.15 @ 臺灣農禪寺：〈「放鬆身心」之呼吸方法〉、〈放鬆身心〉 1384
1994.01.30 @ 臺灣農禪寺：〈禪修與環保生活〉 1387
1994.03.14 @ 北投復興崗政治作戰學校：〈心靈環保〉 1390
1994.03.20 @ 臺灣農禪寺：〈心如日輪在虛空〉 1397
1994.04.16 @ 臺灣農禪寺：〈談心〉 1403
1994.05.01 @ 美國紐約東初禪寺：〈慈悲與智慧〉 1410
1994.05.07 @ 美國紐約東初禪寺：〈自我肯定，自我成長，自我消融〉、〈禪修的功能〉 1414
1994.06.25-07.02 @ 美國紐約東初禪寺：〈禪修的要領(一)〉 1426
1994.07.16 @ 臺灣農禪寺：〈平常心〉 1443
1994.07.24 @ 臺灣農禪寺：〈淨化人生的責任、權利、義務〉 1449
1994.09.21 @ 成功嶺大專院校新生暑訓營：〈談生涯規畫——立足點與方向感〉 1459
1994.10.01 @ 臺灣農禪寺：〈妄念不起，萬緣不拒〉 1471
1994.10.30 @ 美國紐約東初禪寺：〈開悟成佛〉 1474
1994.10.30 @ 美國紐約東初禪寺："ENLIGHTENMENT AND BUDDHAHOOD" 1485
1994.11.05 @ 美國紐約西藏中心：〈讀經與修行〉 1493
1994.11.05 @ 美國紐約西藏中心："READING SUTRAS AS A SPIRITUAL PRACTICE" 1501
1994.11.12 @ 美國紐約東初禪寺：〈禪修的功能〉 1507
1994.11.26-12.02 @ 美國紐約東初禪寺：〈禪修的要領(二)〉 1519
1994.12.03 @ 美國紐約中國研究中心：〈清明心的重要〉 1530
1994.12.10 @ 美國紐約柏松高中：〈二十一世紀的佛教徒〉 1536
1995.01.07 @ 臺灣農禪寺：〈生命與死亡、學問與生活〉 1544
1995.03.05 @ 臺灣農禪寺：〈佛在心中、口中、行為中〉 1548
1995.03.05 @ 臺灣農禪寺："BE A BUDDHA IN MIND, SPEECH, AND ACTION" 1552
1995.04.09 @ 臺灣農禪寺：〈修行者的修行態度〉 1556
1995.04.16 @ 臺灣農禪寺：〈從無到有，從有到無〉 1562
1995.04.23 @ 美國紐約東初禪寺：〈明心見性〉 1566
1995.04.25 @ 美國紐約大學：〈禪的修行與證悟〉 1575
1995.04.29 @ 美國佛羅里達州立中部大學：〈禪與淨土的修行法門〉 1585
1995.04.29 @ 美國佛羅里達州立中部大學："THE METHODS OF PRACTICE OF CHAN AND PURE LAND" 1591
1995.04.30 @ 美國佛州 TAMPA 南佛大學：〈禪與正信之佛教〉 1596
1995.05.13 @ 美國新澤西州護法會：〈日常生活中的佛法〉 1601

1995.06.03-10 @英國威爾斯布里斯托大學：〈禪七開示〉 1608
1995.06.10 @英國布里斯托大學：〈CHINESE BUDDHISM AND THE CH'AN TRADITION 中國佛教與禪宗傳統〉 1621
1995.07.29 @臺灣農禪寺：〈直覺、直觀、絕觀〉 1628
1995.07.30 @臺灣農禪寺：〈妄念、雜念與正念〉 1631
1995.10.03 @臺北市青年救國團：〈現在最美好〉 1634
1995.10.29 @美國紐約東初禪寺：〈揭開心性的祕密〉、〈明心見性〉 1639
1995.11.06 @美國紐約曼哈頓市中心臺北劇場：〈禪與精神健康〉 1645
1995.11.07 @美國紐約曼哈頓市中心臺北劇場：〈禪與心靈環保〉 1652
1996.01.20 @臺灣農禪寺：〈零缺點〉 1660
1996.04.13 @臺灣農禪寺：〈人〉、〈平常人的禪〉 1665
1996.08.13 @臺灣農禪寺：〈人生為何〉 1670
1996.08.17 @臺灣農禪寺：〈身心安定〉 1676
1996.08.17 @臺灣農禪寺：〈宗教·禪·佛法與邪魔〉 1679
1996.11.09 @美國新澤西州朋頓高中（BOONTON HIGH SCHOOL）：〈如何因應嶄新的二十一世紀〉 1681
1996.12.21 @美國新澤西州法鼓山新州聯絡處：〈做個自度度人的萬行菩薩〉 1694
1997.07.23 @臺灣農禪寺：〈共修的力量與共修的功能〉 1700
1997.10.19, 11.02 @美國紐約東初禪寺：〈禪與現代生活〉 1703
1998.11.12 @美國新澤西州羅特格斯大學：〈禪修之道〉 1710
1999.05.09 @美國紐約東初禪寺：〈FOUR FOUNDATIONS OF MINDFULNESS 四念住〉 1715
1999.05.16 @美國紐約東初禪寺：〈FOUR FOUNDATIONS OF MINDFULNESS 四念住〉 1721
2000.10.20 @美國紐約東初禪寺：〈THE FOUR STEPS TO MAGICAL POWER 四如意足〉 1725
2000.11.05 @美國紐約東初禪寺：〈THE FOUR STEPS TO MAGICAL POWER 四如意足〉 1729
2001.02.17-24 @法鼓山臨時寮：〈大地觀〉 1734
2001.05.15 @美國紐約曼哈頓 ARPAD HALL：〈禪與慈悲〉 1738
2001.05.19-06.02 @美國紐約東初禪寺：〈默照禪十四〉 1744
2001.11.06 @美國紐約曼哈頓禪中心：〈CHAN IN LIFE-AND-DEATH 從禪的角度看生死〉 1783
2001.11.15 @美國紐約長島石溪大學：〈以禪法治癒、調和，完成世界和平〉、〈用禪調心〉 1791
2001.12.25-2002.01.01 @美國紐約象岡道場：〈宗賾慈覺禪師——〈坐禪儀〉講要〉 1798
2002.04.28-11.17 @美國紐約東初禪寺：〈THE SEVEN FACTORS OF ENLIGHTENMENT 七覺支〉 1806

2002.05.04 @ 美國芝加哥威而美市 REGINA DOMINICAN HIGH SCHOOL：〈禪與人生〉 1833
2002.06.27-07.07 @ 美國紐約象岡道場：〈象岡默照禪十開示〉 1837
2003.06.14 @ 美國紐約哥倫比亞大學：〈身處颶風眼——如何在恐慌中得平安〉 1897
2003.06.24 @ 美國德州奧斯汀：〈「禪」在平常日用中〉 1901
2004.04.18-19 @ 新加坡光明山普覺禪寺：〈超越生命中的關卡〉 1904
2004.04.23 @ 澳洲雪梨大學：〈禪宗對俱解脫的看法——心解脫者與慧解脫者之關係〉 1911
2004.04.23 @ 澳洲雪梨大學：〈禪與心靈環保〉 1915
2004.04.25 @ 澳洲墨爾本曼寧翰市政廳：〈禪與人間淨土〉 1918
2004.04.30 @ 瑞士伯恩施瓦特：〈生活，就是修行——禪與日常生活〉 1922
2004.07.24 @ 世界青年和平高峰會臺北論壇：〈認識心靈環保〉 1925
2005.04.28 @ 中國南京大學：〈禪學與禪文化的人間性〉 1929
2005.04.29 @ 中國廣州中山大學：〈禪學與心靈環保〉 1933
2006.07.20 @ 臺大醫院：〈身心自在〉 1938
2007.06.17 @ 法鼓山園區：〈禪修在日常生活中〉 1942
2008.02.17 @ 臺灣農禪寺：〈大乘禪定的修行〉 1947
2008.08.17 @ 臺灣農禪寺：〈禪宗的頓漸法門〉 1951
2008.10.19 @ 法鼓山園區禪堂：〈不隨魔鬼起舞的工夫〉 1956
2008.11.06 @ 臺北中正精舍：〈因緣是否就是業力？〉 1960

Religious Returning or Religious Modernism? Master Sheng Yen's Meditation Theory and Teaching

Wei-jen Teng

Associate Professor and Department Chair, Department of Buddhist Studies, Dharma Drum Institute of Liberal Arts

Abstract

This article primarily discusses the characteristics and implications of Master Sheng Yen's meditation theory and teaching in terms of the modernization of Buddhist meditation practice. The context of the modernization of Buddhist meditation discussed here is a response to the "secularization of religion," yet this context has developed two distinct trends with different implications: 1. A return to religion, and 2. Buddhist modernism. "A return to religion" emphasizes the significant re-emergence of religious concepts and practices in the lives of modern individuals and society, whereas "Buddhist modernism" highlights how the core values of Buddhism are being eroded by modernity. Within this context, after examining and analyzing Master Sheng Yen's meditation theory and teaching, it is believed that Master Sheng Yen's meditation practice has a significant impact on individuals and social groups in the process of modernization. At the same time, it can step outside the trend of modernism, continuing the Buddhist meditation principles of discipline, concentration, and wisdom, as well as the goal of transcendental liberation.

Keywords: Master Sheng Yen, Buddhist meditation, secularization, religious return, Buddhist modernism

聖嚴法師早期禪修層次演變之研究——以 1976 年至 1982 年為主

楊蓓
法鼓文理學院生命教育碩士學程副教授

釋常慧
法鼓文理學院人文社會學群專任講師

摘要

聖嚴法師在一九八一年《禪門囈語》自序中，已經非常明顯地將禪修歷程分為三個階段：集中注意力、心念統一、虛空粉碎。其中，又進一步說明心念統一又分為兩層：身心統一、內外統一。更以「澄澄湛湛、光音無限、一片悟境、虛空粉碎」來說明禪境的高低。再從一些早期在美國的禪修開示紀錄文獻中，可以發現在一九八〇年至一九八二年期間，聖嚴法師已將禪修的層次清楚地區分為集中心、統一心與無心。此三個層次，也成為法師未來數十年在帶領禪修時，基本而不變的核心教法。

在一九七六年至一九八二年期間，有幾篇重要而關鍵的文獻與禪七開示，依時間脈絡的演變歷程，得以完整看到聖嚴法師於此段時期逐漸整合與建構出其禪修教學的次第。尤其在美國當時如雨後春筍般的各源流禪法興起，法師開始走出其不離漢傳禪法傳統，又獨具個人特色的禪法風格。

在經過一手與二手文獻梳理後，本研究提出三點值得關注的研究發現。首先是得以證明聖嚴法師的禪法，在早期即已呈現出「現代化」的特色。其次，這現代化所展現出來的即是其禪法的次第化、系統化的演變歷程，為其後來禪修教學最主要的奠基與延伸的關鍵條件。最後，聖嚴法師禪修層次演變的歷程中，主要的內容特色是：由「我」切入，轉入「心念」的修練，是跨越東、西方文化鴻溝的重要轉折，讓漢傳禪法不只適用於東方人，進而適用於西方眾。是以，聖嚴法師早期的禪修教學歷程，的確是一個非常核心的關鍵階段。

關鍵詞：禪修層次、聖嚴法師禪法、美國佛教、次第化

一、緒論

臺灣法鼓山創辦人聖嚴法師（1930－2009）於晚年創立了「中華禪法鼓宗」，並表明此宗的禪法「創新」之處是「在頓中開出次第化的漸修法門」，重在將禪修的歷程「由淺入深，分成四個階次：散亂心、集中心、統一心、無心」，且每一階次都「各有修行與進階修行的方法」。❶

綜觀目前法鼓山所推廣的禪法，不論是於一九九九年以後被類分為高階的默照禪期、話頭禪期，或是初階的呼吸法、中階的中觀禪期，幾乎都可以看到聖嚴法師在禪期開示中，將此四階次含攝於不同的禪修法門之中，並以之做為禪修者在修習各種法門時，得以層層悟入的依循路徑。❷從筆者整理的附錄一中，可以看出聖嚴法師在推動漢傳頓法的默照、話頭，或是大乘次第禪法時，已經發展出一套讓現代人易於操作的、有系統與次第的、於短時間能受益的修行方法。

另一方面，在法鼓文化所編譯、聖嚴法師早期在美國的禪法開示（1979 至 1985 年間）之《心在哪裡？——聖嚴法師西方禪修指導》一書的譯者序中，關於法師對「修心的過程」的闡述，則認為其在早期就已將修行的「名目與進程」

---

❶ 釋聖嚴，〈中華禪法鼓宗　宗教→佛教→漢傳佛教→禪佛教〉，《承先啟後的中華禪法鼓宗》，《法鼓全集》9-7，臺北：法鼓文化，2020 紀念版，頁 47-48。取自：https://ddc.shengyen.org/?doc=09-07-004。

❷ 關於法鼓山各類禪七中，將此四階次納入的相關開示內容，筆者依禪期類別與時序，整理了部分重要的內容為附錄一：各類禪期中含「禪修層次」開示內容節錄（1976-1982）可供參照，唯事涉版權，內文暫略。

「昭然揭示」。❸經過筆者閱讀與比對聖嚴法師的禪七開示與相關中、英文著述，確實發現到此時期，法師對此禪修四階次已有相當詳細的說明，內容可說是相當地豐富，筆者認為幾乎可視為：後來的禪修教學內容的核心架構與基礎。

（一）研究目的與動機

承上所言，令筆者好奇的是：此一被晚年的聖嚴法師視為其宗門中「創新」的禪修四階次，是一次就「創新」而成？還是經過了一段演變的歷程？又，是否真如《心在哪裡？——聖嚴法師西方禪修指導》譯者序所言，早在一九八五年以前即已出現此一完整的「四階次」？

本研究的目的，首先即是希望能依時間脈絡，呈現聖嚴法師早期的禪修核心教法的演變歷程。進而於此歷程中，能完整梳理出此四階次的「禪修層次」重要的內容。最後，筆者希望就此演變歷程中，進一步探究聖嚴法師在整個內外時空環境中，其禪修教學是否有一直「不變」的內容？以及其隨著弟子心性、時空環境需要，所做的調整與「改變」，甚或是「創新」的內容是什麼？從此一探討中，亦得以看見聖嚴法師與時代背景互動下之禪修教學特色。

（二）研究範圍與文本

關於「時間脈絡」方面，本研究所指涉的「早期」起

---

❸ 釋聖嚴，〈譯者序〉，《心在哪裡？——聖嚴法師西方禪修指導》，臺北：法鼓文化，2011 年，頁 10。

訖時間，將依研究主題「禪修層次」演變歷程為主要考量點，以聖嚴法師於一九七六年在美國大覺寺開始「週日靜坐班」為起始點。以一九八二年為本研究的切點，主要原因是：最早完整呈現「散亂心、集中心、統一心、無心」用詞的文本，是於一九八二年十一月二十二日在美國紐約大學的〈禪定・禪・神祕主義〉。另一方面，於一九八一年至一九八二年期間，聖嚴法師一些著述、禪七開示的內容，已將此禪修歷程的四階次，不論在各階段的涵義、方法操作上的闡述皆堪稱完備。一九八二年以後，雖然也有不少與「禪修層次」四階段的相關文本，但所闡述的內容皆不離早期所建立的基本架構與次第下，呈現或深或廣的詮釋與論述。因此，筆者將一九八二年視為聖嚴法師禪修教學歷程中重要的「分水嶺」。

基於以上時間脈絡的取捨，因此本研究以一九七六年至一九八二年期間的禪七開示文本（內部教學資料）為主（附錄一），再參照同時期已出版的著述文字，以禪修層次中的三心或四心為核心內容，整理出陳述較完整的文本，製成內容大綱之簡表（見附錄二）。下文有關「禪修層次」演變之內容，即依這些主要的一手與二手文本與文獻資料，進行歸納、分析，進而希望能論述此演變歷程中，聖嚴法師在與整個時空環境互動下，其禪修教學所呈現的「變」與「不變」的內容特色。

茲將幾個重要的禪修教學事蹟與研究文本，以時間序整理如圖一。

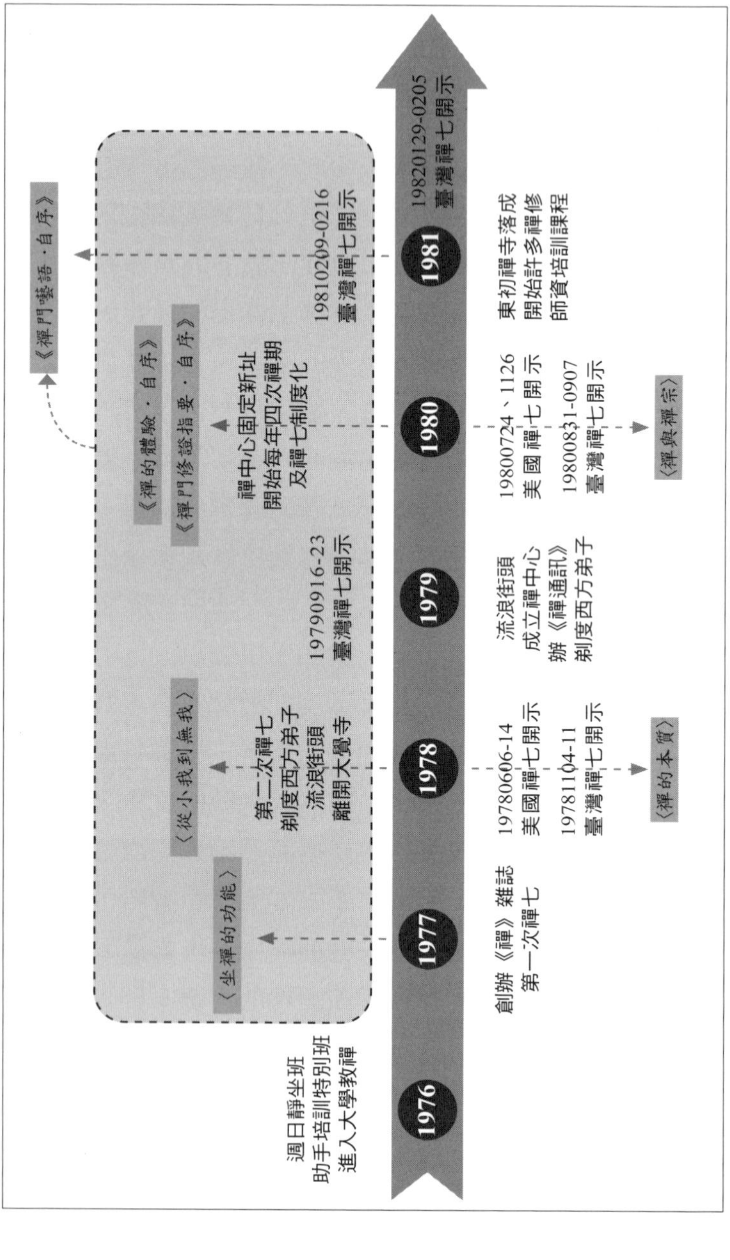

圖一：禪修相關著述（1976-1982）

（三）相關文獻探討

綜觀諸多研究聖嚴思想之學者群中，俞永峰、李玉珍、王宣曆、林建德、釋果暉等人，對聖嚴法師之禪修教學發展、思想內容與方法層次，皆有或深或廣的研究成果。在筆者統整各學者之研究內容後，發現其大多不離：事蹟、思想、內容三個面向，因此，下文即依此三個方向的研究成果，做為筆者對「禪修層次」演變之研究進路的參照、延伸與論述的方向。

1. 禪修教學事蹟與歷程的分期

針對聖嚴法師的禪修教學事蹟與發展、其宗門思想、禪修內容與層次，著墨頗深的俞永峰教授，曾於二〇一〇年發表〈聖嚴法師與禪宗之現代化建構〉❹一文，將聖嚴法師的學思歷程分為三個時期，並以第三期的「思想趨近圓熟」做為聖嚴法師禪法演變的起始點（1976 年），再細分為四期。❺

---

❹ 俞永峰，〈聖嚴法師與禪宗之現代化建構〉，中譯本收錄於《傳燈續慧——中華佛學研究所卅週年特刊》，臺北：中華佛學研究所，2010 年，頁 139-176。http://www.chibs.edu.tw/ch_html/CHIBS30/pdf/images/139_176.pdf，檢索日期：2023/6/30。英文原文為：Yu, Jimmy. “A Tentative Exploration into the Development of Master Sheng Yen’s Chan Teachings.” *Chung-Hwa Buddhist Journal,* no. 23, 2010, p. 3-38。英文全文電子檔：https://buddhism.lib.ntu.edu.tw/FULLTEXT/JR-BJ001/bj001377333.pdf，檢索日期：2023/6/3。

❺ 俞氏將聖嚴法師的學思歷程分作三期：學思發展形成期（1961-1969）、融合期（1969-1975）、思想趨近圓熟年代（1976-2009）。再以第三期近三十四年的時間，將其禪修教學分為四期：第一階段的教授禪法初期（1976-1980）、第二階段的實驗時期（1980-1989）、第三階段的改

俞氏此一分期，是對聖嚴法師禪修教法的分期，不論在資料的引用、各期時間的切點、所論述的內容等，皆具有非常高的參考價值。

李玉珍教授於二〇一三年、二〇一六年、二〇一七年，分別以個案、田野、文獻、訪談等質性研究的方法，從各個不同的面向：禪修傳統的復興與東西的交流、禪修制度與禪堂的運作，以及從組織、信徒特色等等，梳理了聖嚴法師的禪修教學與國際弘化歷程等相關內容。

本研究希望在俞氏所分的第一期「教授禪法初期」基礎上，更聚焦在早期「禪修層次」之演變歷程，故將時空延伸至一九八二年，將俞氏較為簡單扼要陳述之「三階段」（或四階段）內容演變❻，進行更為細緻而具體的梳理與呈現，以增強此一教授禪法初期、在這近七年的演變過程中，如何於早期即已漸漸形成了聖嚴法師系統化、次第化，以及幾近完整的禪修教學基礎核心內容與架構。在梳理聖嚴法師個人的禪修教學事蹟與歷程的同時，筆者發現聖嚴法師在初抵美國時，即刻著手了解與掌握當時所處的佛教時空環境❼，

良兩種教法時期（1989-1998）、第四階段的以禪法為教育的最後階段（1989-2009）。相關內容請參考：俞永峰，〈聖嚴法師與禪宗之現代化建構〉，《傳燈續慧——中華佛學研究所卅週年特刊》，頁 142-152。

❻ 從俞氏〈聖嚴法師與禪宗之現代化建構〉全文可知其重點在最後三期的禪法內容演變之論述，故對第一期之敘述，筆者認為「簡單扼要」。相關內容可參考：俞永峰，〈聖嚴法師與禪宗之現代化建構〉，《傳燈續慧——中華佛學研究所卅週年特刊》，頁 145。

❼ 聖嚴法師於一九七六年五月九日在大覺寺美國佛教會佛誕法會中開示「美國佛教的源流」，不僅說明佛教在印度的發展、傳入中國與西藏的

因此關於法師與時空環境互動下，對其個人的角色定位、禪法教學內容的抉擇、禪修層次的演變等的影響，也是不容忽略、需要深入探究的重要面向。筆者希望藉著梳理「美國早期佛教發展」、聖嚴法師回應時代的內容，用以回應俞氏所言的，此「禪修層次」四階段內容的開發，是美國當時幾位著名的東、西方禪師所「不曾有過」的系統性分類❽。

2. 禪法思想與教學特色

在理解聖嚴法師與外在時空環境互動歷程中的因應作為之餘，林建德與王宣曆更在探索法師之思想源頭、或與同期法師（例如印順法師）做一比較研究中，提出了聖嚴法師側重在承繼與融合漢傳佛教傳統的同時，更在佛法實踐面上呈現出其現代化與創新之詮釋與應用的特色。❾這也呼應了俞永

簡要歷史，更從學術面與信仰面，相當簡潔扼要的介紹了美國佛教的歷史發展的樣貌。相關開示文，參見：釋聖嚴，〈附錄二：美國佛教的源流〉，《日韓佛教史略》，《法鼓全集》2-3，臺北：法鼓文化，2020 紀念版，頁 306-312。取自：https://ddc.shengyen.org/?doc=02-03-019。

❽ 俞氏言：「將禪修劃分為這三或四階段，在傳統禪宗祖師的禪法或當代同輩的教法中，都是前所未有的。現代世界中，沒有人曾以這個方式來呈現禪，美國當時最著名的禪倡導者鈴木大拙、鈴木俊隆、前角博雄、菲力浦·凱普樓等也不曾有過，……並沒有將修行有系統的分類為幾個階次。」參見：俞永峰，〈聖嚴法師與禪宗之現代化建構〉，《傳燈續慧——中華佛學研究所卅週年特刊》，頁 145。

❾ 參見：林建德，〈「抉擇」與「傳承」：印順和聖嚴對於「中國佛教」的兩種立場〉，《人間佛教研究》第 7 期，2016 年 12 月，頁 177-212。https://www.airitilibrary.com/Publication/alDetailedMesh?DocID=P20180307006-201612-201803070027-201803070027-177-212，檢索日期：2023/6/3。王宣曆，〈聖嚴思想融合性之歷史根源與特色〉，《臺大佛學研究》第 34 期，2017 年 12 月，頁 87-119。https://doi.org/10.6727/

峰對聖嚴法師此一獨特的禪修教法，即具有現代性、適應性與包容性的特質，對傳統禪宗的教法提出了新的詮釋[10]。

本研究更期望能進一步呈現聖嚴法師早期在禪七期間、對外演講或受訪時，直接表述如何在那樣的時空環境下，選擇以漢傳禪佛教僧侶的身分定位、教授漢傳的禪法內容時，其「不變」的核心教法內容、又不同於傳統禪宗教授方式的、有所「改變」的「創新」教學特色。

3. 禪修體系內容建構的分析

關於聖嚴法師所建構的禪法體系及其核心內容的研究，釋果暉於〈聖嚴法師之漢傳佛教復興運動〉提及：法師早期在美國的禪修教學，即以「小我、大我、無我」、「調心歷程」七階段為基礎教材，「發展出一套綜合性的修行方法」，甚至於後期的默照、話頭禪法中，亦不離這套修行方法。[11]此文中的「表九：聖嚴法師之中華禪法鼓宗禪法開展示意圖」[12]，對聖嚴法師一生所教授的禪法體系做了非常完整的統整與對照。

然而，在文獻的運用上，釋果暉是以「無我」為主題引用與開展其論述，並非依時間脈絡來梳理聖嚴法師禪修體系

TJBS.201712_(34).0003，檢索日期：2023/6/3。

[10] 俞永峰，〈聖嚴法師與禪宗之現代化建構〉，《傳燈續慧——中華佛學研究所卅週年特刊》，頁 153。

[11] 參見釋果暉，〈聖嚴法師之漢傳佛教復興運動〉，聖嚴教育基金會學術研究部編，《聖嚴研究》第二輯，臺北：法鼓文化，2011 年，頁 336-340、346。

[12] 同上註，頁 351。

「發展」的歷程。研讀過程中，令筆者一再思考的是：若能依時間序、從早期的文獻內容演變與發展過程來梳理，是否更能具體而有力的呈現此一系統，甚至可能會有新的發現？

因此，筆者此研究即在前人研究成果的基礎上，進一步探究：聖嚴法師此禪修體系與階次的內容是「如何」、以及「為何」即在「早期」就已漸次「演變」而成為法師整體禪修教學中「基礎且核心的特色」。

二、時空背景

本節首先從整體的時空環境，簡述聖嚴法師初抵美國時的佛教發展樣貌，以及法師對此一發展所做的觀察、評論，以及與環境互動下個人身分的定位、弘化方向與內容的抉擇。進而陳述聖嚴法師在此定位與抉擇下，於一九七六年至一九八二年期間的禪修教學歷程與重要事蹟，因其禪修教學始於美國，故此一歷程內容多偏重在美國的發展，在臺灣的發展僅做輔助性的敘述。

（一）美國早期佛教發展

1.1965 年後美國移民政策放寬對漢傳禪佛教傳入的影響

關於美國早期佛教的發展，相關研究的學者多認為美國政府於一九六五年移民政策的放寬，開始不再禁止與限制各國人士移民至美國，尤其特別開放給華人移民[13]，這對於

---

[13] 相關說明，可參見：李四龍，《美國佛教：亞洲佛教在西方社會的傳播與轉型》，北京：人民出版社，2014 年，頁 46-47。亦可參見：David

漢傳佛教傳入美國帶來了積極與深遠的影響。因此而移民至美國的許多亞洲華人企業家，積極邀請其家鄉的大德、法師到美國弘化、駐錫，各類禪中心、禪寺如雨後春筍般林立，也因此帶動了漢傳禪法的興盛。美國人開始進入西藏密教修法（四大派喇嘛）、越南的生活禪（一行禪師）、韓國的曹洞禪（崇山禪師）、中國的臨濟曹洞禪（度輪法師、聖嚴法師）等多樣的禪修領域，使得獨領美國近二十年的日本鈴木禪有衰退之趨勢，漸漸退居為諸多禪法的一支。⓮

受到移民至美國的航業鉅子沈家禎的邀請，於一九七五年十二月底抵達美國的聖嚴法師，也發現到自己正好趕上這股「西方人的禪修熱潮」⓯。法師開始從學術面、信仰面來理解美國佛教的發展，認為相較於當時（1976 年）遍布全美一百二十幾所由日本人、韓國人、美國人等開設的禪中心（Zen Center），發現全美僅有二十六所中國佛寺、出家眾不及三十人的中國佛教，其實尚處於正在開始發展的狀態，認為當時美國各大學、學術界的佛教，推動的主力還是日本的禪與淨土真宗。⓰

L. McMahan. "The North American Buddhist Experience." *Buddhism in the Modern World*, London: Routledge, 2011, pp. 140-141。

⓮ 相關歷史發展，參考自：李四龍，《美國佛教：亞洲佛教在西方社會的傳播與轉型》之〈導論〉、第三章及第四章的內容。

⓯ 釋聖嚴，〈日常法師——西方弘法時的善知識〉，《我的法門師友》，《法鼓全集》3-9，臺北：法鼓文化，2020 紀念版，頁 228。

⓰ 釋聖嚴，〈附錄二：美國佛教的源流〉，《日韓佛教史略》，《法鼓全集》2-3，頁 311。

2. 反主流社會與文化的運動帶來的影響

相較於官方移民政策間接地造成「各系佛教匯集」於美國社會的現象，聖嚴法師更發現其中最受北美社會歡迎的主要潮流，仍是「禪」⓱。這一現象，許多學者大多會歸因於五〇年代興起的「垮掉的一代」（The Beat Generation）的「披頭禪」，以及六〇年代後期的「嬉皮士」（hippie）餘風帶來的影響。

在第二次世界大戰前後，美國接連發生的對韓國、越南的戰爭、冷戰時期等，造成社會大量的「創傷症候群」，亦令社會人士對政府長期的治國方針、資本功利主義、個人財富累積等的主流社會價值觀開始產生懷疑，尤其引發當時的社會青年對國家的失望、對社會文化普世價值的反抗，也造成大量青年極欲擺脫外在物質追求的束縛，轉向背著背包「出走」的方式，去尋求心靈上真正的自由與解放之道。

此時的青年，讀著超驗主義者（transcendentalists）的著作、受這些作者影響，而開始過著遠離城市、走向荒野，想要體驗作家們所闡述的內在心靈的自由、與大自然在一起、樸質無華的簡單生活。這一族群逐漸成為美國社會的潮流，形成一股被主流社會視為是「頹廢」、「垮掉」（The Beat）的族群。這是一個讓美國人普遍迷惘的時代。⓲

⓱ 聖嚴法師於一九七七年至加拿大多倫多演講時，所做的觀察與說明當時美國佛教發展的特色。相關內容見：釋聖嚴，〈佛教的信仰與教義〉，《佛教入門》，《法鼓全集》5-1，臺北：法鼓文化，2020 紀念版，頁 119。取自：https://ddc.shengyen.org/?doc=05-01-008。

⓲ 李四龍，《美國佛教：亞洲佛教在西方社會的傳播與轉型》，頁 54。

然而，這一族群中，亦有不少人藉著超驗主義者的著作，接觸到禪宗公案故事與禪的境界，更因此遠到郊外的禪修中心去學習打坐冥想。他們大多好佛談禪、崇尚自然，過著東方傳統中歸隱田園、靜觀萬象的隱士般的生活。此一現象，李四龍認為「一掃二十世紀上半葉歐裔美國人漠視佛教的風氣」⓳，讓佛教得以開始走入亞裔以外、白人的族群世界中。

Stephen Prothero 則認為這一垮掉世代，對於「早期閱讀理論的佛教，與現代實踐佛法之間」，對美國佛教的發展「中間橋樑」（middle way）的作用，是一個相當重要的過渡時期。⓴也影響了六〇年代越戰後形成的「嬉皮士」，依循著垮掉一代對美國社會主流文化的反思與批判，興起「民權運動」的潮流，穿著破舊的衣服、披著滿頭長髮，過著「公社式、流浪的生活方式」。㉑在七〇年代後期，開始有些人因此在佛教、禪法裡找到生命存在的另一種方式，逐漸脫離怪誕、流浪的生活行為與方式，回歸個人理性的生活方式。㉒

⓳ 李四龍，《美國佛教：亞洲佛教在西方社會的傳播與轉型》，頁 50-54。Carole Tonkinson (ed.). Introduction by Stephen Prothero. *Big Sky Mind: Buddhism and the Beat Generation*, New York: Riverhead Books, 1995, p. 1-20。

⓴ 參見：Carole Tonkinson (ed.). Introduction by Stephen Prothero. *Big Sky Mind: Buddhism and the Beat Generation*, p. 4。

㉑ 李四龍，《美國佛教：亞洲佛教在西方社會的傳播與轉型》，頁 54。

㉒ 同上註。

Stephen Prothero 更透過例舉垮掉的一代幾位重要作家的著述文字，再次強調這一世代最大的特徵是對「新意識」（new consciousness）、靈性的追求，也是一種對傳統宗教精神與心靈世界的解放。那是一個培養出廣大的心與觀點（big sky mind、a vast view）的世代，從某種角度而言，是一個把美國所有有關自由模式、信仰等觀念，嘗試結合在一起，而又希望找到新的出路與方法的世代。㉓

3. 走向重視：心靈層次的需求與宗教的實踐

美國佛教的發展從移民性、族群性的非白人宗教，在進入五、六〇年代垮掉的一代將近二十年的風潮影響下，佛教不僅從移民社會走出來，更從停留在白人對佛教原始經典與梵語的學術研究殿堂中走出來，尤其是體驗式的修行方法，開始普遍走入社會大眾的精神生活與宗教實踐中，也間接反過來影響了學術研究朝向社會學、人類學、宗教體驗等多元面向發展。佛教的傳入，可說是讓一向崇尚個人主義、宗教信仰自由、嚮往進入內心深處、能直接（不透過神、教會而能）與宇宙萬物合而為一的神祕經驗的美國人，可以有基督宗教以外的選擇。也讓美國社會逐漸形成了主流的宗教與原處在「邊緣」的各源流佛教的共生現象，未來甚至可能走向佛教成為「主流宗教」、以西方人為寺院管理與修行帶領者的發展樣態。㉔

㉓ Carole Tonkinson (ed.). Introduction by Stephen Prothero. *Big Sky Mind: Buddhism and the Beat Generation*, p. 10-13.

㉔ 李四龍，《美國佛教：亞洲佛教在西方社會的傳播與轉型》，頁 123-

以此綜觀聖嚴法師於一九七六年以後抵達美國的佛教發展，其實正處於「嬉皮士」餘波盪漾的時代。他也曾遇過一位嬉皮型學生，向其表示高中畢業就要去中南美洲流浪，二年後回來了，又去上大學，最後成了律師過著穩定的生活。㉕法師在大覺寺時代的弟子，如保羅・甘迺迪（Paul Kennedy）、Rikki Asher，及一些非亞裔人士，從他們在上了聖嚴法師與日常法師共同指導的「禪修特別班」或是禪七後所寫的心得報告可知，他們正在尋找可以指導他們禪法的老師、希望老師指導他們知道自己是怎麼活著的、如何活得更自在？從學習禪修中尋找生命的答案、讓心靈能得到安頓，而能真正遠離酒精、大麻、毒品的生活。㉖

即便進入八〇年代，美國人的身心狀態仍是不安穩的。聖嚴法師於一九八八年前往波士頓弘化前，在候機時，曾問

124。

㉕ 相關內容參看：釋聖嚴，〈讓孩子走自己的路〉，《方外看紅塵》，《法鼓全集》8-10，臺北：法鼓文化，2020 紀念版，頁 194。取自：https://ddc.shengyen.org/?doc=08-10-067。

㉖ 筆者整理了 *Ch'an Magazine* 第一、二期將近三十篇的心得內容，例如第一篇 Rikki Asher 就很直接地表示學習打坐後「失去」的部分："I want to say now that any losses that I mention I consider gains even though they may be considered losses. One of them is that I have lost the attraction of going to a party rather than staying home and finishing something that I've started. The gain out of this is that I don't feel I'm really missing anything, missing out on something wonderful by not going to that party. Another loss is that I no longer get any artificial kind of stimulation: no liquor, obviously, no marijuana, no anything. This I consider a gain rather than a loss, though some may consider it a loss." 參見：Rikki Asher. "Student Report." *Ch'an Magazine* 1(1), March 1977。

其弟子王明怡：現代人的生活，有哪些困擾？王明怡指出了四點：「流動性太大、疏離感日重、無止盡追求刺激、失落了人生的希望。」聖嚴法師聽了之後，就決定以「禪法的功用」為演講重點，不談禪的理論、歷史與思想，而以能解決實際生活問題的疏導方法為演講的內容。[27]

是以，處於這樣一個大時代環境下，聖嚴法師在開展其禪修教學過程中，對個人角色定位、功能與弘化內容、方式上，勢必有其調整、抉擇與堅持的部分。

（二）聖嚴法師早期禪修教學歷程

關於聖嚴法師於一九七六年至一九八二年的禪修教學事蹟內容，筆者依時間序製成附錄三，並依弘化地點的遷移與教學方式的調整，分作三期：大覺寺時期、林邊時期、東初禪寺初期。這段歷程，主要參考聖嚴法師所撰的《金山有礦．四五、到美國十五年》中時空較貼近、內容甚為完整的敘述文字。以下即參照附錄三及相關著述，依此三時期扼要論述各時期的內容與特色。

1. 大覺寺時期（1976-1977）

聖嚴法師於一九七七年曾說北美當時雖然「各系佛教匯集」，仍以「禪」最受歡迎，並進一步認為當時日、韓、

---

[27] 見聖嚴法師寫於一九八七年之〈牧牛與尋劍〉，今收錄於：釋聖嚴，〈附錄四：牧牛與尋劍——新英格蘭禪化記行〉，《東西南北》，《法鼓全集》6-6，臺北：法鼓文化，2020 紀念版，頁 421。取自：https://ddc.shengyen.org/?doc=06-06-076。

越所推動的「禪」，其源流是在中國的「禪宗」。當時在北美推廣中國禪宗禪法的代表，有西岸的度輪法師（即宣化上人），在東岸，則是聖嚴法師的駐錫地：大覺寺。由於當時大覺寺住持仁俊長老、美國佛教會副會長沈家禎居士的建議與護持，以及曾跟隨凱普樓禪師學習數年的日常法師協助下，開啟了聖嚴法師在美國以禪者的身分教授禪法的生涯。[28]其在短短的二年中，從週日靜坐班的共修開始，再進一步開辦了「禪坐特別班」的初、中、進階課程、在哥倫比亞大學開設「初級禪坐訓練班」、舉辦禪七等。

筆者將此一時期列為聖嚴法師於美國「第一階段的禪修教學」，此一時期的第一個特色，也是聖嚴法師認為在大覺寺時期影響他最深遠者[29]：首次開辦「次第學習」的「禪坐特別訓練班」，每週一次三個小時，共計十四週的課。第一期結業的學生有四人（三位西方青年，一位中國青年），其中二位：王明怡、保羅．甘迺迪，後來成為了法師在禪修弘化上的得力助手。

於第二期後，即增加到二十多人；第三期有十五人，參

---

[28] 釋聖嚴，〈佛教的信仰與教義〉，《佛教入門》，《法鼓全集》5-1，頁 119-120。亦可見寫於一九七六年的〈從東洋到西洋〉，今收錄於：釋聖嚴，〈從東洋到西洋〉，《留日見聞》，《法鼓全集》3-4，臺北：法鼓文化，2020 紀念版，頁 190-191。取自：https://ddc.shengyen.org/?doc=03-04-008。

[29] 釋聖嚴，〈四五、到美國十五年〉，《金山有鑛》，《法鼓全集》6-4，臺北：法鼓文化，2020 紀念版，頁 212。取自：https://ddc.shengyen.org/?doc=06-04-046。

加者多為中美知識青年、在學學生，也因此有因緣到哥倫比亞大學演講與教禪。[30]此為特色二：開啟了聖嚴法師進入美國高等學府演講禪佛教、指導禪修方法的因緣[31]。

在三期課程結束後，學生們在大覺寺分享課程的心得，聖嚴法師與學生們為了能留下心得紀錄，於一九七七年三月創辦了英文版的《禪》雜誌（*Ch'an Magazine*）[32]，此為特色三。

第四個重要特色，即是因應學生想要體驗《禪門三柱》中所敘述的「剋期取證的精進禪七」，於一九七七年五月十九日至二十六日於沈家禎居士位於長島的菩提精舍，舉辦了生平的首次禪七。此次禪七，其中一位學員丹‧史蒂文生（Dan Steveson）更被聖嚴法師讚為「悟性之高、用功之力」，並深有所感：「西方有聖人之材而無聖人之學。」若能有人傳授「聖賢的學問和方法」，西方人修禪是更有潛力的。此次禪七，奠定了法師在西方弘揚佛法與教授禪法的信心與願力。[33]

---

[30] 同上註，頁 209-213。

[31] 相關敘述，見：釋聖嚴，〈四六、出入學府在北美〉，《金山有鑛》，《法鼓全集》6-4，頁 220。

[32] 見聖嚴法師寫於一九八一年之《禪門囈語》的序文，今收於：釋聖嚴，〈夢中人的夢話〉，《禪的理論與實踐》，《法鼓全集》4-18，臺北：法鼓文化，2020 紀念版，頁 61。取自：https://ddc.shengyen.org/?doc=04-18-009。

[33] 釋聖嚴，〈夢中人的夢話〉，《禪的理論與實踐》，《法鼓全集》4-18，頁 60-61。

大覺寺時期，聖嚴法師隨順當時的因緣、以「拓荒者」[34]的心態，認為自己是漢傳佛教僧侶的身分，將在美國的角色定位為「弘揚漢傳禪法」的中國禪者來教導西方弟子。[35]即便後來面臨必須離開大覺寺、在街頭流浪的因緣，聖嚴法師也願意為了這群求法殷切的西方弟子，而繼續將漢傳的禪法流傳到西方。

2. 林邊時期／臺灣中華佛教文化館（1978-1979）

剃度恩師東初老人於一九七七年十二月十五日於臺灣中華佛教文化館坐化，此一事件對原本打算長期留在北美的聖嚴法師產生了非常大的影響。其中最大的改變是聖嚴法師繼承了東初老人在臺的寺院：文化館與農禪寺，已經無法全心留在紐約大覺寺，讓聖嚴法師不得不選擇辭退美國佛教會與大覺寺所有的事務，因此失去了在美的棲身之所。也由於經歷了與學生流浪街頭二個月的生活，讓聖嚴法師萌生了在美國要有一個永久道場的念頭，以持續帶領一直跟隨他學習佛法、禪法的西方弟子。最初租處的建設也漸漸粗具規模，終於一九七九年五月成立「禪中心」，在紐約皇后區的林邊租

---

[34] 釋聖嚴，〈從東洋到西洋〉，《留日見聞》，《法鼓全集》3-4，頁191。

[35] 聖嚴法師於一九八八年五月七日於加拿大多倫多大學的演講中，回應一個問題：為了適應北美的文化與思維模式，是否會在教導佛法上有所改變？法師回答：「做為一位漢傳佛教的法師，我以我所傳承到的禪法來教導你們。」此文原文為英文：Chinese Ch'an and Its Relevance in North America Today，收於 *Ch'an Newsletter,* p. 66, 67。中譯收於：釋聖嚴，〈北美的禪佛教〉，《禪在哪裡？——聖嚴法師西方禪修指導 2》，臺北：法鼓文化，2013 年，頁 107-108。

屋處經歷了一年多的克難時期，卻讓聖嚴法師的禪修教學邁向第二個階段，不僅生活漸漸穩定，而且在未來的數年中快速發展起來，讓禪修教學模式與系統的建構逐趨完備。

本時期最大的特色之一：有了固定的道場，於是將所有的禪修教學開始分類、分級、分階段。例如將原來一次十四週的特別班，拆解為四週的初級禪訓班，以及十週的進階班，開始區分新、舊學生不同次第的教學內容，在二年中開班數頻繁，上課的學生人數達二百人。除了週日的講經外，大多課程與活動都以「禪修」為主，也開辦了三期的週末禪二、四次的禪七。同時將每週的活動固定下來，例如週日為一整天的活動：早上為早課後、打坐、中午供餐、下午講經、禪坐。週六則固定安排「初級」（上午）、「進階」禪訓班。一個月一至二次的週末「禪二」等。

此時期第二個特色是：開始安排資深的學生，於聖嚴法師返臺期間，為初級班學生上課、帶領禪坐共修，以及其他例行共修活動。同時，也安排有能力授課的資深在家、出家的西方弟子，例如 Dan Steveson、果忍法師（Paul Kennedy）等人開始為大眾分享佛法，分享的內容多為經過聖嚴法師過目、修潤、討論後的佛教經典英譯內容。[36]此一啟用居士弟子領眾共修、講解佛法與基礎禪法的作為，與當時北美整體禪修環境中，各源流佛教漸漸由西方居士弟子管

---

[36] 相關內容參考自《禪》雜誌、《禪通訊》於一九七八年至一九八一年刊登的訊息，以及許多經過與聖嚴法師討論、核對後的佛教經典英譯文。見附錄四：《禪》雜誌（*Ch'an Magazine*）總目錄（1977-1982）。

理與住持寺院、帶領修行的發展趨勢相呼應。

與此同時，聖嚴法師因為接管中華佛教文化館與在臺譯經院，為了提昇譯經院人員的禪修體驗，法師於一九七八年十一至十二月舉辦了第一、二期禪七，開始將美國的禪修活動與教學帶回臺灣，開展了在臺灣的禪修教學。[37]於一九七九年在農禪寺，為這些打過禪七的學員成立「般若禪坐會」，每週六固定禪坐共修，在法師返臺時期亦至禪坐會開示，因而成就了未來一系列的禪修著述。在臺灣禪修教學的同步啟動，為此一時期的特色之三。

3. 東初禪寺初期／臺灣中華佛教文化館（1980-1982）

禪中心於一九八〇年才正式購得皇后區 Elmhurst 處二層的樓房，於一九八一年方完成整修、落成使用，並命名為「東初禪寺」。將此列為聖嚴法師第三階段的禪修教學，除了因為硬體設備完善外，也因空間變大，法師於一九八〇年五月二十三日至三十日第一次於東初禪寺舉辦禪七，並決定每年在臺、美兩地各舉辦四期禪七，也同時統整與規範了禪七的統一作息、禪期規矩、內外護的分工，以及從此次禪期開始，每晚以一位禪宗祖師的詩偈或語錄為固定的開示教材[38]，一改過往禪七晚間開示時的隨機說法、師徒問答方式。

---

[37] 相關事蹟，參見：釋聖嚴，〈夢中人的夢話〉，《禪的理論與實踐》，《法鼓全集》4-18，頁 62-63。

[38] 聖嚴法師於一九八〇年十一月二十六日至十二月三日的禪七開示中亦有提到「現在每天晚上講同樣的東西」。法鼓山內部資料檔案：A52319801126-01。

本時期重要的特色是將所有的禪修教學制式化、規範化，讓弟子們有所依循、漸次深入佛法義理與修行的層次。另一特色，即是於一九八一年每週三特別課程：「師資培訓課程」，開始對禪修居士師資講授禪宗祖師生平與悟道經驗、各種接眾手法等內容，此一系列課程維持至一九八五年，非常具有漢傳禪佛教的色彩，足見聖嚴法師開始走向培養西方禪修居士師資的培育之路。

最重要的部分，則是在經歷將近六年的禪修教學經驗累積、課程內容與形式的分層、分級與深廣化後，聖嚴法師開始彙整其教法體系與各階次內容。從法師寫於一九八〇年《禪的體驗‧自序》，以及於一九八一年《禪門囈語》的長文：〈序——夢中人的夢話〉這二份文本中，可知法師將此六年的教學視為是「一套綜合性的修行方法」，對中、美人士皆有用。並強調其在國外所教授的修行方法，不全然套用中國禪的方式，而是經過他整理自天台的調身、調息、調心三原則，再結合中印大、小乘各種觀法與健身的運動等實用的內容與方法。[39]

由上可見，聖嚴法師在維持其漢傳禪宗法脈傳承的身分下，以漢傳禪宗所流傳的禪法為其「不變」的核心教學內容，同時在因應美國佛教環境發展現象，改變了禪宗傳統不

---

[39] 釋聖嚴，〈自序〉，《禪的體驗‧禪的開示》，《法鼓全集》4-3，臺北：法鼓文化，2020 紀念版，頁 3-4。取自：https://ddc.shengyen.org/?doc=04-03-001。〈夢中人的夢話〉，《禪的理論與實踐》，《法鼓全集》4-18，頁 60-61。

分階次的接眾手法，漸漸開展出分層、分級，次第內容分明、具有現代化與個人「創新」特色的禪修教學體系。

（三）小結：東、西方弟子修學禪法的同異

自東初老人圓寂後，聖嚴法師即開始其一生往返東、西方弘化的僧涯。從早期的禪修教學至晚年的弘化，常有人會詢問類似的問題：是否會依東、西方弟子不一樣的特質，在禪修教學上有所不同？有哪些差異呢？

1. 不輕易求新、求變、求神異

聖嚴法師曾於一九八三年在臺灣禪坐會的開示中提到美國的風氣：求新、求變、求刺激，物質欲望較強，顯示出美國人心是較不沉著、飄盪不實的弱點。也曾經有美國弟子建議禪中心要常常辦新的活動、有新的形象。法師對學生說：雖然「佛法歷久常新」，但以修行方式而言是「無法新潮」，也不可輕言改變或革新的。否則會有如七〇年代盛行的「超覺靜坐」團體，雖曾風行美國各地，到了八〇年代就無息而止了。由是可知，聖嚴法師在美國的弘化一向抱持「謹慎平實」，不用神通、神奇的方式吸引他人，重在給予正信的佛法觀念與修行方法。[40]

2. 西方重理性、辨真偽，及方法實用有效

於一九八六年，聖嚴法師第一位西方法子約翰‧克魯克

---

[40] 釋聖嚴，〈新與舊〉，《拈花微笑》，《法鼓全集》4-5，臺北：法鼓文化，2020 紀念版，頁 63-64。取自：https://ddc.shengyen.org/? doc=04-05-006。

（John Crook）博士，來到紐約東初禪寺參加禪七，與法師小參時曾問法師：「在西方弘揚禪法與在東方有何不同？」法師回以：西方弟子中有些已具哲學思辨的基礎，修禪時重實用、重視開悟見性，能在短時間非常精進地修行，也常把修行過程中的特殊經驗視為「解脫」或「悟境」。然而，又在修行後恢復平常生活的習性、煩惱，因此較難突破較深的禪修障礙。[41]

因此，聖嚴法師對西方弟子的課程教導上，觀念部分多從「理性」、「理論」的建構下手，重於思想的層次、禪法歷史演變上的介紹。這點可從其早期出版的禪修教材小書《禪的體驗》看到，占大篇幅的內容即為：禪的源流、從印度禪到中國禪、中國禪宗的禪、禪的悟境與魔境、明師難遇等。[42]小書中亦有：「禪的入門方法」，則是聖嚴法師在方法的傳授上，呈現其「重於實用有效」的原則。此一入門方法，即是日後法鼓山「初級禪訓班」統一的次第教材教法與內容的源頭。

3. 東方重信心與身心的健康

相較於西方的重理性，聖嚴法師認為東方人則較重於信心的建立、正知正見的啟發。過去的中國禪寺，多在山林，修行者也以出家人為主。法師認為，現在不論在臺灣或日本

---

[41] 釋聖嚴，〈附錄：禪與新心理療法〉，《拈花微笑》，《法鼓全集》4-5，頁 304-305。取自：https://ddc.shengyen.org/?doc=04-05-025。

[42] 釋聖嚴，《禪的體驗》，臺北：東初出版，1981 年（絕版）。相關內容今收錄於新編版本之《禪的體驗．禪的開示》（〈第一篇　禪的體驗〉）一書中。

等東方國家，大多已進入工商社會，能在寺院裡長期修行的人已經不多，會來學習禪法的禪眾，大多是為了「身心健康」而來，不以「開悟」為主要目標，而是重在建立修行能「了生脫死」的信心。43

但，聖嚴法師還是認為東、西方人基本上都是相同的，都需要「禪」的方法。44只是為何堅持一定要回到西方弘揚禪法？聖嚴法師直至二〇〇〇年回看這段歷程，還是覺得漢傳禪佛教在西方的人才實在太少、英文著作也不多，常讓他在許多國際場合覺得非常的孤單與寂寞，這也是他在一九九九年尚要在紐約上州成立「象岡道場」的原因，希望能「做為漢傳佛教在西方傳播的一點希望」45。

三、「禪修層次」之演變歷程與重點內容

從聖嚴法師開始在北美教禪，法師就自我定位為漢傳禪佛教僧侶的身分，但對於是否沿襲傳統禪宗「無門為門」的宗風，在實際教學時，卻是主張讓有心修行的人，「從有門可進的基礎方法」開始，「若能先用修學禪定的方法，把心安穩下來後」，「再教他們去尋無門之門」，因為法師更重視讓這些修禪者能找到「適合自己」並且「有效」的修行方

43 釋聖嚴，〈附錄：禪與新心理療法〉，《拈花微笑》，《法鼓全集》4-5，頁 304。

44 同上註。

45 釋聖嚴，〈一〇、拜訪沈居士‧在象岡期勉悅眾菩薩〉，《兩千年行腳》，《法鼓全集》6-11，臺北：法鼓文化，2020 紀念版，頁 83-84。取自：https://ddc.shengyen.org/?doc=06-11-011。

法。❹因此，在法師許多自敘教禪的內容中，常常可以讀到其所教的禪，既不是中國禪宗的禪，也不是日本的禪，而是結合個人的經驗與世尊以來各種能鍛鍊身心的方法，「加以層次化及合理化」，以讓不論性別、年齡、教育程度、利鈍根器者都能因此而獲益的方法。❹

（一）界定與「層次」相近的用詞

聖嚴法師經常使用「層次」、「階段」、「步驟」等用詞來表述其對禪修教學次第的重視。綜覽法師一九七七年至一九八一年的這些用詞，可以發現其一開始教禪就重視「基礎方法」，而這個方法是綜合性、有階段的方法，對於這些次第，法師常用的是「三個階段」、「三個層次」，再針對不同階段出現的「境界」，一一釐清其真與偽、誤與悟的內涵。❹

因此，筆者將數個用詞整理如圖二所示，並將它們的意義分別界定如下：首先將「歷程」定義為整個的修行過程，這修行過程中會經歷幾個「階段」（聖嚴法師常用「三」或「四」個），每一階段身心的變化會進入某種或高或低、或深或淺的「層次」。在進入下一階段前，上一「層次」會有一個中間過渡的歷程。如若在一個階段中沒有進入下一個階

---

46 釋聖嚴，〈禪的入門方法〉，《禪的體驗・禪的開示》，《法鼓全集》4-3，頁 28。取自：https://ddc.shengyen.org/?doc=04-03-004。

47 同上註，〈自序〉，頁 3-4。

48 引自：釋聖嚴，〈夢中人的夢話〉，《禪的理論與實踐》，《法鼓全集》4-18，頁 68。

段，那就可能會停留在那個階段的「境界」上，或是退回到之前的階段。除了「境界」有較高的「不動性」外，其餘的「歷程、階段、層次」都具有「流動性」的特質。

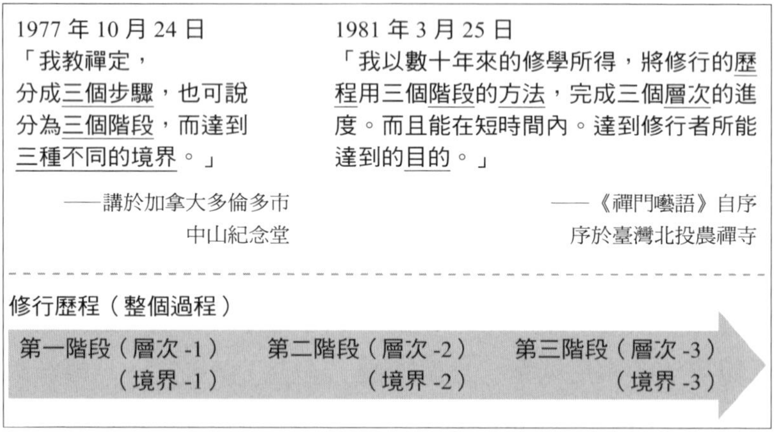
1977 年 10 月 24 日
「我教禪定，
分成三個步驟，也可說
分為三個階段，而達到
三種不同的境界。」
——講於加拿大多倫多市
中山紀念堂
1981 年 3 月 25 日
「我以數十年來的修學所得，將修行的歷程用三個階段的方法，完成三個層次的進度。而且能在短時間內。達到修行者所能達到的目的。」
——《禪門囈語》自序
序於臺灣北投農禪寺
修行歷程（整個過程）
第一階段（層次 -1）
（境界 -1）
第二階段（層次 -2）
（境界 -2）
第三階段（層次 -3）
（境界 -3）

圖二：「層次」相關用詞——歷程、階段、方法、層次、境界

（二）從三層次的「我」開始

1. 1976 年至 1978 年提出「三我」層次

在大覺寺與林邊時期，聖嚴法師就透過開辦「禪坐特別班」——初階與進階，總計十四週的課程，逐漸架構出其「次第學習」與「訓練」禪坐助手的禪修教學內容。（見附錄三）從中編撰了最早的二篇「教授修行方法的輔助教材」[49]：

〈坐禪的功能〉（1977）與〈從小我到無我〉（1978），

[49] 參見寫於一九八〇年八月三十日的序文，今收錄於：釋聖嚴，〈自序〉，《禪的體驗．禪的開示》，《法鼓全集》4-3，頁 4。

以及《禪的體驗》（1980）這本小書，也透過一些演講的場合指導與說明禪修相關的觀念與方法。（見附錄二）

（1）修行過程中以「自我」的變化為關注的主體

從上列諸文本中可見，聖嚴法師初期的禪修教學教材，首先指出坐禪的下手處在「調身、調息、調心」的方法，將心集中在一個具體的念頭，漸漸淡化「主觀意識」、「將自我中心」向外擴大，直至忘了「自我的存在」。從中可理解到聖嚴法師在教學上，一開始就以「自我」為其詮釋的主體，目的是讓修行者透過方法，得以漸次將熟悉的、自私的「小我」消除，進而把本體的「大我」也消除了，才是得到禪所說的真正的自由、才是徹底的認識自我。此一歷程，真正的目標是：對自我觀念的打破與重構、再認識，以實現「禪」所謂的「見性」或「開悟」。[50]

（2）開始區分「自我」的三個變化歷程與境界

聖嚴法師再進一步細緻地分析此「三我」歷程中，身心具體感受、認識與體驗到的境界：「小我」是「身」與「心」的「平衡與健康」；「大我」是「物我合一」、「向內無限深遠、向外無限擴大」；「無我」則是「物我雙亡」、「無對立相，自性同佛性」。對照印度次第禪的境界，指出第二階段是屬於「凡夫禪」的境界，第三階段分二種：在小乘為「人無我」，在大乘則是再加上「法無我」的境界。[51]從中可

---

[50] 釋聖嚴，〈從小我到無我〉，《禪的體驗・禪的開示》，《法鼓全集》4-3，頁 205。取自：https://ddc.shengyen.org/?doc=04-03-020。

[51] 相關內容整合自附錄二早期著述之內容大綱。

發現，早期聖嚴法師多用「物我」表示「外境世界」與「內在身心」，並仍會與印度次第禪法相對照來詮釋，比較傾向於佛教禪修傳統中的詮釋。

2. 強調所傳的禪法是漢傳的「禪」（Chan）

聖嚴法師更進一步釐清：英文的「concentration」屬於第一「集中注意力」的階段，；而「meditation」（美國人視為「靜坐」，日本人稱為「冥想」），則包含：感覺不到身體、環境的「小我」狀態，以及身心與世界合而為一、大宗教家或哲學家都可以體驗到的「大我」狀態。最後一個階段，是以達到「Chan」（禪）的「無」為修行的終極目的，這是需要透過「參禪」的方法（如：參話頭、公案、默照等）將「大我」「炸掉」，才能進入「沒有一個真正主體的我」——「無我」的境界。[52]

從早期的禪七內容，就可以發現聖嚴法師對於自己所教的禪法，就是定位在漢傳的「禪」，不是美國的「meditation」，也不是日本的「zen」。法師於一九七八年成立「禪中心」，就特別註冊為「Chan Meditation Center」（簡稱 CMC），即是除了讓西方人知道這是禪修的中心外，還要與當時各種源流的禪法有所區別，特別標示這個是以漢傳的「禪」為主要弘傳內容的「禪中心」。這是法師於美國弘化時，對個人身分定位確立的明顯作為。但是，在教禪的內容、方向與手法上，聖嚴法師於一九七八年的禪七

---

[52] 相關內容整合自附錄一之一九七七年至一九七八年臺、美兩地禪七的開示內容。

中，則很明確地表明他所教授的禪，亦不是禪宗的祖師禪中易落於追求「有」——有自性、有佛性——的禪風，而「教的是空的禪，不立文字相、一破到底，連『見性』、『開悟』也要打破、不以之為修禪的終極目標」。[53]當然，聖嚴法師也表明，禪修過程中，仍要以破我執、見性、開悟為修行的動機與目標，最後再朝向真正開發出佛之智慧與慈悲邁進。

從時間脈絡來看以上諸文本的內容，一九七六年至一九七八年間，聖嚴法師不斷向修行者說明「我」的種種現實狀態、再進而教導如何從尚未禪修的「自我」，漸次淡化自私的我後，最終能徹底認識全新的「自我」，都是圍繞著以「我」為中心來建構禪修的層次。筆者將之彙整、排列如圖三所示，以更清晰分辨法師最早的「禪修層次」三階段的演變內容。

[53] 內容主要參考一九七八年十一月在文化館的禪七開示。

修行歷程（整個過程）→

以「我」為闡述重心

		concentration		meditation		Chan
1978〈從小我到無我〉	境界：	1st. 身心健康	→→	2nd. 向內深遠向外廣大	→→	3rd. 無對立相，自性同佛性
	階段：	平衡身心—小我		從小我到大我		從大我到無我
1978〈禪的本質〉（理論化）	境界：			凡夫禪		大乘定／「法無我」
	階段：	（小我）	→→	大我→→無我	→→	小乘定／「人無我」
1977〈佛教的修行方法〉	境界：	1st. 身心平衡	→→	2nd. 物我合一	→→	3rd. 物我雙亡
	階段：	（小我）		（大我）		（無我）
1977〈坐禪的功能〉	方法：	調身→調息→調心		層次：自我中心擴大	→→	忘卻自我的存在（無念）

圖三：聖嚴法師「禪修層次」演變歷程之一

（三）細緻化「統一心」的變化歷程

1. 1979 年至 1982 年更細緻說明「統一心」之內容

關於以上英文用詞的三階段說明，對讀附錄一、附錄二之一、二手資料內容，可以明顯感受到自一九七九年以後至一九八〇年間，聖嚴法師不斷深入而細緻地闡述其所提出的三階段內容。另外，發現在一九七九年以後的禪七期間或幾場大學演講中，法師不僅將「我」與「心念」做一對照說明，更將第二階段的「從小我到大我」的歷程，開始將「身心合一、物我合一」轉為使用「統一心」的專有名詞，並漸漸將「統一心」更為細緻地區分為三、四種不同的境界，進而將「調心七層次」的內容更趨向完整與系統化的發展。

（1）對西方眾詮釋「我」（self）與「心」（mind）相對應的內涵

綜觀聖嚴法師於一九七九年至一九八一年二月之前，諸多英文著述與內部的禪七開示內容可發現，法師在面對西方眾時，總會層層深入地解釋「心念」（mind）與「我」（self）的相對應概念。例如：清楚地表明了：尚能受境所動的「心」是狹隘的「自我意識」或「小我」（self or “small self”），進一步達到「不（為境所）動的心念」（the mind not moving）則是「擴展後的自我意識」或稱為「大我」（a very expanded sense of self or “large self”），在「禪」而言，唯有「我」或「心念」不存在了，才算是開始進入最後階段「悟」的境界。聖嚴法師一再強調，真正的「無念」或「開悟」（no mind or enlightenment）是打破此一「大我」的「心念」後，此時已無所謂解脫與否的問題了。[54]

（2）將「大我」階段中「心」（統一心）的變化狀態做更詳盡的梳理

從一、二手文獻資料中，最早將所有的「一心」、「合一」、「統一」等用詞都統合在「統一心」一詞，是出現在一九八〇年以後的文本，在此之前則較常以「定」、「禪境」的狀態來分析與說明。使用「統一心」一詞，在中文文本中，則以臺灣的禪七內容較多，英文部分，反而是在美國各大學、禪中心（東初禪寺）的演講開示文本更為詳盡。

從以上資料可知，聖嚴法師此時已將「小我」的階段，闡明為「將平常散的『我』」，透過呼吸的方法「集中念頭」，此時重在將「心」往內「收攝」，直到能把「小的我」（心念）掌握住，當它能「清楚、分明」地為自己所掌握、支配，不受外境干擾時，即成為很「堅固」、「實在」的我時，就是「小我」階段的完成。

聖嚴法師進一步指出：「大我」階段，再分為「身心統一」、「內外統一」，前者在對「我」的身與心的覺受消失而合一，後者在「我」（內）與「環境」（外）無有分界、能合而為一的狀態。若要進入最後「無我」的階段，則要能突破統一心的四種「障礙」：光音無限、澄澄湛湛、一片悟境、虛空粉碎。前三者需要用參禪的方法將「小我、大我」都炸得「虛空粉碎、大地落沉」。何以「虛空粉碎」仍被視

---

[54] 節錄自附錄二中一九七九年十二月十六日、一九八〇年五月十一日、一九八〇年十一月六日等之對應內容。

為是障礙呢？因為，在聖嚴法師看來，即便是達到此階段，雖可說是「見性」、「悟」的境界，但離「佛的知見還差一截」[55]，只是進入「禪」門的開始，悟後仍要朝「佛之知見」繼續努力修行。

2. 將「禪修三層次」與「調心七層次」相結合

對於禪修層次的每一階段狀態，聖嚴法師於一九八〇年十一月六日在哥倫比亞大學的演講中，更進一步說明其與印度次第禪法的同異之處，例如禪修層次的第二階段的「統一」境，才是印度禪法的 dhyana、samadhi，第一階段只是一般從散心進入集中心的過程。法師對每一階段的狀態與辨識，以及如何超越前一階段的方法，亦做了頗為詳盡的說明。[56]

另一方面，早期的禪坐特別班、初階班、進階班所講授的「調心七層次」，更結合禪七中「默照」與「話頭」方法的教導，闡明如何正確判斷每一階段的不同，例如第三與第四的不同，在於前者尚會受到念頭的干擾，後者雖仍有念頭，但「用功的念頭沒有斷」；而第五階段則只剩三個念頭，直至完全沒有「散念」才是進入第六階段等。最後，更強調其初級班所教的、所要達到的目的，即是第七層次的「無念」境界。[57]

---

[55] 關於此四層次的內容說明，參見附錄一、二之相關引文。

[56] 參加附錄二所節錄的內容及出處。

[57] 取自附錄一中一九八〇年十一月二十六日的禪七內容節錄。「調心的歷程」完整內容與圖示，最早刊出的是一九八〇年出版的小書《禪的體驗》，今收錄於：釋聖嚴，〈禪的入門方法〉，《禪的體驗．禪的開

這一階段最大的特色是聖嚴法師以「統一」的「心」為教導的核心，經過了五年非常密集與細緻地整理出此一「調心的歷程」的目的，筆者認為誠如聖嚴法師在〈觀空五層次〉內文所言：透過這些由「有」（我）到「空」（無我）具體而微的歷程與方法的說明，相信修行者不只清楚如何著手修行，更能在用功過程中，清楚這些歷程的顯現與變化，並能知道如何捨棄一個階段，再進入下一個階段，也會明白每一階段要如何用功，只要持續修行，即能如同沿著階梯往上走，最終將會走到頂點。[58]

茲將上述內容，整理如圖四。

（四）建構完整「禪修層次」三階段內容

1. 二次的統整與建構其教學歷程

透過梳理了以上禪修教學，尤其是「禪修層次」演變的歷程與內容在不同時空脈絡下，漸次推演出豐厚的次第內容，即可明白在以下二個文本的源頭與演變脈絡。首先，是在一九八〇年出版的《禪的體驗》這本小書，即是聖嚴法師第一次針對大覺寺、林邊時期的禪修教學內容的整理。是法師首次將禪修教學予以「層次化」與「合理化」後，具體呈現出來的「綜合性」的修行「觀念與方法」。[59]

示》，《法鼓全集》4-3，頁 45-47。

[58] 釋聖嚴，〈觀空五層次〉。《心在哪裡？——聖嚴法師西方禪修指導》，頁 83-87。

[59] 釋聖嚴，〈自序〉，《禪的體驗・禪的開示》，《法鼓全集》4-3，頁 3。

修行歷程（整個過程）

強化「心」的變化歷程 ↑ 以「我」為闡述重心

1980《禪的體驗》	方法：調身、調息、調心　目的：調理身心……健康和統一 調心七層次： 1st. 散亂心　2nd.~5th. 集中注意力的過程　6th. 定境（天人合一）　7th. 悟境
1978〈觀空五層次〉 (禪期)〈禪修的四大障礙〉	層次：1st. 日常思慮→ 2nd. 身心念頭→ 3rd. 忘掉方法→ 4th. 忘掉自己→ 5th. 忘掉環境 障礙：光音無限、澄澄湛湛、一片悟境、虛空粉碎
1978〈從小我到無我〉	境界：1st. 身心健康 →→2nd. 向內深遠向外廣大→→3rd. 無對立相，自性同佛性 階段：平衡身心─小我　從小我到大我　從大我到無我
1978〈禪的本質〉 （理論化）	境界：凡夫禪　大乘定／「法無我」 階段：（小我） →→ 大我→→無我 →→小乘定／「人無我」
1977〈佛教的修行方法〉	境界：1st. 身心平衡 →→ 2nd. 物我合一 →→ 3rd. 物我雙亡 階段：（小我）　（大我）　（無我）
1977〈坐禪的功能〉	方法：調身→調息→調心　層次：自我中心擴大 →→ 忘卻自我的存在（無念）

圖四：聖嚴法師「禪修層次」演變歷程之二

其次，是在一九八一年為第一本集結學員禪七心得的《禪門囈語》寫的長篇序文：〈夢中人的夢話〉。文中所提出的「修行歷程三階段」，其實就是將其數十年修學經歷，以及這些年來在臺、美兩地教授禪法、講說禪修層次的所有內容的大彙整，也是首次在一篇文章中完整的呈現出來，並表明其目的在於：以「確切地指導修行」者，令其「在七日之中，必可從第一階段進步到第三階段」。[60]

2. 所建構的「修行歷程三階段」基礎核心內容

於〈夢中人的夢話〉中，聖嚴法師將「禪修層次」分為：「集中注意力」、「心念統一」、「虛空粉碎」。第一階段又分「為求身體健康和心理平穩者」、「為求鍛鍊身心者」二類；第二階段亦分出「身心統一」、「內外統一」，其中的「內外統一」更細分為「放下自我中心的內外合一」，以及「進入光音無限、澄澄湛湛、一片悟境」的境界。最後階段則至少要在「身心統一」程度後，再用參禪的方法達到「虛空粉碎、大地落沉」的境界。

在一九八〇年至一九八二年期間，幾篇分量不輕、談論此四階次的英文著述[61]，可以看到聖嚴法師已經將此四階

---

[60] 引自：釋聖嚴，〈夢中人的夢話〉，《禪的理論與實踐》，《法鼓全集》4-18，頁 68、73。

[61] 例如：Stages of Emptiness in Meditation (1980)、The Four Great Barriers (1980)、The Stages of Enlightenment (1980)、The Practice of Ch’an (1980)、The Four Great Vows (1981)、Emptiness and Existence (1982)、Four Conditions for Practicing Chan (1982)、Meditation, Mysticism and Ch’an (1982) 等等，相關文本內容節錄與出處，可參見附錄二。

次的內容，層層深入地解析，不論是從「空」與「有」的角度來看，或是從「小我」、「大我」、「無我」的層面來分析，都一再強調「統一心」都還是「禪定」的階段，唯有運用「禪」的方法打破「統一心」的任何狀態，才是進入「真正解脫自在」，能活活潑潑參與這個世界，沒有個人私我的執著，僅有慈悲與智慧含容一切眾生的「無我」心量。[62]

一九七六年至一九八二年間，聖嚴法師「禪修層次」由「我」入手，再深入強化「心」的演變，最後呈現出結合了「我」與「心」完整的基礎核心禪修教法與體系。茲將此歷程重要內容，依時間脈絡、文本重點內容、分層次的呈現如圖五所示。

從圖五中，再進一步可看到，三個階段層層演變與內容豐富化的過程，並發現在早期的禪修教學中，即已能看到聖嚴法師晚年所闡明「中華禪法鼓宗」禪法的「創新」之處，即是此由淺入深的四個階段，以及各階次都「各有修行與進階」方法[63]的豐富內涵。

茲將上述「禪修層次」演變歷程中，重要的三個階段內容整合如圖六。

---

[62] 統整自附錄一、二於一九八〇年至一九八二年之間的文本內容。

[63] 釋聖嚴，〈中華禪法鼓宗　宗教→佛教→漢傳佛教→禪佛教〉，《承先啟後的中華禪法鼓宗》，《法鼓全集》9-7，頁 48。

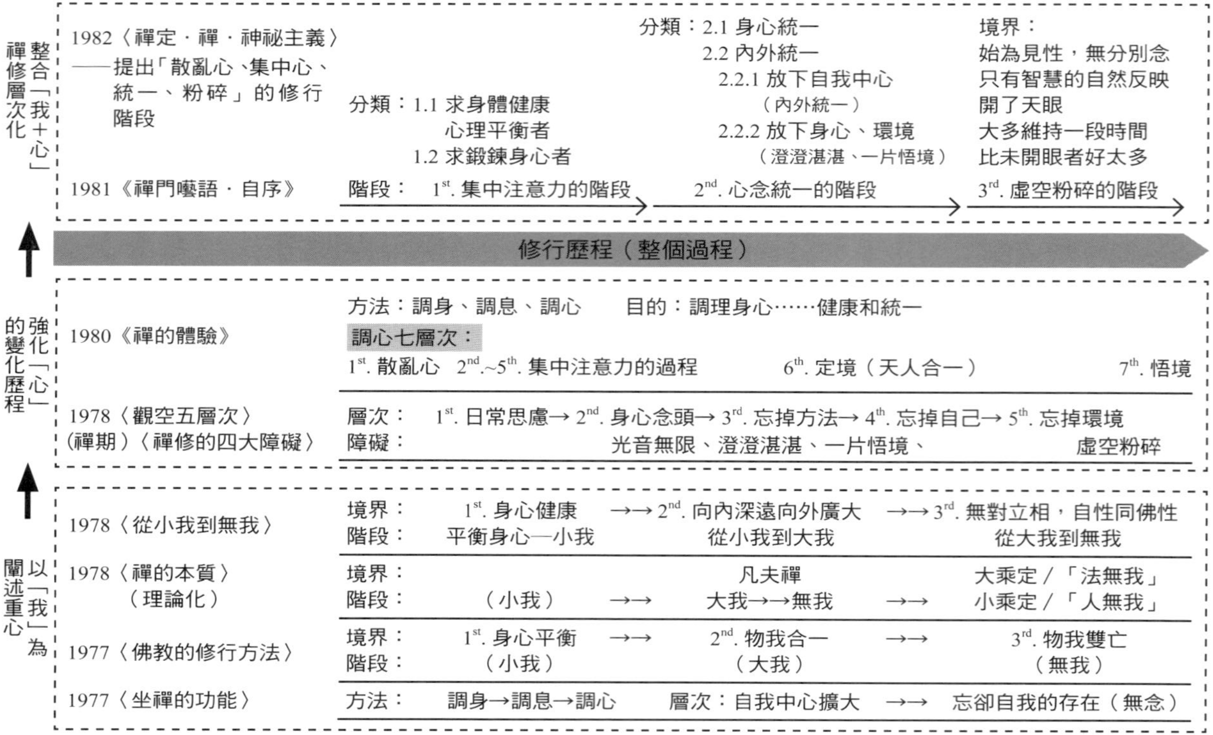
整合「我＋心」禪修層次化
1982〈禪定・禪・神祕主義〉
——提出「散亂心、集中心、統一、粉碎」的修行階段
分類：1.1 求身體健康心理平衡者
1.2 求鍛鍊身心者
分類：2.1 身心統一
2.2 內外統一
2.2.1 放下自我中心（內外統一）
2.2.2 放下身心、環境（澄澄湛湛、一片悟境）
境界：
始為見性，無分別念
只有智慧的自然反映
開了天眼
大多維持一段時間
比未開眼者好太多
1981《禪門囈語・自序》
階段： 1st. 集中注意力的階段
2nd. 心念統一的階段
3rd. 虛空粉碎的階段
修行歷程（整個過程）
強化「心」的變化歷程
1980《禪的體驗》
方法：調身、調息、調心
目的：調理身心……健康和統一
調心七層次：
1st. 散亂心
2nd.~5th. 集中注意力的過程
6th. 定境（天人合一）
7th. 悟境
1978〈觀空五層次〉
(禪期)〈禪修的四大障礙〉
層次： 1st. 日常思慮→ 2nd. 身心念頭→ 3rd. 忘掉方法→ 4th. 忘掉自己→ 5th. 忘掉環境
障礙： 光音無限、澄澄湛湛、一片悟境、 虛空粉碎
以「我」為重心闡述
1978〈從小我到無我〉
境界： 1st. 身心健康 →→ 2nd. 向內深遠向外廣大 →→ 3rd. 無對立相，自性同佛性
階段： 平衡身心—小我 從小我到大我 從大我到無我
1978〈禪的本質〉
（理論化）
境界： 凡夫禪 大乘定／「法無我」
階段： （小我） →→ 大我→→無我 →→ 小乘定／「人無我」
1977〈佛教的修行方法〉
境界： 1st. 身心平衡 →→ 2nd. 物我合一 →→ 3rd. 物我雙亡
階段： （小我） （大我） （無我）
1977〈坐禪的功能〉
方法： 調身→調息→調心
層次：自我中心擴大 →→ 忘卻自我的存在（無念）

圖五：聖嚴法師「禪修層次」演變歷程之三

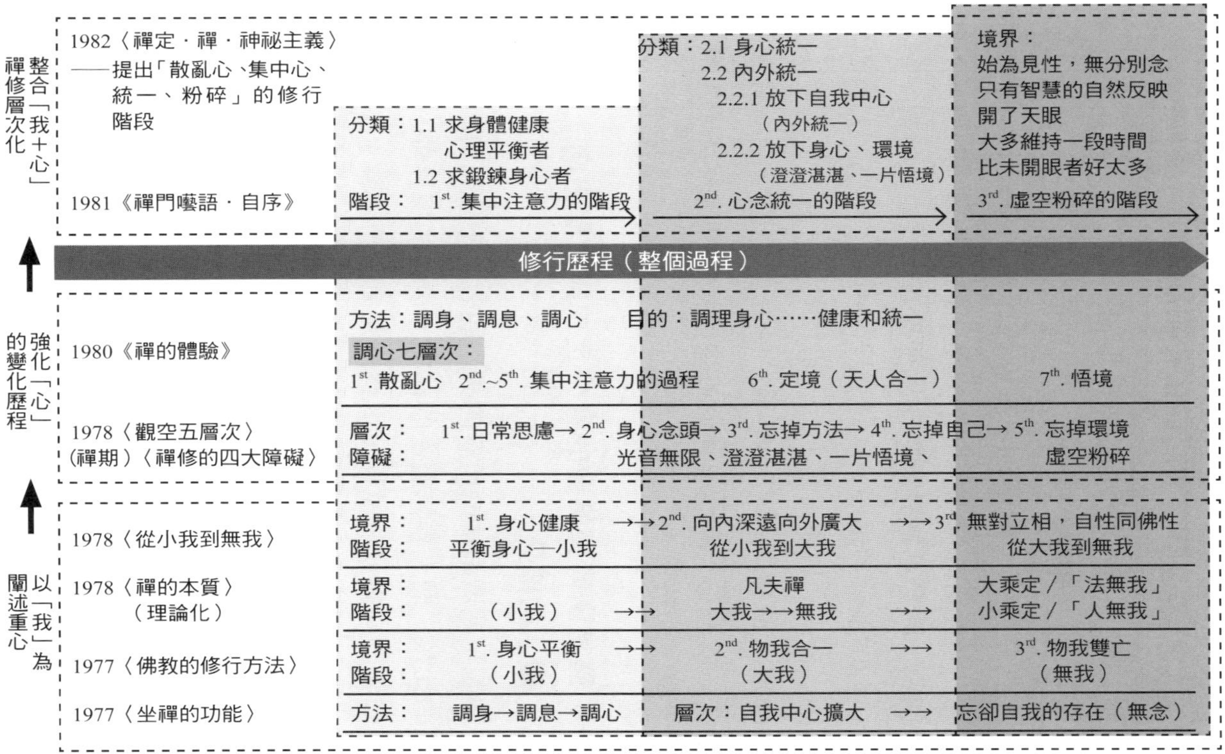

圖六：聖嚴法師「禪修層次」演變歷程之四

四、研究結果與討論

綜觀以上對「聖嚴法師早期禪修層次演變」之研究結果，首先即回應了研究者一開始的「好奇」：聖嚴法師此一「禪修層次」四階段，的確是歷經了將近七年的時間（1976－1982），從簡要的內容漸次演變為豐富的內涵，此一「創新」的體系雖歷經數年，卻證實了《心在哪裡？——聖嚴法師西方禪修指導》〈譯者序〉所言：早在一九八五年以前即已在「名目與進程」上「昭然揭示」。

在此一演變歷程中，聖嚴法師在與整體時空環境互動下，下文將依幾個面向來探討，法師此一禪修教法中「變」與「不變」的特色。

（一）堅持漢傳禪佛教的身分定位與教學方向——「不變」的部分

綜觀早期聖嚴法師所有的禪法內容，不論在與印度次第禪法的比較、個人禪修層次的建構、悟後的境界等，可發現其所強調的禪修最終歷程，都會回歸到漢傳「禪」（Chan）的內涵，並且不斷闡明「禪」不同於美國當時普遍認知的 meditation、日本的 zen 之處，以期讓修行者能真正掌握「禪」的核心內涵：在於對「無」的正確認知與實際體驗，用以釐清修行過程中的模糊地帶，並建立正確的修行知見。

另一方面，從紐約「禪中心」的命名，即可知聖嚴法師一開始就以自己是漢傳的僧侶、所接的法脈是禪宗的臨濟與曹洞，因此，非常明確地將自己在美國的禪修教學，定位在弘傳漢傳禪法上，而大多數的教學內容不離禪宗的文獻、祖師的詩偈或語錄等。筆者認為，除了漢人的血統法脈外，另一個主要因素在於：聖嚴法師長年在國際弘化過程，感嘆於漢傳佛教一直是少數族群，為實現其弘傳漢傳禪法於西方的大願，從不曾放棄在西方弘化的因緣。此為聖嚴法師禪修教學歷程中，不曾改變的立場與方向。

（二）早期禪修教學的特色——「變」的部分

1. 不離基礎的核心內容：由「我」到「無我」的演變

在上文的「禪修層次」演變歷程梳理中可發現，聖嚴法師禪修教學都以「我」為核心對象，這不僅因為修行本就不離「我」這個主體，筆者認為亦是法師回應美國當時的時空環境、社會思潮的應機施設，並且走出傳統禪宗一開始就要「破我」的接眾手法。

許多西方弟子進入禪門，大多為尋求真正解脫自在的自我、生命的真實意義而來。面對弟子們一再詢問與「我」相關的議題，聖嚴法師在各種場合、用了不同的角度來詮釋「自我」的各種可能面向。尤其是在禪修期間，面對不同階段所產生的不同身心變化，聖嚴法師帶領著弟子們經歷了「我」的演變歷程：認識、集中、統一，最後鼓勵弟子運用禪的方法一舉打破「我」的所有束縛，進入禪「無我」的境界。此一教學歷程的演變結果，也成為聖嚴法師終其一身，基礎且核心的禪修教法。

2. 仔細闡明「統一心」與「悟境」的真偽

聖嚴法師在帶領禪修的過程中，發現西方弟子在禪修過程中，對於「悟」的境界常常充滿了許多幻想、誤解與期待。尤其當時頹靡風氣下，常誤以為外表的改變與使用一些藥物，就可以讓心靈進入一個空無、解脫的世界。面對弟子們常常出現在這些境界上的種種追求與不斷詢問解脫的真實義，聖嚴法師常常需要在課堂上、禪期中、學術演講等場合，或用理性科學的方式、或在禪期以逼拶棒喝的方式，一一解答或打破弟子們對「悟境」的追求與執著。

在一九八〇年至一九八二年的著述中，就可以發現聖嚴法師漸漸形成其對「統一心」的各種境界，開展出四種分類（光音無限、澄澄湛湛、一片悟境、虛空粉碎）的說明。這些內容大多不離修行禪定時，都會出現的現象，但也可以看出聖嚴法師結合了次第禪法的禪定內容（前三者）與中國禪宗的「虛空粉碎」，開創出禪定的新名詞：「統一心」，並且類分為四種樣態。這在當時美國各類禪法盛行的環境中，不曾聽聞與看到的教學內容與禪修層次。

因而也漸漸演變成一套具體有效、層次分明、易於操作的修行方法。

3. 建構出完整而次第化的「禪修層次」四階段

在前面各個章節的梳理之下，呈現出聖嚴法師的禪修教學，即從三個「我」的層次開始，經過對「統一心」更深細的分類辨析，漸次演變成「四心」的階次，每一階次都各有其進階的修行方法，最後完整建構出聖嚴法師統合了「我」與「心」的基礎且核心的禪修教法。此一不斷演變與建構的歷程，放在當時的美國佛教環境來看，的確符應了俞永峰所言：在當時盛行的各源流禪法中，所不曾見過的禪修層次與系統化的內容。

（三）研究討論

1. 漢傳禪法的現代化

聖嚴法師做為一位漢僧，到西方弘法過程中，為了因應當時、當地的人文社會環境，在教與學的過程中，一直不停地調整禪修的層次，以適應並契入當時美國的環境。即是讓漢傳的禪法在一個快速變遷的環境中，為了適應當地的環境，於是讓方法開始走向一個現代化的過程。過去大家說「聖嚴法師禪法是非常現代化」，這個研究就是提出了一個證明。因為聖嚴法師的確在那個環境中，一步一步地開始做出了他的時代創新。

2. 形成次第系統和理論，以利教學

現代化所展現出來的，就是把各式各樣不同切入的方式的禪法，漸漸地把它次第化、系統化，這個結果，可以讓未來的教與學有所依據。在次第化過程中，也形成了聖嚴法師的禪修理論。因為有這樣的理論建構與次第化的過程，在漢傳禪法的往後教學，這時期的演變堪做為最主要的奠基與延伸的關鍵。

3. 由「我」切入，轉入「心念」的修練，以跨越東西方文化的鴻溝

在西方文化中，「我」是一個非常重要的課題，聖嚴法師提到了「認識自我」、「小我」、「大我」的概念，其實是為了適應西方文化的切入點。到了一個階段後，才開始轉向禪修中非常重要「心念」的鍛鍊。由「我」如何轉向「心

念」的鍛鍊的說法，這是一個非常大的轉折，在西方文化中要跟西方人談「心」是一件非常困難的事。所以，從「我」轉向「心念」這樣的練習，是讓這個方法的著力更回到漢傳禪法原來的傳統之中。所以，集中心、統一心、無心，這樣心的層次與禪修過程中的鍛鍊，於是就在西方國家建構起來了，於是漢傳禪法不再只適用於華人，也適用於西方人。

這整個教學的轉變，聖嚴法師在那個年代已經把漢傳禪修方法的現代性，逐漸根植起來。這是這個階段最重要的價值。因為漢傳禪法要能與現代社會接軌，在那個時期其實是一個非常核心的關鍵階段。

五、結語

聖嚴法師自言其是隨著因緣而來到美國，也隨著大環境的潮流走向禪修教學之路，逐漸成為足以代表現代漢傳禪法的禪師級人物。在這歷程中，本研究著重在呈現聖嚴法師早期「禪修層次」的演變，如何成為其未來禪修教學的核心基礎內容。從這演變過程中，發現聖嚴法師不離其漢傳禪法傳承的系統，在教學內容取捨中，融攝了中國禪宗的核心思想內涵，同時也因應時空環境的需要，逐漸開演與建構出其獨特的次第化禪修教學，展現出聖嚴法師「現代創新」面向。

本研究由於研究者的局限，仍有許多待努力之處。尤其在聖嚴法師禪修教法內容演變的完整性，以及此一教法對當時修學的弟子是否帶來了各種不同層面的影響，是為未來足以深入研究與探討的方向。

參考文獻

一、中文

王宣曆（2017），〈聖嚴思想融合性之歷史根源與特色〉，《臺大佛學研究》第 34 期，頁 87-119。https://doi.org/10.6727/TJBS.201712_(34).0003，檢索日期：2023/6/3。

李四龍（2014），《美國佛教：亞洲佛教在西方社會的傳播與轉型》，北京：人民出版社，。

林建德（2016），〈「抉擇」與「傳承」：印順和聖嚴對於「中國佛教」的兩種立場〉，《人間佛教研究》第 7 期，頁 177-212。https://www.airitilibrary.com/Publication/alDetailedMesh?DocID=P20180307006-201612-201803070027-201803070027-177-212，檢索日期：2023/6/3。

俞永峰（2010），〈聖嚴法師與禪宗之現代化建構〉，中譯本收錄於《傳燈續慧——中華佛學研究所卅週年特刊》，臺北：中華佛學研究所，頁 139-176。http://www.chibs.edu.tw/ch_html/CHIBS30/pdf/images/139_176.pdf，檢索日期：2023/6/30。

釋果暉（2011），〈聖嚴法師之漢傳佛教復興運動〉，聖嚴教育基金會學術研究部編，《聖嚴研究》第二輯，臺北：法鼓文化，頁 303-359。

釋聖嚴（2011），《心在哪裡？——聖嚴法師西方禪修指導》，臺北：法鼓文化。

釋聖嚴（2013），《禪在哪裡？——聖嚴法師西方禪修指導》，臺北：法鼓文化。

釋聖嚴（2020a），《日韓佛教史略》，《法鼓全集》2-3，臺北：法鼓文化，2020 紀念版。

釋聖嚴（2020b），《留日見聞》，《法鼓全集》3-4，臺北：法鼓文化，2020 紀念版。

釋聖嚴（2020c），《我的法門師友》，《法鼓全集》3-9，臺北：法鼓文化，2020 紀念版。

釋聖嚴（2020d），《禪的體驗．禪的開示》，《法鼓全集》4-3，臺北：法鼓文化，2020 紀念版。

釋聖嚴（2020e），《拈花微笑》，《法鼓全集》4-5，臺北：法鼓文化，2020 紀念版。

釋聖嚴（2020f），《禪的理論與實踐》，《法鼓全集》4-18，臺北：法鼓文化，2020 紀念版。

釋聖嚴（2020g），《佛教入門》，《法鼓全集》5-1，臺北：法鼓文化，2020 紀念版。

釋聖嚴（2020h），《金山有鑛》，《法鼓全集》6-4，臺北：法鼓文化，2020 紀念版。

釋聖嚴（2020i），《東西南北》，《法鼓全集》6-6，臺北：法鼓文化，2020 紀念版。

釋聖嚴（2020j），《兩千年行腳》，《法鼓全集》6-11，臺北：法鼓文化，2020 紀念版。

釋聖嚴（2020k），《方外看紅塵》，《法鼓全集》8-10，臺北：法鼓文化，2020 紀念版。

釋聖嚴（2020l），《承先啟後的中華禪法鼓宗》，《法鼓全集》9-7，臺北：法鼓文化，2020 紀念版。

二、西文

Asher, Rikki. 1977. “Student Report.” *Ch’an Magazine* 1(1).

McMahan, David L. 2011. “The North American Buddhist Experience.” in *Buddhism in the Modern World.* London: Routledge, pp. 140-141.

Tonkinson, Carole. (ed.) 1995. Introduction by Stephen Prothero. *Big Sky*

Mind: Buddhism and the Beat Generation, New York: Riverhead Books, p. 1-20.

Yu, Jimmy. 2010. “A Tentative Exploration into the Development of Master Sheng Yen’s Chan Teachings.” *Chung-Hwa Buddhist Journal,* no. 23, p. 3-38. https://buddhism.lib.ntu.edu.tw/FULLTEXT/JR-BJ001/bj001377333.pdf (2023.6.3)

附錄

附錄一：各類禪期中含「禪修層次」開示內容節錄（1976-1982）❶

附錄二：著述❷中含「禪修層次」開示內容節錄（1976-1982）

日期／篇名／地點	開示內容（僅選取部分節錄）	出處／收錄
1976-1980 期間 〈禪的入門方法〉 美國早期的禪坐特別班教學教材內容	提出：調身、調息、調心 調心的歷程，以數息為例子對治「散亂心」，分七個階段，其中即提出了： 「**以上七個階段，第一是散亂心，由第二至第五是集中注意力的過程，第六、第七是定境與悟境**。若細論，第六尚不是深定，而是一般宗教家、哲學家，乃至藝術家，都能多少體驗到的所謂天人合一和與神同在的冥想。」	《禪的體驗．禪的開示》，頁45、47。

❶ 事涉版權，內文暫略。

❷ 本表格依時間先後順序，以聖嚴法師禪修教學中，直接言明「禪修層次」之三心或四心的內容為主，資料主要引自：英文《禪》雜誌、《禪通訊》（*Ch'an Magazine*, *Ch'an Newsletter*）、《法鼓全集》2020 紀念版（電子版），或早期單行本之著述等。英文部分若已有中譯，則以中文呈現，若無中譯則節錄原文（英文）。為免占篇幅，《法鼓全集》的出處僅列書名與頁碼於後，不特別用註腳呈現。

1977 〈坐禪的功能〉 The Advantages One Way Derive from Ch'an Meditation 美國早期的禪修教學教材內容	一、坐禪即財富 坐禪的功能，主要是由於心力或念力的集中於某一個抽象或具象的念頭而來。 五、身心的調和及解放 ……下手處，是以**調身、調息和調心的方法**，減輕交感神經系統的負荷，沖淡主觀意識的影像，**將自我中心的界限，漸漸向外擴大**，乃至忘卻了自我的存在，……唯有坐禪的方法，可將人們從自我中心的主觀心態，漸漸地轉變為客觀心態，從主觀的煩惱陷阱之底提救，冉冉上升至客觀的自由世界，因而得到身心的解放。 Ch'an Meditation imposes no external restraints on the character, but instead molds it through self-realization and self-liberation. When meditation is practiced properly and consistently with the instruction of a Ch'an master, one's true and perfect character is gradually revealed, and perfect enlightenment is brought nearer and nearer.	《禪的體驗·禪的開示》，頁191、198-199。最早刊登於 *Ch'an Magazine* 1(2). July 1977。
1977/10/24 〈佛教的修行方法〉 加拿大多倫多市中山紀念堂	四、修行的層次： 大乘五層次——人、天、聲聞、獨覺、菩薩 五、修行的方法： 布施、持戒、忍辱、精進、禪定、智慧 **「禪定」分三階段：** 1. **身心平衡** 2. **物我合一** 3. **物我雙亡** 1. **小我的階段** 2. **大我的階段** 3. **無我的階段**	《佛教入門》，頁177-190。

1978/06/25 First Lecture on Kung-Ans 講於美國禪中心	僅節錄關鍵字，相關敘述附錄於表格後： ...this stage "ignoring reality." His ego, as well as any feelings of inferiority, will be greatly diminished... The approach I use in teaching my students is like this. A student must first attain a certain degree of concentration; if he can't concentrate, he can't even begin to practice Ch'an. After he attains a certain degree of **concentration** he has to go beyond that to a stage similar to samadhi, or what is usually referred to as **meditation**. It is only at this stage when one's mental power is concentrated and no other thoughts are present, that one is ready to work on **Ch'an**, or to use the Chinese expression, to 參禪	*Ch'an Magazine* 1(7), 1978-1979
1978/11/12 〈念去去千里煙波〉（〈放下與擔起〉） 文化館第二屆禪七第一天開示	四、置生死於度外 ——**放下的層次：開始要「有」，後來要「無」**。 ——有：有願心、願力；無：無得失心 ——先忘掉「身體」、死掉愛護身體的心 ——接著放掉過去、未來、現在的心	《拈花微笑》改篇名為〈放下與擔起〉，頁 88-102。
1978/11/19 〈禪的本質〉 大專佛學講座	一、禪與禪定 ——禪的意義 ——禪的分類：二分法、三分法、五分法 ——聖嚴的分類：三分法——世間、出世間、世出世間（含大乘禪、最上乘禪） ——大乘禪：如來禪——是定慧均等 ——最上乘禪：祖師禪——著重於智慧的開發	《學術論考》，頁 60-65。

	──**凡夫定──最高身心與宇宙合一，是從小我到大我的境界。** ──**小乘定──最高境界，是從大我進入無我的阿羅漢果位。（人無我）** ──**大乘禪與最上乘禪，是把無我的空執也破除，進入無邊無礙的智慧領域。（法無我）**	
1978/11/30 〈從小我到無我〉 發表於《中國佛教》	一、禪是什麼 **二、坐禪的三個階段** ──**第一階段，平衡身心的發展，達到身心的健康。** ──**第二階段，從小我到大我。** ──**第三階段，從大我到無我。**	《禪的體驗‧禪的開示》，頁189-200。
1978/12/09 〈從佛教的觀點談科學‧七、佛教的內證經驗是科學而超科學〉 講於淡江文理學院中國宗教哲學研究社	**佛教的內證經驗……分三層次說明：** **第一，小我的階段：** 是內在和外在二元或多元的信仰範圍。 所謂內在的信仰範圍，是以「自我」為主體，這個內在主觀的「自我」和外在客觀的世界相對，從宗教體驗的意義上說，內在主觀的「自我」體認了「佛」或「神」，心內便有佛或神的存在，而心內的佛是「我」自己，神也是「我」自己。……這是內在和外在相對的宗教效驗，最初信神、拜佛的人，大都落在這個階段上。 **第二，大我的階段：** 大我的階段，是天的佛教，這是**內在世界和外在世界消融為一，宇宙和身心合為一體的境界**，達到這個境界，是從禪定、禮拜或祈禱的修持中所產生的效果，如果集中精神在一件事物上，到了身心一致、廢寢忘食的程度，也能有這種體驗。 **天人合一的境界，從體驗的深淺看，有兩種現象：**	《學術論考》，頁299-305。

	一種是暫時性的，暫時打破小我的私欲，在一段有限的時間內，能夠保持身心與天地同體的和諧，但當你遇到煩惱的時候，又產生了衝突和矛盾，……**另外一種是已經生到天界，能夠恆常保持天人合一的狀態**。 **內在世界和外在世界合而為一，稱之為大我**。 為什麼叫大我？小我的一切自私自利的欲望消除了，我就是大眾，大眾就是我，我就是一切，一切與我無異，我的身心和宇宙同等高深、同等博大，到了這個境地，身心的感受非常地光明、清涼、和諧，朗然如麗日中天，廣大如虛空無涯，這個時候的心量，能夠包容一切，沒有惡的念頭，內心充滿喜悅和慈愛。 **第三，無我的階段：** 無我的境界，是**內外世界一齊消融，可以分成兩種：** **一種是小乘，一種是大乘**。從小乘來講，就是解脫了生死煩惱，不再輪迴六道；從大乘來講，他一面求自己生死煩惱的解脫，一面幫助別人脫離煩惱，他有大智慧、大悲願，能自由自在出入生死……。 以上三個宗教體驗的階段，第一個小我的階段，可以用心理學原理和心理分析法加以解釋，是可以獲得科學根據的。第二個大我的階段，就不容易用科學來說明了，但是可以用哲學理念來了解。第三個無我的階段，不能用任何理論加以解釋，必須親自有了這種體驗的人才能了解。	

1979/12/16 Ch'an Meditation 電台訪問	禪修經驗的不同層次 Inevitably there are many different levels of meditation experience and the depth of an experience can be judged by the person's feelings of the experience. If the experience is shallow, then the person would still feel the existence of the external world and the internal world and even the distance between the two. A deeper experience would be when the distance between the two actually disappears. And in an even deeper experience, not only does the distance itself disappear, but the whole thing completely disappears. And yet everything is still very clear.	
1980/05/11 The Stages of Enlightenment-1 講於美國禪中心	<u>Levels of Samadhi</u> Yesterday in the Beginning Class I drew several diagrams on the blackboard illustrating the progressive levels of concentration. In the sixth diagram there was only one continuous line representing a completely unified state of mind, which could be called genuine meditation, or Samadhi. ...I have just described the first of the eight grades of samadhi (in addition of the pre-samadhi stage), which is called “the stage when samadhi arises and you sense happiness and contentment.” It is not necessary to go into the other seven grades now because it won't be of much use to us to hear about them at this point. But it is important for us to be aware that there are many different levels.	*Ch'an Magazine* 2(1), Summer 1980

1980/05/11 The Stages of Enlightenment-2 講於美國禪中心	Flag moving, wind moving, mind moving; Mind not moving, mind not existing The state where the mind is not moving is not genuine enlightenment. A genuine enlightenment corresponds to the state of no mind and that is the same thing as no self. The mind moving corresponds to a very narrow sense of "**self**", or "**small self**". The mind not moving corresponds to a very expanded sense of self, or "**large self"**, but still existing. **From the point of view of Ch'an, only the final stage of self or mind not existing can be considered the beginning of genuine enlightenment**. But even in Ch'an history there have been cases where people have only reached the stage of mind not moving and others claimed that they have already gotten enlightened. People may be unclear as to how this stage of mindlessness is different form the nine stages of samadhi that I just briefly mentioned and didn't go into in detail. Well there's a great difference because throughout the nine stages sensations still exist; even in the highest stage there is a sensation of nothingness - no time, no space, no thoughts, and even no thoughts about thinking. People who reach this stage may very well feel that they have attained ultimate liberation, but this very feeling indicates that they mind still exists. Therefore it is possible that a person who practices well **but without good guidance may reach the eighth level of samadhi and mistake this for**	*Ch'an Magazine* 2(1), Summer 1980

	final liberation. However, **in the true state of no mind, or enlightenment, there is neither a feeling of being liberated nor of not being liberated.**	
1980/05/28 Stages of Emptiness in Meditation 講於美國禪七開示	「空」要從「有」開始，但是有許多人因為不知道該如何從「有」到「空」，所以修行很難深入。……空有五個層次……。 一、放下在禪期前，所有與日常生活相關的思慮； 二、放下在禪期中，所產生的種種與身心無關的念頭； 三、忘掉方法； 四、忘掉自己； 五、忘掉外環境。 ……有了這些說明，相信各位應該很清楚該如何著手修行了。當你用功修行時，將會清楚地看到這些過程的出現與演變。每當捨棄或放掉一個層次，而進入另一個層次時，你會知道接下來應該做些什麼。就像梯子的階梯一樣，每一步階梯都已清楚地標示出來，我們只要持續地修行，最後都能很快地爬上去。	*Ch'an Newsletter* 8, 1980 中文譯文：〈觀空五層次〉收於《心在哪裡？——聖嚴法師西方禪修指導》❸，頁 83-87。
1980/07/24 The Four Great Barriers 講於美國禪七禪七開示	要超越四種障礙： 1.the experience of limitless light and sound—光音無限 2.a state of extreme peace and purity—澄澄湛湛 3.attainment of the enlightened state—一片悟境 4.breaking emptiness apart—虛空粉碎	*Ch'an Newsletter* 9, 1980 中文譯文：〈禪修的四大障礙〉收於《心在哪裡？——聖嚴法師西方禪修指導》，頁 83-87。

❸ 臺北：法鼓文化出版，2011 年。下文直接引書名及頁碼，不另列腳註。

1980/11/6 The Practice of Chan 講於哥倫比亞大學	Three levels of practice (p.32) In the time remaining I will talk about the levels of practice, one by one. The first level is turning the mind from being directed outward to being directed inward. The second is concentrating the scattered mind. The third is breaking the concentrated mind apart. （全文有將此三階段詳盡的說明，見表格下方）	*Ch'an Magazine* 2(4), Spring 1981, pp. 32-33
1981/3/25 〈夢中人的夢話〉 寫於農禪寺	**(一) 集中注意力的階段，分二類：** 1. 為求身體健康和心理平穩者 2. 為求鍛鍊身心者 **(二) 心念統一的階段，分二類：** 1. 身心統一 2. 內外統一，又分兩大階段 **(三) 虛空粉碎的階段** 禪境的高低：1. 澄澄湛湛，2. 光音無限，3. 一片悟境，4. 虛空粉碎。顯然地，前三境均非見性，尚未到無念的程度⋯⋯。	〈自序〉，《禪門囈語》，頁 68-72。
1981/07/18 Right Attitude as an Aid to Practice 禪修中級班	提出禪修的不同階段： 從身心統一至內外統一 We have mentioned from the beginning that the goal of the Intermediate Class is to unify body and mind, as well as self and universe. When your body and mind are one, you will feel very comfortable and at ease both physically and mentally. If you can go a step further and reach the state where internal and external are unified, you will feel that nothing in the world is separate from yourself. The well-being of everybody is of direct concern to you. However, for the majority of you who have not been able to reach this goal, what should you do? On the one	*Ch'an Newsletter* 17, 1981 中文譯文：〈正確的心態〉收於《心在哪裡？——聖嚴法師西方禪修指導》，頁 109-111。

	hand, you should still continue your regular meditation practice. And on the other hand, you should cultivate supporting attitudes in your daily life that will help you to approach this goal. You should realize that our ways of thinking contain great force. Therefor if we direct our mind correctly and act accordingly, it will shorten the time it would take us to reach this goal just by meditation alone.	
1981/08/30 〈禪詩與禪畫〉 北投農禪寺	以禪詩說明**禪修的四個層次**： 一、遠觀山有色（見山是山——修行仍不得力） 二、近聽水無聲（看水不是水——入大疑團） 三、春去花猶在（破初參——見性開悟） 四、人來鳥不驚（智慧，悟境反映出來的度眾生的力量）	《禪的生活》，頁 36-45。
1981/11/01 The Four Great Vows WBAI radio program "In The Spirit"	Last Sunday on the radio program we were discussing the differences between Western and Eastern experiences of meditation. But actually, **from the standpoint of the process of the mind, the levels should really amount the same thing, this is, from "scattered mind" to "simple mind" to "one mind" to "no mind".** There should be a way of relating the meditation experiences of various cultures to each other, based on this scheme, even though the methods used may be different in each tradition.	*Ch'an Magazine* 2(7), Winter/Spring 1982, pp. 33。（電台訪談紀錄）
1982/03/28 〈禪的修行與體驗〉 中華佛教居士會	禪宗對定的二種不同態度： 一、對「定」持否定的態度 ——對神秀的禪修境界——是「漸次修定的過程」……。 二、對「定」持肯定態度	《拈花微笑》，頁 248-258。

	——**《遺教經》的「制心一處，無事不辦」……將散亂的心念集中起，心得統一，心能統一……。** 最高層次是小乘的阿羅漢 ——〈修心要論〉守住真心……守心的工夫……制心……。 ——〈奢摩他頌〉惺惺（觀）寂寂（止）……止觀不二、寂照不二，悟境現前。 ——宏智的「透頂透底」的一片悟境……慧的境界……。	
1982 Emptiness and Existence 美國	「雙重肯定」的階段，即深層的「有」： ——一心一念時，感覺與宇宙合一，對眾生有極大的同情心與慈悲心。 ——**自我感擴大……可以達到統一心**……不會生起慈民濟世的心……。 **「雙重否定」的階段，即進入「無念」「無心」的層次：** ——**視「空」為空……空被空掉了，「有」重新被肯定。** ——**是沒有執著的「有」。** ——不會覺得世界是無意義的。	英文刊於： *Ch'an Newsletter* 20, 1982 中文譯文：收於《心在哪裡？——聖嚴法師西方禪修指導》〈空與有〉，頁 99-101。
1982/06/21 Four Conditions for Practicing Ch'an	So it is possible to practice kung-an before your mind is unified and concentrated, but it will not produce the Great Doubt. **I will not give a disciple a kung-an in the very beginning. I will wait until they have a certain foundation before I will give them one or help them generate their own.** (…) Therefore one **must wait until the student's mind is settled, and then explode this settled, unified mind**. I describe **the process as starting with**	*Ch'an Magazine* 2(10), Winter 1983, pp. 28-29

	scattered mind, then using a method to unify the scattered mind into samadhi, and finally applying the method of Ch'an to dissolve the unified state. A scattered mind lacks the focus and energy necessary for this great event. It **must first be collected and concentrated. Then, at that stage, you need the power of Great Doubt to cause a great explosion, and enter the enlightened state**. (…) When people are in samadhi they may feel that there is no mind, no thoughts. But even at that state there is a mind left. It's just that you are not aware of it. One is not aware of this sense of "large" self. But you must lose even this to be genuinely enlightened. At that stage there is no problem of "small" or "large" sense of self, no more attachment or vexations, no more greed, hate, ignorance, pride, doubt. **In the state of one mind there is still a sense of self. But after the explosion, even this sense of expanded self is gone, though everything still exists.**	
1982/11/22 〈禪定・禪・神祕主義〉 美國紐約大學	1. 如果行者只是靜坐，而未曾超越禪定的境界，那麼他最多只能保持在內心統一和不動的階段。 2. 修禪……最初使修行者的心達到**非常集中、統一的狀態，然後將這集中的心粉碎或消失**……。 3. 通常我對這些修行境界的介紹是：首先**從散亂心進入集中統一狀態的心，這是禪定的境界**，到了最後階段，這個充滿、完整、實在的心消失之時，才是禪。 4. 在禪的觀點，甚至統一狀態的心，亦被以為是一種執著，執著於和小我私我相反的大我神我。	有三個版本： 1. 英文口譯刊於：*Ch'an Newsletter* 26, 1982 2. 此文中文譯本收於：〈禪、禪修和神祕主義〉，《心在哪裡？——聖嚴法師西方禪修指導》，臺北：法鼓文化，2011年，頁73-76。

	……會把真與假的界限分得很清楚，……經常會說他們所看到和所說的，都是真理，而其他人所說的卻是謬誤的、不正確的。 5. 禪，並沒有真的或假的世界，也不會傾向於真實或排斥虛假，禪完全包含了真與假，因為它們是平等不二的。 6. 一般人要了解禪的話，必須首先將心念修行至統一集中的狀態，然後，將這種狀態拋開，而返回平常的世界來。到了這個時候，才是真正的解脫與自在，而在同時，他又活躍地參與這個世界。 7. 若把禪與神祕主義拿來比較，我們可以說，禪者經歷了神祕經驗，但禪本身並不是神祕主義，而是踏實、平凡的生活。因為當一個人深刻地經驗了統一心的狀態或者得到了禪的體驗，便不會將這些經驗視為不可思議或不平凡，相反地，這種經驗將被視實際和真實的，並沒有什麼神祕可言，只是正常、平常的生活。 8. 依我的看法，若在修道的立場來說，根本沒有神祕主義者這樣東西，如果有的話，只是學術用語中的一個名詞。	3. 聖嚴法師修潤後的中文版收錄於:《禪的體驗‧禪的開示》，頁177-180。（本節錄文依此版本）

First Lecture on Kung-Ans

1978/06/25 講於美國禪中心

Ch’an Magazine 1(7). (pp. 1978-1979)

Before a person enters the door of Ch’an he works very hard until he reaches the stage where he will not know what he is eating or drinking, he will not feel like sleeping, he will not see what is in front of him, he will not hear what can be heard, yet he still hasn’t entered the door of Ch’an.

We call this stage “ignoring reality.” After he enters the door, for the first time he returns to a more normal mental state. His ego, as well as any feelings of inferiority, will be greatly diminished. So the practice should proceed as follows. One begins at the everyday normal stage. After working hard, everything suddenly becomes abnormal, then after a life and death struggle one enters the door of Ch'an and again sees everything as normal. But don't be misled; this normal is quite different from the normal of the man on the street. Although at this point the practitioner's mind will be quite clear, he should still go beyond this stage until he reaches another abnormal stage. Kung-ans such as "where are you?" "I am here" are representative of the second abnormal stage. This second abnormal stage is then followed by a still deeper normal stage. Ch'an masters have charted the stages of progress one should pass through in various different ways. Some speak of passing three major barriers, others set up four stages, but these are actually all rough classifications. Generally speaking, a person will go through tens or even hundreds of these changes from abnormal to normal, from negation to affirmation and then back again before he reaches perfection. If one wants to accomplish this in one lifetime, then he has to be genuinely practicing very hard all his life. > The approach I use in teaching my students is like this. A student must first attain a certain degree of concentration; if he can't concentrate, he can't even begin to practice Ch'an. After he attains a certain degree of concentration he has to go beyond that to a stage similar to samadhi, or what is usually referred to as meditation. It is only at this stage when one's mental power is concentrated and no other thoughts are present, that one is ready to work on Ch'an, or to use the Chinese expression, to 參禪 .

The Practice of Chan
1980/11/6 講於哥倫比亞大學
Ch'an Magazine 2(4). (pp.32-33) Spring 1981

Three levels of practice
In the time remaining I will talk about the levels of practice, one by one. **The first level is turning the mind from being directed outward to being directed inward. The second is concentrating the scattered mind. The third is breaking the concentrated mind apart.**

The first level, that is, the practice of drawing the mind inward, away from external objects, and **the second level**, of unifying the scattered mind into singlemindedness, are not exclusive to Buddhism. They have been practiced in many religious traditions of India and China, even Confucianism. In India, the second level was called "dhyana" practice. The first level of drawing the mind inward was not considered to be a special thing in India, so it was not called dhyana. Only when a person had taken their scattered, flighty mind and settled it down into a completely unified state, was this considered to be dhyana, or the object of dhyana, which is samadhi.

In drawing in the mind, what are you drawing it in from? From all the phenomena that your eyes see, that your eats hear, that your nose smells, that your body feels.

This is not easy. It is not difficult to close your eyes and don't look at anything. But if you try not to listen without plugging up your ears, that is more difficult. Even more difficult than not paying attention to audio or visual objects is not thinking of anything. I think most people would agree with me that what we most often think about are objects in the outer environment. You do not think about things within your body and mind to such an extent. Most people are occupied with things outside of their own body. Listening to this lecture, what you are seeing, hearing, and thinking about now are all things outside your body.

Therefore in the beginning of the practice, people should not pay attention to the environment-not looking at anything, not listening to anything, and not thinking of anything outside. But asking you not to think about anything is not easy. Therefore you need to be given something to think about. If we give you an object of concentration in the form of a word or a question, or a point, you are more likely to be able to being your mind in from outside. For instance, a very elementary method that I teach is putting your palms together. Look at the tips of your middle fingers, or think about what they are; just rest your eyes on that spot. If you can do that, your mind will be drawn inwards, your body will feel very relaxed, and your mind will be at ease. Don't use any effort – just look at the tips of your fingers and don't think of anything. Please try it now.

When you first start, it may seem easy. But after about ten seconds or so, your mind begins to wander. Just now you were only doing it for thirty seconds. In those thirty seconds, those whose minds wandered away at some point please raise your hands. (More than half the people present). This proves that just telling your mind not to think of anything is not an easy thing to do. Does this mean that you can't practice meditation? No. Just because it's not any easy thing to do, therefore it's necessary to practice. Not being able to keep your mind concentrated on one thing shows that your mind is very chaotic and wandering outside yourself. If you can't control yourself, it's really a joke. People are running around trying to control the world, humanity, and their physical environment, but they can't even control their own minds. If you want to become your own master, you definitely have to practice. Usually people are not their own masters, but are slaves of the environment. They follow their own desires which are influenced by their surroundings. In order to be your own master, you have to control your mind. When you want it to think, it thinks. When you want it not to think, it stops thinking. Whatever you tell it to think about, it thinks about.

We are still talking about level one - bringing the mind inward. But once the mind is drawn inward, it is still scattered. Thoughts will pop up in accordance with what happens outside. The way to bring your mind to a concentrated, unified state is to constantly bring your mind back to the topic of concentration as soon as you find yourself thinking about other things. Every time you discover a wandering thought, you just bring your mind back and bring it back again. Some people discover it right away; others wander away for a long time before they discover it – they don't know where their mind went. The important thing is not to be over-anxious or discouraged that you're not getting anywhere. If you practice like this for a long time, then gradually, very naturally, you can concentrate your mind on just one object.

After a month's practice of one method for two hours a day, if there is only five minutes when your mind only has one thought, you will already feel that you have attained some benefits from meditation. When you reach the state of One Mind (total singlemindedness) conditions are two different levels can possibly arise:1) the union of body and mind, and 2) the union of inner and outer, i.e. self and universe. The union of body and mind means there is not feeling of the existence of the body, no feelings of pain, discomfort, weight, size, location in space, just the enjoyment of being peaceful, light, relaxed. With the union of inner and outer the person feels that he is an infinite existence, peaceful, pure, bright, harmonious, full of wisdom, love, and infinite freedom.

You would even have a feeling of love for little insects. This is because all of these things are completely the same as yourself. It seems that every face you look at is smiling at you, and you are also smiling at them. When people see such an endearing person, they would also have a lot of respect for you, too. Every leaf and blade of grass is happy and welcoming you. At that time you wouldn't have the slightest feeling of alienation and loneliness, but that you and the whole wold are intimately connected; actually you yourself are the universe. If a person was to maintain this state of mind for a long period of time, he/she would be called a saint. This is because there isn't a narrow sense of self. The only thing in this person's mind is just all other people. Liking all people and wanting to help them - this of couse, is a saint. If you would like to reach this level, please raise your hand. We can call this One Mind or samadhi. The average person, however, cannot maintain this condition on a regular basis. At the most, you can keep it for a few minutes, hours, or days. But there's a good chance that a person who has a firm foundation in the practice can hold on to that state of mind for a long time.

But that person has still not yet entered the gate of Ch'an. Although he perceives himself and the world as being one, there's still a sense of self, a more expanded sense of self. He still thinks dualistically in terms of good and bad, fortune and misfortune. Therefore, one must move on to **the third level, of taking the one mind and breaking it apart**. Maybe some of you are thinking, the level of a saint is good enough for me. In fact, many people who reach that level become attached to it and are unwilling to go a step further. Therefor they can never enter the door of Ch’an.

What is the method for cracking apart the completely unified state of mind? One such method would be that master who twisted his disciple’s nose. Because at the time that he asked him the question, the disciple still had the idea of a duck flying past in his mind. The method that is usually used is called “investigating Ch’an.” (...)

附錄三：聖嚴法師早期禪修教學事蹟簡表❶（1976-1982）

No.	分期	日期	禪修教學事蹟／地點	性質／內容
1	大覺寺時期	1976 年 1 月 25 日	開設「週日靜坐班」／美國紐約大覺寺	一般的禪坐共修
2		1976 年 5 月 3 日至 8 月 7 日	開辦第一期「禪坐特別班」／美國紐約大覺寺	次第學習的禪坐課、助手訓練課程❷
3		1976 年 9 月	接東初老師曹洞第五十一代之法脈	「人不在焦山，雖可得其法而不可承其位。」❸
4		1976 年 11 月	於哥倫比亞大學開設五週的「初級禪坐訓練班」	十小時的初級禪修課程
5		1976 至 1977 年	共計開辦三次「禪坐特別班」	每梯次十四週（每週六，三小時），從初階的方法教至進階的禪的方法。❹

---

❶ 本表格以美國禪修教學內容為主（因 1976-1982 禪修教學重心在美國），內容主要參考自：林其賢編著，《聖嚴法師年譜》第 3 冊，臺北：法鼓文化，2016 年。取自：https://ddc.shengyen.org/?doc=11-02-049。以及英文《禪》雜誌、《禪通訊》（*Ch'an Magazine*, *Ch'an Newsletter*）相關內容。

❷ 釋聖嚴，〈四五、到美國十五年〉，《金山有鑛》，《法鼓全集》6-4，臺北：法鼓文化，2020 紀念版，頁 209-213。取自：https://ddc.shengyen.org/?doc=06-04-046。

❸ 釋聖嚴，〈參禪法要〉，《禪門修證指要》，《法鼓全集》4-1，臺北：法鼓文化，2020 紀念版，頁 249-250。

❹ 參考 Sheng-Yen. "The Brief History of the Ch'an Center," *Ch'an Newsletter,* 1, November, 1979. "The special classes wherein the Master taught a sequence of meditation methods, starting from the elementary methods up to the more advanced Ch'an methods"。

6		1977 年 3 月	1. 創辦《禪》雜誌（*Ch'an Magazine*） 2. 第一、二期收錄三梯次「特別班」的學員上課心得報告紀錄。[5]	開始是為了收錄學生的心得報告而創辦，後來逐漸以聖嚴法師的開示英文翻譯為主。
7		1977 年 5 月 19 至 26 日	第一次禪七／紐約長島菩提精舍	連協助的日常法師在內，一共九人。[6]
8		1977 年 6 至 7 月	最早講《六祖壇經》／大覺寺	共四次課程 [7]
小結	1.1976 至 1977 **年**，為**第一階段的禪修教學**，屬於通盤式的教學，只稱為「初級」或「特別班」，沒有明顯分階、分級。「禪坐特別班」為法師首次開辦類似禪修初階師資的培訓課程。 2.1977 年 12 月 15 日東初法師坐化，聖嚴法師返臺，與美國佛教會、大覺寺、菩提精舍的因緣因此暫告一段落。 3.1978 年在美國沒有舉辦禪七，卻於 1978 年 11 月開啟了在臺灣文化館的第一次禪七，並於 1979 年 4 月返美前，在臺共計辦了三期禪七。			
9	林邊時期	1978 至 1979 年共計有二百位學生參與初階與進階禪修課程。[8]	1. 改變方式：將原來十四週的課程，拆分成初級、進階二班，開始將教學內容分類、分級。 2. 上過初階、進階課程後，可以繼續參與每週日下午講經後的禪坐共修，到寺院接受師父的親自教導。	・初級課：四至五週，新學生，每週六早上九點。 ・進階課：十週，上過初級課，即可直接進入，每週六下午三點。

---

[5] Sheng-Yen. "Master Sheng-Yen's Remarks," *Ch'an Magazine* 1(1), 1977

[6] 釋聖嚴，〈夢中人的夢話〉，《禪的理論與實踐》，《法鼓全集》4-18，臺北：法鼓文化，2020 紀念版，頁 60。

[7] 參考：*Ch'an Magazine* 1(3), 1977、1(4), 1977、1(5&6), 1978。

[8] 相關內容參考 Sheng-Yen. "The Brief History of the Ch'an Center," *Ch'an Newsletter* 1, 1979。

10		1978 年	‧4 月返回美國，辦第二期禪七。 ‧9 月辭卸美國所有職務 ‧10 月返臺 ‧11－12 月於臺辦第一、二期禪七 ‧12 月 5 日傳承靈源老和尚臨濟法脈	1978 年是法師在美弘化較不穩定的一年，也是改變非常大的一年。
11		1979 年	‧4 月返美，流浪街頭二個月。 ‧5 月辦禪七、成立禪中心 ‧紐約「禪中心」正式成立前，在美國已陸續辦了四次禪七。 ‧11 月 22－25 日四天的禪期／禪中心（皇后區林邊 Woodside）❾	‧成立禪中心後，開始有固定的弘化駐錫地點，得以積極地推展禪修教學。 ‧11 月《禪通訊》（*Ch'an Newsletter*）發行
12		1979 年 11 月 30 日至 12 月 2 日、12 月 7 至 9 日、12 月 28 至 30 日	週末禪二／禪中心（皇后區林邊 Woodside），共計三期。❿	此禪二，自週五晚上七點開始，至週日晚上七點結束。

❾ 於一九七九年五月成立禪中心初租處：皇后區林邊租屋處。一九八〇年一月再遷至新址：皇后區卡樂那艾姆赫斯特所（90-31 Corona Avenue Elmhurst, New York）參考：News Items, *Ch'an Newsletter* 2, 1979, pp. 5-6。

❿ 相關內容參考：News Items, *Ch'an Newsletter* 1, 1979, p. 4。

小結	1. 1979 年 4 月因搬離大覺寺，暫時在 Ernest Heau 的住處每週共修，二個月後搬至租處的皇后區林邊租處，成立紐約的「禪中心」。 2. 1978 **至** 1979 **年**，為**第二階段的禪修教學**，開始分級、分階段，並聖嚴法師不在美國期間，由其指派（經過培訓）的助手協助指導初階的學員[11]，以及為大眾分享佛法。 於 1980 年 1 月始遷入新購於可樂那大道 90-31 號二層樓房，正式進入新的固定道場、全力推動禪修弘化階段。開始每年辦四次禪期。[12]			
13	東初禪寺初期（含在臺灣）	1980 年 5 月 23 至 30 日	於禪中心（皇后區 Elmhurst）第一次辦禪七，開始於禪七中固定開示禪宗祖師的詩偈。	開示憨山大師〈觀心銘〉，禪眾七人。[13] 〈觀空五層次〉
14		1980 年 6 月 27 日至 7 月 4 日、7 月 18 至 25 日	於禪中心辦二次禪七	講〈禪修的四大障礙〉（統一心的三個層次及無心）
15		1980 年 8 月 4 日至 9 月 14 日	於臺灣連續辦四期禪七	講〈永嘉證道歌〉
16		1980 年 11 月 26 日至 12 月 3 日、1981 年 1 月 8 至 16 日	於禪中心舉辦二期禪七	講〈默照銘〉
17		1981 年 2 至 3 月	在臺舉辦三期禪七	講憨山大師〈修悟六原則〉、雲棲袾宏《禪關策進》

[11] 參考 News: Schedule of activities during Shih-fu's absence, *Ch'an Magazine* 1(6). Fall 1978. "Students of the beginning class will also practice meditation, receiving instruction from students who have been designated instructors by Shih-fu during his absence"。

[12] 釋聖嚴，〈四三、紐約第五十次禪七〉，《金山有鑛》，頁 191。李其賢編著，《聖嚴法師年譜》第 1 冊，頁 400。取自：https://ddc.shengyen.org/?doc=11-02-053。

[13] *Ch'an Newsletter* 5, 1980, p. 3. 開示內容英文版刊登於：*Ch'an Magazine* 2(5&6). 1981。

18		1981 年 5 月 20 日開始－	‧ 5 月 10 日東初禪寺正式落成啟用 ‧ 星期三特別課程：師資培訓班／紐約東初禪寺	講〈禪門鍛鍊說〉6 次課程
19		1981 年 5 至 7 月	於禪中心舉辦三期禪七 ⓮	皆講〈信心銘〉
20		1981 年 7 月 11 至 18 日	中級禪訓班二週／紐約東初禪寺	講：精神無限、時間空間無限、大小與有無、打坐與平常生活
21		1981 年 11 月 18 日至 1982 年 6 月 23 日	星期三特別課程：師資培訓班／紐約東初禪寺	講：師徒接心問答、真假禪師、五停心觀系列課程。
22		1982 年 5 至 7 月	於禪中心舉辦二期禪七	內容見《禪通訊》⓯
23		1982 年 12 月 25 日至 1983 年 1 月 1 日	於禪中心舉辦禪七	講〈永嘉證道歌〉，連續三年的禪七內容。
24		1982 年 12 月 15 日至 1983 年 7 月 22 日	星期三特別課程：師資培訓班／紐約東初禪寺	禪宗祖師系列介紹：開悟歷程、接眾手法、師徒問答等馬祖道一、百丈懷海、黃檗希運、溈山靈祐、大慧宗杲
25		1983 年 5 月 9 日至 1985 年 1 月 2 日	星期三特別課程：師資培訓班／紐約東初禪寺	禪宗祖師系列介紹：僧稠禪師、牛頭法融、神秀、慧思

⓮ 林其賢編著，〈民國七十年／西元一九八一年〉，《聖嚴法師年譜》第 1 冊，頁 414-417。取自：https://ddc.shengyen.org/?doc=11-02-054。

⓯ Sheng-Yen. “The Other Side,” *Ch’an Newsletter* 22, 1982. “Discovering your Faults. Look for Suffering,” *Ch’an Newsletter* 23.

26		1985 年 1 月 9 日至 1986 年 7 月 16 日	星期三特別課程：師資培訓班／紐約東初禪寺	禪宗的理論與修行、曹洞宗的歷史與理論、初祖至五祖、寶鏡無鏡 —— 石頭希遷、寶鏡三昧歌 —— 洞山良价、永嘉大師證道歌
小結	1. 自一九八〇年開始的禪七，內容主要講中國禪宗祖師的開悟詩偈，約五位禪師。 2. 於一九八一年開始於星期三開設師資培訓班，持續至一九八六年，五年中介紹了超過十位禪宗祖師的生平修道事蹟，兼述師徒間之問答與悟境的說明。 3. 於一九八〇年至一九八二年（或一九八五年）為第三階段的禪修教學，已經非常明確且集中地以：中國禪宗之祖師及禪法為禪期及師資培訓課程的主要內容。			

附錄四：《禪》雜誌（*Ch'an Magazine*）總目錄（1976-1982）

期數	主目錄	次目錄
vol.1 no.1 March 1977	1. Master Sheng-Yen's Remarks 2. Student Special Ch'an Meditation Class Reports --The first four were given by members of the first semester and translated into Chinese by Ming-yee Wang. --The last six given by members of the second semester, were translated by Chun-fang Yu.	第一期學員：（王明怡譯） 1. Ming-Yee wang (age 25, graduate student of physics) 2. Paul Kennedy (age 21, student of chinese language) 3. Peter Chema (age 26, martial art instructor, civil engineer) 4. Frank De Maria (age 33, New York state police instructor of martial arts, new york state registered medical technician #2162) 第二期學員：（于君方譯） 5. Rikki Asher (age 21, art student and art director of afterschool center for children) 6. Dan Stevenson (age 24, graduate student in history of religions) 7. Chun-fang Yu (age 38, Ph.d., professor of religion at Rutgers University) 8. Aranka Galgoczi (clerk-typist) 9. Angela Chema (age 18, ch'an student and artist) 10. Sam Langberg (?)（有標註寫於：11 December 1976 Temple of Great Enlightenment） 平均年齡：25.75 歲
vol.1 no.2 July 1977	1. Reverend Jen Chun (12 April 1977 Temple of Great Enlightenment) 2. The third ch'an class	1. Buffe Laffey: Retreat report (age 23, photographer)（師父評） 2. Frank De Maria: Reports : End of third Ch'an class（同上）（師父評） 3. Paul Kennedy（同上） 4. Sam Langberg（師父評） 5. Rikki Asher（同上）（師父評） 6. Neil Farrell (age 25)（師父評） 7. Reverend Jih-chang 8. Master Sheng-Yen（結語）

		9. Postscript (Master Sheng-Yen 22 April 1977) 10. The Advantages One Way Derive From Ch'an Meditation (Master Sheng-Yen)
vol.1 no.3 October 1977	1. 七位學生的心得報告 2. 聖嚴法師講《六祖壇經》（十次課程）的第一次課程內容節譯	1. Dan Stevenson: Retreat Report (age 24, master in history of religions) 2. Ming-Yee Wang (age 26, graduate student of mathematics): Report: End of Fourth Ch'an Class 3. Paul Kennedy (age 22, student of chinese language) 4. Dan Wota (age 25, radio broadcaster) 5. Sam Langberg 6. Neil Farrell (age 25) 7. Aranka Galgoczi (clerk-typist) 8. First Lecture on The Platform Sutra --by Master Sheng-Yen (Temple of Great Enlightenment) --19 June 1977 --recorded, transcribed, transtated and edited by Sam Langberg and Ming-Yee Wang.
vol.1 no.4 December 1977	1. 六位學生的心得報告 2. 聖嚴法師講《六祖壇經》（十次課程）的第二次課程內容節譯	1. Sam Langberg -My Understanding of Ch'an 2. Rikki Asher: Retreat Report 3. John Mordaunt (age 28, x-ray technician): Report: End of Fifth Ch'an Class 4. Aranka Galgoczi 5. Ernest Heau (age 41, computer proprammer) 6. Buffe Laffey（同上） 7. Second Lecture on The Platform Sutra --by Master Sheng-Yen (Temple of Great Enlightenment) --26 June 1977

vol.1 no.5 Summer 1978	News: --Sheng-Yen's visit to Taiwan --Paul Kenndy leaves home --Semi-annual Meditation Retreat --A Typical Day at the Retreat --Kuan-Ans Lectures --Platform Sutra Lectures --New Meditation Center --Activities Open to the public --Beginning Ch'an Meditation Class --Sunday Afternoon	1. Offering and Gratitude for Buddha's Birthday --by Master Sheng-Yen --edited by Kuo-Jen Shih 14 May 1978 2. Student Reports --Ming-Yee Wang --C. P. Yu --Rikki Asher --Dan Stevenson --Sam Langberg 3. Foundations of Ch'an Practice: Concentration, Morality, Compassion --by Kuo-Jen Shih 4. Third Lecture on The Platform Sutra --by Master Sheng-Yen (Temple of Great Enlightenment) --3 July 1977
vol.1 no.6 Fall 1978	News: --Rev. Sheng-Yen's Return to Taiwan --Schedule of Activities During Shih-fu Absence --Meditation Retreat	1. Retreat Report --Karen Swaine 2. Two Essays: Impermanence and True Freedom --by Sramanera Kuo-Jen 3. Shifu's Speech: Final night of retreat --Bodhi House 19 May 1977 4. Fourth Lecture on The Platform Sutra --by Master Sheng-Yen (Temple of Great Enlightenment) --10 July 1977
vol.1 no.7 Winter 1978-1979	News: --News from Taiwan --Kuo-Jen's News --Lectures given by Shihfu in Taiwan --Buddhist Nuns in the Bronx	1. Retreat Report --Reverend Ch'ih Hui --Dan Wota 2. Two Poems by Karen Swaine --(1) Cat (2) Corkscrew Swamp 3. Antoinette Meale --student in beginning class

		4. A Letter to Shifu from a student --Bodhi House 19 May 1977 5. First Lecture on Kung-ans --by Master Sheng-Yen --June 25, 1978
vol.2 no.1 Summer 1980	（本期開始有正式的目錄） ・Letter to the Readers ・Student Reports ・Translations ・Lecture by Master Sheng-Yen	1. Retreat Report --Ma I-Chang 2. Selections from Records of the Masters of the Lankavatara Sutra --translated by Dan Stevenson 3. Mahayana Sutra of the Entry to the Worldless Dharma, The Treasury of Universal Illuminating Radiance --translated by Karen Swaine 4. The Prajnaparamita Heart Sutra 5. Lecture on the Heart Sutra --by Master Sheng-Yen --November 18, 1979 6. The Stages of Enlightement --by Master Sheng-Yen --May 11, 1980
vol.2 no.2 Autumn 1980	・Student Retreat Reports ・Translations ・Lectures by Master Sheng-Yen	1. Retreat Report --Marina Heau --Nancy Makso --Jim Dowiat 2. Selections from Records of the Masters of the Lankavatara Sutra --translated by Dan Stevenson 3. Mahayana Sutra of the Entry to the Worldless Dharma, The Treasury of Universal Illuminating Radiance (Part 2) --translated by Karen Swaine 4. Lecture on Yung Chia's Song of Enlightenment --by Master Sheng-Yen --November 12, 1977

vol.2 no.3 Winter 1980	• The Unspoken Dharma • Student Retreat Report • Translations • Lectures by Master Sheng-Yen	1. Retreat Report --Robert Sperling --Rikki Asper: Americans Do Not Haave to Eat Meat 2. Selections from Records of the Masters of the Lankavatara Sutra --translated by Dan Stevenson 3. The Buddha Speaks The Sutra of No Increase and No Decrease --translated by Wang Ming-Yee 4. Lecture on Yung Chia's Song of Enlightenment --by Master Sheng-Yen --November 19, 1977 5. Short Talks: Excerpts from Lecture on the Platform Sutra --by Master Sheng-Yen
vol.2 no.4 Spring 1981	• The Image of the Buddha • Student Retreat Reports • Translations • Lectures by Master Sheng-Yen	1. Retreat Report --Rick Halsted --Abbey Rader --Simon Black --Poem by Ernest Heau 2. Selections from Records of the Masters of the Lankavatara Sutra --translated by Dan Stevenson 3. The Buddha Speaks The Sutra of No Increase and No Decrease --translated by Wang Ming-Yee 4. Lecture on The Practice of Ch'an --by Master Sheng-Yen --November 6, 1980
vol.2 no.5 Summer 1981	• Student Retreat Report • "Patient Acceptance" by Bhiksu Kuo-Jen • Translations • Lectures and Commentaries by Master Sheng-Yen	1. Retreat Report --Lex Hixon 2. Sillent Illumination Ch'an --translated by Dan Stevenson 3. The Rice Stalk Sutra --translated by unknown 4. On Han Shan's Poem: "Contemplating Mind" --Commentary by Master Sheng-Yen

		--refer to Ch'an Newsletter issue 6, June, 1980. 5. Lecture on Coming and Going --by Master Sheng-Yen --18, January, 1981.
vol.2 no.6 Autumn 1981	• Student Retreat Reports • New Translations • Commentaries by Master Sheng-Yen	1. Retreat Reports --Ernest Heau --Harry Miller 2. The True Standard of Jetavana --translated by Dan Stevenson 3. The Rice Stalk Sutr --translated by unknown 4. On Han Shan's Poem: "Contemplating Mind" (Part II) --Commentary by Master Sheng-Yen
vol.2 no.7 Winter/ Spring 1982	• Student Retreat Report • New Translations • Commentaries and Lectures by Master Sheng-Yen	1. Retreat Reports --Stuart Lachs 2. The Two Entrances and Four Practices of Bodhidharma --translated by Dan Stevenson 3. The Essence of Mahayana: The Six Paramitas Sutra --translated by Liu Yi-tsih 5. On Hung-Chih's Poem: "Silent Illumination" --Commentary by Master Sheng-Yen 6. The Four Great Vows --a "Loft Dialogue" was held between Lex Hixon, on host of WBAI radio program "In The Spirit" and Master Sheng-Yen.
vol.2 no.8 Summer 1982	• Student Retreat Reports • New Translations • Commentaries and Lectures by Master Sheng-Yen	1. Retreat Reports --Bhiksu Chi-Ch'eng --Paula Wechter 2. The Essence of Mahayana: The Six Paramitas Sutra --translated by Liu Yi-tsih 3. On Clear Mind --translated by Sramanerika Kuo-Hsien

		4. Genuine and False Ch'an Master --Lecture Spoken by Master Sheng-Yen --During Assistants Training Class --December 2, 1981 5. On Hung-Chih's Poem: "Silent Illumination" --Commentary by Master Sheng-Yen (Part II)
vol.2 no.9 Autumn 1982	・Student Retreat Reports ・New Translations ・Talk by Master Sheng-Yen	1. Retreat Reports --Lex Hixon --Chris Marano 2. "Venerable Stupid Road" --translated by Bhiksu Kuo-Jen 3. The Essence of Mahayana: The Six Paramitas Sutra --translated by Liu Yi-tsih 4. Excerpts From The Ch'an Kuan Ts'e Chin (禪關策進) --translated by Bhiksu Kuo-Jen 5. Four Conditions for Practicing Ch'an --talk given by Master Sheng-Yen --June 21, 1982

附錄五：授權書

聖嚴法師數位典藏檔案申請表

申請日期：西元 2023 年 9 月 8 日

申請編號 (由審核單位填寫)	DC-2023-01-0908
申 請 人	釋常慧
身 分 別	法鼓山體系：□法師□專職□老師■研究生(學生) 非法鼓山體系：＿＿＿＿＿＿＿＿＿＿
服務機關	法鼓文理學院
職　稱	生命教育碩士學位學程三年級
聯絡地址	新北市金山區法鼓路 700 號
聯絡電話	0978-641-026
電子郵件	chueys@ddmf.org.tw
研究主題	聖嚴法師早期禪修層次演變之研究──以 1976 年至 1982 年為主
研究用途	聖嚴教育基金會整合型專案研究論文 --未來將作為刊登於《聖嚴研究》之學術論文（若審核通過）
申請項目	此研究論文所整理的【表一】資料內容，為各類禪七音檔經過重新編輯後（段句、標點、刪部分文字等）的節錄文字。(如附件)
審核	

備註：

*每一個欄位請務必填寫詳實及正確。

*經審核後回覆到您申請的 E-mail 信箱中，或以電話洽詢。

*聯絡電話：(02)2893-4646#6521

201608 製表
202212 修訂

The Evolution of Master Sheng Yen's Early Meditation Levels from 1976 to 1982

Pei Yang

Distinguished Associate Professor / Chair, Life Education M.A. Program, Dharma Drum Institute of Liberal Arts

Chang-Hui, Shi

Lecturer, Graduate School of Humanities and Social, Dharma Drum Institute of Liberal Arts

Abstract

In the preface of *Chanmen yiyu* (禪門囈語) published in 1981, Master Sheng Yen clearly divides the practice of Chan meditation into three levels: focusing the mind, unifying the mind, and shattering the great doubt. He subdivided the level of unifying the mind into unifying the mind and body, and unifying the self and universe. Once the unified mind is attained, there are four statuses: state of extreme peace and purity, experience of limitless light and sound, attainment of emptiness and enlightenment, and shattered emptiness itself. Later in the literature of his early teachings on Chan meditation practice in the United States from 1980 to 1982, the three specific levels of Chan meditation practice evolved to become concentrated mind, unified mind, and no-mind. These lattermost three levels became the fundamental and core teachings for several decades when he led retreats.

During the period from 1976 to 1982, there were several vital documents and Chan teachings, which can chronologically show Master Sheng Yen gradually integrating and constructing the meditation levels in his teachings. Significantly, the master began to create his own unique style of Chan that nevertheless stayed true to the tradition of Chinese Chan, at that time in the United States when several meditation schools were mushrooming.

This study will build upon previous studies of Master Sheng Yen's teachings in Chan meditation practice, and use the methodology of document analysis to collect, organize, and analyze relevant primary and secondary materials. The aim of this research is to meticulously illustrate the evolution of Master Sheng Yen's early teaching in Chan meditation practice (especially his teachings during the retreats), with a focus on the constructive process for the content of his meditation levels, thus clarifying the uniqueness of his Chan method, that can be more carefully sorted out, discussed and highlighted developmental features of the law.

After combing through primary and secondary literature, this study has made three noteworthy findings. First, it has been proved that Master Sheng Yen's Chan practice was already characterized by "modernization" at an early stage. Secondly, this modernization reveals the evolutionary process of his Chan practice in terms of its sequencing and systematization, which was the key condition for the foundation and extension of his subsequent Chan teaching. Finally, the main feature of Master Sheng Yen's evolution of the levels of meditation is that he started from the "self" to the practice of "mind" which is an important turning point in crossing the cultural gap between East and West, and which makes Chinese Chan teachings not only applicable to Orientals, but also applicable to Westerners. Therefore, Venerable Sheng Yen's early meditation teaching was indeed a very central and crucial stage.

Keywords: Levels of Chan Meditation Practice, Sheng Yen's Chan Teaching, Buddhism in America, Sequentialization

聖嚴法師對各類修行經驗之融貫與次第化詮釋

釋覺心
中華佛學研究所博士後研究員

▍摘要

本文旨在釐清聖嚴法師對世界各類修行經驗的融貫與詮釋，分作三個研究步驟：一、釐清聖嚴法師的宗教觀；二、釐清聖嚴法師的禪法次第及由此衍生的經驗觀；三、探討聖嚴法師對「神祕經驗」、「宗教經驗」、「超越經驗」的詮釋。研究結果顯示聖嚴法師拒絕「宗教一源」，贊同「宗教多元」，並將多元的宗教融貫在一個層次分明的架構中去看待。這種層次化的宗教觀，影響他對禪法次第與修行經驗觀之建構。聖嚴法師的禪法次第，前後有「三我」及「四心」兩種模式。過去的學者認為兩者皆為聖嚴法師創新，但本文發現前者有參考印順思想的痕跡。聖嚴法師依據「三我」與「四心」融貫各類宗教、哲學與生活的經驗，形成層次分明的經驗觀。他的早期著作未清楚劃分「神祕經驗」與「宗教經驗」，後期才做出明顯的區分，即：「神祕經驗」多由靈、鬼、神之他力所致、帶有副作用、屬「小我」範疇；「宗教經驗」則為自力修行的結果、帶有正面效應、屬「大我」範疇。過去的學者從聖嚴法師的相關解說得知，開悟之時可能出現「大汗淋漓」、「虛空粉碎」或「爆炸」等經驗。然而本文發現聖嚴法師並不承認這些「經驗」等同於「開悟本身」。他主張「開悟」不是「經驗」，而是超越一切經驗的「無我」智慧和態度。

關鍵詞：聖嚴法師、神祕經驗、宗教經驗、融貫、次第化

一、前言

在日常生活中，人們經常有意或無意地提到「經驗」（experience）這個詞。Raymond Williams 認為「經驗」有兩層意思：一、從過去發生的事件中取得的知識；二、特殊的內在意識（consciousness），有別於「推理」（reason）或「知識」（knowledge）。❶本文要探討的是後者。世界各個宗教的信仰者只要依據其教義持續修行，不論採用何種法門，都會在身心層面體驗到一些特殊的經驗。對於這些經驗，已有不少學者通過各種方法加以研究，如：從心理學切入者有 William James、從腦科學切入者有 James Austin、從修辭學切入者有 Robert Sharf 等等。❷

儘管「經驗」的相關研究不少，但「經驗」一詞的定義仍然模糊。Sharf 認為要對「經驗」一詞提供精準的定義是不可能的，試圖精確表達內在經驗的任何嘗試，也註定像

---

❶ Raymond Williams, "Experience," in Craig Martin, Russell T. McCutcheon, ed. *Religious Experience: A Reader.* Bristol: Equinox, 2012, p. 20.

❷ William James, *The Varieties of Religious Experience: a Study in Human Nature*, New York: Longmans, Green, and Co., 1902; James H. Austin, *Zen and the Brain: Toward an Understanding of Meditation and Consciousness*, Cambridge, Mass: MIT Press, 1998; *Zen-Brain Reflections: Reviewing Recent Developments in Meditation and States of Consciousness*, Cambridge, Mass: MIT Press, 2006; *Selfless Insight: Zen and the Meditative Transformations of Consciousness*, Cambridge, Mass: MIT Press, 2009; Robert H. Sharf, "Buddhist Modernism and the Rhetoric of Meditative Experience," *Numen* 42.3, 1995, pp. 228-283; "Experience," in *Critical Terms for Religious Studies*, Chicago: University of Chicago Press, 1998, pp. 94-116.

善意的蠕動般——雖然有動作，但無法離開原地——徒勞無功。❸聖嚴法師亦強調：「一旦說出來，就不是自己所體驗到的那個事實。」❹換言之，「經驗的描述」和「經驗本身」必定有所差距。儘管如此，Howard Kahane 認為有些概念就是因為不精確才有用，例如當我們說某人個子「高」，但不會準確說出他的高度是多少公分。若非要如此做，則人們只能終日不語。❺「經驗」即是如此，儘管無法精確地被表達出來，但在宗教研究上依然扮演著重要的角色。❻也正因為「經驗」本身帶有不明確性，所以才為學者們提供了許多議論的空間。

本文所要研究的對象不是西方學者，而是具備學術素養的國際禪師——聖嚴法師（1931－2009）。他是近代漢傳佛教史上少有的禪師，除了說明自宗禪修過程可能出現的經驗外，還能夠進一步融貫其他宗教、哲學、生活的經驗。引起筆者注意的是聖嚴法師對「多元主義」與「長青主義」的觀點，以及對「神祕經驗」、「宗教經驗」、「開悟經驗」的詮釋。其中有三個問題是本文要探討的：

---

❸ Robert H. Sharf, "Experience," in *Critical Terms for Religious Studies*, Chicago: University of Chicago Press, 1998, p. 114.

❹ 釋聖嚴，《公案一〇〇》，《法鼓全集》4-12，臺北：法鼓文化，2020 紀念版，頁 65。

❺ Howard Kahane, *Logic and Philosophy: A Modern Introduction*, Belmont, CA: Wadsworth, 1986, p. 272.

❻ Robert H. Sharf, "The Rhetoric of Experience and the Study of Religion," *Journal of Consciousness Studies* 7(11-12), 2000, p. 267.

第一、宗教多元主義（religious pluralism）認為真理是多元的，各個宗教都可以宣稱自己體驗到的是最高真理。長青主義（perennialism）則相反，主張一切宗教都源於單一而共同的真理，只不過基督徒稱之為「見證聖靈」，印度教徒稱之為「契入大梵」，佛教徒稱之為「證入無我」等。由此可見，學者們對於世界各宗教的修行經驗持有不同觀點，未達成共識。聖嚴法師對這兩種主義相當關注，這或許是他在西方教禪時，常遇到學生提出相關問題之故。例如來自英國的約翰・克魯克博士（John Crook, 1930-2011）曾問道：「當一個人能將『自我』看輕、看淡，終至於有『與萬物一體』的感覺，這樣再發展下去，對東方人說是否就是佛、道、空性？與西方人說的上帝、至高無上的神等的境界，是否相同？雖給了它不同的名稱，實質是否指的一樣東西？」[7] 這是從長青主義發出的提問。到底這些經驗是「一」還是「異」，聖嚴法師的立場為何？這是本文所要釐清的問題。筆者將論證聖嚴法師拒絕長青主義、贊同多元主義，但他並不認為各類修行經驗完全無關，而是將它們融攝在一個層次分明的架構中去看待。

第二、縱觀聖嚴法師的著作，「宗教經驗」與「神祕經驗」經常出現。他在其早期的著作中，似乎並未對這兩個詞做明顯的區分，兩者的意思看起來沒什麼差異。然而，如果要表達同一物，為何不統一採用同一個詞呢？這似乎不像

[7] 釋聖嚴，《拈花微笑》，《法鼓全集》4-5，頁 310。

聖嚴法師以「層次分明」著稱的風格。考察學者們的相關研究，這兩個詞的意思確實不容易區分清楚，誠如 Sharf 所言：「學術文獻對於『宗教經驗』與『神祕經驗』之間的關係，其實並沒有給出清楚的勾畫。想要明確訂定這些術語的意義，即使心不甘、情不願，終究還是束手無策。」[8] 無論如何，筆者發現聖嚴法師在後期的著作中，嘗試將兩者做出明確的區分。本文將釐清聖嚴法師如何從意涵上、層次上將「宗教經驗」與「神祕經驗」區分，並探討其邏輯依據。

第三、聖嚴法師在某些著作中提到「開悟經驗」一詞。[9] 相關研究有二：釋果暉（2013）以禪史文獻及聖嚴法師禪修經驗為例，探討「通身汗流」與「開悟經驗」的關係；[10] 釋覺心（2022）從「虛空粉碎」探討聖嚴思想中的「開悟經驗」，並將之與當代南傳上座部禪師的相似經驗做對照。[11] 前者指出開悟那一刻可能發生「通身汗流」的生理現象，後

---

[8] Robert H. Sharf, “The Rhetoric of Experience and the Study of Religion,” *Journal of Consciousness Studies* 7(11-12), 2000, p. 268；羅伯特・H・夏夫（Robert H. Sharf）著，萬金川譯注，〈體驗修辭與宗教研究〉，《正觀》第 103 期，2022 年，頁 11。

[9] 如釋聖嚴，《禪的生活》，《法鼓全集》4-4，頁 166；《禪鑰》，《法鼓全集》4-9，頁 152；《禪的理論與實踐》，《法鼓全集》4-18，頁 138；《禪與悟》，《法鼓全集》4-6，頁 217；《佛法的知見與修行》，《法鼓全集》5-8，頁 91；《禪鑰》，《法鼓全集》4-9，頁 136。

[10] 釋果暉，〈禪修「通身汗流」現象與禪悟過程之探討——以禪史文獻及聖嚴法師禪修經驗為例〉，聖嚴教育基金會學術研究部編，《聖嚴研究》第四輯，臺北：法鼓文化，2013 年，頁 271-303。

[11] 釋覺心，〈從「虛空粉碎」論聖嚴禪法與泰國森林傳統的「開悟經驗」〉，《正觀》第 100 期，2022 年，頁 5-6。

者則指出開悟之時可能經驗到「虛空粉碎」的心理現象。從他們的研究看來，開悟的當下必然會經歷某些經驗。然而，筆者發現聖嚴法師在其他著作中卻又否認「開悟經驗」等同於「開悟本身」，並強調「開悟不是經驗」[12]。既說「開悟經驗」存在，又說「開悟不是經驗」，看起來有些矛盾。為何他會提出這樣的詮釋？其背後必然有些適當的邏輯和理由，此為本文要釐清之處。

由於聖嚴法師的經驗觀，取決於他個人的宗教觀；其宗教觀之形成又與他的生命歷程有密切關係，因此本文將依此脈絡進行研究，分為三個步驟：1. 從聖嚴法師生平釐清其宗教觀；2. 釐清聖嚴法師的禪法次第，以及由此衍生的各類修行經驗之融貫；3. 探討聖嚴法師對「神祕經驗」、「宗教經驗」、「超越經驗」的詮釋。

二、聖嚴法師的宗教觀

（一）從「宗教論戰」到「宗教合作」

據聖嚴法師的傳記看來，其一生閱歷豐富，成就甚多。[13]

---

[12] 釋聖嚴，《聖嚴法師教默照禪》，《法鼓全集》4-16，頁 138-139、頁 148；《禪的理論與實踐》，《法鼓全集》4-18，頁 213。

[13] 聖嚴法師的傳記有四：1.《歸程》是聖嚴法師的自傳，於一九六八年出版；2.《聖嚴法師學思歷程》，亦是自傳，一九九三年初版；3.《枯木開花：聖嚴法師傳》，由臺灣文學女作家施叔青所寫，結合了聖嚴法師的前二部傳記及其他著作的資料，以及聖嚴法師各地護法弟子、信眾、禪眾的訪談，於二〇〇〇年出版；4.《雪中足跡——聖嚴法師自傳》，翻

就其生平與世界宗教的接觸情形而言，筆者認為可分為六期：

第一、民間信仰啟蒙期：一九三〇年，聖嚴法師生於中國江蘇，俗姓張，名保康。他小時候曾隨母親參加「理教」聚會，此教結合儒、釋、道三家思想，並崇信觀音。⓮ 與此同時，他也接觸到民間信仰，如「淋溝三娘」的扶乩活動、土地神廟、城隍神遊行等。⓯

第二、佛法、儒學兼習期：他十三歲到狼山廣教寺出家。其師公朗慧和尚請了兩位老師，分別教導他儒學和佛學。聖嚴法師曾說：「儒家的責任感和忠誠心引導我的人生，與我所信仰和瞭解的佛教，是相容相契的！」⓰ 一九四七年，他到上海靜安寺佛學院念書，期間研讀了各種漢譯佛典及中國佛教諸宗文獻。⓱

第三、佛、耶二教筆戰期：一九四九年，由於國家動亂，他被迫還俗，從軍入伍，並隨著軍隊遠赴臺灣。一九五一至一九五二年間，他開始文字創作，撰寫各類散文、小說和新詩。一九五六年之後，他開始往哲學和宗教的主題發揮。⓲ 他

譯自二〇〇八年初版的英文自傳 *Footprints in the Snow*。

⓮ 釋聖嚴，《雪中足跡——聖嚴法師自傳》，臺北：三采文化，2009 年，頁 39-60。

⓯ 釋聖嚴，《歸程》，《法鼓全集》6-1，頁 29-38。此書初版於一九六八年，由臺北東初出版。

⓰ 釋聖嚴，《雪中足跡——聖嚴法師自傳》，頁 39-60。

⓱ 同上註，頁 86-90。

⓲ 施叔青，《枯木開花——聖嚴法師傳》，臺北：時報文化，2000 年，頁 68-73；釋聖嚴，《聖嚴法師學思歷程》，臺北：正中書局，1993 年，頁 34-39。

的第一個研究對象是基督教，只因當時有些基督教徒通過文字攻佛、破佛。⑲ 讀了煮雲法師及吳恩溥牧師議論佛教與基督教優劣的文章後，聖嚴法師也寫了一篇〈評駁佛教與基督教的比較〉，嘗試糾正基督徒對佛教的誤解和汙衊。⑳ 接著，又於一九五九年寫出〈論佛教與基督教的同異〉及〈再論佛教與基督教的同異〉。㉑ 這場論戰，持續了一段時間。

第四、多元宗教尊重期：一九五九年，他在東初老人座下再次出家，法號「慧空聖嚴」。一九六一至一九六八年，聖嚴法師到朝元寺閉關，期間寫出《基督教之研究》。㉒他此時筆鋒銳利，對基督教多所批評。此舉雖對佛教起了護教作用，但也引起一些基督徒的不滿與敵視。㉓後來，他改變了態度，不再寫批判的文章。㉔他意識到宗教之間若互相批判和攻擊，最終只會帶來敵對、戰爭或災難。他從此主張世

---

⑲ 釋聖嚴，《基督教之研究》，《法鼓全集》1-5，頁 3。

⑳ 釋聖嚴，《雪中足跡——聖嚴法師自傳》，頁 115-116。煮雲法師、吳恩溥牧師、聖嚴法師之間的筆戰內容，見：煮雲法師講，李至剛居士記，《佛教與基督教的比較》，高雄：華成書局，1955 年；吳恩溥著，《駁佛教與基督教的比較》，臺北：校園書房，1957 年；張采薇，《評駁佛教與基督教的比較》，高雄：慶芳，1956 年。

㉑ 釋聖嚴，《聖嚴法師學思歷程》，《法鼓全集》6-15，頁 72。

㉒ 釋聖嚴，《基督教之研究》，臺北：佛教文化服務處，1967 年。

㉓ 釋聖嚴，《聖嚴法師學思歷程》，《法鼓全集》6-15，頁 77-78。

㉔ 釋聖嚴，《雪中足跡——聖嚴法師自傳》：「我在閉關時自修日文，所以能閱讀日文書籍。看完這些書後，我停止撰寫批判的文章。南亭老法師鼓勵我改變這種做法。他寫信告訴我：『批評是沒有用的，只有自己站起來才有用。』東初老人也來信說：『如果你現在批評別人，你往後也會受到果報。』……在閉關結束前，我停止了批判。我了解到要求別人改變是沒有用的。改變自己才是唯一靠得住的。」（頁 181-182）

界宗教應「互相尊重，彼此了解，……各宗教的信從者，都應該有比較宗教學的常識。」㉕於是乎，他撰出《比較宗教學》。㉖他也呼籲各源流的佛教徒互相尊重和理解，共同營運和諧的現代佛教。於是乎，他編寫《世界佛教通史》。㉗一九五六至一九六八年間，聖嚴法師共花了十二年往「宗教學」鑽研，由此奠定了他對世界宗教的理解。㉘

第五、各教人士請法期：一九六九至一九七五年，聖嚴法師赴日本留學。取得博士學位後，他於一九七六年一月前往美國弘化，並開始教禪。一九七九年，他在美國創立「禪中心」，從此開啟了臺、美兩地的教禪生涯。向聖嚴法師學習禪法的人來自社會各個階層，他們擁有不同的宗教和信仰背景。經過數年的教學生涯，他於一九八〇年發展出一套綜合性的次第禪法，適合不同背景的人學習。㉙

第六、宗教領袖交流期：一九八九年，聖嚴法師啟建法鼓山。此時，他的國際聲望愈來愈高。一九九七年，他出席義大利「第十一屆國際宗教領袖和平會議」，並會晤天主教教宗若望保祿二世。此後，他多次出席世界宗教領袖會議、和平論壇，拜會各國各教領袖，如一九九八年與達賴喇嘛進

㉕ 釋聖嚴，《聖嚴法師學思歷程》，《法鼓全集》6-15，頁 79-81。

㉖ 釋聖嚴，《比較宗教學》，臺南：開元寺佛經流通處，1968 年。

㉗ 釋聖嚴，《聖嚴法師學思歷程》，《法鼓全集》6-15，頁 82-85。《世界佛教通史（上冊）》，臺北：中華書局，1969 年。

㉘ 釋聖嚴，《聖嚴法師學思歷程》，《法鼓全集》6-15，頁 180。

㉙ 釋聖嚴，《禪的體驗・禪的開示》，《法鼓全集》4-3，頁 3-4。

行「漢藏佛教世紀大對談」❸⓪、二〇〇〇年「千禧年世界宗教暨精神領袖和平高峰會」等。這時期的他「非常關心跨宗教的交流合作，與各宗教的領袖們對話。」❸①二〇〇四年，聖嚴法師榮獲義大利「斐德烈二世和平獎」。二〇〇九年，聖嚴法師圓寂，享年八十。❸②

依據上述六期的內容看來，聖嚴法師對世界宗教的態度，從佛、耶筆戰期的批判，到提倡尊重多元，乃至晚年開啟宗教合作，可說愈來愈圓融。無論如何，其圓融並非將世界各個宗教同化，而是在一個層次分明的架構中包容一切宗教。

（二）贊同「多元」、拒絕「一源」

聖嚴法師曾為了護教，與基督教牧師筆戰。然而，到了「多元宗教尊重期」，他一改批評他宗的作風，主張尊重多元化的宗教。二〇〇一年四月十六日，他在「宗教與世界和平及心靈環保座談會」上發表的演說，充分表達了這個立場：

---

❸⓪ 根據俞永峰的研究，聖嚴法師在與達賴喇嘛對談前完成了神會大師《顯宗記》的註解。聖嚴法師過去總是站在整體佛法的立場看待禪，註解完《顯宗記》後則相反，即從禪的角度看整體佛法。參 Jimmy Yu, *Reimagining Chan Buddhism: Sheng Yen and the creation of the Dharma Drum lineage of Chan*, Abingdon, Oxfordshire: Routledge, 2022, p. 75。

❸① 釋聖嚴，〈如何研究我走的路〉，聖嚴教育基金會學術研究部編，《聖嚴研究》第一輯，臺北：法鼓文化，2010 年，頁 24。

❸② 聖嚴法師的詳細生平，見林其賢編著，《聖嚴法師年譜》，臺北：法鼓文化，2016 年。

> 我們處身於二十一世紀的每一個宗教徒，不論是屬於哪一種宗教的哪一個教派，都有權利宣稱各自所信奉的宗教是最好的。我們如果希望把自己所信奉的宗教及觀念，和全人類分享，最好的方法是包容異己者、尊重異己者、協助異己者。……我們相信，各種族的宗教信仰，各有各的時空背景和演變背景，所以我們應該接受宗教多元化的事實，並且必須相信多元化的各種宗教，都對人類負起了淨化心靈、淨化社會的責任。㉝

宗教徒自認為最好的同時，尊重異己、包容異己，才能共同來完成淨化心靈、淨化社會的責任。因此，聖嚴法師呼籲：「如果發現你所信奉的教義，或有不能寬容其他的族群之點，若有與促進世界和平牴觸之處，都應該對這些教義，做出新的詮釋。」㉞

二〇〇一年九月十一日發生美國紐約世貿中心被伊斯蘭教激進派恐怖襲擊後，聖嚴法師更加積極提倡「寬容的宗教觀」，他呼籲：「為防止我們的地球因宗教衝突而毀滅，讓激進的宗教徒們認知、了解二十一世紀寬容的宗教觀，乃是所有各宗教的責任，也是所有伊斯蘭教、天主教、基督教、佛教徒等應該努力的事。」㉟只不過，所謂「包容性的宗教觀」是否等同於將一切宗教「同化」或「同源」呢？正如長

㉝ 釋聖嚴，《致詞》，《法鼓全集》3-7，頁 21-23。

㉞ 同上註，頁 132-133。

㉟ 釋聖嚴，《人間世》，《法鼓全集》8-6，頁 26。

青主義所說的：所有宗教都源於一個共同而單一的真理，只不過各個宗教賦予它不同的名稱，基督徒稱之為「見證聖靈」，印度教徒則說「契入大梵」，佛教徒稱作「證入無我」。這種觀點，是聖嚴法師所不能接受的。

早在一九五八年，基督教的某刊物登載了一篇〈佛教也有上帝嗎？〉，嘗試將「上帝、道、靈、真如、佛性、法性」混淆而等同之。為了反駁這樣的觀點，聖嚴法師撰寫了〈論佛教與基督教的同異〉，主張「上帝」不等於「佛性」。[36]在美國，曾有一位資深牧師來向聖嚴法師學禪，並問道：「基督教所說的『重生』是否相當於禪宗的『開悟』？」對此，聖嚴法師的回答是：「開悟，英文的 enlightenment 這個字，今日在世界上的許多宗教都在用它，如果以基督教的立場或尺度而言，『重生』應該就是開悟；但在禪的立場，就不能算是開悟了。」[37]此外，約翰・克魯克曾問道：「東方人說的佛、道、空性，與西方人說的上帝、至高無上的神，是否相同？」聖嚴法師的回答是否定的。[38]他極力反對「五教同源，萬教歸一」的主張，如《法鼓鐘聲》所言：

> 倡導「五教同源，萬教歸一」的人士講說：「所有的宗教只有一個源頭、根本，但不否定原來的宗教。」可是，佛教也好，基督教也好……，都不會接受這樣的觀念，因

---

[36] 釋聖嚴，《神通與人通——宗教人生》，《法鼓全集》3-2，頁 243。
[37] 釋聖嚴，《禪的體驗・禪的開示》，《法鼓全集》4-3，頁 120-121。
[38] 釋聖嚴，《拈花微笑》，《法鼓全集》4-5，頁 310。

> 為，每個宗教各有各的背景，各有各的特色，他們信仰的原點並不相同。神學本身就是哲學，哲學史上就有許多不同的學派，對不同的學派硬要使他們完全相同，那是不可能的事。我們要在同中求和、異中求同，不可能否定同中有異，如果否定了同中有異，那等於把原來的各宗教都否定了。❸❾

「五教同源，萬教歸一」看似包容一切宗教，實則否定了各個宗教的特色與差異性，進而抹殺了他們各自的生存價值。

綜上所述，聖嚴法師拒絕「宗教一源」，贊同「宗教多元」。然而，筆者認為他所贊同的「宗教多元」，並非僅僅是尊重各個宗教的差異性，而是將它們融貫在一個層次分明的架構中去看待。

（三）層次化的多元宗教

聖嚴法師撰寫的《比較宗教學》，僅將世界宗教做個別介紹，未綜合論之，因此難以從中窺見其宗教觀。值得注意的是聖嚴法師在一九八一年講於淡江大學的〈宗教行為與宗教現象〉。❹⓿其中，宗教被分為「種類、行為、現象」三個層面來說明。第一個層面是「宗教的種類」，包括：原始宗教、有神的宗教、無神的宗教、民間信仰的宗教、由經驗形

---

❸❾ 釋聖嚴，《法鼓鐘聲》，《法鼓全集》8-1，頁 99-100。

❹⓿ 釋聖嚴，《神通與人通》，頁 150-182，臺北：東初，1985 年。

成的宗教。[41]第二個層面是「宗教行為」，包括：祈禱、祭祀、戒律生活。第三個層面是「宗教現象」，包括：降靈現象、修行現象。降靈現象分為兩種：請神降靈、神靈自降。修行現象，可分為「臨事修」（身臨困境時才修行）、「經常修」（每天固定時間修行）、「禪修」（每日禪修或參加禪期）三種。簡括如下：

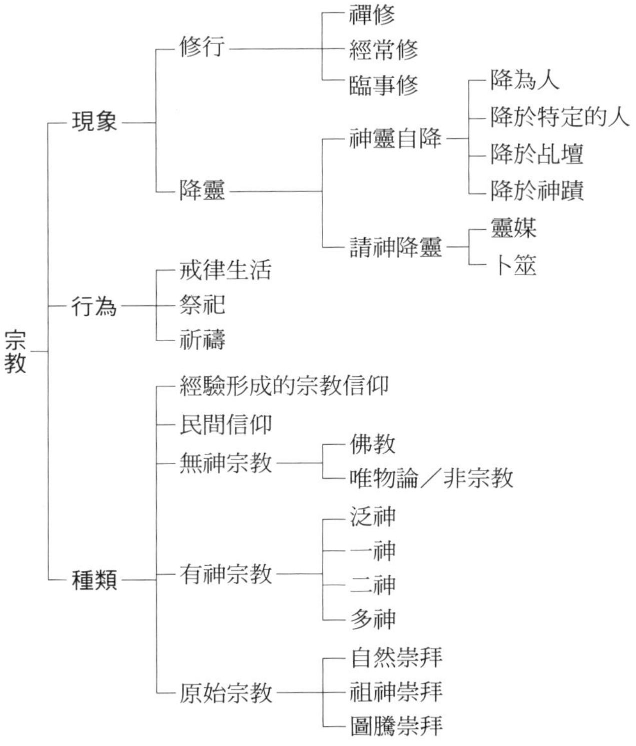

圖一：聖嚴法師的宗教觀

[41] 宗教的分類法很多，許多學者曾提出自己的意見，參釋聖嚴，《比較宗教學》，《法鼓全集》1-4，頁12-14。

依據圖一的「宗教種類」，無法看出世界宗教的層次高下。然，依據《佛法的知見與修行》，聖嚴法師將世界宗教分為三個層次：1. 鬼神化的宗教：拜祭各種鬼神，以便求得保佑，這是最低的層次；2. 世俗化的宗教：把宗教當成世俗的工具，求取自己想要的事物；3. 梵天化的宗教：相信上帝為造物主。[42]除了無神論者，大部分宗教都相信上帝。這些上帝有何不同？聖嚴法師曾依佛教宇宙觀——三界二十八天，將他們層次化：

> 中國道教的上帝是玉皇，這與儒家的上帝不同，與耶教的上帝不同，與印度教的上帝也不同，若以佛教的天帝觀來衡量，道教及伊斯蘭教的上帝同於佛教的忉利天主，耶教的上帝（從摩西、耶穌、保羅到奧古斯丁，已升了幾級），同於佛教的梵天主；印度教的上帝，同於佛教的大自在天主，忉利天是欲界的第二天，離人間最近，梵天是色界的初禪天，大自在天是色界的最上一天。[43]

道教的玉皇大帝、伊斯蘭教的上帝相當於欲界的第二層——忉利天的天主。耶教的上帝，相當於色界初禪最高層的大梵天的天主。印度教的上帝，相當於色界四禪最高層的大自在天的天主。由此可見，佛教不否定其他宗教及其主張的上帝，只不過將其視為某一層天的天主，屬於六道輪迴的眾生

[42] 釋聖嚴，《佛法的知見與修行》，《法鼓全集》5-8，頁 38-39。
[43] 釋聖嚴，《正信的佛教》，《法鼓全集》5-2，頁 181。

之一，而非創世主。

另外，聖嚴法師在《春夏秋冬》又將宗教分為三個層次：1. 世間的宗教：包含上述鬼神化、世俗化、梵天化的宗教；2. 解脫的佛教：由淨化自我而實證無我；3. 菩薩行的人間佛教：利人濟世，成就人間淨土。[44]這三個層次，在《學佛群疑》稱之為「人天善法、出世善法、世出世法」[45]，與太虛和印順法師主張的「五乘共法、三乘共法、大乘不共法」[46]一致。簡括聖嚴法師對世界宗教的層次觀如下：

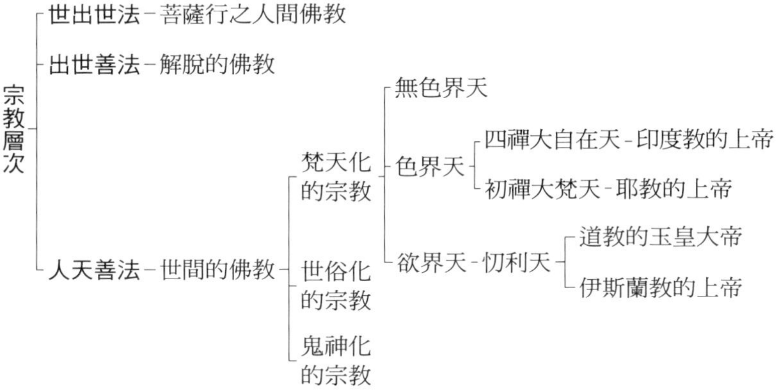

圖二：聖嚴法師的宗教層次觀

[44] 釋聖嚴，《春夏秋冬》，《法鼓全集》6-7，頁 144。

[45] 釋聖嚴，《學佛群疑》，《法鼓全集》5-3，頁 184-185。

[46] 參釋太虛，《佛法總學》，《太虛大師全書》第一編，臺北：太虛大師全書出版委員會，1958 年（再版），頁 447；釋印順，《成佛之道》，臺北：正聞，2014 年（修訂版），頁 75-435。

據上圖，佛教包含了「人天善法」與「出世解脫」，其它宗教僅處於「人天善法」的層次。這種層次化的宗教觀，肯定了世界宗教都有良善的價值，所以不會排斥任何一個宗教。無論如何，把佛教判為最高的層次，也不一定被其他宗教所接受。筆者認為聖嚴法師這一套宗教層次觀，在某個程度上受到印順思想的影響。[47]依佛教二十八天說明世界宗教的層次，最早見於印順法師《我之宗教觀》，簡括其重點如下：[48]

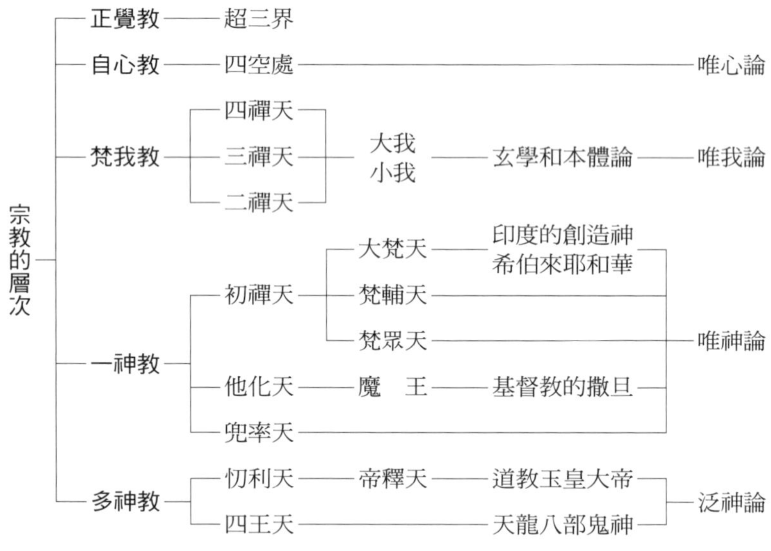

圖三：印順法師的宗教層次觀

---

[47] 聖嚴法師曾說：「從我三十二年前，撰寫《正信的佛教》……直到我於最近撰寫〈十善業道是菩薩戒的共軌論〉。可說，多多少少是受了印順導師思想的影響。」（《致詞》，《法鼓全集》3-7，頁 124-125）

[48] 釋印順，《我之宗教觀》，臺北：正聞，2017 年（修訂版一刷），頁 13-17。

對照圖二和圖三的內容，可以看出以下幾個重點：

一、印順法師的解釋較為完整，提出宗教的五個層次：多神教、一神教、梵我教、自心教、正覺教。這五個層次的內容，在聖嚴法師的解釋中都存在，只不過有了一些調整，並採用了新名詞。

二、聖嚴法師增加了「世俗的宗教」，而省略了二禪以上的境界，亦未將哲學（泛神論、唯神論、唯我論、唯心論）納入其中。

三、聖嚴法師所說的「鬼神化的宗教」，相當於印順法師的「多神教」；而「梵天教」涵括印順法師所說的「一神教」、「梵我教」。

四、聖嚴法師所說的上帝及其層次，與印順法師的解釋一致，唯前者將伊斯蘭教納入，等視為忉利天主。

事實上，聖嚴法師曾在〈論佛教與基督教的同異〉直接引用印順法師上述觀點來解釋「宗教境界的層次」。[49]由此可見，聖嚴法師的宗教層次觀，確實在某種程度上受印順學說之影響。這樣的宗教層次觀，又進一步影響聖嚴法師對各類修行經驗的融貫。

---

[49] 釋聖嚴，《神通與人通——宗教人生》，《法鼓全集》3-2，頁 215-221。

三、禪法次第與各類修行經驗之融貫

（一）聖嚴法師禪法次第的兩種說明模式

1.「三我」——小我、大我、無我

聖嚴法師於一九七六年一月前往美國弘化。他初次在當地教禪時，其實並不知道要從何教起。所幸當時與他一同住在大覺寺的日常法師（1929－2004）曾到紐約向菲力浦．凱普樓（Philip Kapleau, 1912-2004）學禪。聖嚴法師便請教他有關凱普樓的教禪方法。[50]日常法師的回答是：「非常簡單，他們教數息，當學員能夠熟用數息法，把心沉靜下來後，就可以參禪。」[51]聖嚴法師就依照這個方法，開始教導西方人。在禪法觀念上，聖嚴法師初教禪時，直接從最高層次的「無我」切入，卻遇到了問題——多半的人聽不懂，或無法馬上接受這樣的觀念。聖嚴法師於是進行調整，改由「有我」開始談起。[52]

---

[50] 凱普樓的老師是安谷白雲，正好是聖嚴法師在日本學禪的老師伴鐵牛的同門師兄弟，他們是原田祖岳的弟子。（參釋聖嚴，《拈花微笑》《法鼓全集》4-5，頁 328；林其賢編著，《聖嚴法師年譜》第 1 冊，頁 337；釋聖嚴，《雪中足跡——聖嚴法師自傳》，頁 220-221；《文集》，《法鼓全集》3-11，頁 71-78；《我的法門師友》，《法鼓全集》3-9，頁 228-229）安谷白雲的禪法，結合了臨濟和曹洞宗的精華。其實踐步驟，詳見凱普樓編著，宰法嚴譯，《禪門三柱》，臺北：慧炬，1975 年。

[51] 釋聖嚴，《雪中足跡——聖嚴法師自傳》，頁 219-222。

[52] 釋聖嚴，《找回自己》，《法鼓全集》8-8，頁 113。

考聖嚴法師一九八〇年之前的禪修著作，可以發現他常從「有我」說到「無我」，〈從小我到無我〉即是最好的例子。[53]此文將禪修分為三個階段：小我、大我、無我，本文簡稱為「三我」。以「三我」說明禪法次第的，在其許多著作中都可以看到，如〈從佛教的觀點談科學〉將佛教的內證經驗分為「小我、大我、無我」三個層次。[54]俞永峰認為聖嚴法師將禪修分為三個階段──「三我」（或擴充為「四心」），在傳統禪宗祖師及同時代人物的教法中，是「前所未有的」。[55]釋果暉則說「三我」之禪修體系是聖嚴法師「開創」的。[56]無可否認，在古今漢傳禪師之中，聖嚴法師是最早以「三我」解說禪法次第者。然而據筆者考察，在非禪師類型的大德中，印順法師或是提出「三我」的第一人。他在許多著作都提到「三我」，如：

表一：印順法師著作中的「三我」

「三我」相關內容	出處
息息變動的身心和合，沒有常恆、獨存的自我，所以說**無我**。不但沒有常存不變的個我，也沒有宇宙本體的**大我**，擬人的創造神；這都不過是**小我**的放大。[57]	《以佛法研究佛法》

---

[53] 釋聖嚴，《禪的體驗．禪的開示》，《法鼓全集》4-3，頁 204-215。

[54] 釋聖嚴，《學術論考》，《法鼓全集》3-1，頁 299-305。

[55] Jimmy Yu, “A Tentative Exploration into the Development of Master Sheng Yen’s Chan Teachings,” *Chung-Hwa Buddhist Journal* 23, 2010, p. 14.

[56] 釋果暉，〈聖嚴法師之漢傳佛教復興運動〉，《聖嚴法師中華禪法鼓宗禪法研究》，臺北：法鼓文化，2020 年，頁 71。

[57] 釋印順，《以佛法研究佛法》，臺北：正聞，2018 年（修訂版二刷），

外道所說個人自體的「我」，與宇宙本體的「梵」，看作常住不變的，安樂自在的，常住不變的**小我**、**大我**，都從生死根本的我見中來。必須以慧觀察，悟到他是無常、苦、**無我**（空），才能將生死的根本煩惱解決了。[58]	《佛在人間》
生死大苦，由業力而輪迴不息，為印度學者之共信。然一及**大我**、**小我**、本體、現象之說，則莫不陷於矛盾。……釋尊正覺緣起，知其病根在「真我」，既**無「我」**為宇宙之本元，亦**無「我」**為輪迴之主體，世間唯是惑、業、苦緣起之鉤鎖。[59]	《印度之佛教》

由此可見，印順法師比聖嚴法師更早提出「三我」。不可忽略的是聖嚴法師曾多次表達印順法師的思想對他有深刻的影響，如：「當時台灣佛教界約有三、四十年的時間，幾乎一面傾向以印順長老的思想為依歸，在那樣的時代風氣下，我也順隨潮流，追尋印老的思想，因此我受印老思想的影響，可謂相當之深。」[60] 由此可以推斷聖嚴法師對於印順法師的

頁 98-99。此書初版於一九五六年，參印順法師著作年表：https://yinshun-edu.org.tw/zh-hant/Master_yinshun/y99_01（截取於 2023.8.15）。

[58] 釋印順，《佛在人間》，臺北：正聞，2019 年（修訂版二刷），頁 54-55。此書初版於一九五六年。

[59] 釋印順，《印度之佛教》，臺北：正聞，1993 年（五版），頁 22。此書初版於一九四二年。

[60] 見釋聖嚴，〈如何研究我走的路〉，《聖嚴研究》第一輯，頁 19。除此之外，釋聖嚴也在別的著作中提及自己受印順思想之影響，如《聖嚴法師學思歷程》：「我必須承認，受到太虛大師和印順法師兩人很大的影響。」（《法鼓全集》6-15，頁 177）；《我的法門師友》：「印順長老早期的作品，對我產生許多的啟發，在思想、實踐面，以及對於整體佛教的認識上，都有深刻的影響。我雖不是他的學生，也不是他忠實的信徒，縱使他的思想，我也不一定皆認同，但是我非常地感恩他。」（《法鼓全集》3-9，頁 115）；「從佛教的義理研究，到佛法的生活實踐，我都是

思想與著作都十分熟悉。由於「三我」這個概念在印順法師的著作中常出現，因此聖嚴法師吸收了這個概念，並將之應用於禪法教學上，這一點並不讓人感到意外。有鑑於此，筆者認為聖嚴法師在教授禪法次第時採用的「三我」，並非如俞永峰所說的那樣——由聖嚴法師「首創」，而是取材自印順思想。只不過印順法師並非禪師，未曾教導漢傳禪法。因此若說聖嚴法師是運用「三我」來說明漢傳禪法次第的首位禪師，也未嘗不可。

無論如何，聖嚴法師畢竟不是印順法師禪學思想的繼承者，兩者在思想上不無分歧，特別是聖嚴法師著重於漢傳佛教之推廣，而印順法師則著重於從印度佛教及思想進行正本清源的工作。在禪學思想上，兩者也有些不同的立場，如林建德所言：「聖嚴法師對禪學新的開創和詮釋，以及中華禪法鼓宗的建立，一部分可說是回應印順法師對禪宗的遲疑，而試著為禪宗找尋新的契機和發展的可能。」[61]儘管聖嚴法師教禪初期採用了印順思想中的「三我」，但之後便嘗試予以革新——採用新的名詞來替代「三我」，正如聖嚴法師於一九七七年十月二十四日到加拿大多倫多市中山紀念堂演講時提到：

> 我教禪定，分成三個步驟，也可說分為三個階段，而達

在印順長老的大樹蔭下走過來的。」（《法鼓全集》3-9，頁 121）。

[61] 林建德，〈試論聖嚴法師對中華禪之承傳和轉化——以印順法師觀點為對比之考察〉，聖嚴教育基金會學術研究部編，《聖嚴研究》第五輯，臺北：法鼓文化，2014 年，頁 237。

> 到三種不同的境界。第一是身心平衡，第二是物我合一，第三是物我雙亡。……身心平衡是小我的階段。……物我合一是大我的階段。……物我雙亡是無我的階段。[62]

聖嚴法師此時雖然採用了新的名詞——「身心平衡、物我合一、物我雙亡」，但仍未放棄「三我」模式，而是將兩者結合起來做說明。後來，聖嚴法師逐漸在禪法教學上發展出自己的風格，也從「三我」開展出另一套解說其禪法次第的模式——「四心」。

2.「四心」——散亂心、集中心、統一心、無心

從聖嚴法師於一九八一年所寫的〈夢中人的夢話〉，可以看出他當時已經想出另一套取代「三我」的名詞。[63]在往後的幾年裡，他繼續予以調整，最終形成以「心」為主軸的表達模式，即「散亂心、集中心、統一心、無心」（以下簡稱「四心」），這才稱得上是聖嚴法師的個人創新。[64]這個模式，是後來的學者們所熟悉並常採用的，如辜琮瑜在《聖嚴法師的禪學思想》述及聖嚴禪法次第時，只提到此「四

---

[62] 見釋聖嚴，《佛教入門》，《法鼓全集》5-1，頁 205-206。

[63] 在聖嚴法師的著作中，對應「小我、大我、無我」的不同名稱，釋果暉曾有一番整理，並以簡單的表格概括。參釋果暉，〈聖嚴法師之漢傳佛教復興運動〉，《聖嚴法師中華禪法鼓宗禪法研究》，頁 58。

[64] 釋果光、釋常諗曾說：「聖嚴法師自創的調心四層次：散亂心、集中心、統一心、無心。」（〈漢傳禪佛教的當代實踐——聖嚴法師的「心靈環保」〉，聖嚴教育基金會學術研究部編，《聖嚴研究》第二輯，臺北：法鼓文化，2011 年，頁 243）

心」。[65]辜氏似乎並未注意到從「三我」至「四心」的轉化過程。

在「四心」模式當中，內容最為豐富的是「統一心」，有三個層次：身心統一、內外統一、念念統一。值得注意的是，既然說是「層次」，理應有高低之分，就算兩個層次之間只有一線之差。然，依據《聖嚴法師教禪坐》：

> 內心與外境的統一、身與心的統一，都是屬於剛剛要入定前之淺定，兩者的層次大致是相等的。[66]

此處所說的「大致是相等的」是否可以解讀為「相等」？若依據釋果暉的解讀，「身心統一」和「內外統一」是相等的，而且還等同於「未到定」。[67]筆者認為這樣的說法仍有商榷的餘地，因為依據《聖嚴法師教默照禪》的說法，「內外統一」和「未到定」是有些差異的：

> 到了〔內外統一〕這個程度，可能對環境的聲音與狀況還是知道的，如果完全聽不到，那就是進入「未到地定」，尚未進入深層的定。但是以默照禪而言，不應該進入到未到定，而應該清楚知道身體在打坐以及環境裡的狀

---

[65] 參辜琮瑜，《聖嚴法師的禪學思想》，臺北：法鼓文化，2002年，頁209。

[66] 釋聖嚴，《聖嚴法師教禪坐》，《法鼓全集》4-15，頁78-79。

[67] 釋果暉，〈聖嚴法師之漢傳佛教復興運動〉，《聖嚴法師中華禪法鼓宗禪法研究》，頁63（表六）。

> 況，只是沒有特別去注意這些狀況。當自己的身體與自我分不開時，其實「我」已經跟環境融合在一起了，這是自己與環境的內外統一。統一時，不再把環境裡的狀況當成對象，雖然也聽得到或看得到，但不是以對立的態度來聽、來看，環境裡的任何東西都是與自己合而為一。[68]

據此，「內外統一」仍然看得到環境的事物、聽得見環境的聲音，只是沒有對立感。「未到定」則是聽不到聲音。如此看來，聖嚴法師思想中的「身心統一」、「內外統一」、「未到地定」，可說非常接近，但彼此之間仍有一線之差，所以才被劃分為「不同」的層次。

另外，聖嚴法師指出「念念統一」是深定。[69]所謂「深定」，本該含攝四禪八定，但聖嚴法師在《禪與悟》又提出「時空統一」這個新名詞，指的是四空定：空無邊處定、識無邊處定、無所有處定、非想非非想處定。[70]既然如此，「念念統一」的範圍應被縮小，只代表色界的四禪，這是釋果暉採用的觀點。[71]如果是這樣的話，「統一心」則可細分為四個層次：「身心統一、內外統一、念念統一、時空統一」。然而據筆者考察，聖嚴法師似乎未曾如此細分。縱觀《法鼓全集》，聖嚴法師僅僅一次在《禪與悟》將「時空

[68] 釋聖嚴，《聖嚴法師教默照禪》，《法鼓全集》4-16，頁 146-147。

[69] 釋聖嚴，《聖嚴法師教禪坐》，《法鼓全集》4-15，頁 78-79。

[70] 釋聖嚴，《禪與悟》，《法鼓全集》4-6，頁 245。

[71] 釋果暉，〈聖嚴法師之漢傳佛教復興運動〉，《聖嚴法師中華禪法鼓宗禪法研究》，頁 63。

統一」定義為四空定。[72]在其他著作中，聖嚴法師都只提到「統一心」有「三個層次」，而不是「四個層次」。因此，筆者認為除了《禪與悟》以外，聖嚴法師在其他著作提到的「念念統一」，都應該被理解為四禪八定，即四禪和四空定的總稱。

儘管聖嚴法師將「統一心」分成三個層次，但他在教導禪修時並沒有要求禪眾必須達到最高層次的「念念統一」，如《禪的理論與實踐》所載：「當禪眾修行某一種觀法，確定已將心念集中到了身心統一的程度時，便可教授參公案、找話頭的方法了。」[73]可見聖嚴法師的禪法雖也講究定力，但不需要四禪八定，只要達到「身心統一」就可以轉用參公案和話頭，以便進一步達到開悟。另外，依據《聖嚴法師教默照禪》的說法：「中國禪宗參話頭時，隨時隨地都有話頭，話頭就像一把鎖匙，只是個工具。有話頭可用，絕對不會發生內外統一或絕對統一的狀況。」[74]參話頭必須要有一個話頭以啟發疑情，但達到「內外統一」或「念念統一」其

[72] 除了《禪與悟》出現「時空統一」外，也只有《禪的世界》載有此詞，然而其意思並非指四空定，而是「時間統一」和「空間統一」二者的統稱。見《禪的世界》：「從集中到統一，即已從念頭單一化的連續，而變成了無限深廣。如果，從前念到後念，綿綿不斷，稱為「念頭成串」，這是時間的統一；若再從成了串的情況，變為深廣無限，便是空間的統一。時空統一之時，即會體驗到物我一體、內外一體、自他平等、天人合一的心境了。」《法鼓全集》4-8，頁 182-183。

[73] 釋聖嚴，《禪的理論與實踐》，《法鼓全集》4-18，頁 71-72。

[74] 釋聖嚴，《聖嚴法師教默照禪》，《法鼓全集》4-16，頁 152-153。

實會失去方法——話頭。[75]如果話頭不見了，又沒有形成疑情，那就無法繼續參下去。由此可見，聖嚴法師教導的話頭和默照禪法，只需（至少）到達「身心統一」即可。當然，若有人能達到比之更高的層次，聖嚴法師也不反對。

綜上所述，聖嚴法師最初教導禪修時經常直從「無我」切入，但學生們無法馬上接受這個觀念。聖嚴法師因而從「有我」說到「無我」，以「小我、大我、無我」來解說禪修的次第。這並非聖嚴法師首創的概念，因此他後來採用新的表達方式，乃至形成「散亂心、集中心、統一心、無心」模式。聖嚴法師教導的各種禪法（數息觀、話頭禪、默照禪、念佛禪），都以這兩個模式來解說其次第。以數息觀為例，則如下圖所示：[76]

---

[75] 釋聖嚴，《禪的世界》：「如果你用的方法是數息的話，要數到沒有數目可數之時；如果是參話頭的話，要參到沒有話頭可參；如果是念佛的話，要念到沒有佛號可念。……到了這種地步，就是內在的自我與外在的環境統一了，自己的前念與後念連成一串了。」《法鼓全集》4-8，頁55。

[76] 《禪的體驗．禪的開示》兩處提到數息觀次第，第一處是在「調心歷程」將數息分為七個階段，第二處是「農禪寺第四十期禪七」將數息分為六個階段。兩者最大差異在於「集中心」的最高層次，前者說仍有三個念頭（數呼吸的我＋呼吸＋數字），後者則說剩下兩個念頭（呼吸＋隨呼吸的我）。釋果暉結合兩種說法，認為聖嚴法師所教導的數息觀，一共可分為八個階段，本文採用此說。參釋聖嚴，《禪的體驗．禪的開示》，《法鼓全集》4-3，頁45-47、頁252-255；釋果暉，〈聖嚴法師之漢傳佛教復興運動〉，《聖嚴法師中華禪法鼓宗禪法研究》，頁68-70。

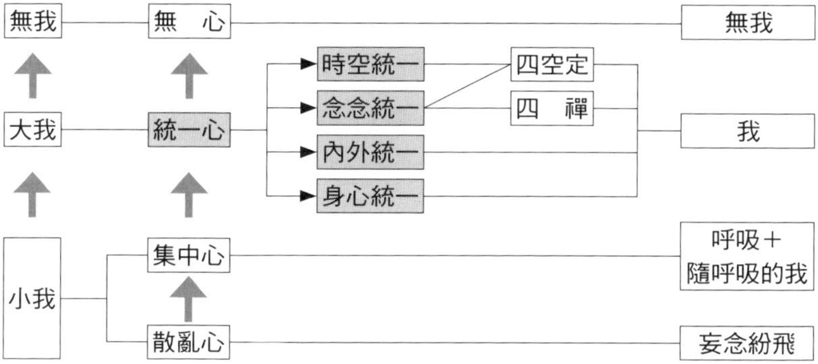

圖四：「三我」、「四心」與「數息觀」之對照

事實上，聖嚴法師發展出「四心」模式後，並未摒棄「三我」的說法。他在教導禪法時是活潑自如的。秉持著「應機設教，隨緣說法」的原則，他會在不同場合、面對不同聽眾之時，選擇最適當的解說模式，甚至二者並用，以期能讓對方獲得最大的利益。總的來說，聖嚴法師提出的「三我」帶有印順思想的痕跡；而「四心」才真的屬於聖嚴法師的個人創新。

（二）依「三我」、「四心」融貫各類修行經驗

1.「小我」（集中心）的經驗

從「散亂心」至「集中心」，屬於「小我」階段。散亂心，是心猿意馬、妄想紛飛的狀態。集中心，則是心專注在一個所緣，或一件事情上。[77]值得注意的是，「小我」的

[77] 釋聖嚴，《公案一〇〇》，《法鼓全集》4-12，頁 153。

特徵是「對立」——身心對立、內外對立、前後念對立。身和心對立，就會有身或心的各種感受和反應。內和外對立，就會有內「感」和外「應」。[78]綜合聖嚴法師各個著作的說法，「小我」階段可能發生四類經驗：

（1）**身體反應**

據《聖嚴法師教禪坐》，當心力集中時，可能在身體層面出現四種反應：1. 痛、麻、痠、癢；2. 暖、熱、涼、寒；3. 氣動；4. 靈動。前一至三種反應之所以會發生，是由於打坐姿勢正確，肌肉及神經得以放鬆，氣脈因而順暢流通全身。當它經過不健康或堵塞的部位時，氣會嘗試打通相關部位，因而產生痛、麻、痠、癢、氣動等。若將注意力放在氣動上，並嘗試指揮它，便會成為道家所修的導引——精、氣、神、河車、任督二脈等法，或密宗的明點、氣、菩提、心、輪、脈等修持法。[79]第四種「靈動」，則由外靈所致。「靈」是一種漂浮在我們生活空間的靈體、靈力。神經質、期待心與恐懼感很強的人，容易受到這些靈體的入侵，導致其身體出現某些動作，如結手印等。靈動可能會進一步產生靈感——靈力的感應，藉此聽到或看到常人無法察覺的聲音或影像。[80]

[78] 釋聖嚴，《學術論考》，《法鼓全集》3-1，頁 300。
[79] 釋聖嚴，《禪的生活》，《法鼓全集》4-4，頁 195。
[80] 釋聖嚴，《聖嚴法師教禪坐》，《法鼓全集》4-15，頁 43-44、106-110。

（2）神佛感應

據〈從佛教的觀點談科學〉，處於「小我」階段的人，時時以內在主觀的「自我」為主體，和外在的客觀世界相對。因為相對，所以才會發生「感應」。「感」的是內在的自我，「應」的是外在的鬼、神、佛菩薩。[81]感應的經驗，通常發生於冥冥之中。舉例而言，聖嚴法師十四歲出家為沙彌期間，腦袋渾沌而無法把經文背誦起來。他於是每日清晨禮觀世音菩薩五百拜。持續三個月後，有一天他突然感到腦筋變得清明。聖嚴法師說這一次的經驗讓他「確定人生方向、獲得信心」。[82]

（3）見聞神佛

根據《學佛群疑》，有些人自稱見到佛菩薩，並聽聞其教導，得其印證。聖嚴法師認為這種經驗可能在三種情況下發生：1. 定中所見的境界、2. 夢中所見的境界、3. 清醒的狀態聽到或見到「降神現象」。定中有所見聞，絕非深定，而是「散亂心」未除、「統一心」未現、現前覺受消失之時，妄念構成的一種反射作用。[83]夢中見聞神佛，更不可能達到

[81] 釋聖嚴，《學術論考》，《法鼓全集》3-1，頁 300-302；《學佛群疑》，《法鼓全集》5-3，頁 266。

[82] 釋聖嚴，《歡喜看生死》，《法鼓全集》8-7，頁 26。

[83] 根據《般舟三昧經》，有三種見佛並與佛對話的途徑：1. 證得聖果、運用神通；2. 死後往生淨土；3. 修般舟三昧。（CBETA 2023.Q3, T13, no. 418, p. 904a28-b3）如果無法證得聖果或神通，就只能通過證入般舟三昧而見佛並與佛對話。然而，在三昧中見佛，需要通過長期念佛並達到一心之後，才有可能。如果一個人並未精進念佛，卻突然見「佛」，甚至隨時能與之對話，那很可能是鬼神化現的「佛」。在《高僧傳》或

「統一心」的境界。在清醒時聽見或看見「降神現象」，那並非是真的佛菩薩親自顯現，而是鬼神幻現為佛菩薩形相，或者發出聲音自稱是某佛、某菩薩，甚至講經說法。不具佛法正見的人，容易受這些鬼神的愚弄，成為他們表現靈力的工具等。[84]這樣的解釋可以在《楞嚴經》「五十陰魔」中找到根據。其中，第三個色陰魔是指修行人忽於虛空之中，聽聞到演說佛法的聲音；第四個色陰魔是指修行人心眼看見毘盧遮那等千佛出現。如果將這些境界當作聖境，即會受到邪魔的入侵和干擾。[85]事實上，這些境界乃「堅固妄想，以為其本」。[86]

（4）幻覺

依據《禪的體驗・禪的開示》，當禪者用功到「心念將要收攝成為一念」，或心念漸漸沉靜，而體力、心力卻已疲乏時，可能會出現幻覺——幻聽、幻視、幻嗅、幻觸。它們有深、淺、真、假之分。淺的幻覺，是假的，真實的外境並不存在，只是修行者感覺上真的見到、聽到、嗅到、觸

《淨土往生傳》也記載著不少祖師念佛而見佛的例子，但人一生頂多只能見幾次，並非經常發生，而且僅止於見佛，無法對話。如《淨土往生傳》所載釋曇鑒（CBETA 2023.Q3, T51, no.2071, p. 112a2-5）、法盛比丘尼（CBETA 2023.Q3, T51, no.2071, p. 112b16-22）、釋大行（CBETA 2023.Q3, T51, no.2071, p. 124c11-12）、劉程之（CBETA 2023.Q3, T51, no.2071, p. 111b13-21）等。

[84] 釋聖嚴，《學佛群疑》，《法鼓全集》5-3，頁 263-264。

[85] 《大佛頂如來密因修證了義諸菩薩萬行首楞嚴經》卷 9，CBETA 2023.Q3, T19, no. 945, p. 147c16-26。

[86] 同上註，p. 147c6。

到。深的幻覺，是真的——由於「心念將要統一」（而未統一），身體的狀況也漸入佳境，神經變得特別靈敏，心力也變得精微深細，偶然可以聽到平時無法聽到的聲音，看見平時無法見到的事物。然而，如果貪著這種境界，修持將因而停頓，或失去這種能力，甚至惹來心外的魔鬼，為魔所乘，成了魔鬼惑人的工具。[87]

2.「大我」（統一心）的經驗

（1）「身心統一」的經驗

身心統一，是身和心合一的境界。從這個層次開始，身和心不再對立，因此不會再感覺到身體的存在，只有輕鬆舒暢之感。[88]雖然感覺不到身體，但對於外在環境所發生的一切，仍然非常清晰地感到、看到、聽到和嗅到，只是內心不為所動。[89]聖嚴法師指出，宗教家專心一意地修持某個法門時，能夠達到「身心統一」。以數息觀為例，修行者此時已經體驗到「呼吸」和「我」結合為一，不再分別何者是呼吸、何者是我。除此之外，聖嚴法師認為世間上受過訓練的專家，如：哲學家、宗教家、藝術家、運動員、表演家等等，若能持續專注於某一動作、某一項工作之上，也能達到

[87] 釋聖嚴，《禪的體驗．禪的開示》，《法鼓全集》4-3，頁 127-128。

[88] 同樣的內容出現在釋聖嚴，《禪的理論與實踐》，《法鼓全集》4-18，頁 70；《禪與悟》，《法鼓全集》4-6，頁 225；《禪的世界》，《法鼓全集》4-8，頁 109-110；《禪鑰》，《法鼓全集》4-9，頁 105；《佛法的知見與修行》，《法鼓全集》5-8，頁 14。

[89] 釋聖嚴，《禪的理論與實踐》，《法鼓全集》4-18，頁 70。

「身心統一」。[90]由此可見，對聖嚴法師而言，這個層次的經驗是「共世間法」，並非宗教所獨有。

（2）「內外統一」的經驗

內外的統一，是將「內在的身心」和「外在的環境」合而為一。此時內和外不再對立，所體驗到的是「身心的小我」與「宇宙的大我」融合為一，也可以說「神」與「我」合一。[91]「神我合一」，也可以稱之為「與神同在」。[92]聖嚴法師以基督教為例：

> 基督教說「萬物創發於神」而「回歸於神」，這是內外合一的經驗以後，所產生的神學理念，乃是統一之中的對待。也就是說其在主觀的根本經驗是統一的，而客觀的事實上是對立的。[93]

由此可見，「神造萬物」、「萬物回歸於神」的理念，其實源自於「內外統一」的經驗。[94]

除此之外，聖嚴法師也常用的「天人合一」來說明「內

---

[90] 釋聖嚴，《禪的世界》，《法鼓全集》4-8，頁 110；釋聖嚴，《禪的理論與實踐》，《法鼓全集》4-18，頁 71；《聖嚴法師教默照禪》，《法鼓全集》4-16，頁 184。

[91] 釋聖嚴，《禪鑰》，《法鼓全集》4-9，頁 106。

[92] 釋聖嚴，《心的經典——心經新釋》，《法鼓全集》7-1，頁 122。

[93] 釋聖嚴，《禪的生活》，《法鼓全集》4-4，頁 197-198。

[94] 釋聖嚴，《心的經典——心經新釋》，《法鼓全集》7-1，頁 122。

外統一」的經驗。[95]「天人合一」源於中國古代哲學的基本思想，在儒家和道家的著作中都可以看到此思想的發揮。[96]聖嚴法師曾指出：

> 在儒家的理念中，人的最高境界，便是「天人合一」，這個天，在《書經》中常被稱為上帝，不過這個天或上帝的涵義，並不與宇宙的本質或大自然的解釋，有什麼不同。[97]

儒家推崇「天人合一」的「天」，在《書經》（或稱為《尚書》，成書於春秋時代，後來被納入儒家典籍中）被稱為上帝。此上帝與西方神教的人格化上帝不同，指的是宇宙或大自然的本質。

就西方哲學而言，「小我」被稱為「現象」，「大我」被稱為「本體」。[98]據〈從小我到無我〉：

---

[95] 釋聖嚴，《禪的世界》，《法鼓全集》4-8，頁 164。

[96] 王小良，〈「梵我同一」和「天人合一」的基本意蘊比較〉，《鵝湖月刊》第 349 期，2004 年 7 月，頁 49-51；李源澄，〈天人合一說探源〉，黃夏年主編，《民國佛教期刊文獻集成補編》卷 77，北京：中國書店，2008 年，頁 15-19。

[97] 釋聖嚴，《神通與人通——宗教人生》，《法鼓全集》3-2，頁 19。

[98] 哲學上有所謂本體論，依據《佛教入門》：「有人問起佛學上的本體論是什麼，佛教不講本體論，如果要講的話，本體是『大我』，現象是『小我』。」（《法鼓全集》5-1，頁 158）「本體」亦被稱為「理念」，如《福慧自在——金剛經講記與金剛經生活》所言：「所謂『本體』，我們可以稱它為理念，也有人稱它是神，這些神我、大我，都是『有』，所以叫作『世俗諦』。」（《法鼓全集》7-2，頁 30）

> 當你在坐禪時，得到如此的體驗之後，你便能理解到哲學上所講的理念或本體是什麼了，現象的存在，又是什麼了。因為，一切現象，是本體的浮面或表層。以膚淺的觀點看起來，一切現象，雖然千差萬別，各有不同的性質，實際上，現象的差異，並無礙於本體的完整。[99]

哲學家達到這個層次，可以體驗到「現象」融入「本體」，既然是一個整體，表面的差異便與內在的本體毫無衝突。

由上可見，聖嚴法師將東、西方宗教與哲學所體驗到的「神」、「天」、「上帝」、「本體」，統統歸入「內外統一」的層次。聖嚴法師也指出，不管是哪一個宗教或哲學派系，一個人只要有過「內外統一」的經驗，慈悲濟世的心油然而生：

> 視身外的每一事物，都是自己的一部分，一切的事物就是自己的全體。每一個人、每一個眾生、每一棵樹、每一莖草、每一片葉子，乃至每一滴水、每一粒沙，都好像是自己身上的四肢百骸或是自己身上的皮膚、細胞、血液與汗毛。因此而對身外的一切事物，產生美好、安詳、寧靜、和諧的感受，進而生起悲天憫人、民胞物與的情懷。[100]

---

[99] 釋聖嚴，《禪的體驗・禪的開示》，《法鼓全集》4-3，頁 210-211。
[100] 釋聖嚴，《禪的理論與實踐》，《法鼓全集》4-18，頁 70。

由於體驗到外在的人、事或物與自己無二無別，因此救人即是救己，愛人即是愛己。聖嚴法師於是指出，莊子所說的「天地與我同根，萬物與我一體」，孟子所說的「仁民愛物」都屬於這個層次的體驗。[101] 此類經驗不僅僅發生在宗教家和哲學家身上，聖嚴法師認為「凡為偉大的思想家、發明家和慈善家等，對於悲天憫人的心境，都能或多或少的有所領悟」。[102] 相對於此，體驗過「內外統一」的人，也可能不經意地生起自大驕慢的心態，自認為是宇宙萬物的代表、人格化的神、或神的使者，有權力支配宇宙萬物。凡是違背其意願者，則不惜毀滅之。宗教史上的大迫害、大屠殺，都是這種人的傑作，被稱為大獨裁者、大惡人、大魔王。[103] 為何同一種經驗，卻會形成兩種態度？這一點或可從世間情愛的角度來理解：有些人因愛而學會包容、呵護與成全對方；然而，也有些人會因愛生恨——愛一個人愛得太深，便希望掌控對方，一旦對方不順從或背叛自己，便可能進行報復，甚至殺害之。

對聖嚴法師而言，「內外統一」與「身心統一」一樣屬於「共世間法」，不是宗教獨有。他認為藝術家在進行創作時，乃至一般人專注於欣賞音樂、繪畫、自然風景時，都可能發生「內外統一」的經驗。[104] 這樣的詮釋應該是源自中國

---

[101] 釋聖嚴，《禪與悟》，《法鼓全集》4-6，頁 225。
[102] 釋聖嚴，《神通與人通——宗教人生》，《法鼓全集》3-2，頁 51-52。
[103] 釋聖嚴，《學術論考》，《法鼓全集》3-1，頁 303。
[104] 釋聖嚴，《禪的世界》，《法鼓全集》4-8，頁 110。

禪宗「挑柴運水無非道，行住坐臥皆是禪」的精神。[105] 聖嚴法師曾在《雪中足跡》提及自己的相關經驗：

> 有一次，我在曼谷和一群人一起旅遊。當大家都在喝咖啡時，我卻在禪坐的狀態中，注視著河裡的魚。大家感到奇怪，我對河裡的魚會產生那麼大的興趣。然而我是在禪坐中，與四周的環境合而為一了。當我看著魚時，感覺到我就是在水中，優游地在牠們之間游來游去。[106]

由此可見，「內外統一」的經驗不只是發生在禪堂中或蒲團上，也可以發生在日常生活的專注時刻。筆者認為聖嚴法師這樣的詮釋，不但能夠將禪修與生活結合，也能夠協助他融貫世間各類的經驗，讓他與各階層人士交流暢行無礙。舉例而言，在二〇〇八年五月的一個座談會上，曾執行阿波羅太空船登陸月球的米契爾博士（Edgar Dean Mitchell, 1930-2016），就自己在返回地球的航程中體驗到「與宇宙合而為一」的經驗，請教聖嚴法師。法師告訴他所體驗到的是「統

---

[105] 如《大慧普覺禪師語錄》卷 20：「神通并妙用，運水及搬柴。這箇是俗士中參禪樣子。」（CBETA 2023.Q1, T47, no. 1998A, p. 896c24-25）；《人天眼目》卷 6：「運水搬柴不是塵，頭頭全現法王身。」（CBETA 2023.Q1, T48, no. 2006, p. 329b7）《禪宗決疑集》：「行住坐臥、著衣喫飯、搬柴運水、大小便利、語默動靜、折旋俯仰、迎賓待客、苦樂逆順，道在其中。」（CBETA 2023.Q1, T48, no. 2021, p. 1012b27-29）

[106] 釋聖嚴，《雪中足跡——聖嚴法師自傳》，頁 178。

一心」。[107] 這一點，若以傳統四禪八定或九次定來看，是難以解釋的。儘管如此，聖嚴法師認為透過非禪修途徑達到的「內外統一」並不穩定：

> 統一的體驗並不一定要靠打坐的工夫，只是若不透過打坐的練習，往往禁不起外在的影響。……如果經常練習著內外統一的心態，而且有佛法的觀念做為指導，就可能會在某一個時空中突然開悟。[108]

通過禪修的長期訓練而獲得的「內外統一」容易保持，不會受外境的影響而失去。如果加上佛法的正見引導，也有可能由此而達到開悟。換言之，開悟對於偶爾體驗到「內外統一」的慈善家、太空員等人而言，機率相對渺小。

從以上內容看來，大部分宗教所主張的最高經驗——基督教的「神我合一」、「與神同在」、儒家的「天人合一」、莊子所說的「天地與我同根，萬物與我一體」、孟子所說的「仁民愛物」、「萬物同體」等，無不匯集在「內外統一」的層次。值得注意的是，類似的說法，亦見於印順法師的著作，如《學佛三要》所載：

> 基督教徒，不是沒有修持的。在虔敬的誠信、迫切的懺悔中，達到**精神的集中**時，也有他的宗教經驗。高深

---

[107] 林其賢編著，《聖嚴法師年譜》第 4 冊，頁 2389。

[108] 釋聖嚴，《禪的理論與實踐》，《法鼓全集》4-18，頁 137。

> 的，能直覺得忘我的狀態，稱為與神相見。……有宗教經驗的，或玄學體會的，大抵有萬化同體、宇宙同源的意境。如莊子說：「天地與我同根，萬物與我並生。」墨子的「明天」，婆羅門教的梵，都有一種同體的直覺，而多少流出泛愛的精神。然而，平等一如，本是事事物物的本性。由於不重智慧，或智慧不足，在**定心或類似定心**的映現中，複寫而走了樣，才成為神，成為神秘的宇宙根源。……婆羅門教的梵——或人格化為梵天，與基督教的耶和華相近，不外乎在禪定的經驗中，自我的普遍化，想像為宇宙的本源、宇宙的創造者。創造神的思想根源，不但是種族神的推想，實有神祕的特殊經驗。[109]

印順法師認為東、西方宗教經驗中的「萬化同體」、「宇宙同源」等，都是由精神集中、達到忘我狀態的效果，與聖嚴法師對「內外統一」的解說十分相似。因此，我們不能排除聖嚴法師提出的「內外統一」，曾參考印順思想。唯印順法師只提到宗教、哲學、玄學，聖嚴法師則更進一步擴展至慈善家、藝術家、太空員，乃至欣賞風景的普通百姓。

（3）「念念統一」的經驗

「念念統一」即前念和後念統一，是入定的境界。所入者，四禪八定，分為兩個層次：1. 色界定：初禪、二禪、三禪、四禪；2. 無色界定（或稱四空定）：識無邊處、空無邊

---

[109] 釋印順，《學佛三要》，臺北：正聞，2021 年（修訂版二刷），頁 126-128。

處、無所有處、非想非非想處定。事實上，聖嚴法師鮮少個別講述四禪八定的內容，因為漢傳禪法重慧解脫，無需深定亦可開悟，但也不排斥深定。[110] 至於這個層次會有什麼經驗出現，聖嚴法師在不同著作中的描述稍有不同。第一種描述側重於「時間感」的消失：

> 此時不知道有前念，不知道有後念，唯知住於現在的一念。在定中，若一直保持住「現在」這一念上，便沒有時間，因為前後念已統一，出定後，時間又再度出現。[111]

沒有前念、後念，只有念念在當下，所以感覺不到時間的變化，不管入定時間多長，出定時只感覺僅僅過了一剎那。聖嚴法師對入定的另一種說法是「時間感」和「空間感」一起消失：

> 修次第禪定是漸進的、次第的，到了深定之中，連時間及空間感也會消失。[112]

事實上，此時仍有自我意識，也有時間和空間，只是沒有時

---

[110] 聖嚴法師只有在解說「禪的源流」和「禪波羅蜜」時，曾對四禪八定的各個層次逐一說明。詳見《佛法綱要——四聖諦、六波羅蜜、四弘誓願講記》，《法鼓全集》7-12，頁 84-98；《禪的體驗．禪的開示》，《法鼓全集》4-3，頁 13-26。

[111] 釋聖嚴，《禪的世界》，《法鼓全集》4-8，頁 110。

[112] 釋聖嚴，《三十七道品講記》，《法鼓全集》7-11，頁 173。

空的感受而已。[113] 另外，聖嚴法師在《禪與悟》提出另一種有關入定的綜合描述：

> 當在入定之時，身心、世界、時間、空間，都無差別，僅是現實的存在。對你而言，整個宇宙，都只有一個全體的存在。有了這種經驗的人，在出定後，仍然會有一段時期停留在內外統一的感受中。[114]

入定之時，身心、世界、時間、空間全部統一而無差別，宇宙的一切融為一個整體。這種經驗可以說是「內外統一」之延伸，從內在身心與外在環境的一草一木一人合而為一，延伸到與全宇宙合一。有的人將這「與宇宙合一的心」誤解為「佛性」，聖嚴法師指出：「那是梵我的思想，是統一心，而不是佛性。」[115] 對聖嚴法師而言，「佛性」即是「空性」，而不是一個實在的心。[116]

---

[113] 釋聖嚴，《禪的體驗・禪的開示》，《法鼓全集》4-3，頁 255。

[114] 釋聖嚴，《禪與悟》，《法鼓全集》4-6，頁 225-226。

[115] 釋聖嚴，《禪的理論與實踐》，《法鼓全集》4-18，頁 213。

[116] 聖嚴法師在許多著述中提到「佛性」即是「空性」，如《漢藏佛學同異答問》：「入禪境是指開智慧、見佛性，亦即是見空性、實證無我。……對一般人而言，『佛性』似乎是有一樣東西的存在，事實上佛性即無性，《金剛經》的『無相』，在《六祖壇經》中又叫作『無性』，早期《阿含經》則叫作『空』、『無常』、『無我』，都是空性的意思。」（《法鼓全集》3-10，頁 13-14）有關聖嚴法師將「佛性」解釋為「空性」之研究，參林建德，〈試論聖嚴法師對「空性」與「佛性」之詮解與貫通〉，《法鼓佛學學報》第 21 期，2017 年，頁 131-180。

聖嚴法師曾說「念念統一的境界是很難達到的」[117]、「欲達到前後念統一，非常地不容易」[118]。他指出只有世間各大宗教哲學之中的印度教的某些大師及中國的老子已達到「念念統一」的某一程度，或最高程度。[119] 老子主張的「無」，是「實在的無」，與佛教主張的究竟「空性」有別，在聖嚴法師看來僅相當於「非想非非想處定」的境界，非解脫境也。[120]

綜上所述，佛教以外的「世界各大宗教」可能達到的最高修行經驗，全部被統攝在「大我」（統一心）之中，也就是「定學」。嚴格來說，這並非新主張，因為定學——四禪八定，對佛教而言是「共外道」的，也就是一切宗教的「共法」。若說聖嚴法師對各類修行經驗進行融貫，其融貫的中心點就在於「大我」（統一心）。[121]

3.「無我」（無心）的經驗

「無我」或「無心」，是修行的最高層次，達到這個層次的人被稱為「開悟」或「明心見性」。根據聖嚴法師的說

---

[117] 釋聖嚴，《聖嚴法師教禪坐》，《法鼓全集》4-15，頁 79。

[118] 釋聖嚴，《禪的世界》，《法鼓全集》4-8，頁 110。

[119] 釋聖嚴，《禪的理論與實踐》，《法鼓全集》4-18，頁 71。

[120] 釋聖嚴，《禪的生活》，《法鼓全集》4-4，頁 198-199。

[121] 值得注意的是，印順法師與聖嚴法師對於「大我」的界定有些不同。印順法師在《我的宗教觀》所說的「大我」不包含四無色定（參本文圖三），但聖嚴法師所說的「大我」（念念統一）則涵括四禪與四無色定。

法，開悟的當下可能出現三種經驗：大汗淋漓、虛空粉碎、爆炸。

開悟之時，身體可能會冒汗，是聖嚴法師自己曾體驗過的，如《神會禪師的悟境》記載他於一九五八年春遇到靈源老和尚而開悟的情形：「我問他很多問題，他一句話也沒有回答，後來他突然在廣單上『啪』地猛拍一下，把我**驚出了一身汗**，然後他睡覺了，這樣一來我把問題擺下來也睡覺了。」[122] 另，《禪的體驗・禪的開示》也提到用棒喝、用話頭、參公案的方法激發開悟時，「常使學者有**大汗淋漓**或天崩地裂般的震撼之感」[123]。在中國禪史文獻中，也可以看到不少祖師有「大汗淋漓」的經驗，如惠明、無慍（1308－1386）、凝然改法（1334－1421）、隱元隆崎（1592－1673）等。[124] 是不是每一位開悟的人，都會大汗淋漓？不一定，因人而異。也有的人經驗到「天崩地裂般的震撼之感」，或簡稱為「虛空粉碎，大地落沉」，或只說「虛空粉碎」。

「虛空粉碎」中的「虛空」，是禪修達到「心念統一」才能感受到的境界。[125] 根據聖嚴法師在《禪的生活》的解釋：

---

[122] 釋聖嚴，《神會禪師的悟境》，《法鼓全集》4-14，頁 36。

[123] 釋聖嚴，《禪的體驗・禪的開示》，《法鼓全集》4-3，頁 100。

[124] 釋果暉，〈禪修「通身汗流」現象與禪悟過程之探討──以禪史文獻及聖嚴法師禪修經驗為例〉，聖嚴教育基金會學術研究部編，《聖嚴研究》第四輯，頁 278-284。

[125] 釋覺心，〈從「虛空粉碎」論聖嚴禪法與泰國森林傳統的「開悟經驗」〉，《正觀》第 100 期，2022 年，頁 28。

> 看我正在想的那一個念頭，一直想下去。因為念頭停止在一點，時間即停止，空間亦不存在，對周遭的一切都很清楚，但不在乎；……這時身、心、世界都不存在，但有空曠、自在、無限的感受。通常修行修到這個程度已有成績，很多人認為到這程度已是開悟、解脫，其實沒有，因為他「感」還在。這個情況不是空，而是**虛空**。空是空間，是普通日常生活的感受，**虛空**則在禪或定時開始感受到。在此情形下，要把它粉碎，之後才能進入真正禪的體驗。[126]

由此可見，禪修過程中所體驗到的時空，可分為四個層次：1. 日常時空→ 2. 時空消失→ 3. 虛空→ 4. 虛空粉碎。由於「虛空」是在「統一心」或「大我」階段所經驗的境界，所以突破「統一心」或「大我」時，被稱為「破心」、「無心」或「無我」，也等於「虛空粉碎」。[127] 這是用棒喝、用話頭、參公案的方法所能產生的開悟經驗。如果是採用默照的方法，則多以「桶底脫落」來描述開悟經驗。[128]

除此之外，聖嚴法師也常用「爆炸」來說明開悟經驗，例如《禪的體驗‧禪的開示》提到當禪修者產生疑情之後，聖嚴法師將「逼驅行者不斷地前進、前進，以期望能得『虛

---

[126] 釋聖嚴，《禪的生活》，《法鼓全集》4-4，頁 253。
[127] 釋覺心，〈從「虛空粉碎」論聖嚴禪法與泰國森林傳統的「開悟經驗」〉，《正觀》第 100 期，2022 年，頁 29-30。
[128] 釋聖嚴，《禪的世界》，《法鼓全集》4-8，頁 111-112。

空粉碎』的『大爆炸』發生，或者至少也有一個較小的『爆炸』。」[129] 所謂「大爆炸」、「小爆炸」，代表的是「大悟」與「小悟」。[130]

綜上所述，「大汗淋漓」、「虛空粉碎」、「爆炸」是達到「無我」（無心）時可能出現的經驗。值得注意的是，「大汗淋漓」是非常具體的經驗，有汗沒汗，很容易辨識；但是「虛空粉碎」和「爆炸」則不一樣，它們指的是抽象的心理現象，其實無法精確地表達出實際的經驗。我們也無法單憑「虛空粉碎」和「爆炸」的字面意義，去揣測真正的開悟經驗到底是怎麼樣。看來也只有親身體驗，才能理解個中意義。

四、「神祕」、「宗教」與「超越」

學者們對於「宗教經驗」（religious experience）與「神祕經驗」（mystical experience，或譯為「密契經驗」或「密契體驗」[131]）的意涵，以及兩者之間的關係，其實並沒有很明確的區分。[132] 聖嚴法師在其早期的著作，同樣沒有對

---

[129] 釋聖嚴，《禪的體驗．禪的開示》，《法鼓全集》4-3，頁 138。

[130] 釋聖嚴，《聖嚴法師教話頭禪》，《法鼓全集》4-17，頁 154-155。

[131] 如羅伯特．H．夏夫（Robert H. Sharf）著，萬金川譯注的兩篇論文：〈佛教的現代主義與禪定體驗的修辭〉及〈體驗修辭與宗教研究〉，都將 “mystical experience” 譯為「密契體驗」。

[132] Robert H. Sharf, “The Rhetoric of Experience and the Study of Religion,” *Journal of Consciousness Studies* 7(11-12), 2000, p. 268；羅伯特．H．夏夫（Robert H. Sharf）著，萬金川譯注，〈體驗修辭與宗教研究〉，《正觀》第 103 期，頁 11。

這兩者做出嚴格的定義與區分，如《基督教之研究》提到：

> 這在世間各宗教，凡是持久做了祈禱、禮拜、稱念、經行、靜坐等的工夫之後，往往多少會得到若干**宗教經驗**——超常的經驗。[133]

相似的一句話，在〈宗教行為與宗教現象〉則是：

> 佛教徒以持咒、誦經、禮拜、打坐、念佛等方法，制心於一處，精誠專一時，可以見到光、華……或得到定樂等**神祕的經驗**。[134]

將以上兩句話相互比較起來的話，「宗教經驗」與「神祕經驗」似乎指的是同一物。在〈密教之考察〉亦有類似的情況：

> 此在心中有物的大修行者，或是修行有素的瑜伽行者，見聞神佛示現的經驗，乃是相當普遍的事。此等**宗教經驗**，乃是由於瑜伽、禪定、咒法、儀軌、祈禱等的宗教行為，只要行之得力，信之虔誠，得到超常的身心反應，與精神界的感應，是意料中事，感得**神祕經驗**，也是意料中

---

[133] 釋聖嚴，《基督教之研究》，《法鼓全集》1-5，頁 37。

[134] 此文是聖嚴法師於一九八一年的演講內容。參釋聖嚴，《神通與人通——宗教人生》，《法鼓全集》3-2，頁 194。

事。[135]

「宗教經驗」和「神祕經驗」同時出現在同一段文中，兩者看起來沒有很明顯的差異。問題是如果要表達同一種經驗，為何不用同一個詞？考察現代學者的研究成果，聖嚴法師這樣的用法並非沒有理由，誠如 Sharf 所言：「有些人特別關注某種獨特的『宗教經驗』，它被稱為『神祕經驗』。」[136]如此看來，「神祕經驗」乃是「宗教經驗」之一種。既然如此，兩者的義涵必然有所重疊。無論如何，聖嚴法師後來似乎覺察到這樣的解釋可能會令人感到含糊，因此嘗試對「宗教經驗」和「神祕經驗」做出明顯的區分。

（一）「神祕經驗」與「小我」

就《法鼓全集》而言，聖嚴法師最早提到「神祕經驗」這個術語，應是一九六七年初版的《基督教之研究》，即：

> 基督教的工夫，初則是信仰力的啟發，繼則是禪定力的探求。禪定是什麼？他們並不知道，但他們卻認為由於那種**神祕經驗**的媒介，而能認識或親近到他們的神。[137]

---

[135] 釋聖嚴，《學術論考》，《法鼓全集》3-1，頁 46。

[136] Robert H. Sharf, “Rhetoric of Experience and the Study of Religion,” *Journal of Consciousness Studies* 7(11-12), 2000, p. 268；羅伯特・H・夏夫（Robert H. Sharf）著，萬金川譯注，〈體驗修辭與宗教研究〉，《正觀》第 103 期，頁 11。

[137] 釋聖嚴，《基督教之研究》，《法鼓全集》1-5，頁 253。

後來，聖嚴法師在《比較宗教學》提到「神祕主義」（mysticism）在基督教會中由來已久。十四至十五世紀間，基督教分為兩派——正統派、自由派，兩者都重視「神祕經驗」，但前者仍嚴守教會的宗義，後者則相反。[138] 由此可見，「神祕經驗」這個語境，與基督教有密切的歷史淵源，因此相關研究在西方學界最多，但學者們對「神祕經驗」的定義各異，至今未有一致的共識。

William James（1906）主張「神祕經驗」有四種特質：不可言說性、純知性、短暫性、被動性。也有學者則認為「神祕主義者」指的是相信心電感應或靈魂回歸的人。[139] Louth 曾指出「神祕經驗」在西方的標準定義是「與上帝直接接觸的經驗」。[140] Sharf 也指出，經歷過「神祕經驗」的人多聲稱自己與神（the divine）、聖物（the sacred）或聖靈（the holy）直接接觸。[141] 此外，Sallie King 認為「神祕經驗」可以理解為「經驗到主體和客體消失的意識狀態」，Robert Forman 等人

---

[138] 釋聖嚴，《比較宗教學》，《法鼓全集》1-4，頁 342。

[139] William James, *The Varieties of Religious Experience: A Study in Human Nature*, pp. 380-382.

[140] Andrew Louth, "The Origins of the Christian Mystical Tradition: From Plato to Denys," Oxford: Clarendon, 1981. 轉引自 Brainard F. Samuel, "Defining 'Mystical Experience'," *Journal of the American Academy of Religion* 64.2, 1996, p. 367。

[141] Robert H. Sharf, "The Rhetoric of Experience and the Study of Religion," *Journal of Consciousness Studies* 7(11-12), 2000, p. 268；羅伯特・H・夏夫（Robert H. Sharf）著，萬金川譯注，〈體驗修辭與宗教研究〉，《正觀》第 103 期，頁 11。

稱之為「純粹的意識」或「無仲介的意識」。若從不同宗教與傳統來看「神祕經驗」，則有共通性與差異性的問題。對此，歷來的學者們觀點各異，Brainard 將之總括為三類：1. Katz、Keller、Penner 等人聲稱「神祕經驗」並沒有普遍的指稱，不應與「真實經驗」相混淆。「真實經驗」是由文化條件決定，因此在不同傳統之間有所差異；2. Grof、Smith、King、Forman、d'Aquili 等人認為不同傳統的「神祕經驗」，存在著某種程度的共通性；3. Izutsu、Sells、Idel、McGinn 等人則表示，各個傳統對「神祕經驗」的敘述具有明顯的相似性，超越了語言文化的差異。不過，他們強調這些相似性只存在於文字記述中，從而迴避了「經驗本身」是否相似的問題。[142]

我們不確定聖嚴法師是否閱讀過上述西方學者的研究，但根據一九八五年發表於《人生》的〈正信佛教與神祕經驗〉，他對「神祕經驗」提出了明確的解釋，分為兩類：

一、肉體上的神祕經驗：屬於感覺世界，包括：消災免難、增福增壽、生活美滿、事業順利。

二、心理上的神祕經驗：屬於精神世界，包括：感應、通靈、通神、興奮、迷幻和滿足，乃至於類似暫時從身心獲得解脫的經驗。

---

[142] Brainard F. Samuel, "Defining 'Mystical Experience'," *Journal of the American Academy of Religion* 64.2, 1996, pp. 360-362.

這兩類「神祕經驗」多由他力所成。所謂他力，是指瀰漫於時空之中的靈體——鬼神，有三類：1. 人類死後，尚未投生，較有福德的靈體；2. 受完地獄、鬼、畜生的罪報，轉生之前，有一段自由時間的眾生；3. 享盡天福而墮落人間的天人。這三類靈體都擁有特別的力量，但必須附托於人體或物體才能展現出神祕現象。[143] 聖嚴法師把「神祕經驗」與「靈體」結合（感應、通靈、通神），應非來自他個人的創說，正如前述，早已有學者認為「神祕主義」與「靈魂回歸」有關，或如 Sharf 所言：「神祕經驗」的經歷者聲稱自己與「聖靈」接觸。這些經驗之所以被視為「神祕」，主要是它由不得自己作主，必須依靠靈體的外力。這一點倒是符合 William James 所說的「神祕經驗」具有「被動性」。除此之外，聖嚴法師所說的「肉體上的神祕經驗」和「心理上的神祕經驗」普遍存在於各個宗教中，這一點與 Brainard 所歸納的第三類觀點相近——各個傳統所說的「神祕經驗」有明顯的相似性，超越了語言文化等差異。

從正面的角度而言，聖嚴法師認為追求「神祕經驗」是社會富足的象徵，唯有經濟生活穩定後，人們才有多餘的時間和心思去追求「神祕經驗」。然而，其負面意義更多，至少有五種：1. 神經質的人最容易體驗到「神祕經驗」，以幻為真；2. 對於不曾經歷「神祕經驗」的人而言，或視之為虛假、迷信，或自貶為不夠資格修行；3.「神祕經驗」若是真

---

[143] 釋聖嚴，《明日的佛教》，《法鼓全集》3-8，頁 63-67。

的，也有時間性，並且只能在一定空間內發生，無法改變環境的事實；4. 若利用「神祕經驗」來改變現實環境，等於違背因果法則，將導致許多弊端；5. 請求他人利用「神祕經驗」幫助自己解決問題或達成某種世俗目標，將會導致迷信他力，放棄自我努力。[144] 此外，聖嚴法師亦提到：被神靈附體的人常會因靈體離去而變成精神病或精神分裂。意志力堅強者，也得經過一、兩年的治療，才有可能恢復正常。[145]

由此看來，「神祕經驗」對聖嚴法師而言，似乎充滿了負面的意義。他在其他不同的著作中，也常以貶斥或否定的角度說明「神祕經驗」，如：

> 在漢人的文化裡，尤其是高級知識分子，對這些**神祕經驗**是排斥的。[146]

> 那些宗教產生的現象都是從神鬼感應的**神祕經驗**而來，在西方的古代社會，將之視為巫、魔，不許傳播，在東方則往往偽稱是佛教，故被正統的佛教稱為附佛法外道……。[147]

> 以**神祕經驗**和神異能力，來做為自我成就和向信眾炫

[144] 同上註。
[145] 釋聖嚴，《學佛群疑》，《法鼓全集》5-3，頁 260-265。
[146] 釋聖嚴，《聖嚴法師教默照禪》，《法鼓全集》4-16，頁 171。
[147] 釋聖嚴，《佛教入門》，《法鼓全集》5-1，頁 297-298。

> 耀的工夫。站在中國禪宗的立場，……甚至會被斥為「鬼家活計」。[148]

> 他們稍得一些身心反應的神秘經驗，便會自稱上師，古佛再來，大菩薩化現，自為人師，那是以盲引盲，墜坑落塹，如此者比比皆是！[149]

有鑑於此，聖嚴法師常警戒修行人切勿以「神祕經驗」做為目標。[150] 聖嚴法師並未說明其觀點的依據為何，但在他之前，William James 早已指出「神祕主義」（mysticism）與「神祕的」（mystical）二詞常被用作譴責性的字眼，指稱模糊、浩瀚、濫情、缺乏事實或邏輯的事物。[151] 聖嚴法師或受這類觀點的影響，只不過他並未說明出處。

從禪法次第而言，聖嚴法師並未直接說明「神祕經驗」屬於哪一個層次。然而依據其解釋看來，「神祕經驗」多由外力所致。不管是向外求得「消災免難、增福增壽、生活美滿、事業順利」，或是依靠外力的「感應、通靈、通神」等，一一顯示出「神祕經驗」處於內感、外應的對立狀態。

---

[148] 釋聖嚴，《五百菩薩走江湖——禪宗祖庭探源》，《法鼓全集》6-14，頁 141。

[149] 釋聖嚴，《菩薩行願——觀音、地藏、普賢菩薩法門講記》，《法鼓全集》7-10，頁 142。

[150] 釋聖嚴，《聖嚴法師教默照禪》，《法鼓全集》4-16，頁 172。

[151] William James, *The Varieties of Religious Experience: A Study in Human Nature*, p. 379.

如前所述，「小我」是在身和心、內和外對立下產生的經驗，有四類：身體反應、神佛感應、見聞神佛、幻覺。其中，「身體反應」傾向於「肉體的神祕經驗」，而「神佛感應、見聞神佛、幻覺」則與「心理上的神祕經驗」相應。有鑑於此，筆者認為「神祕經驗」對聖嚴法師而言，屬於「小我」的範疇。至於超過「小我」的經驗，聖嚴法師通常採用另一個名詞——「宗教經驗」來加以說明。

（二）「宗教經驗」與「大我」

「宗教經驗」之研究，始於十八世紀末的西方神學。其中，Friedrich Schleiermacher（1799）主張「宗教的核心是經驗到上帝，而這種經驗是令人敬畏的」。其著作影響了後來的重要學者，如 William James、Rudolf Otto、Joachim Wach 和 Mircea Eliade。這個學術脈絡強調「宗教經驗」乃宗教的核心所在，其他外在的教義、文本、儀式等等，都只不過是從「宗教經驗」衍生出來的事物。[152] 聖嚴法師曾引據 William James 的觀點，說明「宗教經驗」不一定有邏輯可循，亦非科學可以解釋透徹。[153]

---

[152] Craig Martin and Russell T. McCutcheon eds., *Religious Experience a Reader*, Bristol: Equinox, 2012, p. vii.

[153] 釋聖嚴，《佛法的知見與修行》：「二十世紀美國有一位傑出的心理學家威廉．詹姆斯（William James），他認為構成宗教生活骨幹的，並不是宗教教義，而是個人的宗教經驗。既然不是教義，也就不一定具有邏輯的理則，也不是自然科學可以探究分析的，而是一種非常主觀的個人經驗。」《法鼓全集》5-8，頁 267。

至於「宗教經驗」的定義為何，學者們的意見各異。Joachim Wach（1951）提出四項標準：1. 對所經驗到的究竟真理之反應；2. 這種反應是全面的，參與其中的是整個人，而不僅僅是一個人的思想、情感或意志；3. 它是人類最強烈的經驗；4. 宗教經驗是實踐性的，它包含著一種命令——促使人採取行動的承諾。[154] 依據 Mark Webb（2011）的研究，「宗教經驗」有不同的分類法，如 William James 將之分為兩種：健康心理的、病態心理的；Keith Yandell 分為五種：一神教的、涅槃的（佛教）、完全智（kevala，耆那教）、解脫（moksha，印度教）、自然的。Webb 本身則將「宗教經驗」分為四種：1. 通過內在意識「看見」影像或「聽見」音聲；2. 帶有領悟意味的「照見」，如瑜伽士「照見自己與梵合一」，佛教徒說「照見諸法的本然」；3. 從普通事物中覺知到一些超俗的實相，如在大自然、星空、花朵中經驗到上帝，或佛教徒看見佛陀在空中漂浮；4. 不可言喻的經驗。[155] 反觀聖嚴法師對「宗教經驗」的詮釋，很大程度上有異於這些學者的觀點。

如前所述，「神祕經驗」一詞對聖嚴法師而言貶義居多，且帶有許多副作用。William James 則說「宗教經驗」有可能由病態心理所產生。然而，當聖嚴法師採用「宗教經

---

[154] Joachim Wach, *Types of Religious Experience: Christian and Non-Christian*, Chicago: The University of Chicago Press, 1951, pp. 22-23.

[155] Mark Webb, "Religious Experience," in *Stanford Encyclopedia of Philosophy*, 2011, pp. 3-4. (Substantive revision 2022: https://plato.stanford.edu/archives/fall2022/entries/religious-experience/)

驗」一詞時，往往只表達出褒義，以及正面的作用——提昇毅力和信心，如：

> 由於他〔慧思〕有了這種深厚的**宗教經驗**之後，便展開了他在此後的行化工作，且能禁得起屢次三番的打擊與阻撓。[156]

> 穆氏在初期的傳教活動非常辛苦，……但是，他的**宗教經驗**使他永不退心，阻力愈大，愈能使他提起傳教的精神。[157]

> 做為一種大眾的宗教信仰，如果僅有宗教的儀式和宗教的理論，而缺乏實踐的**宗教經驗**，它便不能引發懇切的宗教信念。[158]

以上第一、二個用例分別說明中國陳朝的慧思禪師（515－577）和伊斯蘭教創始人穆罕默德（570－632）因為體證過某些「宗教經驗」，因此毅力非凡。第三個用例則說明「宗教經驗」的重要性在於能引發「宗教信念」。

其次，「神祕經驗」對聖嚴法師而言，多由靈、鬼、神之他力所產生。然而，當聖嚴法師採用「宗教經驗」一詞

---

[156] 釋聖嚴，《大乘止觀法門之研究》，《法鼓全集》1-2，頁 81。

[157] 釋聖嚴，《比較宗教學》，《法鼓全集》1-4，頁 353。

[158] 釋聖嚴，《留日見聞》，《法鼓全集》3-4，頁 433-434。

時，則認為它是由自力的修行——祈禱、懺悔、禪定所致。舉例而言：

經常祈禱的人，比起不大祈禱的人，一般而言，容易得到宗教經驗。[159]

古人的宗教經驗，往往也是從懺悔之中得來的。[160]

瑜伽是人們透過靜坐修禪觀的方法，得到三昧，顯露與自性相應，或外道之神與我相應冥合的宗教經驗及其過程，即為禪定。[161]

除了以上兩項差異，筆者發現聖嚴法師也在修行層次上將「神祕經驗」與「宗教經驗」做區分。如前節所述，「神祕經驗」一詞對聖嚴法師而言，與鬼神的感應、通靈、通神有關，其層次不會超過「小我」或「集中心」。然而，當聖嚴法師採用「宗教經驗」一詞時，往往指向「大我」或「統一心」的範疇，如：

〔小我〕純粹是自我中心的階段，談不上哲學的理想或

---

[159] 釋聖嚴，《神通與人通——宗教人生》，《法鼓全集》3-2，頁 180。
[160] 釋聖嚴，《學佛知津》，《法鼓全集》5-4，頁 79。
[161] 釋聖嚴，《學術論考》，《法鼓全集》3-1，頁 100。

> 宗教的經驗。[162]
>
> 物我合一，是一般宗教經驗所希望達到的境界。即是我和世界萬物合而為一，凡是中西歷史上的大哲學家及大宗教家，都可能達到這一階段。[163]
>
> 萬法歸一，是宗教的經驗，也是哲學的理論。……「一」是宗教與哲學共同的歸處。[164]

一般人或許認為只要在宗教脈絡下發生的任何經驗，均可稱為「宗教經驗」，但對聖嚴法師則非如此。他認為「小我」稱不上「宗教經驗」，唯有達到「物我合一」與「萬法歸一」的「大我」（統一心）才堪稱「宗教經驗」。為何他把「宗教經驗」的標準定得那麼高呢？筆者認為原因有二：1. 世界各大宗教所主張的最高經驗，皆被融貫在「大我」（統一心）的層次，特別是「內外統一」與「念念統一」；2.「統一心」或更高的經驗，皆為人人可及，毫無「神祕」可言，如《禪的體驗．禪的開示》所言：

> 當一個人深刻地經驗了「統一心的狀態」或者得到了「禪的體驗」，便不會將這些經驗視為不可思議或不平

---

[162] 釋聖嚴，《禪的體驗．禪的開示》，《法鼓全集》4-3，頁 209。

[163] 釋聖嚴，《佛教入門》，《法鼓全集》5-1，頁 205。

[164] 釋聖嚴，《禪與悟》，《法鼓全集》4-6，頁 239。

> 凡，相反地，這種經驗將被視為實際和真實的，並沒有什麼神祕可言。[165]

「統一心」或「禪悟」的經驗，對於親證者而言，並不神奇，亦非不可思議，更不神祕，因此不適合被稱為「神祕經驗」，以「宗教經驗」為名才更貼切。

（三）「超越經驗」與「開悟」

當禪者一步步達到「小我、大我、集中心、統一心」的經驗之後，聖嚴法師就會對這些經驗一一加以否定：

> 我們用止和觀的方法，使得散亂的妄念心，成為集中的、平衡的、和諧的心；進一步達成身心統一的經驗、內外統一的經驗、前念和後念統一的經驗。若要完成無心就要用佛教所說的，放下自我中心，拋開分別執著的心理現象，此時，不僅僅是放下集中心所體驗到的個人的小我，也要放下統一心所體驗到的大我，這就是無我的智慧心和無私的慈悲心的顯現，也就是明心見性的開悟境界。[166]

唯有放下一切經驗，才可能開悟。換言之，本來就不存在任何實質的小我、大我、散亂心、集中心、統一心、無心，這

---

[165] 釋聖嚴，《禪的體驗‧禪的開示》，《法鼓全集》4-3，頁 179-180。

[166] 釋聖嚴，《空花水月》，《法鼓全集》6-10，頁 43-44。

一切只是聖嚴法師的「假名安立」。167 他因此說道：

> 從散亂變成集中時，集中心就是真心嗎？當然不是。如果心真能集中就不會散亂了，可見散亂心和集中心都是不真實的，既然這些心都不真，那就表示「無心」了。……只要相信「散亂心」、「集中心」、「一心」都是假的，自然會精進用功而又不急躁、不失望。168

由此可見，聖嚴法師安立「三我」或「四心」，只是為了讓禪者有階可循，並非真有實質的「我」或「心」可得。「我」之一字在佛教的定義是永恆不變、獨立存在、自由主宰的實體。在佛教看來，一切法是無常的、不獨立的、依緣而起的組合，因此說「無我」。佛教當然也不承認有一個永恆不變、獨立自主的「心」，所以說「無心」。體驗到「無我」或「無心」時，被稱為開悟。開悟那一刻，身心同樣會產生一些經驗，如前所述有「大汗淋漓、虛空粉碎、爆炸」三種。儘管開悟的那一剎那，可能有這些經驗發生，但聖嚴

---

167 達到「無心」或「無我」之前所發生的一切經驗，對聖嚴法師而言不過是生理、心理或精神現象。雖然這些現象不是實在的，但聖嚴法師並不完全否定其價值，否則他又為何要安立次第，並說明各層次的經驗呢？正如《聖嚴法師教默照禪》所言：「有這些現象是很好的，那是已經放下了粗重的身心負擔，心志專注，凝神安住，故有異於一般的經驗出現，但它只是一種身心現象，不是開悟，未見本來面目。這種經驗能夠使你對打坐有信心，並且喜歡打坐，也能夠鼓勵著我們繼續地打坐下去。」（《法鼓全集》4-16，頁 22-23）

168 釋聖嚴，《心的詩偈——信心銘講錄》，《法鼓全集》4-7，頁 67。

法師並不認為這些經驗等於「開悟本身」。關於這一點，《聖嚴法師教默照禪》說得非常清楚：

> 請諸位不僅要將所有的相捨掉，連所有的經驗都要捨。不論是有的經驗、空的經驗、統一的經驗，通通不是開悟。諸位一定會問：「連開悟的經驗都不是開悟，那什麼才是開悟？」開悟，不是知識，不是經驗，而是無我的態度。[169]

聖嚴法師嘗試掃除禪眾對一切經驗的執著。凡有執著，就會把經驗當作實在、永恆的東西，這就與「無我」相違。因此聖嚴法師強調開悟即是無漏的智慧：

> 開悟的「悟」，佛經裡稱它為無漏的智慧現前，在梵文稱為般若，……無漏的智慧，不是經驗，不是知識，而是無我的態度，也就是沒有自我中心和自我執著的態度，這就是開悟，就是般若。[170]

無漏智慧，或稱為「般若」，必定是與「無我」相應的。經典上常說「一切法無我」，也就是沒有任何一法是實在的，包括經驗。真正開悟的人當然明白這一點，但未開悟的人，或正在努力開悟的人，可能期待一個「實在」的「開悟經

---

[169] 釋聖嚴，《聖嚴法師教默照禪》，《法鼓全集》4-16，頁 148。
[170] 同上註，頁 138-139。

驗」可得。因此聖嚴法師說道：「追求開悟，炫耀開悟，本身就是一種執著。」[171] 帶著這樣的執著來修行，不可能開悟，因為開悟「必定是自我中心的脫落，自私煩惱的解放，分別執著的破除」[172]。

在一般人的觀念中，總是認為獲得「實在」的「開悟經驗」之後，就能放下對一切的執著。聖嚴法師的觀點恰恰相反：

> 縱然是一位高明的禪師，把學生引到此處〔統一心〕之時，也會覺得無能為力了，……這時候，他唯一能夠幫助你的地方，是告訴你，把你過去的**一切經驗**，一切知識，一切你以為是最可靠的、最偉大的、最實在的東西和觀念，全部解除，連你要進入禪境的希望也得解除掉。……因為禪是無我的天地，當你心中尚有一絲憑藉之物的時候，便無法與禪相應。[173]

由此可見，禪者必須先放下一切，包括對任何經驗的期待與執著，然後才有可能進入禪悟的境界。值得注意的是，聖嚴法師認為只有依照佛教的方法修行，才能達到開悟：

> 修行方法，不論任何人、任何宗教信仰者，都可以練

---

[171] 釋聖嚴，《禪與悟》，《法鼓全集》4-6，頁 16。
[172] 同上註，頁 25。
[173] 釋聖嚴，《禪的體驗・禪的開示》，《法鼓全集》4-3，頁 212-213。

習，也都可以獲得利益，唯其如果沒有依照佛法的原則和基本的因緣觀，便對無我、性空的認知不相應，即無從完成明心見性、頓悟成佛的目的，最多只可以經驗到統一心的大我境界而無法窺知無心境界。這是我反覆向他們一再說明的。174

所謂佛教的因緣觀，指的是緣起性空的道理。若不能把握這項原則，頂多只能達到「統一心」的「大我」，無法體證「無心」。對聖嚴法師而言，不與空性相應的開悟，並非真的開悟，如《法鼓家風》記載：

就像許多西方神父、猶太教教士來學禪，雖然已得到日本、韓國禪師所給予的見性證明，但他們依然是基督教、天主教、猶太教的傳教士。我問他們：「你們見了性以後，怎麼還是神父呢？」他們回答：「我們見的上帝跟佛性是一樣的啊！」但只要給他們進一步的指導，他們就會發現應該還要再深入、再往前，才能真正體驗「空性」。175

由此可見，沒有佛教「無我」和「緣起性空」的正見，縱然得到了開悟的印證，也非真悟。真悟必定與「空性」相應，而非見到實在的上帝或佛性。

174 釋聖嚴，《抱疾遊高峰》，《法鼓全集》6-12，頁 83。
175 釋聖嚴，《法鼓家風》，《法鼓全集》9-11，頁 182-183。

綜上所述，聖嚴法師認為「無我」和「無心」不是經驗，而是智慧。開悟是超越一切經驗的無我智慧。儘管開悟的當下會有些「經驗」生起，但它們不即是「開悟本身」。

五、結論

一九五六至一九六八年間，聖嚴法師潛心於宗教學，對各個宗教信仰曾做深入考究，完整的宗教觀建立於此時。他拒絕「宗教一源」，推崇「宗教多元」，並將世界宗教分為五個層次：1. 世俗化的宗教、2. 鬼神化的宗教、3. 梵天化的宗教、4. 解脫的佛教、5. 菩薩行之人間佛教。這樣的宗教層次觀，影響他對禪法次第的建構及各類修行經驗的融通。聖嚴法師教導的禪法次第，前後有兩種解說模式：「三我」（小我、大我、無我）以及「四心」（散亂心、集中心、統一心、無心）。俞永峰認為兩者皆為聖嚴法師首創，然而本文發現前者有參考印順思想的痕跡，後者才屬於聖嚴法師的創新。他以「三我」或「四心」為主架構，將各類修行經驗融貫在其中，形成層次分明的經驗觀。

Sharf 曾指出既有學術研究未能很清楚畫分「神祕經驗」和「宗教經驗」之間的關係。聖嚴法師的早期著作亦未明顯區分兩者。然而，其後期的著作則對這兩個詞做出了嚴格的區分，差異處有三：1.「神祕經驗」主要由靈、鬼、神之他力所致，而「宗教經驗」則是自力修行（懺悔、祈禱、修禪定）的結果；2.「神祕經驗」可能導致許多副作用——以幻為真、失去修行的信心、違背因果、放棄自我努力等，而「宗教經驗」則帶來正面的作用——提昇毅力和信心；

3. 就層次而言，「神祕經驗」屬於「小我」（集中心）之範疇，「宗教經驗」則是達到「大我」（統一心）的境界。聖嚴法師如此清楚地區分兩者，或許可以成為學者們的借鑒。

過去的學者根據聖嚴法師的相關論述指出，開悟之時可能會出現「大汗淋漓」的生理經驗，或「虛空粉碎」及「爆炸」的心理經驗。然而經本文的考察發現，聖嚴法師雖提到開悟的當下可能有些「經驗」出現，但他卻否認那些「經驗」等同於「開悟本身」。他強調「開悟」不是「經驗」，而是無我（或無心）的智慧和態度。由於「開悟」超越一切「經驗」，本文稱之為「超越經驗」。聖嚴法師這樣的詮釋，能夠避免禪修者對「開悟經驗」或任何經驗的期待與執取，或把「經驗」看成是一個實在可得之物，進而阻礙了開悟的可能性。綜合本文的研究成果如圖五。

從思想的發展脈絡來看，聖嚴法師於一九五六至一九六八年間（26－38 歲）已建立層次化的宗教觀，一九七六年到美國教禪之後構出「三我」、「四心」的禪法次第，再由此融貫世界宗教的修行經驗，前後關係如表二。

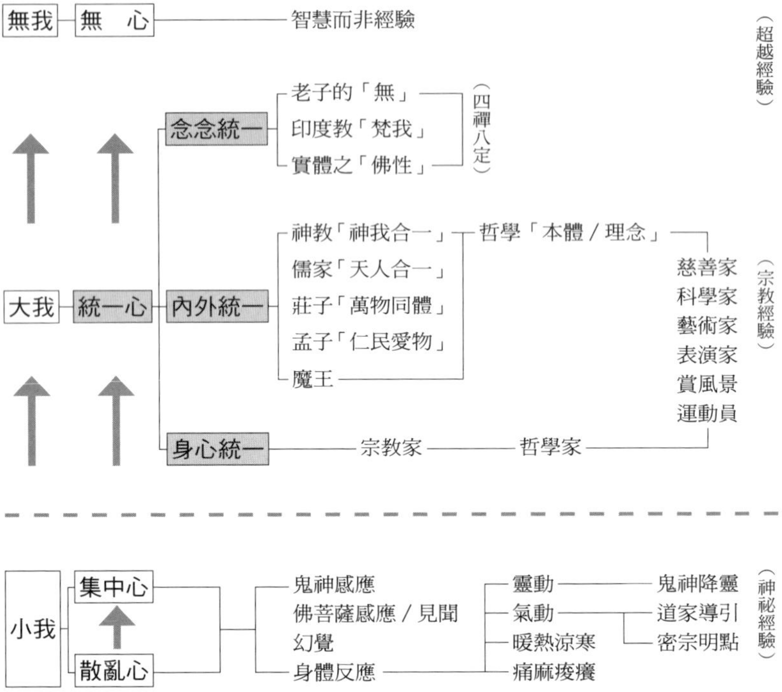

圖五：聖嚴法師對各類修行經驗之融貫

表二：聖嚴法師的宗教觀、禪法次第與經驗觀的開展脈絡

宗教層次	三我	四心	經驗層次
5. 菩薩行之人間佛教 4. 解脫的佛教	無我	無心	超越經驗
3. 梵天化的宗教	大我	統一心	宗教經驗
2. 世俗化的宗教 1. 鬼神化的宗教	小我	集中心 散亂心	神祕經驗

參考文獻

一、CBETA 漢文大藏經

《般舟三昧經》，CBETA 2023.Q3, T13, no. 418。
《大佛頂如來密因修證了義諸菩薩萬行首楞嚴經》，CBETA 2023.Q3, T19, no. 945。
《大慧普覺禪師語錄》，CBETA 2023.Q1, T47, no. 1998A。
《人天眼目》，CBETA 2023.Q1, T48, no. 2006。
《禪宗決疑集》，CBETA 2023.Q1, T48, no. 2021。
《淨土往生傳》，CBETA 2023.Q3, T51, no. 2071。

二、聖嚴法師著作

（一）《法鼓全集》2020 年網路版

《大乘止觀法門之研究》，《法鼓全集》1-2，臺北：法鼓文化。
《比較宗教學》，《法鼓全集》1-4，臺北：法鼓文化。
《基督教之研究》，《法鼓全集》1-5，臺北：法鼓文化。
《學術論考》，《法鼓全集》3-1，臺北：法鼓文化。
《神通與人通——宗教人生》，《法鼓全集》3-2，臺北：法鼓文化。
《留日見聞》，《法鼓全集》3-4，臺北：法鼓文化。
《致詞》，《法鼓全集》3-7，臺北：法鼓文化。
《明日的佛教》，《法鼓全集》3-8，臺北：法鼓文化。
《我的法門師友》，《法鼓全集》3-9，臺北：法鼓文化。
《漢藏佛學同異答問》，《法鼓全集》3-10，臺北：法鼓文化。
《文集》，《法鼓全集》3-11，臺北：法鼓文化。
《禪的體驗‧禪的開示》，《法鼓全集》4-3，臺北：法鼓文化。

《禪的生活》，《法鼓全集》4-4，臺北：法鼓文化。
《拈花微笑》，《法鼓全集》4-5，臺北：法鼓文化。
《禪與悟》，《法鼓全集》4-6，臺北：法鼓文化。
《心的詩偈——信心銘講錄》，《法鼓全集》4-7，臺北：法鼓文化。
《禪的世界》，《法鼓全集》4-8，臺北：法鼓文化。
《禪鑰》，《法鼓全集》4-9，臺北：法鼓文化。
《公案一〇〇》，《法鼓全集》4-12，臺北：法鼓文化。
《神會禪師的悟境》，《法鼓全集》4-14，臺北：法鼓文化。
《聖嚴法師教禪坐》，《法鼓全集》4-15，臺北：法鼓文化。
《聖嚴法師教默照禪》，《法鼓全集》4-16，臺北：法鼓文化。
《聖嚴法師教話頭禪》，《法鼓全集》4-17，臺北：法鼓文化。
《禪的理論與實踐》，《法鼓全集》4-18，臺北：法鼓文化。
《佛教入門》，《法鼓全集》5-1，臺北：法鼓文化。
《正信的佛教》，《法鼓全集》5-2，臺北：法鼓文化。
《學佛群疑》，《法鼓全集》5-3，臺北：法鼓文化。
《學佛知津》，《法鼓全集》5-4，臺北：法鼓文化。
《佛法的知見與修行》，《法鼓全集》5-8，臺北：法鼓文化。
《聖嚴法師教觀音法門》，《法鼓全集》5-9，臺北：法鼓文化。
《歸程》，《法鼓全集》6-1，臺北：法鼓文化。
《春夏秋冬》，《法鼓全集》6-7，臺北：法鼓文化。
《空花水月》，《法鼓全集》6-10，臺北：法鼓文化。
《抱疾遊高峰》，《法鼓全集》6-12，臺北：法鼓文化。
《五百菩薩走江湖——禪宗祖庭探源》，《法鼓全集》6-14，臺北：法鼓文化。
《聖嚴法師學思歷程》，《法鼓全集》6-15，臺北：法鼓文化。
《心的經典——心經新釋》，《法鼓全集》7-1，臺北：法鼓文化。
《福慧自在——金剛經講記與金剛經生活》，《法鼓全集》7-2，臺北：法鼓文化。
《菩薩行願——觀音、地藏、普賢菩薩法門講記》，《法鼓全集》7-10，臺北：法鼓文化。
《三十七道品講記》，《法鼓全集》7-11，臺北：法鼓文化。
《佛法綱要——四聖諦、六波羅蜜、四弘誓願講記》，《法鼓全集》7-12，臺北：法鼓文化。
《法鼓鐘聲》，《法鼓全集》8-1，臺北：法鼓文化。
《人間世》，《法鼓全集》8-6，臺北：法鼓文化。
《歡喜看生死》，《法鼓全集》8-7，臺北：法鼓文化。
《找回自己》，《法鼓全集》8-8，臺北：法鼓文化。
《法鼓家風》，《法鼓全集》9-11，臺北：法鼓文化。

（二）紙本

張采薇（1956），《評駁佛教與基督教的比較》，高雄：慶芳。
釋聖嚴（1967），《基督教之研究》，臺北：佛教文化服務處。
釋聖嚴（1968），《比較宗教學》，臺南：開元寺佛經流通處。
釋聖嚴（1969），《世界佛教通史》（上冊），臺北：中華書局。
釋聖嚴（1985），《神通與人通》，臺北：東初。
釋聖嚴（1993），《聖嚴法師學思歷程》，臺北：正中書局。
釋聖嚴（2009），《雪中足跡——聖嚴法師自傳》，臺北：三采文化。
釋聖嚴（2010），〈如何研究我走的路〉，聖嚴教育基金會學術研究部編，《聖嚴研究》第一輯，臺北：法鼓文化，頁 19-26。

三、中文書籍、論文

王小良（2004），〈「梵我同一」和「天人合一」的基本意蘊比較〉，《鵝湖月刊》第 349 期，頁 49-51。
吳恩溥（1957），《駁佛教與基督教的比較》，臺北：校園書房。

李源澄（2008），〈天人合一說探源〉，黃夏年主編，《民國佛教期刊文獻集成補編》卷 77，北京：中國書店，頁 15-19。
林其賢編著（2016），《聖嚴法師年譜》，臺北：法鼓文化。
林建德（2014），〈試論聖嚴法師對中華禪之承傳和轉化——以印順法師觀點為對比之考察〉，聖嚴教育基金會學術研究部編，《聖嚴研究》第五輯，臺北：法鼓文化，頁 235-268。
林建德（2017），〈試論聖嚴法師對「空性」與「佛性」之詮解與貫通〉，《法鼓佛學學報》第 21 期，頁 131-180。
施叔青（2000），《枯木開花——聖嚴法師傳》，臺北：時報文化。
凱普樓編著，辜法嚴譯（1975），《禪門三柱》，臺北：慧炬。
辜琮瑜（2002），《聖嚴法師的禪學思想》，臺北：法鼓文化。
羅伯特‧H‧夏夫（Robert H. Sharf）著，萬金川譯注（2022），〈體驗修辭與宗教研究〉，《正觀》第 103 期，頁 5-95。
釋太虛（1958），《佛法總學》，《太虛大師全書》第一編，臺北：太虛大師全書出版委員會，再版。
釋印順（1993），《印度之佛教》，臺北：正聞，五版。
釋印順（2014），《成佛之道》，臺北：正聞，修訂版。
釋印順（2017），《我之宗教觀》，臺北：正聞，修訂版一刷。
釋印順（2018），《以佛法研究佛法》，臺北：正聞，修訂版二刷。
釋印順（2019），《佛在人間》，臺北：正聞，修訂版二刷。
釋印順（2021），《學佛三要》，臺北：正聞，修訂版二刷。
釋果光、釋常諗（2011），〈漢傳禪佛教的當代實踐——聖嚴法師的「心靈環保」〉，聖嚴教育基金會學術研究部編，《聖嚴研究》第二輯，臺北：法鼓文化，頁 241-301。
釋果暉（2013），〈禪修「通身汗流」現象與禪悟過程之探討——以禪史文獻及聖嚴法師禪修經驗為例〉，聖嚴教育基金會學術研究部編，《聖嚴研究》第四輯，臺北：法鼓文化，頁 271-303。

釋果暉（2020），〈聖嚴法師之漢傳佛教復興運動〉，《聖嚴法師中華禪法鼓宗禪法研究》，臺北：法鼓文化，頁 15-82。

釋煮雲講，李至剛記（1955），《佛教與基督教的比較》，高雄：華成書局。

釋覺心（2022），〈從「虛空粉碎」論聖嚴禪法與泰國森林傳統的「開悟經驗」〉，《正觀》第 100 期，頁 5-61。

四、英文專書、論文

Austin, James H. 1998. *Zen and the Brain: Toward an Understanding of Meditation and Consciousness*, Cambridge, Mass: MIT Press.

Austin, James H. 2006. *Zen-Brain Reflections: Reviewing Recent Developments in Meditation and States of Consciousness*, Cambridge, Mass: MIT Press.

Austin, James H. 2009. *Selfless Insight: Zen and the Meditative Transformations of Consciousness*. Cambridge, Mass: MIT Press.

Brainard, F. Samuel. 1996. "Defining 'Mystical Experience'," *Journal of the American Academy of Religion* 64.2, pp. 359-393.

James, William. 1902. *The Varieties of Religious Experience: A Study in Human Nature*. New York: Longmans, Geeen, and Co.

Kahane, Howard. 1986. *Logic and Philosophy: A Modern Introduction*. Belmont, CA: Wadsworth.

Martin, Craig and McCutcheon, Russell T. eds. 2012. *Religious Experience: A Reader*, Bristol: Equinox.

Sharf, Robert H. 1995. "Buddhist Modernism and the Rhetoric of Meditative Experience." *Numen* 42.3, pp. 228-283.

Sharf, Robert H. 1998. "Experience," in *Critical Terms for Religious*

Studies, Chicago: University of Chicago Press, pp. 94-116.

Sharf, Robert H. 2000. "The Rhetoric of Experience and the Study of Religion." *Journal of Consciousness Studies* 7(11-12), pp. 267-287.

Wach, Joachim. 1951. *Types of Religious Experience: Christian and Non-Christian*, Chicago: The University of Chicago Press. (3rd printed, 1965)

Webb, Mark. 2011. "Religious Experience." in *Stanford Encyclopedia of Philosophy*, pp. 1-22. (Substantive revision 2022: https://plato.stanford.edu/archives/fall2022/entries/religious-experience/)

Williams, Raymond. 2012. "Experience." in *Religious Experience: A Reader*, edited by Craig Martin, Russell T. McCutcheon. Bristol: Equinox, pp. 19-23.

Yu, Jimmy. 2010. "A Tentative Exploration into the Development of Master Sheng Yen's Chan Teachings." *Chung-Hwa Buddhist Journal* 23, pp. 3-38.

Yu, Jimmy. 2022. *Reimagining Chan Buddhism: Sheng Yen and the Creation of the Dharma Drum lineage of Chan*. Abingdon, Oxfordshire: Routledge.

Master Sheng Yen's Integration and Gradated Interpretation of Various Spiritual Experiences

Jue-Xin Shi
Postdoctoral Fellow, Chung-Hwa Institute of Buddhist Studies

Abstract

The purpose of this paper is to clarify Master Sheng Yen's integration and gradated interpretation of various experiences in three steps: (a) clarifying Master Sheng Yen's religious views; (b) clarifying Master Sheng Yen's Chan practice sequence and the empirical views derived therefrom; (c) exploring Master Sheng Yen's interpretations of the "mystical experience", "religious experience" and "transcendental experience". The results of this study show that Master Sheng Yen rejects the idea of Perennialism but identifies with Religious Pluralism, viewing the world's diverse religions in a hierarchical framework. This hierarchical view of religion has influenced the way he constructs the sequence of Chan teachings and the experience of practice. Master Sheng Yen's Chan practice has two modes of sequence: "three selves" and "four minds". In the past, scholars believed that both were innovations of Venerable Sheng Yen, but in this paper, we find that the former has traces of reference to Yinshun's thinking. Based on the "three selves" and the "four minds", he integrated various religions, philosophies, and life experiences into a hierarchical form. The early writings of Master Sheng Yen did not clearly delineate the relationship between "mystical experience" and "religious experience", it was only later that a clear distinction was gradually made, i.e., "mystical experiences" are mainly generated by the external forces such as spirits, ghosts, and deities, may lead to a variety of side-effects, and belong to the stage of "small self"; whereas "religious experiences" are the result of self-cultivation, may generate positive effects, and belong to the stage of "big self". In the past, scholars have learned from Sheng Yen's explanation that at the time of enlightenment, experiences such as "sweating all over the body", "shattering of emptiness", or "explosion" may occur. However, this article finds that Master Sheng Yen did not recognize these "experiences" as equivalent to "enlightenment itself". He believes that enlightenment is not an experience, but a "non-self" wisdom and attitude that transcends all experiences.

Keywords: Master Sheng Yen, mystical experience, religious experience, integration, gradation

修行、照見與流動
——資深心理治療師經歷修行啟發後的生活經驗

李維倫
國立政治大學哲學系教授

李嘉玲
國立政治大學哲學系博士生／秘密花園心理諮商所臨床心理師

摘要

一直以來，佛教的「度一切苦厄」被認為可以做為身心療癒的指引，這也指出了佛教修行與心理治療師成長過程的可能親近關係。筆者先前已經完成了探究佛教度苦解厄與心理治療形式結構異同的比較，以及佛教修行的身心過程等兩項研究，而於本研究探問修行經驗在心理治療師生命經驗過程的作用，以進一步理解佛教與心理治療相互支持的可能性。本研究蒐集了三位有宗教性修行經驗的資深心理治療師的訪談資料，以現象學方法分析之。研究結果發現，三位資深心理治療師在經驗宗教性修行經驗之前，皆有投向與「人」相關工作的志向並有著順利的心理事業生活。接著在「破口」、「接觸」與「迴觀距離化」三項經驗環節所構成的歷程中，獲得了宗教性的修行經驗。然而宗教性修行所獲得的生命經驗與做為世俗事業的心理治療之間卻有著結構上的異質性，顯現在具有修行經驗之心理治療師的非線性發展生命過程，從而使得如何重回世俗事業的心理治療成為其生命顯題，而不同的心理治療師有各自機緣性的應對結構。本研究如此顯示了修行與心理治療在表面的助人相似性下之生命層次上的異質性。這對佛教與心理治療之間關係有進一步的釐清，也將貢獻於佛教於當代身心療癒實踐形式上的發展。

關鍵詞：心理治療、佛教、治療者的養成、個人治療、修行經驗

一、前言

一直以來，佛教的「度一切苦厄」被認為可以做為身心療癒的指引。近年來盛行於東、西方的正念（mindfulness）（Kabat-Zinn, 1982, 1990, 1994），似乎印證了佛教修行方法的確可以成為人們身心安適的良方，也因此被認為是一種心理療癒方法。然而，佛教之「照見五蘊皆空」而明瞭人世間苦痛來源的見解，不能直接等同於當代心理治療中的原理；心理治療反而是在佛教所說之「五蘊熾盛」的人世間尋求安身的道路。因此，佛教與當代心理治療之間不能簡單地直接地拿來類比，否則佛教的教義見解只會被既有之心理治療預設的框架所窄化，心理治療也無法從佛教中得到新的啟發。

筆者因此主張，為了獲得銜接佛教與心理治療學領域的對話點，需要以佛教修行與心理治療的經驗來做為探究的目標現象。以「經驗」為輻輳點的原因在於，佛教浩瀚的教義文獻所言，不離對人世間苦痛的理解與解脫之道，是關於存在經驗的。同樣地，心理治療也不是靜態的理論論述，而是必須在面對面的相遇中展開的經驗行動。在回到經驗層次後，佛教與心理治療之間就有了接合點來進行比較與討論。

依據這個設想，筆者先前已提出了一個佛教心理治療的可能模式（李維倫，付梓中），並完成一項關於禪修經驗的研究（李維倫、釋常持，2023）。這兩個研究讓筆者得以初步地對邁向自度度人的佛教「修行」，提出經驗上的描述。在此基礎上，接著就可以發問：讓人成為「自度者」與「度人者」的「修行」，在心理治療師的經驗中又呈現為何？所謂的「修行」會帶給心理治療師如何的影響？也就是說，從心理治療的角度出發，親近或類似於佛教所主張之「修行」可以獲得另一面向的揭露，其影響也可據以被描述出來，從而能夠更細緻地顯示出佛教修行與心理治療兩者可能的相同與相異。

不過，在研究之始，筆者就注意到，「修行」一詞並不容易界定。雖然「修行」似乎是佛教的專有名詞，但其指的範圍與形式甚廣。因此本文一開始以「親近或類似於佛教之修行」來指稱朝向成為「自度者」與「度人者」的「修行」，包括了佛教與非佛教的形式。而隨著本文討論的展開，「修行」則顯現為「迴觀自身而出離自身」的活動，有著具體的經驗過程。

因此，在本研究中，筆者以曾有過親近佛教之修行經驗的資深心理治療師對象，探問並討論對於心理治療師而言，所謂的「修行」到底意指為何？而親近於佛教之「修行」體驗，對心理治療師的專業與生命過程呈現出什麼樣的影響？筆者期待藉由此一研究，讓佛教與心理治療事業之間的對話與相互支持有進一步的進展。

本文將依先前研究成果，說明佛教行自度度人教義與心理治療形式的異同、禪修所帶來的經驗歷程與結構，以及心理治療師的「自度」形式，個人治療（personal therapy），在心理治療師養成經驗上的作用，以做為理解修行對心理治療師生命歷程影響的預備視野。本研究蒐集了三位有宗教性修行經驗的資深心理治療師的訪談資料，以現象學方法分析之。研究結果發現，三位資深心理治療師在體驗宗教性修行經驗之前，皆有投向與「人」相關工作的志向，並有著順利的心理事業生活。接著在「破口」、「接觸」與「迴觀距離化」三項經驗環節所構成的歷程中，獲得了宗教性的修行經驗。然而宗教性修行所獲得的生命經驗與做為世俗事業的心理治療之間卻有著結構上的異質性，顯現在具有修行經驗之心理治療師的非線性發展生命過程，從而使得如何重回心理治療世俗事業成為其生命顯題，而不同的心理治療師有各自機緣性的應對結構。本研究如此顯示了修行與心理治療在表面的助人相似性下之生命層次上的異質性。這對佛教與心理治療之間關係有進一步的釐清，也將貢獻於佛教於當代身心療癒實踐形式上的發展。

二、佛教修行與心理治療兩者的形式與本體論異同

筆者先前以《般若波羅蜜多心經》之「觀自在菩薩，行深般若波羅蜜多時，照見五蘊皆空，度一切苦厄」總標為參照，提出了佛教修行作為以及心理治療的異同與結合可能性（李維倫，付梓中），表示如圖一。

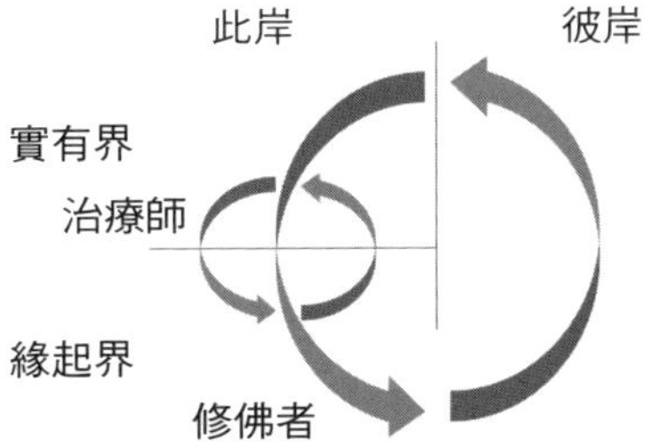

圖一：佛教行動實踐與佛教心理治療結構關係（取自李維倫，付梓中）

於圖一中首先要注意到的是，佛教修行的作用與目的，是要離開視一切為實有的世俗此岸（圖左側領域），進入明瞭緣起性空的彼岸（圖右側領域）。這是說，佛教的修行行動會劃分兩種異質的存在狀態。由於是兩種異質的存在狀態，由此岸到彼岸的轉化過程就顯必要，也就要訴諸於「照見五蘊皆空」的「觀」。圖一中左側的大弧形箭頭顯示的即是從「觀實有」到「觀緣起」的位移，從而得以如右側大弧形箭頭所示，接續進入彼岸世界。

也就是說，佛教修行的關鍵即在於此一特殊的「觀」：令人獲得緣起之洞察而得以從世俗中解脫的「觀」。在一般的生活中，觀看事物並不會讓人獲得自由；對事物的攀緣貪取反而是常態。因此，「觀而自由」或「觀而自在」是一種特別的觀，是能夠脫離受事物影響的觀。進一步來說，「觀自在」是一種對自己生活的觀照，是反身的迴觀。當人們於生活中順利，安住於周遭事物之中，並不會升起對自己、對生活的迴觀。迴觀的升起必相關於無法安住的阻礙，即痛苦。因此我們可以說，《心經》所稱的「觀自在菩薩」，其經驗上的意涵可描述為「凡是覺察到痛苦而啟動迴觀自身，從而能觀察真理並獲得痛苦解脫者」（李維倫，付梓中）。

「觀自在」的實踐者，「菩薩」，是梵語菩提薩埵的簡稱，其義為「覺有情」。覺為覺悟，有情即眾生。「覺有情」有二義，一是指覺悟或追求覺悟之人。另一義指啟發眾生之覺悟者。菩薩因此指向了自覺覺人的雙重作為。如此，「度一切苦厄」，也就是解除一切痛苦困厄，也就有了自度度人二義。也就是說，痛苦困厄的解除，首先是自覺自度的觀自在，其次是覺人度人的觀自在。「觀自在菩薩」一詞即濃縮了自覺覺人、自度度人的佛教教義實踐。

《心經》總標，「觀自在菩薩，行深般若波羅蜜多時，照見五蘊皆空，度一切苦厄」，從實踐行動的角度就可描述為：「在自覺自度上，追求覺悟者，以迴觀自身的方式深入體驗實踐解除痛苦的方法，照見了形成痛苦之繫縛並非實在，僅為空性緣起。如此照見即為覺悟，即獲痛苦解除的智慧，從而不受繫縛羈絆，自由自在。」以及「在覺人度人上，追求覺悟者，協助受繫縛捆綁的眾生，以迴觀自身的方式深入體驗實踐而明白形成痛苦之繫縛的緣起性空，從而獲得一切痛苦困厄的解除。」（李維倫，付梓中）如此的「自度度人者」可說是佛教所立下的治療者典範。

圖一左側由兩個小弧型箭頭所形成的循環小圓則表示了心理治療師的運作位置。不論何種治療學派取向，我們都可以這樣說：心理治療師理解到，求助的個案受困於其所經驗到的既定事實，然而這「既定事實」其實是個人所活出的結果。心理治療的作用就在於協助個案鬆動「事實」，獲得另一種的人事物「事實」，重新開展生活。這裡我們可以看到，心理治療有如同佛教教義之「實有界」與「緣起界」的認識與位移；心理治療不將個案認定的事實認為事實，而是看作某種心理過程所形成的結果。小圓左側的弧形箭頭即是此一認識與運作的方向。不過，心理治療的目標終究是以世俗生活的實在為依歸，而非投向緣起性空的彼岸。因此心理治療會再回到世俗的實有世界，讓求助者在此獲得安定的生活，如小圓右側的弧形箭頭所示。

據此，佛教與心理治療的類同之處在於對周遭世界之事實性採生成觀點，即所謂的事實來自一種生成過程而非既定不變，而明白與體驗到此一生成過程即會帶來脫困的作用。而其不同之處在於心理治療仍在實在論的存有論（ontology）中，多數學派多是將前述的生成過程限於個人的心理作用，或甚至神經系統的生理作用。佛教的緣起性空則是存有論的理解，包括人類在內的萬物與世界時空，皆為五蘊生成。圖一中大小兩個弧形向下箭頭顯示了二者的類同與相異結構，而兩個弧形向上箭頭則進一步表達了二者在存有界域上的根本差異。

那麼，在存有界域相異的情況下，治療師所經驗的修行會是什麼？後者又會帶給心理治師什麼樣的作用呢？對心理治療的執行會有何影響呢？在回答這些問題之前，我們需要進一步了解佛教修行方法所帶來的經驗歷程結構。

三、禪修經驗中的「雙重作為者」樣態

筆者最近完成的另一相關研究，是以訪談修持臺灣法鼓山聖嚴法師所倡導的「默照禪」（Silent Illumination）禪法，而於其過程中有經驗變異狀態的踐行者，透過現象學描述（phenomenological description）來揭露其中的意識經驗變化（李維倫、釋常持，2023）。十二世紀南宋時代曹洞宗的宏智正覺禪師（1091－1157）倡導的默照禪，是一種默然坐定、攝心內觀、內息萬慮、外絕諸相，以至於悟道的禪修方法。當代的聖嚴法師同樣提倡默照禪，並給了簡要的說明：「照，是知道自己在做什麼、在想什麼，也清楚地知

道心裡所產生的種種反應是怎樣，……。默的工夫，就是發現了這些心裡的狀況時，馬上切斷它；……」（釋聖嚴，2004，頁 24）。

在這個研究結果中，筆者以「雙重作為者（double agency）的存在樣態」為主題，來描述禪境狀態經驗者的整體性存在特徵，其中包括了在話語活動脫除下，出現了可稱之為「導引判斷意識」懸浮（the suspension of the consciousness of guiding judgement）的現象，以及相對於話語活動的脫除下之種種身體感受上的經驗變異狀態（李維倫、釋常持，2023）。

首先，「導引判斷意識」的懸浮指的是經驗者處於對周遭與自身「有經驗有分別」，但引導與判斷的意識作用撤出對身體狀態的作動，其相應的現象是禪境狀態下的經驗者能夠適宜地回應當下環境中的日常互動需求，以及以「常理」來對自身經驗反思評想，但其「有分別的認識」卻沒有支配身體自發的經驗變異過程。這是一種相離於身體感受的受拘束之意識作為者（the conscious agent constrained and dissociated from bodily experience）樣態。其次，相應於此，身體經驗上出現了七種變異狀態：身體邊界位置感（proprioception）的變異、輕鬆順暢且無慣性連續感的身體運動感受、「所感即所是」的直接鏡映無分別經驗與空間感知的變異、跨越空間距離的精細化與銳利化感官覺受經驗、禪境內外時間感慢快擴增的知覺架構、非悲傷難過的自發流淚經驗、以及安定舒適的享受等（李維倫、釋常持，2023）。也就是說，佛教修行所帶來的禪境狀態，是令以語言活動為常態之人藉由剝除語言作用，進入一種特殊的觀照，同時原本事實性的身體與周遭則呈現出變異樣態。離開禪境則是回到語言活動為主的日常生活，身體與周遭的時空界限也恢復正常。如圖二所示。

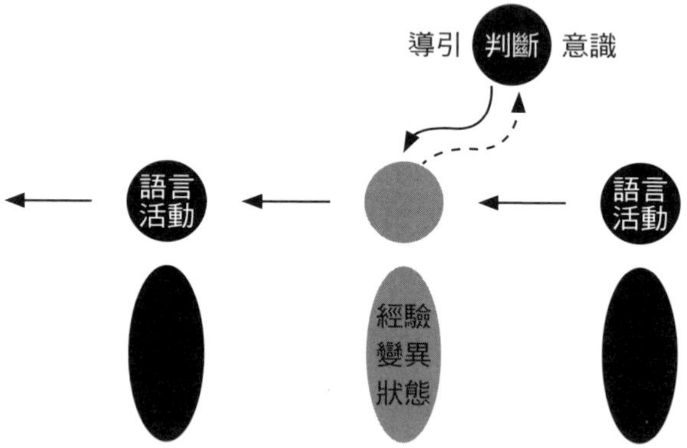

圖二：語言活動的脫除及相關的意識經驗變化

進一步來看，上述七種經驗變異狀態綜合構成了一可稱之為液化身態作為者（liquefied bodily agent）樣態。這是因為在其經驗中，經驗者可以在一種無分別判斷作動下對外境事物有所經驗，甚至是精細的經驗，同時感受到物我界線泯滅與身體無負擔地變形，與物融合。這可說是，身體顯現出一種液態化（liquefaction）的性質。此一液態化經驗給予經驗者不受限的覺知延展。如此的兩種作為者態，懸浮意識者以及液化身態者，可能交互或同時成為禪修者的經驗狀態，從而呈現出本主題所稱之雙重作為者的存在樣態。雙重作為者態中最接近默照禪修中「放捨諸緣，休息萬事」之通往

「本來面目」的顯露來看，則是「反身靜觀—液化身態」的次樣態。如圖三所示。

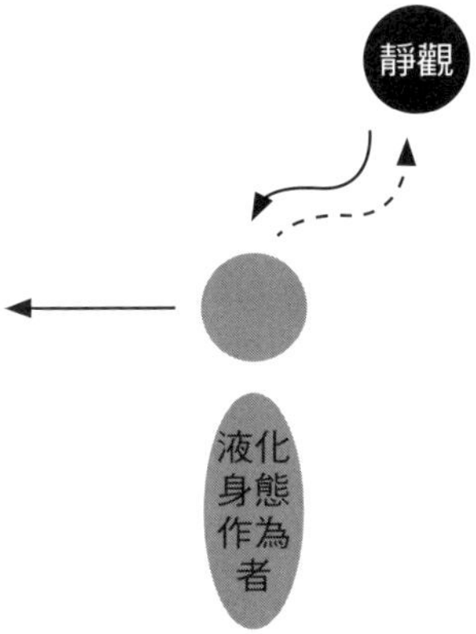

圖三：「反身靜觀者—液化身態作為者」態

綜合來說，默照禪之「默」的工夫限制了語意意識的作動，將其「判斷分別」特性拘束於其自身，不覆蓋到身體歷程上，也就是停止其對身體的作動，從而讓體感意識自由展開。受拘束的語意意識在經驗上形成了懸浮的意識者，若其朝向自身並且進一步地停止了「判斷分別」作用，則留存的就僅為反身靜觀者。當禪修者的體感意識演化出液化身態作為者，形成「靜觀者—液化身態作為者」狀態時，就相應於默照禪中「照」的經驗：「『昭昭現前』是在忘言之後，所得的明朗與清晰。」（釋聖嚴，2016，頁 24）

與上一節比較來看，在默照禪修方法下所得到的「靜觀」經驗樣態，確有如同前述的出離自身的迴觀。同時，在生活中如實物一般的身體卻被經驗為「液化」狀態，不再為實有。我們可以說，此時的修行者已不在一般日常生活的實有存在狀態，而是進入身體與周遭事物界線泯滅的存在狀態。

四、心理治療師反觀自身的訓練：個人治療

個人治療（personal therapy）是治療師接受心理治療；是治療師以求助者的身分進入心理治療。這是一項有著類似上述反觀自身作用的心理治療師養成訓練方式。眾所皆知，精神分析的創始者佛洛伊德就主張每一位精神分析師都需要接受精神分析（Freud, 1912, 1937），這是因為他認識到，面對求助者的心理困擾，治療師無法只是以客觀中立的態度與位置執行任務，無法像是外科醫師處理局部性的病灶一般，而是會遭受到求助者無意識的作用與衝擊。為了避免治療師自己的無意識作用妨礙對個案無意識過程的承接與揭露，前者需要接受精神分析以澄清自己尚未知悉的無意識作用。也就是說，佛洛伊德認為一般的個人反思無法改變自己已經建立的自我認識，而是要借助另一位治療師的在旁觀注，才能進行一種特殊之迴觀自身的反思，以接觸到超出意識範圍的無意識並了解其作用，從而不受其捆綁。

榮格也主張心理治療師需要接受個人分析，但卻是基於不同的理由。在一題為〈心理治療師或神職人員〉（Psychotherapist or the Clergy）（Jung, 2001）的篇章中，榮格指出現代人失去其自身存在基礎的精神痛苦是精神官能症（neurosis）的根本原因。如此的精神痛苦過去是由如基督教與佛教等宗教來提供解答與拯救，但現在以心理疾病的

形式出現在心理治療師面前。心理治療師因此就如神職人員一樣地面臨了人的精神痛苦，也就要有一種如同宗教徒的態度：「他知道上帝讓各種奇怪和不可思議的事情發生，並以最奇特的方式進入一個人的內心。因此，他在一切事物中都能感覺到神聖意志的不可見存在。這就是我所說的『無偏見的客觀性』。」（p. 240）不過心理治療師需要先接受自己心靈中的陰暗面，也就是願意走向個體化（individuation）的自我整合之道，才能夠對個案完全接納。榮格學派治療師的個人分析正是其個體化的道路。

雖然心理治療後來發展出種種不同的學派，但自我反省與自我評估還是被認為是心理治療師的基本能力（Kaslow et al., 2004），因此不少的訓練機構都規定著個人治療為訓練的必要項目。在知識理論、實務操作以及督導討論之外，個人治療被認為可以增進治療師的專業能力，以及個人自我認識與內在發展（Orlinsky, Schofield, Schroder, & Kazantzis, 2011）。個人治療因此可說既是專業訓練又是個人面對自身的探索與整理（Wiseman & Shefler, 2001）。

當我們進一步以整體性經驗來看治療師的個人治療，我們會發現，第一，治療師做為求助者的面對自身，不是直接看著自己，而是透過個人治療的治療師，以他／她的眼光反觀著自己。此外，第二，治療師求助者也模仿著個人治療的治療師，在自己執行的心理治療中，設想著他／她會如何面對與處理來求助的個案，成為如他／她一般的治療師（Freeman, 2011）。如果把治療師的心理治療工作與個人治療經驗放在一起，我們就可以看到如圖四所示的「治療師－

求助者」結構。

圖四上半部表示的是治療師做為求助者的個人治療，其中個人治療的治療師為 T，治療師求助者為 A’。如同前述，在個人治療中，治療師求助者是借助著 T 的眼光，離開原本的自我認識，進入一個尚未為個人所知的作用力地帶，成為求助者 A’C。由 A’ 到 A’C 的位移即是借助 T 的眼光而進入自身未知之地的反觀。在圖四以「T-A’-A’C」三角形表示。

圖四下半部表示的是，帶著個人治療經驗的治療師在面對自己執行之心理治療中的個案時，會模仿與採用個人治療治療師的眼光來理解個案。這在兩者為同一學派的情況下更為顯著。在圖四的 AT 指的即是治療師 A 所設想的，其個人治療治療師面對個案 C 的作為樣貌。「A-AT-C」三角形呈現的正是如此之「治療師—求助者」結構。

從個人治療的文獻中我們可以看到，反觀自身的訓練在心理治療師的經驗中所形成的結構，其中包括的是離開已知的自己進入未知之地，以及個人治療治療師的眼光滲入自我探索與專業作為之中的複雜過程。雖然許多治療師認為個人治療帶給自己正向的影響，但要描述其中過程卻不容易，甚至令人却步（Geller, 2011）。這是因為以個人治療的形式進行的自我探索不同於一個人私下進行的反省，而是要在另一個人面前真實地質疑原本的自我認同。這就會讓人進入一段深刻的不確定，甚至是自我懷疑的歷程。一旦離開個人治療治療師照料下之求助者的位置，回到治療師的身分來談論自己的個人治療，將遭遇到難以言說的窘境。

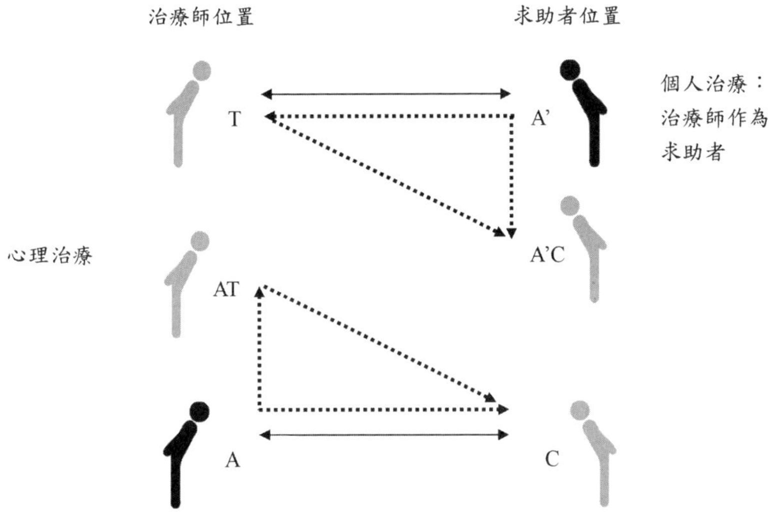

圖四：個人治療與心理治療組合之「治療師—求助者」結構

五、小結：迴觀自身而出離自身的「修行」

上述從佛教《心經》所揭示的（1）「照見五蘊皆空」、（2）禪修經驗的「意識懸浮，實有消解」以及（3）個人治療的探索自身未知的反觀，都指向了一種個人對自身的觀看，從而照見而離開原本自己所知與所是的運動。因此我們似乎可以初步地結論，所謂的「修行」指的是經由迴觀自身而出離自身。這在佛教是脫離世俗實有的信念，進入與識得緣起生成的假合之有，從而讓現實失去終極的繫縛力量；在個人治療則是放棄已知已是的自我認識，進入未知的自身探索，獲得個人更高的整合與穩定。

然而，個人治療真可以被視為類同於宗教的修行嗎？呂旭亞（2010）曾以其自身修習與接受榮格精神分析的經驗指出，由於這個過程非向外求取知識，而是專注於自己的無意識世界，如同佛教的冥想靜坐傳統。而且個人分析與禪定修持兩者都需要一位先行者的引導，其所引導的皆是一條深入生命底層之路。在榮格分析典範下，每一位接受分析者都可藉由其分析師上溯至榮格本人的教法。也就是說，每一位分析師都以類同於前一位分析師的眼光引導著接受分析者。雖然呂旭亞所描述的是其個人於榮格學派訓練中的經驗，但也相應著圖四中三角形所呈現出來的治療師與求助者的位置結構。

看來佛教修行與個人治療具有類似的結構，但考慮到圖一所示之兩者的存有論差異，如此迴觀自身而出離自身的「修行」在治療師身上將產生如何的經驗？這是本研究要推進的探問。

六、研究問題

根據前述的討論，本研究之問題可呈現如下：在心理治療與修行的本體界域相異之情況下，治療師經歷修行啟發後的生活經驗呈現為何種樣貌？這對心理治療的執行會有何影響？

七、研究方法

本研究蒐集了三位具親近於佛教之修行體驗的資深心理治療師的訪談錄音並謄寫為逐字稿進行分析。逐字稿將把參與者資料去個資化，使用編號取代稱呼，以此做為後續進行現象學方法分析的文本。

本研究採用現象學方法分析。筆者曾有多篇文章討論並說明現象學分析之方法操作（李維倫，2023；李維倫、賴憶嫺，2009；Lee, 2014, 2016）。簡要來說，針對經驗提供者訪談資料，現象學方法會進行從文本之文字表達到經驗場景的還原描述，以獲得經驗的存在歷程掌握，再勾勒出經驗的整體結構。本文的「研究結果」一節即呈現了三位研究參與者各自的經驗整體結構，以及整合後的普遍結構。這樣的結果是依循（1）資料蒐集、（2）沉浸閱讀、（3）意義單元：拆解與改寫、（4）構成主題、（5）置身結構以及（6）普遍結構，等六步驟來進行與獲得的。（李維倫、賴憶嫺，2009）

八、研究結果

以下先呈現三位資深心理治療師經歷修行啟發後之生活經驗的結構性描述，再提出進一步還原所得的普遍性經驗結構。

（一）經歷意外而透過修行操持得到身心安頓的心理治療師 S_1

S_1 成為心理治療師可說是從社會期待眼光下的職業（工程師）轉向與自己興趣感受相符的工作（心理師）。這個轉換的啟動始於 S_1 在原本工作環境中感到格格不入，從而經常反觀自身，感到有缺。在這樣的經驗下，S_1 發現了自己受到以心理學為基礎之心理助人工作的吸引，並且從媒體中看到類似工作者的光鮮樣態，如以心理學原理為基礎的溝通訓練師，進而想像成為一位心理師的可能性。

對 S_1 來說，心理師不僅是為自己所喜好且允諾一個光鮮未來，它進一步顯現為關於人的知識與工作，因此是一條可以認識自身的道路。此外，S_1 也將其連結到自己受益於宗教體驗的過往，並視心理學為可以用來理解宗教的學問。

然而，當 S_1 遭遇到種種困境時，他卻經驗到，原本令其安心安身的心理學無法提供其生命困頓時的撫慰或解脫。也就是說，S_1 再一次無法安頓，感到有缺。於此時，S_1 自行操持佛教持咒誦經等活動，獲得安定的感受。如此，佛教操持讓 S_1 進入一種以宗教性活動為節奏的規律步調，生活中的事物開始穩定下來。S_1 感到自己獲得游刃有餘、不疾不徐的平靜位置。S_1 因此開始反觀自己，站上一個比較「佛教」與「心理學」兩者的觀看位置，並好奇於所經驗到的「宗教」經驗跟他投身的「心理學」有何不同。

在另一方面，S_1 生活中逐漸展開佛教修行操持的面向。S_1 參與了由出家法師帶領的禪修活動，而他關注的目光除了自己身上的體驗外，也投向了出家法師身上。對 S_1 來說，出家法師雖然承擔了繁雜的工作，但卻能夠呈現安然自在的狀態，是不同他過去的經驗而令他感到驚訝的。當他的一位朋友決定出家後，S_1 經驗自己在全然投身宗教修行上的猶豫，顯現出一個修行生活與世俗生活斷離的經驗脈絡。在此脈絡下，出家法師對 S_1 呈現為一個朝向自己未能踏上但內心嚮往欽羨的「修行」生命狀態。

「心理師」與「修行者」如此在 S_1 的生活中呈現出兩個平行的經驗軸線領域。在心理師位置上，也就是在心理工作效用的軸線上，S_1 經驗到佛法道理與修行可以幫助他的心理師工作，而心理學可用於理解宗教經驗。另一方面，在佛教修行的位置上，S_1 感到心理學與佛法是有差異的。首先，兩者主要的差異之處是心理師從「他人的問題」開始，佛法從「自己的生命」開始。其次，心理師要做的事是去免除他人的痛苦，是「免苦」的取徑；而佛法視苦厄與智慧、養分、機會是有所關聯的，因此苦厄是要被經驗、被理解的事情。也就是說，佛法助人者的行動是去了解、陪伴與傾聽，是「度苦」的脈絡。這對心理助人講究的在「免苦」上的效用是不同的。

當佛法滲透到 S_1 的心理工作時，他經驗到佛教修行讓自己可以是一位在苦厄面前安定的心理師，將眼前的苦與樂、好與不好都視作是生命整體的一部分而能安住其中、與受苦者一同經歷。因此，他認為自己與苦厄的關係是陪伴、理解，而不是解決、免除的。同時，他也能理解到自己是有所限制而非萬能，也能理解苦厄並非單獨存在於個人生命而是有其涉入的整體與因緣。如此一來 S_1 感到自己可以允許受苦在自己面前，允許自己未必幫上對方的隨順因緣樣態。然而在另一方面，當 S_1 在心理專業工作領域表明其佛法指引的取向時，卻遭遇到個案或他人質疑為是「不專業的」，從而讓 S_1 發展以他人接受的心理用語來替代其行動所依之佛教論述的方法，也就是以「借假」或「說假」的方式來說明。這顯示出一個心理治療事業與佛教修行之不相容性的所在。

佛教修行與心理師工作的不相容經驗也顯現在 S_1 的日常活動中。對他來說，自己對其所抵達的修行經驗理解毫無疑問，能夠心安。然而在一般人視為日常正當的個人關係生活與機構職業生活中，他卻經常經驗到安心狀態無法持續。

圖五顯示了經歷修行啟發後之心理治療師 S_1 的經驗置身結構。中間虛線之上半部分主要是表達他從工程師職業到心理師職業的轉移，其中包含了朝向某一觀看眼光從而投身進入一職業的路徑。下半部分表示了在修行經驗啟發後，S_1 靠向了「佛陀—出家法師—生命整全追求者」的傳承軸線。而在原本的心理事業想像淡化下，仍保有心理師職業，形成心理師與生命整全追求者兩個平行位置與其之間距離的結構樣貌，其間的關係仍尚未確定，在圖中以「？」表示。

（二）對心理工作失去動能而投身追求個人整合之修練的心理治療師 S_2

在 S_2 有著成功與順利的心理師事業，也有其事業同伴與學生時，她從一位景仰的心理治療大師的作品中看到死亡的可能性，而開始感到自己無法在現有的生活與事業軌道上從一而終，無法接受自己如此可預期的未來。在眾人的不解下，S_2 離開了世俗認定的理想工作，轉向另一方向的追尋，投入另一種治療師訓練歷程。

這個治療師訓練歷程，最主要與最重要的形式是在個人治療之分析師的見證下深入無意識地帶，進行自我分析與整合。在 S_2 的經驗中，她的導師分析師也經過同樣的歷程，並傳承了該學派宗師的眼光與訓練。對 S_2 來說，那一段期間有

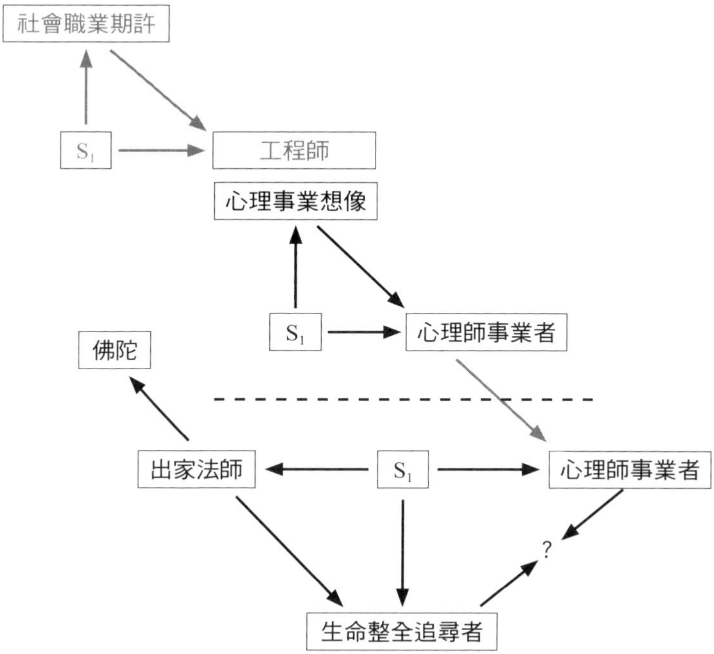

圖五：經歷修行啟發後之心理治療師 S_1 的經驗置身結構圖示

如閉關修行一般，是一段漫長且與世界接觸稀薄的過程。除此之外，S_2 也體悟到此一自我分析與整合歷程沒有終點，這一點也讓 S_2 感到這如同是終身的修行。在這過程 S_2 看到，有人在接受如此自我生命道路追尋的個人治療後不再回到心理治療師的工作，另投身於其他生活志業。當如同修行的自我分析與整合歷程暫時成果出現時，S_2 被認可成為該學派的治療師，離開接受訓練的基地，回到原本的心理治療工作。

如同前述，S_2 覺得從接受導師分析師指引開始，就像是一項修行的旅程。而結束有導師分析師陪伴的訓練歷程後，自己還是必須往更深處邁進鍛鍊。然而獨立一人從事如此的自我分析與整合時，S_2 感到極大的自我懷疑。此時讓 S_2 感到不安的想法是，到底自己能否合於世俗的期待？尤其自己深入的是生命的整合道路，這自度的過程尚未完滿，如何度人？面對他人的期待索追，自己會不會是假的？ S_2 詢問同樣有過如同閉關修行的自我分析與整合歷程的同伴，是否也有過如此的自我懷疑時，得到的是肯定的回應。對 S_2 來說，這意謂著此一自我懷疑不是她個人反應，而是走上此一過程的必然經驗。雖然在多年的工作與事業進展後，S_2 經驗到這自我懷疑的減緩，但對她來說，這仍然是居停於她心中的問題。

S_2 一方面仍然認同她所受訓練與引導而走上的自我分析與整合之路，是一自己仍要投入的生命歷程，但也自認其所傳承的治療教法並非究竟，其學派導師尚未提供自我整合的最根本答案。

圖六顯示了經歷修行啟發後之心理治療師 S_2 的經驗置身結構。中間虛線之上半部分主要是表達她學習並成為一位心理治療師的路徑。下半部分表示了在如同修行的經驗啟發後，S_2 靠向了「宗師—分析師導師—生命整全追求者」的傳承軸線。同時，S_2 的生命道路在顯化自我整合鍛鍊的傳承軸線下，雖仍進行心理治療師的工作，但「生命整全追求者—心理治療師」兩者不是如同外顯地，像是同一路線，而是還有著平行且有距離的經驗。兩者間尚未確定的關係以「？」表示。

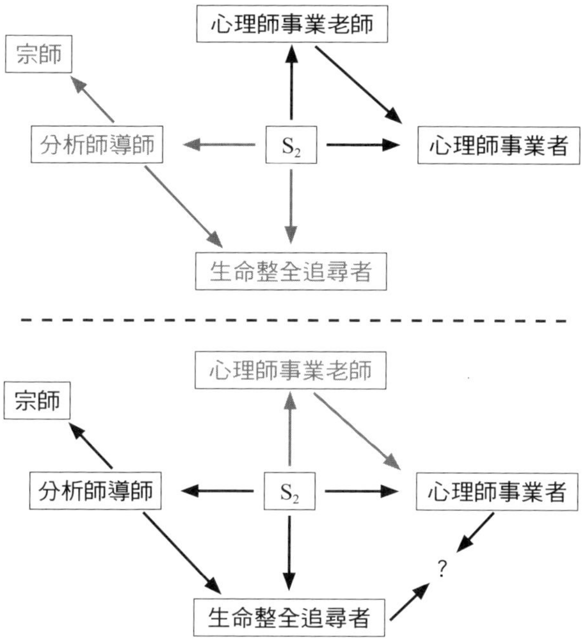

圖六：經歷修行啟發後之心理治療師 S_2 的經驗置身結構圖示

（三）遇見「師父」而從困惑到接受指引修行的心理治療師 S_3

S_3 的修行啟發經驗始於遇見一位出家法師，對其有親近感受，並皈依為徒，尊稱其為師父。當時的 S_3 是一成功的心理師事業者，生活在其授業老師與同伴的事業圈地帶。不過，一開始 S_3 以一般事業者的眼光來看待師父所推動的社會志業，並無法完全認同。她描述自己曾對師父說：「我也愛你的烏托邦，但世界上沒有烏托邦！」這顯示出，對 S_3 來說，師父所作所為不同於世俗事業者的價值與目標；而師父就呈現為她無法否定但不知如何來認識的對象。也就是說，S_3 的心理師事業者眼光無法作用於認識師父。於此同時，S_3 對於師父所推動之佛志業工作也仍以其世俗性視之，而猶豫於投身承擔。

在師父的指引下，S_3 進入禪修的學習。而在無法完全理解師父對志業的投入時，卻也迴返地照見了自己原本心理師事業地帶之老師、同伴與自身的框限。如此的眼光顯示了 S_3 開始在傳承認同上有所位移。不過此時 S_3 並未「落地」：她的反觀導向了對自身之所出所是的距離感，但尚未對自身何所往有新的認同，從而顯示了一種雙重性置身之疊加而未整合的生活狀態。

當師父過世時，S_3 經驗到虧欠感的湧現，指的是未能成為師父所指引的志業者與志業作為。不過，在自覺虧欠於師父所指引與期待的同時，S_3 也感受到自己在心理學事業中其實也一直在追求一條讓人更平衡的道路。於此 S_3 的虧欠感可說是欠師父的也是欠自己的。在這樣的情況下，S_3 從原本的事業工作中退休，轉而投身於師父推動的佛志業行。也就是說，此時 S_3 出離了心理師事業，成為師父眼光下的佛志業者。

對 S_3 來說，佛志業者傳承不只來自於師父，而是上溯至佛陀，即深遠的人類慈悲心傳承。另一方面，做為佛志業者的 S_3，仍是執行世俗世界中的機構建制任務，而非遠離世俗世界。這樣的情況源自於，師父所推動之當代社會中的佛志業並非遠離塵世，而是以聖攝俗的聖俗相混工作。也就是說，S_3 此時投身的、由師父所推動的佛志業行，已經不再只包括世俗的繁雜事務，而是奠基於究竟之佛法的志業修行。

圖七顯示了經歷修行啟發後之心理治療師 S_3 的經驗置身結構。中間虛線上半部分主要是表達她學習並成為一位心理治療師的路徑，並於心理師事業者位置中無法認同於師父及其投身志業。下半部分表示了在修行經驗後，S_3 靠向了「佛陀—師父—生命整全追求者」的傳承軸線，同時也離開心理師事業者位置，投入師父推動的佛志業行之中。S_3 的經驗置身結構顯示，其修行經歷包括了修行方法的練習，師父的指引與傳承的肯認，以及志業同行團體的生活地帶。

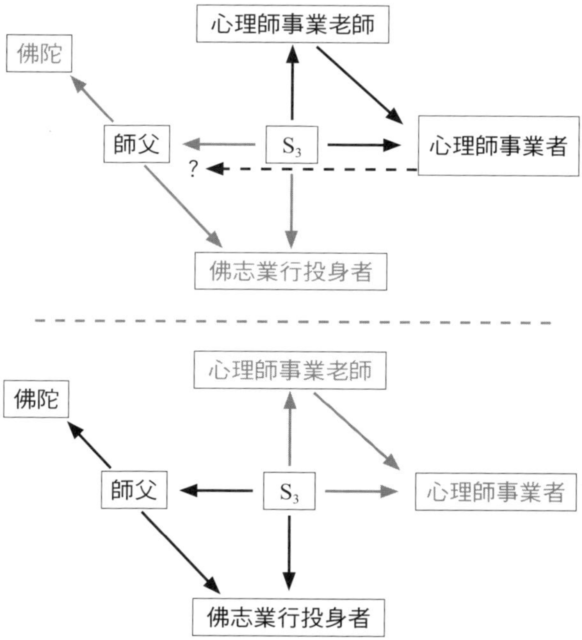

圖七：經歷修行啟發後之心理治療師 S_3 的經驗置身結構圖示

（四）經歷修行啟發後之心理治療師經驗普遍結構

本研究分析進一步將三位經歷修行啟發後之心理治療師經驗置身結構整合，得到了一普遍結構。此一普遍結構可稱之為：以平行不相交之「心理師事業軸」與「修行志業軸」所形成之兩軸生活地帶中的移轉經驗樣態。底下進一步說明。

不論是心理師的養成或修行，都涉及以另一個人（修行導師或心理事業老師）的行為或注視，來迴觀自身，從而離開自己原本所知所識的自己，抵達另一行動樣貌。在「心理師事業軸」的經驗結構中，有著「經驗者 S—心理事業老師—心理師事業者」的三角結構，經驗者於其中有自己的授業老師、專業伙伴以及學生所形成的事業圈。在「修行志業軸」的經驗結構中，有著「經驗者 S—導師—修行志業者」的三角結構，經驗者於其中有導師傳承的軸線以及實踐方法。由本研究三位經驗者的經驗看來，是否有同行團體並不必然，但同行團體之有無對修行志業者的經驗有所影響。

讓我們進一步來看「心理師事業軸」與「修行志業軸」之兩軸生活地帶的形成。雖然「心理師事業者」之經驗歷程與「修行志業者」之經驗歷程都涉及以他人之眼的迴觀自身，但兩者發展形成的生活軸線不同。也就是說，心理師養成與修行兩者，並不因皆有「自度度人」的意涵而相合；兩者之間是有距離的隔閡。

當心理師事業者獲得了親近宗教的修行經驗後，隨之引動的是由「接觸、破口、迴觀距離化」三者構成的經驗運動現象。「接觸」的經驗環節包指的是宗教性修行經驗的發生，包括遇見指引的出家法師、自行參與宗教性修行活動，或投入具修行性質的生活之中。「破口」的經驗環節指向遭遇到原本心理學事業之理所當然的失去。「迴觀距離化」的經驗環節指的是經驗者進占到一迴觀自身事業生活的位置，以及其所產生的距離感。「接觸、破口、迴觀距離化」三者在三位經驗者身上呈現出不同的發生順序。

在 S_1 經驗中所發生之「心理師事業軸」與「修行志業軸」的移轉歷程可說是「破口—接觸—迴觀距離化」：S_1 先是遭遇到意外，驚覺心理學無法化解其困局，其次接觸到宗教修行法門，獲得平靜，然後審視心理學與宗教修行所給予的不同生命路徑與經驗。在 S_2 則是「迴觀距離化—破口—接觸」：S_2 先是看到目下「成功」生活軌道的穩定與可預測，從而失去其生命滋味，其次選擇與目下「成功」生活軌道斷開，然後投入修行性質的生活過程。在 S_3 則是「接觸—迴觀距離化—破口」：S_3 先是遇見指引的出家法師並接觸到宗教修行法門，其次是進占到一迴觀自身事業生活的位置並產生的距離感，接著看到、經驗到原本的心理師事業生活失去了繼續投入的理所當然性。

如此一來，當修行引動之生命軸線在經驗者的經驗中具體顯化後，就與其原先的心理師事業圈生活，形成平行的兩種生命方向軸線所構成的生活地帶。兩條生命發展軸線的相異，會在經驗者的經驗中產生是否投入修行的猶豫醞釀期。這顯示經驗者默會到兩者在本質上的差異。雖然在俗世功利的心理師事業中，可將修行成果功利化，成為心理治療的助力，但在親近宗教的修行歷程中所產生的經驗，卻難以融入心理治療事業中的種種俗世原則與工作之中，從而讓經驗者經驗到兩者之間的難以一致。

上述普遍結構以圖示表達如圖八。位於圖右上的是「經驗者S—心理事業老師—心理師事業者」三角結構及其形成之「心理師事業軸」，位於圖左下的是「經驗者S—導師—修行志業投身者」三角結構及其形成之「心理師事業軸」。中間的灰色循環箭頭表達的是，當經歷修行啟發後，經驗者就經驗到了「接觸、破口、迴觀距離化」三者構成的經驗運動現象。

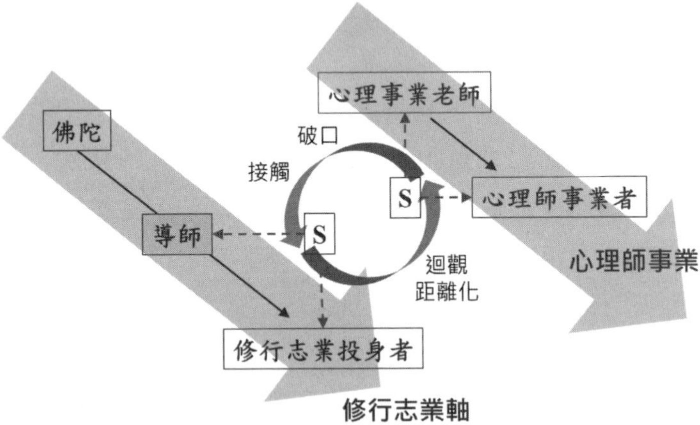

圖八：以「心理師事業軸」與「修行志業軸」所形成之平行不相交的兩軸生活地帶中的移轉經驗樣態

九、討論

本研究的提問是：（1）在心理治療與修行的存有界域相異之情況下，治療師經歷修行啟發後的生活經驗呈現為何種樣貌？以及（2）這對心理治療的執行會有何影響？底下的討論首先依據研究結果回答第一個研究提問。其次討論第二個研究提問。此外，從研究參與經驗者之間的比對看到，修行經驗啟發後的同行團體有無，似乎對後續的生活經驗有所影響。此議題將於第三部分討論。最後，在對研究結果的思考下，本文提出「是否能夠有以『緣起構成』作用為基礎的心理治療？」的問題，做為接續研究的指引。

（一）存有界域相異的「心理師事業」與「修行志業」兩軸線

根據筆者先前的研究，本文提出心理治療與修行之間有著存有界域相異的情況，而在研究結果中則是出現「心理師事業」與「修行志業」兩條生活軸線平行而有距離的現象。後者似乎正反映了前者的相異性。也就是說，本研究呈現了，雖然皆有自度度人的歷程，但修行經驗與心理治療不是理所當然地可以整合。

如此的發現從佛教的角度來看相當合理。佛教修行的本質在於洞悉緣起性空的究竟本質，也就是對立於世俗的實有思維，並在此基礎上進行自度度人的工作。當心理治療並不質疑世俗功利價值，甚至以在世俗實有生活中求安適為目標，那麼必然是與佛教修行不相容的對立者。本研究結果指出，雖然在俗世功利的心理師事業中，可將修行成果功利化，成為心理治療的助力，但在親近宗教的修行歷程中所產生的經驗，卻難以融入心理治療事業中的種種俗世原則與工作之中。也就是說，本研究揭示了在經驗上的確有如此之顯示。而這樣的不同可以說是源於心理治療事業者與修行者實是兩種不同的存在狀態。

（二）現場臨在的心理治療經驗

在另一方面，本研究也發現，即便心理學事業者與修行者顯現為兩條平行的生活軸線，但修行經驗仍會讓心理治療師獲得不同於問題解決技術的心理治療作為，而令其感到自己在從事心理治療時的安定。這就讓我們理解到，心理學事業與修行者志業有根本的差異，但不妨礙修行經驗滲入心理治療工作；修行經驗可以啟發不一樣的心理治療作為，但並不取消經驗者在生活上感到兩者的相異與不相容。

在 S_1 的置身結構中我們看到，受修行經驗啟發的心理治療師可以接近受苦樣態但視其為生命的整體因緣呈現的現象，從而允許自己與受助者安定地經歷苦。這也就是不把心理治療視為問題解決的方法而是理解與陪伴的活動。如此心理治療作為是在場、貼近與隨順。這樣的經驗與 Nanda（2005）得到的研究結果一致。在該論文中，靜坐對心理治療實踐上的影響可以分四點來描述：

1. 接受和不評判自己在思想、感覺、身體感覺方面的內在歷程。

2. 不只如此，他們感到更加開放，允許這些內在歷程的出現。
3. 他們開始放下自己的個人設定和對事情的期望。
4. 他們開始對事物之浮現有更多的現場感與覺察。（頁 17）

Nanda（2005）將這四點稱之為在連結到心理師本身之靜坐修行後所產生的「存在的品質」（'being' qualities）（頁 17）。我們可以看到，雖然以不同的語言，但陳述著與本研究分析結果相同的經驗現象，也就是於治療現場的臨在（presence）。

若以本文先前提到的禪境經驗結構來看，此一現場臨在的經驗如同反思判斷意識的懸置，也就是雖理解受助者所說與呈現的種種，但不進行評估判斷，也就不受自身想法的牽引而行動。如此一來，受助者的言語所呈現的就不只是經驗內容，而也包括了這些內容浮現的經驗過程。雖然此一臨在結構不同於「反身靜觀者—液化身態作為者」的雙重作為者態，但可視為禪修經驗歷程的中間樣態。（李維倫、釋常持，2023）

（三）修行志業同行團體

本研究三位參與的經驗者在「心理師事業軸」與「修行志業軸」之間的生活經驗樣貌各有不同，S_1 以心理師事業軸生活為主，但經常參與修行活動，並以修行志業軸生活為嚮往朝向；S_2 雖以心理師事業軸生活為主，而周遭並無與其修行同行的團體，在其與心理師事業距離化時並無相應其修行志業軸的同伴；S_3 不再經營心理師事業軸而投入修行志業軸為主的生活，同時也有著志業生活的同行團體。

當我們比較三者的修行志業軸生活樣貌，可以發現唯有 S_3 是完全移轉並有志業同行團體。其修行志業軸生活就包括了修行方法的練習，傳承的肯認以及志業同行團體的生活地帶。相較之下，S_1 與 S_2 的生活雖有修行方法的練習與傳承的肯認，但沒有投身之相應的修行志業團體，其生活同時也呈現出在兩軸線之間的擺盪。這是否意謂著，志業同行團體的有無對經歷修行啟發之心理治療師的生活經驗有關鍵的作用？

以 S_2 的經驗來看，其追求自我整合的修行也是心理治療的訓練。而從本研究分析所得來看，這「心理治療訓練即修行」的路線並不在一般的心理學事業軸中，反而是進入了修行志業軸的地帶。當 S_2 的周遭生活中沒有相應的志業同行團體時，就對心理師事業生活有著比 S_1 更加深刻的疏離感。在這樣的理解下，我們似乎可以合理推論，當投身修行志業軸時，生活中有同行團體會是經驗者能夠安定的關鍵因素。

（四）能否有以「緣起構成」為存有論的心理治療？

從本研究的結果來看，心理師事業軸與修行志業軸的不相容之處，根源於其存有論的差異。實有界的一般生活是以實在論（realism）來設想世界的存在，而心理學進一步以實存的個人為其認識的對象。然而佛教的緣起性空卻是否定世界的實有；實存個人的認定不是知識的對象與基礎，反而是執著受苦的來源。

那麼，在尋求佛教修行與心理治療在自度度人的會通上，能否有一種非以「實有」與「功效」，而以「緣起構成」作用為基礎的心理治療？也就是，有沒有一種進入「緣起」、跟隨「緣起」的心理治療方法？若有這樣的心理治療方法，是不是就會接近 S_2 的經驗：「修行即心理治療訓練，心理治療訓練即修行」？在與一般心理學事業的存有論思維相異的情況下，這樣的心理治療是不是需要有自身相應的志業同行團體？那會是什麼樣的團體？

上述問題可以從本研究的成果中導出，但並非本研究可以回答的。現今已有出家法師接受心理治療訓練而獲得心理師執照，或許他們的心理師事業生活經驗可以回答這些問題。此外本研究的另一方向，即學習心理治療的經驗對於修行的理解或體悟的影響，也可從接受心理治療訓練的出家法師經驗中得到揭露。這些問題的研究與回答將會進一步貢獻到建立佛教心理治療的討論。

參考文獻

一、中文

呂旭亞（2010），〈分析師還是禪師？〉，《張老師月刊》第 392 期，頁 26-29。

李維倫（付梓中），〈以現象學經驗取向探尋佛教心理治療的形式與內涵〉，《佛光學報》。

李維倫（2023），〈回到經驗的哲學實踐：作為照顧哲學方法的存在現象學心理學〉，《哲學與文化》第 50 卷第 3 期，頁 103-120。

李維倫、釋常持（2023），〈禪修過程中的經驗變異狀態：以法鼓山默照禪法之踐行為對象的現象學探究〉，《本土心理學研究》第 59 期，頁 61-122。

李維倫、賴憶嫻（2009），〈現象學方法論：存在行動的投入〉，《中華輔導與諮商學報》第 25 期，頁 275-321。

釋聖嚴（2004），《聖嚴法師教默照禪》，臺北：法鼓文化。

釋聖嚴（2016），《禪與悟》，臺北：法鼓文化。

二、西文

Freeman A. 2011. “Manny’s legacy: paying forward my personal therapy,” *Journal of clinical psychology*, 67(8), pp. 789-793. https://doi.org/10.1002/jclp.20819

Freud, S. 1912/1958. “Recommendations to physicians practising psycho-analysis,” in J. Strachey (ed.), *The standard edition of the complete psychological works of Sigmund Freud* (Vol. XII). London: Hogarth Press, pp. 109-120.

Freud, S. 1937. "Analysis terminable and interminable," in J. Strachey (ed.), *The standard edition of the complete psychological works of Sigmund Freud* (Vol. XXIII). London: Hogarth Press, pp. 211-253.

Geller J. D. 2011. "The psychotherapy of psychotherapists," *Journal of clinical psychology*, 67(8), pp. 759-765. https://doi.org/10.1002/jclp.20817

Jung, C. 2001. *Modern Man in Search of a Soul*. London: Routledge.

Kabat-Zinn, J. 1982. "An outpatient program in behavioral medicine for chronic pain patients based on the practice of mindfulness meditation: Theoretical considerations and preliminary results," *General Hospital Psychiatry* 4, pp. 33-47.

Kabat-Zinn, J. 1990. *Full catastrophe living: Using the wisdom of your body and mind to face stress, pain, and illness*. NewYork: Delacorte.

Kabat-Zinn, J. 1994. *Wherever you go, there you are: Mindfulness meditation in everyday life*. New York: Hyperion.

Kaslow, N. J., Borden, K. A., Collins, F. L., Jr, Forrest, L., Illfelder-Kaye, J., Nelson, P. D., Rallo, J. S., Vasquez, M. J., & Willmuth, M. E. 2004. "Competencies conference: future directions in education and credentialing in professional psychology," *Journal of clinical psychology* 60(7), pp. 699-712. https://doi.org/10.1002/jclp.20016

Lee, W.L. 2014. "Bracketing into Face-to-Face Encounters: The Conjunction of the Epistemological and Existential Dimensions of Phenomenological Methodology," in G. Y. Lau and C. C. Yu (eds.) *Border-Crossing: Phenomenology, Interculturality and Interdisciplinarity*. Würzburg: Königshausen & Neumann, pp. 115-129.

Lee, W.L. 2016. "Phenomenology as a method for indigenous psychology," in C. T. Fischer, L. Laubscher, and R. Brooke (eds.)

The Qualitative Vision for Psychology: An Invitation to a Human Science Approach. Pittsburgh: Duquesne University Press, pp. 156-172.

Nanda, J. 2005. "A phenomenological enquiry into the effect of meditation on therapeutic practice," *Counselling Psychology Review* 20(1), pp. 17-25.

Orlinsky, D. E., Schofield, M. J., Schroder, T., & Kazantzis, N. 2011. "Utilization of personal therapy by psychotherapists: a practice-friendly review and a new study," *Journal of Clinical Psychology* 67(8), pp. 828-842. https://doi.org/10.1002/jclp.20821

Wiseman, H., & Shefler, G. 2001. "Experienced psychoanalytically oriented therapists' narrative acounts of their personal therapy: Impacts on professional and personal development," *Psychotherapy: Theory, Research, Practice, Training* 38(2), pp. 129-141. https://doi.org/10.1037/0033-3204.38.2.129

Senior Psychotherapist's Lived Experience after Buddhist Religious Practice

Wei-Lun Lee
Professor, Department of Philosophy, National Chengchi University

Chia-Ling Lee
Ph. D. Student, Department of Philosophy, National Chengchi University
Clinical Psychologist, Secret Garden Counseling Center

Abstract

For a long time, the Buddhist teaching "Free from all suffering" is viewed as a guidance for psychological healing. The Buddhist way of cultivation is thus worthy to be a resource for modern psychotherapeutics. With the results in previous studies on the psycho-somatic experiences in Chan meditation and the possible formation of a Buddhist psychotherapy, the author in this research advances to the experience of psychotherapists who found the impact of their religious practice to their professional exercise, in order to see how the two are related with each other. This research collected interview data from three senior psychotherapists who had engaged in self-cultivation close to Buddhist way. After a phenomenological analysis, the result indicates that, the tendency of entering religious practice for deep understanding of human life might stem from the nature of psychotherapy, but there exists a gap between the comprehension from religious practice and the mundane business of psychotherapy, which manifests in the research participants' non-linear junction in their life development. How to return to the practice as a therapist after a profound experience of religious self-cultivation is then problematic, to which various responses appeared for different ones. This research thus shows a deep level of heterogeneity between religious practice and psychotherapy beneath the apparent similarity in public eyes. This understanding clarifies further the relationship between Buddhism and psychotherapy, and would contribute to the contemporary route toward psycho-somatic healing for Buddhism.

Keywords: Buddhism, personal therapy, psychotherapy, religious practice, the cultivation of therapist

自我轉化的修行技藝
——探索聖嚴法師的禪法教學與實踐

劉怡寧
法鼓文理學院人文社會學群助理教授

摘要

有鑒於「日常宗教」（everyday religion）與「生活的宗教」（lived religion）的研究典範在後世俗化時代中愈來愈受到重視，本論文試圖以聖嚴法師所帶動之扎根日常生活的禪修實踐為檢視「日常宗教」的研究案例，探討禪修做為自我修行技藝的生命實踐意涵。

落實禪修在日常生活是聖嚴法師復興漢傳禪佛教的重要特徵，透過運用禪修的方法，個人可以在日常生活中自我反思與自我轉化，產生如同傅柯（Foucault）所論及之自我技藝的作用。本研究試圖一方面掌握聖嚴法師禪法教授的日常宗教特徵，另外一方面也藉由對禪修者的深入訪談，探索日常生活中的禪修實踐，包括安頓自我的生命情境、覺察身心與自我轉化，反思自我與他者，產生順流與跨域的生命轉化等。歸納來看，聖嚴法師所帶動的禪法教學與實踐，引導禪修者啟動自我轉化的修行技藝，在日常生活中實踐禪法，顯現了日常宗教的特徵。

關鍵詞：日常宗教、自我技藝、中華禪法鼓宗、自我轉化、身軀化實踐

一、前言：探索世俗時代的禪修

宗教與現代性的關係是當代宗教社會學研究的重要關懷，現代性帶來的社會分化，造成人們現代生活的複雜度與多元性，往往使個人無所適從，而宗教或是相關的心靈實踐方法可以在現代性所帶來的個體化處境中，扮演什麼具體的功能與作用，是當前宗教社會學研究相當關注的課題。

像是社會學者紀登斯（Giddens）在探討現代性（modernity）與自我認同（self-identity）的關係時，認為現代性事實上是一種風險文化，儘管文明與科學的發展看似為世界帶來進步，但是也帶來了新的全球化風險特徵，並且帶來新的不確定性，個體被迫在多樣化的生活風格中進行選擇，建構自我認同成為重要的現代性課題（紀登斯，2002：4）。而紀登斯甚至也分析到，在晚期現代性的情境下，個人通常覺得生活沒有提供任何有價值的感受，內在的無意義感已經成為根本的心理問題，當與實踐一種完滿愜意的存在經驗產生道德源頭的分離，個人往往經歷著「存在之孤立」的生活樣態（紀登斯，2002：7），該做什麼？該如何行動？又該成為誰？對生活在晚期現代性的每個人來說，都是核心的問題（紀登斯，2002：68）。因而在現代性所導致的個人主義化已成為主流趨勢的脈絡下，「我是誰？」也成為當代的關鍵性問題，無論是既有社會文化所塑造的結構性約制機制的消失，或是消費主義盛行導致人以人與物的關係來塑造自我認同，都使得自我顯得多重且破碎，也促使探索「我是誰？」的問題顯得更為艱難（黃應貴，2015：19）。

相對來說，個人要如何可能找到自己？如何探尋並建構自我認同？則顯得至關重要。

近十多年來，日常宗教（everyday religion），乃至於從「生活的宗教」（lived religion）出發所重視的實踐（practice）面向帶動了宗教社會學的新研究典範，這個新的研究取向關心個人如何在日常生活中實踐宗教，希冀透過對宗教實踐的分析，探索扎根日常生活的宗教實踐。包括如何透過身體來實踐宗教？宗教實踐的空間與場域又是如何影響宗教實踐、乃至宗教實踐的美學體驗？又或探討宗教實踐的道德性課題，以及如何透過敘事實踐來實踐宗教等，都是掌握宗教實踐的具體面向（Ammerman, 2020）。宗教與日常生活的結合是宗教傳統回應現代性的具體實踐，也有助於建構個體在現代生活的自我認同。誠如宗教社會學者 Meredith McGuire 在其《生活的宗教：日常生活中的信仰與實踐》（*Lived Religion: Faith and Practice in Everyday Life*）一書中，也相當關注當代宗教如何在個體生活中被表現與被經驗，她建構出「個人宗教」（individual religion）的概念，探究人們如何在日常生活中體驗宗教，包括個人的宗教實踐、經驗與表現等（McGuire, 2008），從日常生活出發，掌握宗教實踐對個體的影響。

從當代對日常宗教的省思中，本論文試圖探討禪修在日常生活當中的自我轉化作用。誠如在《雪中足跡——聖嚴法師自傳》中，聖嚴法師曾談他對禪的基本想法，說到：「我鼓吹現代化的佛教，把佛法運用在日常生活當中。」（釋聖嚴，2009a：191），同時，也強調「禪法就是講日常生活的修行」（釋聖嚴，2009a：209），對禪的體認不會僅限於某種理論而區分什麼是禪，什麼又不是禪，因為「懂得禪的人可以包容每一個人……可以接納每一個人，也可以適應所有的環境」（釋聖嚴，2009a：209-210），換言之，「在禪的傳統裡，沒有一件事與禪無關，也不會把禪與其他事物區隔開來……禪超越一切的界線與阻礙」（釋聖嚴，2009a：210）。聖嚴法師對禪的運用更是活潑且具彈性的，他從在美國教學禪修的經驗指出，自己並非是要執行傳布，僅是「想與每個人分享禪法……並不是要每個人成為佛教徒，但只要他們在日常生活中實踐禪法，不論身心是否健康或環境優劣，他們都可以快樂的生活」。（釋聖嚴，2009a：210）。聖嚴法師在推動漢傳佛教復興的過程中，非常重視禪與日常生活的結合，把禪運用在日常生活中（釋聖嚴，2009b：8-9）。聖嚴法師對漢傳禪法的復興，是一個相當重要的當代漢傳佛教現代化案例，本論文將從日常宗教的視野出發，探討透過日常生活的禪修，個人如何可能重整對自我的建構，進而改善日常生活。

二、自我轉化的修行技藝

從佛教傳統出發的禪修（meditation），做為一種身體與心理的自我觀照方法，在一九八〇年代以來，開始在當代西方世界成為一股重要的自我轉化途徑，無論是早在二十世紀初期由鈴木大拙傳入西方世界的日本禪，以及一九五〇至一九七〇年代陸續傳入西方世界的南傳禪修之內觀禪修，藏傳佛教之大圓滿、大手印禪修，加上自從一九八〇年代以來，禪修開始與腦神經科學或是醫療領域結合，其中亦有卡巴金博士推動的正念減壓（MBSR）帶動西方禪修的蓬勃發展等，顯示了禪修在當代西方世界浮現所蘊涵的「關懷自身」（care of the self）意涵（劉怡寧，2017）。與此同時，臺灣社會在也在一九九〇年代起，開始興起一股大眾禪修的風潮，不僅有中台禪寺、法鼓山、佛光山等漢傳佛教團體推動漢傳佛教的禪修，在全球化的影響下，南傳佛教與藏傳佛教的禪修方法也傳入到臺灣社會，此外，更有本土所發展起來的禪修型新興宗教等，帶動了臺灣從僧眾到社會大眾的禪修風氣。禪修在當代世界不僅只隸屬佛教徒的宗教修行方法，更在跨宗教與跨文化的脈絡下，成為多元宗教信仰者或甚至無宗教信仰者的身心安頓與自我實踐途徑。當代全球與亞洲的禪修現象，是一個饒富生趣的宗教社會學研究議題，值得進一步探究。

（一）社會學如何界定「禪修」？

儘管佛教所談及之禪修的最終目標是「開悟」，但開悟的目標或者並非是現代禪修者所共同關照的課題，不同禪修者或者對禪修存在著不同層次的理解，進而在實作的途徑上也有不同的期待。佛教學者越建東（2018）曾以「禪修、禪法、禪技」這三個對照性的概念，呈顯在時代變遷與多元文化脈絡下，佛教修行理論與實踐的遞嬗與多元發展特徵。在他的概念定義中，禪「修」是指初期佛教的修行，也就是按照經典當中所記載之佛陀所說的方法，以井然有序之道次第之禪修來修行；而禪「法」，則是融合不同時期或是地域性之佛教傳承，尤其是漢傳佛教當中禪宗祖師的修行方法，有著多元開展的特徵；至於禪「技」，是指將禪修或是禪法的內容，轉化為技術（technique）與技巧（skills）的操作（越建東，2018：1-2）。針對這三個禪修概念的區分，越建東肯定立基佛陀演釋之禪修與各祖師大德所開展的禪法，認為在高度現代性、資本主義發展脈絡下，無論是禪法的簡化，或是禪法受到科學思維的影響而有所轉化，都使得現代性脈絡下的禪「技」與原本佛教的修行內涵相距甚遠，不但無法擷取早期佛教的禪修思想精華，也無力繼承禪宗祖師的禪法傳承（越建東，2018：2）。換言之，其所區隔出來的「禪修、禪法、禪技」，是力圖回歸初期佛教與禪宗祖師大德所傳承的「禪修」與「禪法」，對當代受到現代性影響，包括西方思維、科學主義等現代價值滲透而產生的各種「禪技」，保持相對保留甚至批判的態度（越建東，2018：10）。

但有趣的是，社會學探索當代禪修現象的研究關懷起點或者與佛教學者不同，並非要回歸佛教在修行上的根本修行方法，也不是要探索佛教在禪修方法上的傳統與傳承，相反地，在社會學的研究關懷上，反而更為關注於觀察佛教修行傳統如何回應現代社會而發展出來新的佛教現代性特徵，藉此也反思現代性情境下的個人身心處境及其超越之能動性。若是對照前述「禪修、禪法、禪技」的歸納，社會學所探索的當代禪修現象，比較類似「禪技」的歸類，但是如果把所有的當代禪修現象都納入「禪技」的範疇，倒也並不盡然。誠然有一些當代禪修型態落入到了「禪技」的發展模式，但如果說當代所有的禪修型態都是「禪技」，可能也有過度推論的問題。換言之，當以「禪修、禪法、禪技」來探討當代廣泛的禪修現象時，可能要非常小心會落入到認為唯有初期佛教的「禪修」才是「禪修」之本質主義陷阱，如何在立基對初期佛教對禪修的根本認識上，跳出「禪修、禪法、禪技」的分類範疇，賦予當代禪修現象更立體且多面向的研究意涵，或者會是社會學研究可以著力發展的重要方向。

正如 Pagis（2019b）在〈禪修（冥想）社會學〉（The Sociology of Meditation）一文中提及，社會學研究將禪修視為是社會現象，重視禪修實踐的社會面向，探索禪修實踐與晚期現代性社會世界的關聯性，包括個體主義（individualism）、世俗化（secularization）與資本主義、綜攝主義（syncretism）等（Pagis, 2019b）從社會學研究角度來說，當代禪修實踐也為探索當代世界的社會生活與組織開了一扇窗（Pagis, 2019b），探索禪修現象，也是在反思現代生活的狀態。從社會學角度觀之，禪修不僅是個人的內在心理體驗，也是當代重要的社會與文化現象，無論是禪修的東、西方發展趨勢、禪修傳統的文化再生產等都是重要的主題。過去有關禪修的社會學研究主要集中於探討佛教團體或是新宗教運動所推動的禪修實踐為主，近年來，隨著禪修實踐（meditation practice）的擴展，也吸引了不同社會學研究領域的學者一起探索禪修現象，包括社會運動、健康、工作、微觀社會學等領域等加入禪修研究的行列，儘管大部分的禪修社會學研究成果集中在探索印度教或是佛教的東方禪修傳統，分析其如何被西方禪修者所接受，但除了東方情境外，禪修實踐在英語系國家，包括美國、英國，乃至歐洲等西方世界的發展趨勢，也開始受到研究上的重視（Pagis, 2019b）。相關的研究致力探索為什麼禪修能夠在晚期現代性的情境中開展出普及化的發展趨勢？禪修所帶動的日常實踐回應了什麼現代人的身心處境與現代生活情境？在當代多元發展的禪修現象背後，社會學的研究試圖藉由探索禪修現象來反思現代性與自我認同的課題。

（二）禪修做為「自我技藝」

傅柯晚期的思想重視主體與自我觀，強調自我修養與自我創新，他期待要去發明、創造自我，但這種自我觀不是一種致力於自我與自我同一的「自我認同」，相反地，自我與自我的關係是分化的、創造的、革新的關係，無論是自我技藝（technology of the self）或是自我實踐都是環繞著自我創新的方法與過程（黃瑞祺，2003），其中，創意工夫或是美學修養更是傅柯晚期探索主體的重要切入（何乏筆，2021），透過「自我技藝」成為主體的過程，意即個體透過自身的力量或是他人的幫助，進行一系列對自身之身體、靈魂、思想、行為或是存在方式之操作，以達成自身的轉變，獲得某種幸福、純潔、智慧、完美或甚至不朽的狀態（Foucault, 1988）。對此，我們也不難理解目前許多研究試圖運用有關「自我技藝」的概念來探索當代的禪修實踐，尤其傅柯（1999）也提出「禪」是為了達成「減弱個體性」之所有與靈性相關的技術（技藝），可以重塑身體與心靈的關係，也可以帶來身體與世界的新關係。從「自我技藝」的概念出發來掌握禪修現象，其脈絡有跡可循，也能進一步藉此掌握禪修做為自我技藝之特徵。

尤其當個體面對現代性發展下的理性化、科層化、自我異化等生存處境時，禪修如何扮演自我革新、自我修養與自我創新的「自我技藝」作用，帶動個體從自我修行達到自我轉化？乃是一個相當有趣的課題。如同傅柯（1999）也探問禪修是否可以超越佛教的界線，或甚至是宗教的界線，進而具備普遍性的作用，以身體與心靈的覺察來消弱固有的個體性？換言之，透過持續練習的過程，以「禪修之自我技藝」持續減弱僵固的個體性後，是否對主體的創新有所啟發？

像是 Carvalho（2013）就曾從自我技藝的概念出發，嘗試掌握內觀（Vipassana）與禪（Zen）做為自我技藝的實踐特徵，它定義禪修為一種自我形塑的形式（a form of self-shaping），可以關聯到社會學當中對「自我」（self）的討論，同時也試圖從 STS（Science, Technology and Society）重視技術的面向來理解禪修，包括禪修的姿勢、眼神、覺知模式，與展演主體性相關的特定物質與空間組合等，探究身與心如何轉化到產生新的關於自我與世界的經驗形式，這種新的組成又如何揭露出足以了解生成現象的各種新的可能性（Carvalho, 2013: 12）。禪修的目標是要轉化自我的慣習反應，以容許新的存在形式出現，透過積極地改變對自我（selfhood）的意識與在世界上的經驗，在持續不斷地努力中，改變各種過去情境的影響、身心的舊有制約性功能、或是可能帶來毒害的慣習性情感反應等（Carvalho, 2013: 12），而這正是自我技藝的功能所在。正如傅柯強所謂的自我技藝，其實也正是「自我改變的技術與方法」（黃瑞祺，2003：37），由此出發，探究禪修所指涉的一連串「減弱個體性」的「自我技藝」，尤其是透過身心覺察所產生的身心變化、自我消融、自我等與主體性實踐相關的自我轉化，是掌握禪修做為自我技藝的重要切入。

（三）禪修與晚期現代性的身軀化實踐

依據 Pagis（2019b）收錄於《牛津冥想手冊》（*The Oxford Handbook of Meditation*）中的〈禪修社會學〉（The Sociology of Meditation），她將與禪修相關的社會學研究主題區分為三類：一是禪修實踐做為宗教與靈性的現象；二是禪修的普及化（the popularization of meditation）做為一種社會運動；三是探討禪修實踐的微觀社會世界（包括禪修空間與制度的社會結構、禪修實踐所鑲嵌或是促進的社會關係、或是禪修實踐如何關聯於社會自我等）（Pagis, 2019b），這樣的研究關懷也表現在她在二〇一九年所出版的新書《向內看：內觀禪修與自我的身軀化》（*Inward: Vipassana Meditation and the Embodiment of the Self*），她以內觀禪修為例，探討禪修的微觀社會世界，把內觀視為是處理身體、自我與社會世界複雜關係的一扇窗，檢視包括內觀禪修實踐者的現象學實相、在禪修中心的靜默互動、對身體的高度感知，以及如何透過監控身體的感官來轉化自身與他們的社會生活等，透過社會學的研究框架，探討在自我形塑（self-making）的過程中，身軀化意識（bodied awareness）被擺置的位置，藉此理解身軀化的身體，如何連結「內在的自我關係」與「自我—他者的關係」的關聯性（Pagis, 2019a: 1）。從微觀社會世界出發的禪修社會學探索，為禪修研究開啟了一扇嶄新的窗。

為什麼禪修能夠在晚期現代性的情境中開展出普及化的發展趨勢？禪修所帶動的身軀化實踐回應了什麼現代人的身心處境與現代生活情境？在當代多元發展的禪修現象背後，社會學的研究試圖藉由探索禪修現象來反思現代性下的自我認同與自我建構之課題。

三、研究方法與資料蒐集

本論文以聖嚴法師與法鼓山所帶動的漢傳禪法復興運動為研究案例，採取文獻分析與深度訪談這兩種質性研究方法，一方面探討聖嚴法師如何將禪修與日常生活相結合，開展出符合現代人需求之日常禪法導引；另外一方面也透過深度訪談，探究曾經參加過法鼓山禪修課程或是禪修活動的俗眾禪修者，如何將禪法運用在自我的日常生活。

首先，在文獻分析方面：聚焦於蒐集聖嚴法師所出版之禪修書籍當中，如何開展禪修與日常生活結合、禪修如何導引自我的相關教導論述，包括禪修的觀念、禪修的實質方法、禪觀的延伸闡釋、禪與日常應用釋疑等。誠如釋果暉（2020）在探究聖嚴法師中華禪法鼓宗禪法時，即指出透過禪修而能開悟當然很好，但是這並不表示參加禪修一定就是要追求開悟的境界，以此也強調聖嚴法師的禪修觀念是「認識自我、肯定自我、成長自我、消融自我」，從「有我」為入手方便，但禪修的終極方向仍究是「無我」（釋果暉，

2020：5），這個自我的轉變過程如何被引導乃相當值得探究。透過文獻分析，試圖探索聖嚴法師如何建構導引性的禪修階梯，引導大眾把禪修的要領，導入日常生活所能覺察的多元面向。

其次，在深度訪談方面：目前以滾雪球方式，先訪談了八位俗眾禪修者，希望透過這八位禪修者的生命史訪談，初步建構出禪修如何做為自我轉化之修行技藝的日常實作模式。在這八位受訪者當中，除了 M008 剛接觸禪修一年之外，其他七位受訪者都有長達五年的禪修經驗，並都曾參加至少一次以上的禪七。訪談的主軸聚焦在理解俗眾禪修者如何領略聖嚴法師所帶動的漢傳禪佛教回應日常生活之特徵；此外，也將探究俗眾修行者是如何自我受用聖嚴法師與法鼓山之日常生活的禪法，試圖探索他們如何將禪法落實於日常生活，尤其是在「禪修前—禪修過程—禪修後」的身心轉變歷程，包括持續累積的禪修經驗對自我的改變？以及在密集禪修之後，回到社會生活，自我的身心又有哪些改變？期待透過深入訪談來詮釋出個人的禪修經驗，反思禪修所帶動的自我轉化過程與具體生活改變。包括受到聖嚴法師哪些重要的禪修觀念所導引？一己又是如何詮釋或是理解透過禪修所重新建構之自我認同與自我轉化意涵？尤其如何在忙碌、切割的現代性日常生活，確實落實禪修做為日常生活的修行？這考驗每一位選擇以禪修來應對日常生活各種紛擾的禪修者。透過掌握禪修者的個人化禪修經驗，可以深度理解禪修如何可能建構現代人的主體性，使個人能夠統合工作、家庭與私人（修行）生活的日常生活總體面向，證成自我成為

「總體的人」（total man）。

表一：訪談對象基本資料表

編號	代碼	年齡	性別	學歷	現職	接觸禪修的生命情境
1	M001	60-65	男性	大學	退休	思考退休
2	M002	40-45	女性	大學	貿易業	親人離世
3	M003	50-55	女性	大學	國際導遊	投資不利
4	M004	35-40	女性	大學	研究生	安定情緒
5	M005	35-40	女性	博士	研究人員	撰寫博士論文
6	M006	35-40	男性	研究所	工程師	報名法鼓山青年卓越營
7	M007	30-35	男性	研究所	基金會專職與 Coach	大學畢業面臨找工作壓力
8	M008	40-45	女性	大學	表演工作與 Coach	中年重新回到學校讀書

四、中華禪法鼓宗的文化特徵

從聖嚴法師復興漢傳禪法的發展軌跡來看，聖嚴法師採取了積極的行動，透過親身的實踐，開展了一系列的漢傳佛教現代化工作。而聖嚴法師的基本關懷立場在於把禪修的精神與實踐落實在具體的日常生活中，同時也帶動漢傳禪佛教能夠與世界接軌，讓禪修不僅是佛教徒的修行與實踐方法，亦能幫助更多的人樂意接受此非常實用、活用的生活智慧（釋聖嚴，2009b：19-20）。

而聖嚴法師對漢傳佛教的革新想法主要來自對一九四〇至一九五〇年代中國佛教與臺灣佛教現象的反思。首先，在對中國佛教現象的反思方面：聖嚴法師曾在一九四七年於中國上海的靜安佛學院就讀，受教於推動人生佛教之太虛大師的影響，奠下了他對革新佛教的想法，聖嚴法師不認為現代化的佛教僅保留在佛教寺院的場域，也反對佛教寺院與佛教出家人以做幫助亡者的經懺來維持寺廟經濟運作，儘管在過去的中國佛教傳統中，佛教協助喪家舉辦超度亡靈儀式雖然是當時中國佛教普見的現象，但是聖嚴法師並不認為佛教之於當代的價值僅在此，這些早期接觸中國佛教的經驗讓聖嚴法師思索漢傳佛教發展的不同道路❶，同樣做為漢傳佛教的出家僧人，他認為讀書、學習與傳承佛法的生活才是他想要的出家生活（釋聖嚴，2009a：84），也力圖效法太虛大師廣設佛學院的積極行動，把倡導佛教教育視為其終生的目標與信念（釋聖嚴，2009a：88）。其次，在對臺灣佛教的反思方面：聖嚴法師在一九四九年離開僧人身分，以軍人角色來臺後，也觀察到他面對了另外一種臺灣佛教場域的狀況，當時臺灣佛教在歷經日本殖民五十年之後，受到日本佛教的極深影響，產生佛教日本化的情況，然而，當日籍寺廟住持離開臺灣後，轉而居士接手，寺廟多以舉辦法會等宗教儀式為主，沒有修行的指導、佛學院，也沒有對外弘化的活動，而寺廟的負責人也少有受過正規的僧伽訓練（釋聖嚴，2009a：117）。在其來臺之後的軍職階段，聖嚴法師曾受教於多位在一九四九年也來到臺灣的中國大陸籍僧人，包括南亭老人、白聖長老、靈源老和尚、東初老人等，在一九六

❶ 可參見聖嚴法師於《雪中足跡——聖嚴法師自傳》（2009 年），〈第五章　超薦亡魂〉中，對一九四〇年代中國佛教在上海與大聖寺的詳盡描述。

〇年，聖嚴法師再度剃度為僧，於東初老人座下出家。東初老人啟發聖嚴法師多看經書、寫文章、融入社區民眾，希望聖嚴法師可以「去弘揚你所懂的佛法，如果只留在寺院，就太消極了！」甚至還鼓勵聖嚴法師運用基督教傳播福音的方式弘法（釋聖嚴，2009a：148）。綜合以上個人生命經驗，聖嚴法師相當關心佛教在當今社會中的問題，其從對中國佛教的反思與臺灣佛教的現狀反思中，開展革新漢傳佛教的理路、方法與應世之道，做為當代臺灣人間佛教的重要革新者與開創者之一，試圖從佛教的陋習傳統走出一條革新的道路。

值得留意的是，聖嚴法師所採取的革新立場，除了與他對佛教現況的反思有關，也與他個人的修行經驗有關。聖嚴法師再次出家後，曾在一九六〇年代期間在高雄閉關六年，聖嚴法師自述在其閉關的過程中，打坐是其運用的主要方法，同時也閱讀佛教經典以查證內心的體驗，在這個重要的自我修行過程中，奠定了聖嚴法師後來在世界各地傳授佛法與進行禪修教學的基本之道。在思索佛教經典的當代運用方面，聖嚴法師認為整理、歸納佛教的典籍，幫助當代人能夠了解佛教的歷史與流派是非常重要的工作，他希望把佛法整理成易於了解吸收的系統，以其能夠幫助更多人理解佛法的道理，進而運用在生活當中（釋聖嚴，2009a：175）；至於在禪修方面，相較於一般宣稱打坐的感應、神通、道交、神祕經驗等說法，聖嚴法師強調「禪修的正確原則或是目標是減少煩惱與執著，以正向的態度面對世界，而不是被矛盾、衝突所牽引。」（釋聖嚴，2009a：176）聖嚴法師認為禪修與宗教信仰或是宗教體驗是有別的，必須加以區隔，他主張禪修的作用在於「安定心性與提昇人格」，在深層的禪修狀態中，可以解消自我中心，達到禪宗所說「統一心」，與宇宙共為一體，但是要特別留意禪修中的所有身心體驗都不是開悟見性，且不能執著於這些體驗（釋聖嚴，2009a：177-179）。根據聖嚴法師本身的修行經驗，他認為回歸佛教對修行的導引是非常重要的，無論是透過研讀經典，把佛法運用到日常生活中，或是藉由禪修來消融自我，乃至於建立虔信的宗教信仰，都是正信佛教的方法。

「我鼓吹現代化的佛教，把佛法運用在日常生活中。」（釋聖嚴，2009a：191），過去中國與臺灣傳統佛教寺院普遍透過舉行經懺、替亡者誦經、或是安立寺廟捐款名目來接受遊客捐款的經營方式，聖嚴師父認為是不適當的，也是當代漢傳佛教最需要改革的地方，對於佛教的現代化，他主張要回到傳授佛法與教育的立場，讓佛教運用在日常生活當中，期使帶動佛教回應現代社會的需求，建構佛教之於當代世界的重要價值。

綜合來說，聖嚴法師復興漢傳禪法的主要關懷是要發揮漢傳禪法之消融性、包容性、適應性、人間普及性與社會接納性之特徵，建構以漢傳佛教為立足點，將印度佛教與藏傳佛教之優良面與實用面引為源頭活水之「承先啟後的漢傳禪法」，而歸納來看，大致上可以將聖嚴法師復興漢傳禪法的現代性特徵，區分為下述四個方向：

（一）以漢傳禪法與世界接軌

聖嚴法師主張他所推動的漢傳禪法，並非是要回歸傳統山林式的中國禪宗，而是在漢傳禪法與其他禪法的對話性上，結合韓國、日本、越南等禪佛教等特色，一方面分析、整合了話頭、呼吸法、禮拜、經行、念佛等修行方法，另外也對日本曹洞宗、傳入美國的內觀禪有所借鏡及觀照，從而重新建構成適應現代人需要的漢傳禪法。而在漢傳禪法的內在深化方面，也對漢傳禪法中默照禪與話頭禪的相關方法進行整理，從頓中開出次第化的漸修法門。聖嚴法師認為透過這樣重新整理漢傳禪法的傳統性與對話性而建構出的「中華禪法鼓宗」，是漢傳禪法與當代世界接軌的重要途徑。

（二）主張禪法修行不悖於淨土念佛

相較於西方佛教（West Buddhism）認為禪法或者可以獨立於佛教教義傳統，而成為一個獨立的去宗教意涵之自我修行方法，聖嚴法師則是將佛教當中的淨土觀收攝到禪修的法門中，因此，在聖嚴法師以及法鼓山所帶動禪修與佛教修行活動當中，不僅有禪七，也有佛七，更有念佛的禪七，把禪的觀念與方法融入到念佛當中，意即在法鼓山所推動的禪法基礎之上，聖嚴法師也同時演示人間淨土、天國淨土、他方佛國淨土，以及自心淨土之四種淨土觀，主張禪法的修行不悖於淨土念佛。

（三）「回到方法」的身心覺察

在《禪門第一課》中，聖嚴法師說明禪的修行方法不外乎調飲食、調睡眠、調身、調息和調心五個要素，目的是要調理身心，促進身心的健康與統一（釋聖嚴，2011：10）。換言之，禪修的功能是要調整自己，特別是自己的心，讓自己可以清楚掌握自己的心念，從自我認識，進而自我肯定、自我成長（釋聖嚴，2011：26-27）。透過放鬆，以及隨息或是數息的方法，在覺察呼吸中，感受自我身體的一舉一動，都持續不斷在改變當中，透過在禪修過程中練習不要刻意追求舒適愉悅或是排斥不舒服的感覺，也把這樣的覺察帶到日常生活當中，當在日常生活中遇到困難時，能夠提醒自己維持平和與不對抗的態度，那麼所有的壓力與緊張都會自然消失（釋聖嚴，2011：78-79）。

（四）自我（Self）的消融

放下自我，是禪修的基本原則，而聖嚴法師提及，所謂的自我，範圍可大可小，不僅包括了個人層次的自私的小我，也涵蓋著更為廣泛的全體、整體，任何真理或是上帝的大我（釋聖嚴，2016：365）。而放下自我，更是涵蓋了由淺至深的四個層次，第一個層次是散亂心，第二個層次是集中心，第三個層次是統一心，第四個層次則是無心。禪修的過程就是在練習放下自我、消融自我。透過向內看的過程，把自我從外境收回，使自我放下執著與煩惱，進而逐漸消融，令自我愈來愈小（釋聖嚴，2018：165-166）。

五、禪修的日常生活實踐

法鼓山從一九九二年開始推動「心靈環保」，就現實的意涵來探討，心靈環保回應的是現代社會的環境運動保護趨勢，強調可以從佛教出家人的簡樸生活做起，力行簡單的生活來保護所賴以生存的物質環境；其次，再就心靈層面的意涵而言，心靈環保指的是要本著佛教的精神，依據禪的內涵，來淨化心靈內在，過一個簡樸自在的禪的生活。聖嚴法師用「心靈環保」這樣的現代化的詞彙來傳達禪修的現代精神，強調「如果有了心靈的防禦措施，處身在任何狀況之中，都可以保持平靜、穩定、自主、自在的心境了。」（釋聖嚴，2020a：45）心靈環保在佛典上的理論根據，是回應《維摩經・佛國品第一》所說：「若菩薩欲得淨土，當淨其心，隨其心淨則佛土淨。……菩薩心淨則佛土淨。」（釋聖嚴，2020b：5-6），期許透過心靈環保的推動，來落實人間淨土的理想。「心靈環保」的概念建構，轉化原本禪修的出世意涵，讓禪修變成一份個人在現代社會中可以安身立命的一種生命價值，期勉透過禪修，培養個人對當下篤定踏實，對過去不留遺憾，對未來無所掛念的生存心態，建構起個人心靈的穩定，從而達到社會的穩定。

本論文透過訪談八位在家禪修者，大致上初步歸納出三項在家禪修者將禪修運用在日常生活當中的生命實踐與自我轉化特徵。

（一）安頓自我的生命情境

幾乎每位受訪者都提及他們之所以會接觸到禪修，多是因為遭逢生命當中的重要轉折點，無論生命當中處於哪個階段，無分年輕或是年長，或者都有些難以度過的生命歷程，需要找尋能夠安頓身心的方法來幫助自己安頓心理的情緒浮動。首先，在身處受教育過程方面，有受訪者正逢大學甫畢業，剛成為社會新鮮人，正面對著求職與職涯規畫的各種心理焦慮與對未來的徬徨，而開始接觸禪修；或是也有受訪者在攻讀博士班階段，承受著要完成論文、取得學位過程中的各種身心壓力與人際相處課題，希冀尋找方法自我安頓而開始禪修。其次，在職涯發展的歷程中，也有受訪者表示在與人合作創業時，曾面對投資失利，讓原本一路追求社會定義之所謂「成功」的自己，開始尋找不同於向外追求的生命答案；乃至也有受訪者是職涯發展到達一個轉折的階段，正值人生中場，給自己一段時間回學校進修，碰巧遇到同住一宿舍的室友，因為學習禪修而展露之身心平靜，而開始也對禪修所能帶來的身心覺受感到心生嚮往。第三，在面對生命的中、晚年或是面對親人的生離死別方面，也有受訪者因為思考退休後的生活而開始學習禪修，並以禪修來面對提早退休的處境；或也有受訪者是因為面對親人驟然離世，而開始學習佛法與禪法，從而安頓自己的內在不安。第四，在安頓個人身心狀態方面，或也有受訪者談及是因為見證到友人開始學習禪修，而感受到對方竟然能從原本處於焦慮的狀態，開始轉向平靜的奇妙變化，使得內心也存在著焦慮的自己亦開始對禪修所能帶動的身心轉化感到好奇。歸納來看，大抵都是因為正面對生命的轉彎處，因為各種的不確定感或是對自我的懷疑與生命的困惑，需要安定自我的身心需求而開始學習禪修。

（二）身心的覺察與轉化：「放鬆」的生命藝術

而禪修的練習為這些在家禪修者帶來了什麼樣的自我轉化？其中，最重要的關鍵在於帶動這些禪修者開始能夠覺察自己的身心，不再讓外在的節奏帶著自己一直跑，反而能夠透過禪修的練習而讓自己「停下來」，透過「放鬆」的生命藝術而產生自我觀照的能力。

初步歸納觀之，禪修大致上對禪修者產生四種主要的作用：第一，調整個性：有受訪者表示本來脾氣並不好，很容易因為外在的一些事情就馬上變得人很緊張、緊繃，或是過度用力面對，而透過禪修，就能夠慢慢學習放鬆，也把這種放鬆的感覺帶到工作或是人際關係上所面對的情境，慢慢地經過一段時間，自己的脾氣也變得比較好。第二，接受無常：在面對生命中無法自我掌握的事情時，例如親人離世，透過禪修，可以慢慢地帶自己消化那些內在的情感與情緒，在一次又一次禪修過程中，逐漸處理掉那些壓抑在自己內在深處，說不出來的感受。第三，安穩情緒：在每日的日常生活當中，無論是身處職場或是回到家庭，都經常有許多因為不同價值觀或是個性差異使然，而產生的各種人際關係之間的對立與紛爭，或者也有許多工作上不得不面對之人際協調的壓力，而透過禪修，可以比較緩和人我之間的差異與鴻溝，也可以減緩因為人我差異而產生的情緒矛盾，進而能夠用比較放鬆自若的心態來面對。第四、安頓生命：在人生一路走來的歷程中，或者有太多過往經歷並非能夠操之在我，也非自我的意志能夠主宰與掌控，那禪修或者對這些禪修者來說，可以引導著「如實」直觀以對的態度，而不再多套用個人主觀的判斷來做出於自我感受的好惡詮釋，轉而能夠接受生命中曾經發生的過往經歷，轉化自我的價值判斷而重新賦予這些生命經驗新的意義。

透過禪修的身心觀照，持續地帶自我放鬆、放下。當把禪修實作所產生之新的慣習帶回日常生活，也創造了生命的自我轉化。

（三）自我、他者、順流與跨域

因此，禪修所面對的不僅是個人的內在自我而已，透過練習禪修所產生的日常生活影響還包括重構自我與他者之間的關係，同時，禪修練習所帶來的生命品質也對自我一己的生命產生順流與跨域的作用，一方面化卡關為流動，讓原本卡住的生命議題不再困頓自我，從而產生新的視野以超越之；另外一方面，也使得自我的創造不再停留在同一個領域，而能帶來跨域之學習遷徙效果，發揮出跨領域的運用。像是有受訪者表示，當他內在開始產生了對「禪修者」的自我認同，亦即認同自己是一名「禪修者」後，他發現改善「自我」、轉化「自我」對他來說開始變成生命當中相當重要的事，也讓他能夠持續自我革新，而不會輕易地放棄他想要讓自我有所轉變的內在想法，因此也不容易讓自己僵固不變，而能時時自我調整、自我轉化。而這樣對「自我」的期許，也讓自己在人際互動中不再成為一個硬邦邦的「自我」，相對來說，在面對他者時，也更能換位思考，理解他人的處境而調整出適當的方法與他人互動，這帶來人際關係的改善與日常互動的活化。除此之外，幾乎每位受訪者都談及了禪修所帶來的「順流」意義，原本自我很在意的生命課題，透過持續的禪觀，可以慢慢地帶自己用更為放鬆的心態看待，也更能放下原本無法放下的生命課題。而最值得未來持續探討的是多位受訪者都談到的跨域運用禪法，像是把禪修的品質帶入教練（coach）的專業領域或是放入表演工作與旅遊觀光業等，把禪修的精神與生命品質灌注進入各個社會領域或者是未來非常值得探索的面相。

六、結語：「禪在生活中」的現代意涵

有鑒於「日常宗教」與「生活的宗教」的研究典範在後世俗化時代中愈來愈受到重視，本論文以聖嚴法師所帶動之回歸日常生活的禪修實踐為檢視「日常宗教」的研究案例，探討禪修做為自我修行技藝的生命實踐意涵。

從對現代性的反思觀之，落實於日常生活的禪修之所以在現代社會受到關注與廣泛被運用實踐的原因，與禪修所帶動的日常生活實踐與自我反身性認同或者有著緊密的關聯性，透過禪修實踐，可以協助現代人面對破碎、疏離的現代生活，從而回觀一己的生命，對既有的生命情境開展轉化。本論文藉由探究聖嚴法師所帶動的漢傳禪法復興，一方面梳理聖嚴法師漢傳禪佛教與現代日常生活接軌的特徵，另外一

方面，也從俗眾禪修者的角度，探究禪修如何做為日常生活的具體實踐，協助個人建構整全的自我與發揮內在主體性，從禪修的身軀化實踐來產生對自我的轉化與生命的蛻變。

目前針對聖嚴法師的禪法教學與實踐，已掌握到禪修做為自我轉化之修行技藝的基本特徵，未來期待從目前所架構的研究框架出發，預期訪談更多的俗眾禪修者，以對禪修所帶來之自我轉化的內在修行內涵，開展更全面且完整的宗教社會學理解，從而深度反思「禪在生活中」的當代實踐意義。

參考書目

一、中文

何乏筆（2021），《修養與批判：跨文化視野中的晚期傅柯》，臺北：聯經。

紀登斯（Anthony Giddens）著，趙旭東、方文譯（2005），《現代性與自我認同：晚期現代的自我與社會》（*Modernity and Self-Identity: Self and Society in the Late Modern Age*），臺北：左岸文化。

越建東（2018），《禪修、禪法、禪技：佛教修行觀之嬗變》，高雄：國立中山大學出版社。

黃應貴（2015），〈宗教的個人化與關係性存有〉，收錄於黃應貴等著，《日常生活中的當代宗教：宗教的個人化與關係性存有》，新北：群學出版。

黃瑞祺（2003），〈自我修養與自我創新：晚年傅柯的主體／自我觀〉，收錄於黃瑞祺等著，《後學新論：後現代／後結構／後殖民》，臺北：左岸文化，頁 11-45。

劉怡寧（2017），〈關懷自身：禪修在當代西方世界浮現的社會學意涵〉，《臺灣宗教研究》第 16 卷第 1 期，頁 113-146。

釋果暉（2020），《聖嚴法師中華禪法鼓宗禪法研究》，臺北：法鼓文化。

釋聖嚴（2001），《聖嚴法師教禪坐》，臺北：法鼓文化。

釋聖嚴（2009a），《雪中足跡——聖嚴法師自傳》，臺北：三采文化。

釋聖嚴（2009b），《承先啟後的中華禪法鼓宗》，臺北：財團法人聖嚴教育基金會。

釋聖嚴（2011），《禪門第一課》，臺北：法鼓文化。
釋聖嚴（2016），《禪的體驗·禪的開示》，臺北：法鼓文化。
釋聖嚴（2018），《禪鑰》，臺北：法鼓文化。
釋聖嚴（2020a），《致詞》，《法鼓全集》3-7，臺北：法鼓文化，2020 紀念版。取自：https://ddc.shengyen.org/?doc=03-07-008。
釋聖嚴（2020b），《修行在紅塵——維摩經六講》，《法鼓全集》7-3，臺北：法鼓文化，2020 紀念版。取自：https://ddc.shengyen.org/?doc=07-03-001。

二、西文

Ammerman, Nancy T. 2020. "Rethinking Religion: Toward a Practice Approach," *American Journal of Sociology* 126(1), pp. 6-51.
Carvalho, António. 2013. *Performing Meditation: Vipassana and Zen as Technologies of the Self.* Unpublished doctoral dissertation, Department of Sociology, University of Exeter, Exeter.
Foucault, Michel. 1988. "Technologies of the Self," in Martin, L. H., Gutman, H.and Hutton, P. H. (eds.). *Technologies of the Self, a seminar with Michel Foucault*. Amherst: The University of Massachusetts Press, pp. 16-49.
McGuire, Meredith B. 2008. *Lived Religion: Faith and Practice in Everyday Life*. Oxford University Press.
Pagis, Michal. 2019a. *Inward: Vipassana Meditation and the Embodiment of the Self.* Chicago: The University of Chicago Press.
Pagis, Michal. 2019b. "The Sociology of Meditation," in *The Oxford Handbook of Meditation*, edited by Miguel Farias, David Brazier & Mansur Lalljee. Oxford: Oxford University Press, pp. 571-589.

Technologies of the Self for Transformation:
Exploring Master Sheng Yen's Chan Teaching and Practice

Yining Liu
Assistant Professor, Graduate School of Humanities and Social Sciences, Dharma Drum Institute of Liberal Arts

Abstract

In view of the fact that the paradigms of Everyday Religion and Living Religion have been receiving more and more attention in the post-secular age, this paper attempts to use the practice of meditation rooted in daily life led by Venerable Master Sheng Yen as a case study of Everyday Religion, and to explore the meaning of meditation as the technology of the self in terms of its practical meaning in life.

The implementation of Chan practice in daily life is an important characteristic of the revival of Chan Buddhism by Master Sheng Yen. Through the methods of Chan, the practitioners can engage in self-reflection and self-transformation in their everyday lives, generating effects akin to what Foucault referred to as the "technologies of the self." This study seeks to grasp both the features of everyday religion by Master Sheng Yen's teachings on Chan practice and through in-depth interviews with practitioners, explore the practice of Chan in daily life. This includes settling into one's life circumstances, cultivating mindfulness of body and mind, undergoing self-transformation, reflecting on oneself and others, and experiencing life transformations across various domains. In summary, the Chan teachings and practices initiated by

Master Sheng Yen guide practitioners to cultivate the technologies of self-transformation by practicing Chan in their daily lives, thus demonstrating the characteristics of everyday religion.

Keywords: Everyday Religion, Technology of the self, The Dharma Drum Lineage of Chan Buddhism, Self-transformation, Embodied practice

從解脫道到菩薩道的實踐
——以聖嚴法師《三十七道品講記》詮釋為主

蔡金昌
中華佛學研究所助理研究員

▌摘要

「三十七道品」攝屬於基礎佛教思想「四聖諦」中的「道諦」，內容包含四念處、四正勤、四如意足、五根、五力、七覺支以及八正道，在聲聞教中是「解脫道」的修行內容，目的在透過三十七道品的修習而斷除集諦煩惱，證得寂滅涅槃。《三十七道品講記》收羅了聖嚴法師對三十七道品各內容的分別講述，除了深入淺出的開示外，更著重於各支道品的日用實踐。此外，身為漢傳佛教的布教師，聖嚴法師不僅注意基礎佛教解脫道的修持，更進一步將三十七道品推演至「菩薩道」的思想，使得原本屬於自利解脫的法門，進階成為圓滿利他的基石，並涵攝在次第禪法中，讓所謂的「禪修」能具體落實於現代生活，也更貼近於一般信眾而非束之高閣。本文乃以《三十七道品講記》為根據，探討聖嚴法師如何將「解脫道」的修行連結於「菩薩道」的實踐以及其次第禪法的架構，由此論述聖嚴法師對佛法現代化詮釋的表現，以及融通「解脫道」與「菩薩道」，展現大乘佛教與中國禪佛教自利、利他的精神。

關鍵詞：解脫道、菩薩道、三十七道品、聖嚴法師

一、前言

三十七道品是佛教實修教法一系列的總和，內容包含了「四念處」、「四正勤」、「四如意足」、「五根」、「五力」、「七覺支」與「八正道」，特別攝屬於聲聞乘佛教，是指引凡夫從輪迴邁向涅槃解脫的次第禪修方法，被視為是「解脫道」相當重要的內容。然而，由於佛教從西域傳譯到中土的過程，漢傳佛教幾乎是同時接受了聲聞乘及菩薩乘的經教，相對於「利己」的解脫道而言，重視「普度眾生」的菩薩道則形成為漢傳佛教的主流思想。

在漢地發展的佛教修行，自隋唐宗派佛教以降，雖然也常提及三十七道品的個別修持方法，但似乎未將其視為菩薩乘的目標——「成佛」的必然修行次第。尤其漢傳佛教中的禪佛教，特別是以「頓悟」為目的的南宗教學方法大盛，便甚少強調道品修持的必要，以此，法鼓山創辦人聖嚴法師（1931－2009）說：「古來傳統的禪師們是很少講三十七道品的，因為這是次第法，而非頓悟法門。」❶

然而，自二十世紀以降，全球環境、經濟及政治的變遷，快速超越過去幾千年的人類歷史，傳統禪修的教學必然要面臨當前的現實問題。❷對於以往禪宗認為的「頓悟」乃

---

❶ 釋聖嚴，《三十七道品講記．七覺支講記》，《法鼓全集》7-11，臺北：法鼓文化，2020 紀念版，頁 153。

❷ 如聖嚴法師歸納現代有「忙碌」、「緊張」、「快速」、「疏離」、「物質」、「汙染」及「焦慮」的生活現象，須應用禪修的方法加以面對與因應。參見釋聖嚴，《動靜皆自在》，《法鼓全集》4-13，臺北：

攝於上上根器者，恐怕不是多數大眾一蹴可及之事，所以，聖嚴法師便提出，可先由三十七道品的次第禪法接引大多現代人，往後再銜接到禪宗的頓悟禪法，讓三十七道品成為頓悟禪法的基礎。❸以是，他將原本屬於「解脫道」的三十七道品，透過大乘禪教的詮釋，使其成為「菩薩道」實修的一環。

關於聖嚴法師對三十七道品的詮解與開示，較完整且系統的內容是收錄於《法鼓全集》第七輯第十一冊《三十七道品講記》中。聖嚴法師由來提倡漢傳佛教的現代化，他認為佛法的應用須適應當代需求，但也不能遺棄傳統佛教的精髓，他對佛教實修的理解與安排並非橫空出世，乃是建立於傳統漢傳佛教的經教基礎之上。是故，將三十七道品的實修從「解脫道」聯繫至「菩薩道」的善巧，便可由其《三十七道品講記》中見得一斑。本文旨在透過聖嚴法師《三十七道品講記》分析其對三十七道品修持的詮釋，探討他如何透過聲聞乘「解脫道」的直觀煩惱我執，邁向大乘「菩薩道」的空性觀修，乃至中國禪佛教的頓悟目標，帶領大眾由基礎的日用所行，漸次展現更圓滿的般若智慧。

法鼓文化，2020 紀念版，頁 58-69。

❸ 聖嚴法師說：「我則試著把次第法門當成頓悟法門的基礎，能頓則頓，不能當機開悟的人，就從三十七道品來著手修行練習，之後再用頓悟的禪法，與三十七道品接軌，那就很容易得力了。」（《三十七道品講記・七覺支講記》，頁 153）

二、道品次第的安排與實修

佛教的基礎教法是由佛陀初轉法輪宣說的「四聖諦」所開展，佛陀對五比丘詳細闡釋了「知苦、斷集、慕滅、修道」❹的真理，意即苦的真相（苦諦）、招致苦的原因（集諦）、苦的止息（滅諦），以及止息苦的方法（道諦），❺其中屬於實踐修行的內容，便大多集中在「道諦」的教法裡。

關於四聖諦中「道諦」的實際操作，根據南、北傳的《尼柯耶》、《阿含經》等大多是指陳「八正道」，❻另於北傳《增壹阿含經》則已具有三十七品的項目。❼事實上，

---

❹ 宗泐、如玘同註，《般若波羅蜜多心經註解》：「說此四諦者，欲令眾生知苦、斷集、慕滅、修道，離苦得樂也。」（《大正新修大藏經》〔以下簡稱《大正藏》〕第 33 冊，臺北：新文豐，1983 年，頁 570 下）

❺ 求那跋陀羅譯，《雜阿含經》卷 15：「如是我聞：一時，佛住波羅㮈仙人住處鹿野苑中。爾時，世尊告諸比丘：『有四聖諦。何等為四？謂苦聖諦、苦集聖諦、苦滅聖諦、苦滅道跡聖諦。若比丘於苦聖諦當知、當解，於集聖諦當知、當斷，於苦滅聖諦當知、當證，於苦滅道跡聖諦當知、當修。』佛說此經已，諸比丘聞佛所說，歡喜奉行。」（《大正藏》）第 2 冊，頁 104 中）

❻ 如北傳《中阿含經》卷 7：「諸賢！云何苦滅道聖諦？謂正見、正志、正語、正業、正命、正方便、正念、正定。」（瞿曇僧伽提婆譯，《大正藏》第 1 冊，頁 469 上）南傳《中部經典》卷 1：「如何是達苦滅之道？曰：其八支聖道是達苦滅之道也。即正見……乃至……正定也。」（通妙譯，《漢譯南傳大藏經》第 9 冊，高雄：元亨寺妙林出版社，1995 年，頁 63 上）

❼ 瞿曇僧伽提婆譯，《增壹阿含經》卷 3：「若有一人出現於世，便有三十七品出現於世。云何三十七品道？所謂四意止、四意斷、四神足、五根、五力、七覺意、八真行，便出現於世。云何為一人？所謂多薩阿

在早期經典中，並未特意強調「三十七道品」為「道諦」的完整修行次第，如印順法師（1906－2005）說：「佛說道諦，總是說八正道支。但散在各處經中，『佛說』的修道項目，更有種種『道品』。道品，是道類，是將修道的項目，組成一類一類的。經中將道品，『總集』為『三十七』道品。」❽也就是說「三十七道品」在早期經典中，是一類一類的修行項目，或者說每一類的修行項目應該是可以個別獨立操作，那麼，每一類的道品，也應該都攝屬於「道諦」的範疇。

然而，在部派佛教的《阿毘達磨》以後，整理了經典中的各修道次第，將原本指稱道品裡一類「七覺支」的名目，涵蓋為這些道品組合的統稱——「菩提分法」，《阿毘達磨大毘婆沙論》曾就此設論辨析，❾由是，在部派時代之後，

竭、阿羅呵、三耶三佛。」（《大正藏》第 2 冊，頁 561 中）

❽ 釋印順，《成佛之道・第四章》，《妙雲集》第 12 冊，新竹：正聞出版社，2000 年，頁 226。

❾ 玄奘譯，《阿毘達磨大毘婆沙論》卷 96：「有三十七菩提分法。謂四念住、四正勝、四神足、五根、五力、七覺支、八道支。世尊雖說菩提分法而不說有三十七種，但說七覺支名菩提分法，云何知然？經為量故。謂契經說有一苾芻來詣佛所頂禮雙足，却住一面而白佛言：『如世尊說，七覺支者何謂七覺支？』世尊告曰：『即七種菩提分法名七覺支。』問：『菩提分法有三十七，何故世尊唯說七覺支名菩提分法？』答：『佛隨苾芻所問而答，苾芻唯問七覺支故，佛唯說七菩提分法，若彼苾芻問四念住乃至若問八道支者，佛亦應隨彼所問一一而答。』」（《大正藏》第 27 冊，頁 495 下－496 上）說明雖然經典中獨稱「七覺支」為「菩提分法」，此乃是因提問者著眼於「七覺支」而問的緣故，若提問者廣涉「四念住」乃至「八正道」而問，佛應一一為說此為「菩提分法」，故論者以為三十七法應皆共稱為「菩提分法」。

把「三十七道品」視為「道諦」的完整組合應已逐漸發展成熟。

（一）解脫道品次第的差異

若就著四諦的道品（道諦）而言，其修持的主要目的是趨向於個人的涅槃解脫，❿且從凡夫邁向解脫之途而論，說一切有部提到「順三分善根」，⓫如《大毘婆沙論》所說：

> 善根有三種：一、順福分；二、順解脫分；三、順決擇分。順福分善根者，謂種生人、生天種子。生人種子者，謂此種子，能生人中高族大貴，多饒財寶、眷屬圓滿，顏貌端嚴、身體細軟乃至或作轉輪聖王；生天種子者，謂此種子，能生欲、色、無色天中，受勝妙果，或作帝釋、魔王、梵王，有大威勢，多所統領。順解脫分善根者，謂種

---

❿ 失譯，《般泥洹經》卷上云：「比丘當知！何等為法？謂是四志惟、四意端、四神足、四禪行、五根、五力、七覺、八道諦，如受行可得解脫，令法不衰。」（《大正藏》第 1 冊，頁 181 中）

⓫ 釋長慈：「說一切有部之解脫道的修道次第，於凡夫位時主要有三個階位，依次為順福分（puṇya-bhāgīya）、順解脫分（mokṣa-bhāgīya）、順決擇分（nirveda-bhāgīya）。從順決擇分入聖者位後，依次為見道（darśana-mārga），修道（bhāvanā-mārga），無學道（aśaikṣa-mārga）。此中，順決擇分為從凡入聖的一個重要階段，次第依序為煖（uṣmagata）、頂（mūrdhan）、忍（kṣānti）及世第一法（laukikāgradharma），其修觀之內容主要為四諦十六行相（ṣoḍaśākāra）之觀行。」（釋長慈，〈說一切有部觀四諦十六行相減行減緣入見道之修道次第初探──以《大毘婆沙論》、《俱舍論》及其註釋書為中心〉，《福嚴佛學研究》第 8 期，2013 年 4 月，頁 81-82）

> 決定解脫種子，因此決定得般涅槃。順決擇分善根者，謂煖、頂、忍、世第一法。⓬

在順三分善根中，「順福分」是與過去造作的善業有關，能感得人、天果報；「順解脫分」是熏習聞、思、持戒等趨向解脫的種子；而「順決擇分」則是真正邁向解脫的定、慧修持。《俱舍論》對「順三分善根」則解釋道：「言順福分者，謂感世間可愛果善。順解脫分者，謂定能感涅槃果善，此善生已，令彼有情名為身中有涅槃法。若有聞說生死有過、諸法無我、涅槃有德，身毛為竪悲泣墮淚，當知彼已殖順解脫分善，如見得雨場有芽生，知其穴中先有種子。順決擇分者，謂近能感聖道果善，即煖等四。」⓭其中，順決擇分的「煖、頂、忍、世第一法」等四者「近能感聖道果善」，便成為現生能夠解脫涅槃的關鍵，故在聲聞教法的修行位階中，具有很重要的地位。⓮

至於如何達到「順決擇分」的四個階位，《俱舍論》說就是以修道品裡的「四念處」而能入於「順抉擇分」的第

⓬ 玄奘譯，《阿毘達磨大毘婆沙論》卷 7，《大正藏》第 27 冊，頁 34 下－35 上。

⓭ 玄奘譯，《阿毘達磨俱舍論》卷 18，《大正藏》第 29 冊，頁 98 上。

⓮ 如《阿毘達磨俱舍論》卷 23 頌文云：「煖必至涅槃，頂終不斷善，忍不墮惡趣，第一入離生。」（《大正藏》第 29 冊，頁 120 中）在達到四者中的「世第一法」後即正式進入解脫的聖道。聖嚴法師也說：「此位極速無間，必生無漏智，入見道位，證悟勝諦，為初果聖者。」（《三十七道品講記・四如意足講記》，頁 83）

一階「煖位」，⓯因此，在「道品」的安排次第中，也就以「四念處」為首。聖嚴法師對三十七道品的修道階次曾解釋道：「古來都說聲聞道的三十七道品，是次第修證的方法。初修四念處；到了煖位，修四正勤；到了頂位，修四如意足；到了忍位，修五根；到了世第一位，修五力；到了見道位，修七覺支；到了修道位，修八正道。」⓰這裡的修道次第除了末兩位與智顗（538－597）所述有些不同外，大抵是一樣的，而在末兩位的修持裡，智顗《摩訶止觀》以為「八正是見諦位，七覺是修道位」⓱。

事實上，見道位與修道位是先修持七覺支或八聖道的差異，《俱舍論》提到有部毘婆沙師之說，認為修道位接近於解脫，所以是「覺支增」；見道位所行疾速殊勝，所以是「道支增」。至於契經先列七覺支、後述八正道的說法，只是隨著數目漸增的羅列方式，並非實際的修持次第，⓲是故《大毘婆沙論》也說：「八道支見道中勝，七覺支修道中

⓯ 參見玄奘譯，《阿毘達磨俱舍論》卷 23，《大正藏》第 29 冊，頁 118 下－119 中。

⓰ 釋聖嚴，《三十七道品講記．八正道講記》，頁 255。

⓱ 智顗說，《摩訶止觀》卷 7，《大正藏》第 46 冊，頁 87 下。印順解說道品次第亦復如此，參見釋印順，《成佛之道．第四章》，頁 228-229。

⓲ 玄奘譯，《俱舍論》卷 25 云：「修道位中近菩提位，助覺勝故說覺支增。見道位中速疾而轉，通行勝故說道支增。然契經中隨數增說先七後八，非修次第。」（《大正藏》第 29 冊，頁 132 下）因此玄奘弟子普光（？－？）《俱舍論記》卷 25 便說：「若據修次第，先八、後七。」（《大正藏》第 41 冊，頁 380 中）

勝。」⓳然而，《俱舍論》向下則繼續舉出餘師順應契經先七後八的詮釋述及：

> 於見道位建立覺支，如實覺知四聖諦故。通於二位建立道支，俱通直往涅槃城故。如契經說：於八道支修圓滿者，於四念住至七覺支亦修圓滿。又契經說：苾芻當知，宣如實言者，喻說四聖諦。令依本路速行出者，喻令修習八聖道支。故知八道支通依二位說。隨增位說次第既然，理實應言。⓴

此處說明，見道位是「如實覺知四聖諦」，所以「建立覺支」；而八正道則通於「見道位」與「修道位」二者，因為自見道位後已屬聖者，一路往後必至於涅槃，故契經中所說的「道諦」多舉「八正道」為主，事實上就能涵蓋「四念處」乃至「七覺支」等所有其餘的道品，因此，《俱舍論》的餘師是贊同順應契經先七後八的次第。如此的修持次第安排，同樣出現於唯識論典中，如《瑜伽師地論》提到：「彼於爾時最初獲得七覺支，故名初有學。見聖諦迹已，永斷滅見道所斷一切煩惱，唯餘修道所斷煩惱，為斷彼故，修習三蘊所攝八支聖道。」㉑可見，聖嚴法師舉陳的三十七道品次

⓳ 玄奘譯，《阿毘達磨大毘婆沙論》卷 96，《大正藏》第 27 冊，頁 497 上。

⓴ 玄奘譯，《阿毘達磨俱舍論》卷 25，《大正藏》第 29 冊，頁 133 上。

㉑ 玄奘譯，《瑜伽師地論》卷 29，《大正藏》第 30 冊，頁 445 上。

第應承繼了《俱舍論》的「餘師」及《瑜伽師地論》等之說。㉒

此外，聖嚴法師更深受天台學說影響，他認為天台與禪是漢傳佛教「教」與「宗」的雙美，㉓因此在聲聞乘修道次第上提出的「五個修證次第」，多分也參照了天台宗的詮釋。「五個修證次第」分別為「資糧位」、「加行位」、「見道位」、「修道位」及「無學位」，㉔這五位原是唯識宗所立大乘菩薩道的修次，㉕北宋初的天台學者則用以解說聲聞乘的修證，如諦觀（？－？）《天台四教儀》即詳述云：

> 初明聲聞位分二，初、凡；二、聖。凡又二，外凡；

㉒ 另外，如唐代華嚴宗宗密（780-841）提及道品次第亦舉列云：「總已喻顯，法性如地，念處如種子，正勤為種植，神足如抽芽，五根如生根，五力如莖葉增長，開七覺華，結八正果。」（《大方廣圓覺修多羅了義經略疏》卷上之一，《大正藏》第 39 冊，頁 544 中）是知在漢傳佛教對道品次第的安排仍多先七後八。

㉓ 聖嚴法師說：「天台學在中國幾乎代表了佛教的義理研究，它的組織綿密，次第分明，脈絡清晰，故被視為『教下』，與禪宗被稱為『宗門』而相拮抗，蘭菊競美，蔚為波瀾壯闊，具有中國佛教特色的一大學派。」（《天台心鑰——教觀綱宗貫註．自序》，收錄於《法鼓全集》7-9，臺北：法鼓文化，2020 紀念版，頁 5）

㉔ 聖嚴法師對五位的解釋參見《三十七道品講記．四如意足講記》，頁 81-82。

㉕ 如玄奘譯，《成唯識論》卷 9 云：「何謂悟入唯識五位？一資糧位，謂修大乘順解脫分；二加行位，謂修大乘順決擇分；三通達位，謂諸菩薩所住見道；四修習位，謂諸菩薩所住修道；五究竟位，謂住無上正等菩提。」（《大正藏》第 31 冊，頁 48 中）

> 內凡。釋外凡中自分三，初、五停心：一、多貪眾生不淨觀；二、多嗔眾生慈悲觀；三、多散眾生數息觀；四、愚癡眾生因緣觀；五、多障眾生念佛觀。二、別相念處（如前四念處是）。三、總相念處，一觀身不淨，受、心、法皆不淨，乃至觀法無我，身、受、心亦無我。中間例知（已上三科名外凡，亦名資糧位）。二、明內凡者有四，謂煖、頂、忍、世第一（此四位為內凡，亦名加行位，又名四善根位）。上來內凡、外凡總名凡位，亦名七方便位。次、明聖位亦分三，一、見道（初果）；二、修道（二三果）；三、無學道（四果）。㉖

對於聲聞乘凡位的修行次第，淨影慧遠（523－592）早先即曾根據《阿毘曇》及《成實論》等分判凡位「聞思修」範疇的不同說法，㉗由是已可見凡位修持之初，乃以「五停心觀」為始，故天台「七方便位」（凡位），在「四念處」（別相念處、總相念處）之前也是先修「五停心」，聖嚴法

㉖ 諦觀錄，《天台四教儀》，《大正藏》第 46 冊，頁 776 下－777 上。智旭亦承此說，見智旭述，《教觀綱宗》，《大正藏》第 46 冊，頁 938 下－939 上。

㉗ 慧遠撰，《大乘義章》卷 10：「准依《毘曇》外凡位中初受師教說為聞慧；五停心觀、總別念處想心觀行，未得禪定修慧法故，判為思慧；煖等已上依定修行，判為修慧。又更分別五停心觀依教之始，判為聞慧；總別念處背教已遠，觀心轉強，判為思慧；煖等已上依定修行，判為修慧。《成實》法中，念處已前初受師教，隨聞得解，判為聞慧；念處位中，堪能自心分別簡擇，說為思慧；煖等已上現見空理，說為修慧。」（《大正藏》第 44 冊，頁 668 中）

師則說到：「在修四念處之前，應先修習五停心做為準備工夫，因為要修好四念處，就必須先攝心，讓心安定下來。」㉘是知，他不但承繼傳統對聲聞教修持的理解，更可見其所立「五個修證次第」是參照天台宗融攝唯識次第的視角而論聲聞乘修階，只不過在《三十七道品講記》中並未多敘五停心的修法。㉙

值得注意的是，若依有部的觀點，「順解脫分善根」相當於五個修證次第中的「資糧位」，㉚而進入「順抉擇分善根」則相當於「加行位」的「煖位」，此時應當是修「四正勤」，㉛但聖嚴法師卻說：「四念處及四正勤，是在資糧位修，四如意足則是在加行位修。在修行禪定的過程之中，能

㉘ 釋聖嚴，《三十七道品講記‧四念處講記》，頁 15。

㉙ 聖嚴法師說：「因為五停心觀不在三十七道品之中，因此我們不做詳細解說，只要知道它對修習四念處的重要性就可以了。如果修了五停心觀，心安定之後，便可以從身念處入手，開始修習四念處。」（《三十七道品講記‧四念處講記》，頁 16）

㉚ 《成唯識論》中將「資糧位」稱為「修大乘順解脫分」。（玄奘譯，《大正藏》第 31 冊，頁 48 中）《聖嚴法師教話頭禪》亦云：「在資糧位的時候，又稱『順解脫分』，因為已經建立信心，沒有建立信心以前，還不算是進入資糧位；到了加行位的時候，則叫作『順抉擇分』。」（收錄於《法鼓全集》4-17，臺北：法鼓文化，2020 紀念版，頁 189）

㉛ 玄奘譯，《阿毘達磨大毘婆沙論》卷 96：「復次四念住，從初業地乃至盡無生智，勢用常勝，是故先說。四正勝，從煖乃至盡無生智，勢用常勝，是故次說。四神足，從頂乃至盡無生智，勢用常勝，是故次說。五根，從忍乃至盡無生智，勢用常勝，是故次說。五力，從世第一法乃至盡無生智，勢用常勝，是故次說。八道支，見道中勝。七覺支，修道中勝。」（《大正藏》第 27 冊，頁 496 下－497 上）

夠發起煖、頂、忍、世第一的四種善根，因此，加行位又稱作四善根位。」㉜如此一來，進入四加行位已經是修「四如意足」而非「四正勤」。

至於為何特別指陳四如意足是繫於「加行位」修，聖嚴法師援引《俱舍論記》說：「此（四神足）據加行立名。」㉝事實上，有部本身也有將「四如意足」稱為「加行位」的論述，如《大毘婆沙論》說：

> 唯三摩地立為神足，從四因生故說為四，謂加行位。或由欲力引發等持令其現起，廣說乃至或由觀力引令現起，由加行位四法隨增，令等持起故得定位。㉞

由於「欲、勤、心、觀」四者皆能引發「三摩地」、「等持」故名「神足」，也就是說，有別於三十七道品前兩科「四念處」與「四正勤」的向度，「四如意足」的修持特別是跟「定力」有關。聖嚴法師解釋道：「由於四念處是修觀慧，四正勤是以精進心來修四念處，但定的力量不強。因此，修過四念處的觀慧之後，再修四如意足的禪定。」㉟又說：「四念處、四正勤的修習，重點在於智慧增多，定力則不足，故須再以修習四如意足的禪定，方能使得行者的智

㉜ 釋聖嚴，《三十七道品講記・四如意足講記》，頁 82。
㉝ 釋聖嚴，《三十七道品講記・四如意足講記》，頁 95。
㉞ 玄奘譯，《阿毘達磨大毘婆沙論》卷 141，《大正藏》第 27 冊，頁 725 中。
㉟ 釋聖嚴，《三十七道品講記・四如意足講記》，頁 94。

力與定力相等，所以稱之為如意，所願皆得故。」㊱這是將「四念處、四正勤」歸為一組「觀慧」的修持，而「四如意足」則偏重於「禪定」。如此的分類與詮解，實際上也與《大智度論》有關，㊲因此若觀待「四念處、四正勤」的修法為一個整體，再納入《大毘婆沙論》以修習三摩地的「四神足」為「加行位」，就能得出「四念處、四正勤」是在「資糧位」修的理路。

不過，綜觀《俱舍論》、《大毘婆沙論》等有部之說，只是提到「四神足」稱為「加行位」，意即「四神足」乃屬於「加行位」之一，並非指陳「四神足」就是加行位的第一個修持階次。相對地，將「四正勤」判處於「資糧位」修，應該是配合《大智度論》把「四念處、四正勤」的修「慧」與「四神足」的修「定」所做的區隔。所以，若從《俱舍論》及《大毘婆沙論》的修次來說，進入加行位第一階的「煖位」所修者應當是「四正勤」；進入「頂位」才是修「四如意足」。㊳由是，歸納有部道品次第於「五個修證次第」而論，則三十七道品中應當只有「四念處」是在「資糧

㊱ 釋聖嚴，《三十七道品講記．四如意足講記》，頁 84。

㊲ 如聖嚴法師引用《大智度論》云：「問曰：四念處、四正懃中已有定，何以故不名如意足？答曰：彼雖有定，智慧、精進力多，定力弱故，行者不得如意願。」（鳩摩羅什譯，《大智度論》卷 19，《大正藏》第 25 冊，頁 202 下）

㊳ 玄奘譯，《阿毘達磨俱舍論》卷 25：「煖法位中能證異品殊勝功德，勤用勝故說正斷增。頂法位中能持勝善趣無退德，定用勝故說神足增。」（《大正藏》第 29 冊，頁 132 下）

位」修；「四正勤」、「四如意足」、「五根」、「五力」這四組都是在「加行位」修。由此可見，聖嚴法師對解脫道次第的詮釋，並不完全依照聲聞教法的安排，多分還是參照了大乘論書的教法理路。

（二）「次第」與「止觀」

事實上，三十七道品的次第安排可說就是「止觀」的修持順序，前述聲聞教在進入三十七道品前須先修「五停心」為令心安定的基礎，聖嚴法師也曾說：

> 五停心和四念處密切相關。就禪觀次第言，五停心屬於奢摩他，是止；四念處屬於毘婆舍那，即觀。五停心最主要的作用，是針對散心和亂心的人，使他們能夠循著方法把心集中起來，漸漸地達到定的程度。修五停心得定以後，立即從定出來，用有漏智慧觀察四念處的身受心法，一直觀想，進而達到發無漏慧、出三界的目的。[39]

五停心於《俱舍論》中特別重視的是「不淨觀」與「持息念」（數息觀），[40]在修次上，須先以「停心」安止散亂，再進入「念處」的觀法，此即《俱舍論》所說：「依已修成滿勝奢摩他，為毘鉢舍那修四念住。如何修習四念住耶？謂

---

[39] 釋聖嚴，《禪的世界》，收錄於《法鼓全集》4-8，臺北：法鼓文化，2020 紀念版，頁 22-23。

[40] 玄奘譯，《阿毘達磨俱舍論》卷 22，《大正藏》第 29 冊，頁 117 中。

以自、共相觀身、受、心、法。」[41]接著，「四正勤」的修法便是以調整「四念處」為目的。[42]由於「四念處」、「四正勤」的修法偏重在「觀」，所以往下就修「四如意足」的「止」來平衡，那麼，從五停心開始到四如意足，可見其止、觀的交替模式為：「止（五停心）→觀（四念處、四正勤）→止（四如意足）」。除此之外，《成實論》則將三十七道品搭配止、觀做更細緻的說明：

> 四憶處中三憶處名止，第四憶處名觀。四如意足名止，四正勤名觀。五根中四根名止，慧根名觀，力亦如是。七覺分中三覺分名止，三覺分名觀，念則俱隨。八道分中三分名戒，二分名止，三分名觀，戒亦屬止。又止能斷貪，觀除無明，如經中說：修止則修心，修心則貪受斷；修觀則修慧，修慧則無明斷。又離貪故心得解脫，離無明故慧得解脫，得二解脫更無餘事，故但說二。[43]

依《成實論》說，將「四念處」（四憶處）又細分為前三者（身、受、心）為「止」，法念處為「觀」。「四正勤」

---

[41] 玄奘譯，《阿毘達磨俱舍論》卷 23，《大正藏》第 29 冊，頁 118 下。

[42] 灌頂撰，《天台八教大意》云：「勤修念處名四正勤。」（《大正藏》第 46 冊，頁 770 中）聖嚴法師也說：「在三十七道品中分成七個項目，每個項目都有精進。例如修習四念住，就是用四正勤來修。」（《佛法綱要——四聖諦、六波羅蜜、四弘誓願講記》，收錄於《法鼓全集》7-12，臺北：法鼓文化，2020 紀念版，頁 80）

[43] 鳩摩羅什譯，《成實論》卷 15，《大正藏》第 32 冊，頁 358 中。

隨四念處亦屬於「觀」，「四如意足」則為「止」。往下的「五根、五力」也包含了前四根、四力（信、進、念、定）的「止」與慧根、慧力的「觀」。「七覺支」則是三者（除、捨、定）屬「止」[44]、三者（擇法、精進、喜）屬「觀」，「念覺支」通攝「止觀」。[45]至於「八正道」在《成實論》乃分為「戒、定、慧」三組，又將其中的「戒」（正語、正業、正命）與「定」（正念、正定）相關的內容皆判攝在「止」；與「慧」相關的正見、正思惟、正精進三者則屬於「觀」。故若以表列《成實論》裡的三十七道品止、觀分配應如下：

[44] 聖嚴法師說：「前面談過的喜、輕安、定，都是不同層次定樂的享受。」（《三十七道品講記‧七覺支講記》，頁 175）此處稱「喜、輕安、定」為「定樂」，表面上似乎是將喜覺支攝於「止」，然而《摩訶止觀》卷 3 則云：「七覺分：擇法、喜、進等，觀攝；除、捨、定，止攝；念通兩處。」（《大正藏》第 46 冊，頁 30 下）則是將喜覺支繫於「觀」。

[45] 智顗撰，《法界次第初門》卷 2 云：「若修出世道時，善能覺了常使定慧均平。若心沈沒，當念用擇法、精進、喜等，三覺分察起。若心浮動，當念用除、捨、定等三分攝。故念覺常在二盈之間，調和中適，是念覺分。」（《大正藏》第 46 冊，頁 682 下）

三十七道品＼止觀	止	觀
四念處	身念處、受念處、心念處	法念處
四正勤		已作惡令斷、未作惡令止、已作善令增長、未作善令發生[46]
四如意足	欲如意足、精進如意足、心如意足、思惟如意足	
五根	信根、精進根、念根、定根	慧根
五力	信力、精進力、念力、定力	慧力
七覺支	**念覺支**、除覺支、捨覺支、定覺支	**念覺支**、擇法覺支、精進覺支、喜覺支
八正道	正語、正業、正命（戒）、正念、正定（定）	正見、正思惟、正精進（慧）

由表可見，在三十七道品的七科內容中，除了四正勤、四如意足外，其餘五科都分別包含了「止」與「觀」的修持，且多分有著「先止後觀」的序次，若就《成實論》說，修止的目的是為了「斷貪」，能成就「心解脫」；修觀的目的則是為了「斷無明」而成就「慧解脫」，除此二解脫外也就別無餘事，充分表現道品修持以「解脫」、「涅槃」為最終目標的考量。[47]

然而，三十七道品雖是正為解脫的修行，對於以利益眾

[46] 法賢譯，《信佛功德經》，《大正藏》第 1 冊，頁 256 中。

[47] 聖嚴法師解釋云：「依《成實論》：1. 慧解脫：以智慧力，離一切障礙，而證阿羅漢果的涅槃；2. 心解脫：以心識的能力，離一切定障，而得入滅盡定者。」（《神會禪師的悟境》，收錄於《法鼓全集》4-14，臺北：法鼓文化，2020 紀念版，頁 90）

生為目的的大乘教法而言，亦非全無干係，聖嚴法師即說：「三十七道品原則上是聲聞法，好像是為解脫道而說的，可是三十七道品從聲聞的立場來看，它是聲聞法；從大乘的立場來看，則是成佛的菩薩法。」❹❽只是若就「止觀」的修持而言，三十七道品仍多分屬於「漸次止觀」，❹❾非常重視次第而不能躐等，所以聖嚴法師提到：「有定有止，再修觀，從觀發慧，這個與天台宗所講的止觀均等不同。如果不得定便修四念處，或是修五停心得定後許久，定力退失，才修四念處，都是不對的。」❺⓿相較於這種強調階次修行的方法，在大乘禪法裡頭就呈現了較為活潑的型態，特別是中國禪宗的實修層面，雖然也有著道品修持的基礎訓練，❺❶但更講求在日常生活上的實踐，如聖嚴法師以「四念處」的行持為例說道：

---

❹❽ 釋聖嚴，《三十七道品講記・七覺支講記》，頁 151。

❹❾ 天台智顗自南岳慧思（515-577）受得三種止觀，其中著重於次第禪修者稱為「漸次止觀」。《摩訶止觀》卷 1 云：「天台傳南岳三種止觀：一、漸次；二、不定；三、圓頓，皆是大乘，俱緣實相，同名止觀。漸則初淺後深如彼梯隥；不定前後更互，如金剛寶置之日中；圓頓初、後不二，如通者騰空。」（《大正藏》第 46 冊，頁 1 下）

❺⓿ 釋聖嚴，《禪的世界》，頁 23。此處所說天台宗的止觀均等（或稱止觀雙運）應指「圓頓止觀」而言。

❺❶ 聖嚴法師說：「中國禪宗不講次第法門，但也並非全然如此，只是不把次第當成是究竟的。禪宗並不否定三十七道品修行次第的功能，所以中國禪宗還是有從最基本的五停心開始修的，接下來就進入三十七道品的第一個階段『四念處』的觀身、觀心，因此次第的修行方法還是存在的。」（《三十七道品講記・七覺支講記》，頁 152）

四念處的目的在於用觀照身受心法而發無漏智慧，也就是禪宗六祖的「即慧之時定在慧」。即定即慧，即慧即定，實則重於慧解脫，所以強調明心見性、頓悟成佛，這都是無漏慧的功能。大悟徹底，便得五分法身，名為涅槃妙心，又名正法眼藏。由此可知中國禪宗的禪修特色，無異就是四念處觀的日用化與普遍化，把高難度的修行方法，轉化成或動或靜、任何時地都可靈活使用的修行方法。[52]

此處的「即定即慧，即慧即定」與前述天台宗的「止觀均等」大抵就是大乘禪法及大乘止觀的重要修持特點，也就是說，在修持同樣的道品之下，聲聞乘著重在「由止而觀」、「由定發慧」的次序，而大乘禪法與大乘止觀的觀修則表現在如何於日常行事中都能隨時提起一種「即止即觀」的狀態，成為「修止即是修觀，修觀即是修止」的模式，並且更傾向於「慧解脫」的向度。[53]

---

[52] 釋聖嚴，《禪的世界》，頁 29-30。

[53] 如前所引《成實論》所說，「心解脫」與修持「止」有關，因此重視於禪定；相較於此，大乘禪法雖同樣重視「止觀」，但更加強調與修「觀」相應的「慧解脫」，而在修「止」部分則可說是一種「以觀為止」的方式，似乎並不那麼側重次第禪法「修止得禪定」的必要性。如智顗說：「若二乘以九想、十想、八背捨、九次第定，多是事禪一往止相、有作四諦慧是觀相。此之止觀雖出生死，而是拙度，滅色入空。此空亦得名止，亦得名非止非不止，而不得名觀。何以故？灰身滅智故不名觀。」（《摩訶止觀》卷 3，《大正藏》第 46 冊，頁 23 下－24 上）因此他提出的三種止，便是由三種觀法而來：「一、體真止者，諸法從

另一方面，修習次第止觀的困難處在於未得「止」（禪定）成就之前，是難以修「觀」有成，相較於此，大乘禪法的下手處就沒有如此決絕，這是因為大乘禪法對「禪定」的認知，並非一定指陳於共外道的四禪八定而言，聖嚴法師曾解釋道：

> 禪定的修行，若談到四禪八定、九次第定，似乎聽起來很困難；若用中國禪宗的大乘禪定，不論是用話頭或默照，只要一念與方法相應，便是相似的心一境性，就得輕安。輕安的程度深，那就是禪定。[54]

所謂「心一境性」就是讓心定止於一所緣境，《俱舍論記》說：「三摩地謂心一境性者，等持力能令心王於一境轉。」[55]達到「心一境性」也就進入了四禪八定的禪定狀態。然而，大乘禪的方法並不強調要遂成完全的「心一境性」，而是讓

緣生，因緣空無主，息心達本源，故號為沙門。知因緣假合，幻化性虛，故名為體。攀緣妄想得空即息，空即是真，故言體真止。二、方便隨緣止者，若三乘同以無言說道，斷煩惱入真，真則不異。但言煩惱與習有盡不盡，若二乘體真不須方便止，菩薩入假正應行用，知空非空，故言方便。分別藥病，故言隨緣。心安俗諦，故名為止。經言動止心常一，亦得證此意也。三、息二邊分別止者，生死流動、涅槃保證，皆是偏行偏用，不會中道。今知俗非俗，俗邊寂然，亦不得非俗，空邊寂然，名息二邊止。此三止名雖未見經論，映望三觀隨義立名。」（《摩訶止觀》卷 3，《大正藏》第 46 冊，頁 24 上）

[54] 釋聖嚴，《三十七道品講記・七覺支講記》，頁 173。

[55] 普光述，《俱舍論記》卷 4，《大正藏》第 41 冊，頁 74 下。

心止於「相似心一境性」的「輕安」，並以深度的輕安為「禪定」，雖然容許念頭的出現，心卻能不受外境起伏所影響，讓心念保持清楚與活潑。56簡而言之，三十七道品「次第止觀」的修持是為了趨向解脫，而大乘禪法的「即止即觀」則是為了獲得處世、入世的智慧，在染汙的現實中不受到動搖，57所以面對道品的修持觀念便有很大的不同，58當然，從這兩個目的分別檢視，是否都必然依照道品的次第起修，可能也會有兩歧的認知。

三、以菩薩道為核心的道品

聲聞解脫道與摩訶衍菩薩道的最大差異，並不只是在修行方法上的殊別，更重要的是兩者對生命的目標是迥異的，所以即便同樣著手在三十七道品的次第修持上，也會獲得完

---

56 聖嚴法師說：「輕安的進一步是禪定，禪定有兩類：（一）小乘的定：沒有前念與後念，心止於一，停留在一個念頭上，這是次第禪定。從初禪至四禪，四禪含攝八定，乃至進入解脫定。（二）大乘的定：心可以有念頭，但是不受環境狀況的影響而有起伏、波動，這是定慧不二的如來禪或祖師禪，也就是中國禪宗所講的『道在平常日用中』，從知見的導正、智慧的開啟，轉變了對於事物原有的態度。把世間的顛倒見扭轉過來之後，便不會隨波逐流，被境界之風捲著走了。這就是定慧均等的工夫。」（《三十七道品講記・七覺支講記》，頁 172-173）

57 聖嚴法師說：「大乘菩薩的禪定，並不是坐在那裡身體不動，而是在日常生活之中，在眾生的社會環境之中，不受汙染與影響，反而能使整個社會環境因此而安定、和平。」（《三十七道品講記・四正勤講記》，頁 63-64）

58 如聖嚴法師說：「三十七道品本來是小乘的教法，但是在大乘的經典以及論典裡，都主張修行菩薩道，也應當要修三十七道品，只是修行的態度不同。」（《三十七道品講記・七覺支講記》，頁 151）

全不一樣的結果，聖嚴法師說：「能夠修成三十七道品，就能得解脫，在上座部或者對小乘佛法而言，可證得阿羅漢果，就大乘佛法而言則是可以成佛。」59所以，若將生命目標安放在成就「佛果菩提」，那麼道品的實踐也會從「解脫道」轉向成為「菩薩道」。

由於聲聞乘「觀三界如牢獄，畏生死如桎梏」60，因此急切渴求「解脫」輪迴的苦難，而且十分重視道品次第的階段性安排，這是因為多數人若未能完成次第修持，是很難達至解脫的目的。相對地，大乘菩薩道「不為自己求安樂，但願眾生得離苦」61，乃先以成就利益眾生為前提，所以容許自身仍具有微細煩惱而修，如《三無性論》說：「攝惑者，為異二乘，若無惑人一向涅槃，則不能成熟佛法、教化眾生，是故菩薩勤攝留惑。」62可見，菩薩的「留惑」而不入涅槃正是為了「成熟佛法、教化眾生」，那麼在修道方面就不同於「個人解脫」對次第完全的依賴，或者可說，「次

---

59 釋聖嚴，《三十七道品講記・七覺支講記》，頁 151。又智顗說：「《大集》云：『三十七品是菩薩寶炬陀羅尼。』如此等經皆明道品，何時獨是小乘？若《大經》云：『三十七品是涅槃因，非大涅槃因。無量阿僧祇助菩提法，是大涅槃因』者，道品之外無別有道品，如四諦外無第五諦。」（《摩訶止觀》卷 7，《大正藏》第 46 冊，頁 88 上）他認為道品之外別無道品，所以三十七道品既是聲聞乘涅槃法，亦可是菩薩乘的大涅槃因，可見聖嚴法師也繼承了這樣的觀點。

60 德清撰，福善日錄，《憨山老人夢遊全集》卷 2，《嘉興大藏經》第 22 冊，臺北：新文豐，1987 年，頁 753 上－中。

61 實叉難陀譯，《大方廣佛華嚴經》卷 23，《大正藏》第 10 冊，頁 127 上。

62 真諦譯，《三無性論》卷下，《大正藏》第 31 冊，頁 878 上。

第」或「非次第」並不能限制菩薩道的進程，以下便進一步討論聖嚴法師從菩薩道角度詮釋三十七道品的相關內容。

（一）入於次第而超次第的修持

從上節所論可知，聖嚴法師在闡述三十七道品的修持次第時，除了部分順應聲聞乘論典的判釋外，大多還是依著如天台宗、《大智度論》與《瑜伽師地論》等大乘論典的理路。對於「解脫道」而言，天台宗將聲聞教判為「藏教」，依序修三十七道品有其必要，因此，聖嚴法師說：「要想完成三十七道品，必須從四念處開始，然後經過四正勤，依此類推，一個段落一個段落地完成之後，才能夠得解脫道而證涅槃。」[63]自始修道品直至解脫，似乎每一個階段都必須依次完成。然而，這只是對一般的狀況而言，因為即便是解脫道的進路在特殊情形下，道品的修持也並非一成不變，聖嚴法師解釋道：

> 聲聞僧是修小乘的佛法，從五停心至三十七道品，看似需要長時間的修行，相當麻煩。可是善根深厚的人，聽到四聖諦法就能從初果、二果、三果，而至四果阿羅漢果。[64]
>
> 諸位可能會誤解，修行一定要三十七道品逐步修完，其

---

[63] 釋聖嚴，《三十七道品講記・四正勤講記》，頁 40。
[64] 釋聖嚴，《三十七道品講記・五根五力講記》，頁 132。

> 實不然，如果是善根深厚的人，只修四念處也能證阿羅漢果，而得解脫。一般人則還是要從修四念處開始，一科一科依次往上修。[65]

他認為，對「善根深厚」者而言，證得聖道、聖果的途徑是有可能超越階次。另一方面，雖然三十七道品的七組修法是有著前後相續的連結，[66]但若從實修面看，它們又各自可以成為一個完整的修持體系。如前所述，《阿毘達磨》舉陳契經提及「八正道」即圓滿了四念處到七覺支等六科的修法，[67]甚至如「七覺支」一科當中的一個修法，也可以涵蓋該科整體的修持，[68]所以「次第」本身是要根據修持者的根器為用，

---

[65] 釋聖嚴，《三十七道品講記．七覺支講記》，頁 165。

[66] 如聖嚴法師在提到「五根、五力」時也說到：「三十七道品的修行是有次第的，從前三科（四念處、四正勤、四如意足）的修觀和修定的根基紮穩之後，就會產生五種善根，每一種善根的根基都是有力量的，根據這五種善根再繼續修行，那個力量就是功能，那就是五力。」（《三十七道品講記．五根五力講記》，頁 107）

[67] 聖嚴法師說：「事實上，八正道雖然是三十七道品中的第七科，但是它最完備，也可以獨立運作，因為它涵蓋了前面的六個科目。」（《三十七道品講記．八正道講記》，頁 237）日本學者木村泰賢（1881-1930）也曾提到：「以四諦論表述時，通常是揭出八正道的八種德目，但八正道之外，圓熟的阿毘達磨通常又提出四念處、四正斷、四神足、五根、五力、七覺支，亦即所謂的七科三十七助道品。此因八正道以外的其他六科，在種種方面，其重要性亦如同八正道，故予以總括而成三十七品（實而言，七科的區別主要來自於不同立場，並不是性質不同）。」（木村泰賢著，釋依觀譯，《阿毘達磨佛教思想論》，新北：臺灣商務，2020 年，頁 542）

[68] 聖嚴法師說道：「所以七覺支的七個項目，可以逐項思惟，也可以只思

如果在沒有適當的引導者能夠判斷自身根器的情況下，則仍是按部就班依次而行。

進一步說，整個三十七道品的修持，在證入「見道位」之前都是基礎的凡位（外凡、內凡），而進入「見道位」與「修道位」後並不是另有「別修」，而是使其在凡位所修科目加深、加廣。所以論及「七覺支」與「八正道」的「念覺支」、「正念」時，聖嚴法師解釋云：

> 實際上念覺支就是四念處，時時將心專注於禪定和智慧同等重要的狀況。[69]

> 正念即是修四念處，亦名為四念住。[70]

由是可知，若就三十七道品第一科「四念處」來說，除了是「五個修證次第」的「資糧位」所修，同樣也收攝在七覺支、八正道（見道位、修道位）的內容裡。此外，聖嚴法師還提到：「四念處的進程分成四個層次，即煖、頂、忍、世第一位，並要配合十六行，即十六特勝來修，所以觀成是非常不容易的。」[71]這便是由「加行位」的層次來說。總而言之，單單修「四念處」就已經是從初步的「資糧位」開始，

惟某一個項目，而其他六個項目也都含攝在其中了。」（《三十七道品講記·七覺支講記》，頁 183）

[69] 釋聖嚴，《三十七道品講記·七覺支講記》，頁 158。

[70] 釋聖嚴，《佛法綱要——四聖諦、六波羅蜜、四弘誓願講記》，頁 51。

[71] 釋聖嚴，《禪的世界》，頁 28。

接著在「加行位」中深化，然後於「見道位」與「修道位」成就為無漏，最終於「無學位」解脫，[72]那麼，三十七道品不僅可以由最末一科「八正道」融攝，也可以由最初的「四念處」開展。

從聖嚴法師對三十七道品次第修持的立場來看，他一方面承繼了大、小經論肯認次第的態度，另一方面，他則更重視這些道品在現代實踐的可能，以他豐富的禪修與教學經驗，深知現代人的生活型態要完整修持並成就三十七道品是相當不容易的事。所以，掌握實修的要領、獲得生命品質的改善，便成為現代人修持教法的當務之急，聖嚴法師說道：

> 所以喜悅有兩個原因，一是用觀念轉變自己，另一是用方法幫助自己。只要認真地用觀念，耐心地用方法，而且不要有急切的得失心，自然而然會產生法喜及禪悅的效果。[73]

引文所述「用觀念轉變自己」、「用方法幫助自己」可說是聖嚴法師教導現代人實修的要領，兩者其實就已經涵蓋了上節討論的「止觀」修持。至於，最好的「方法」，法師曾說：

---

[72] 搭配上修四念處前的「五停心觀」，聖嚴法師也說：「修五停心得成就便入定，然後出定而觀四念處，那是次第禪觀。由修定得有漏慧，再以有漏慧觀四念處，由觀四念處發無漏慧而出三界，證解脫果，這是相當花時間的修行方法，對於一般人而言，的確難得有此因緣修成四念處的觀法。」（《禪的世界》，頁 29）

[73] 釋聖嚴，《三十七道品講記．七覺支講記》，頁 170。

「禪宗則以無方法為最上方法，無次第是最高次第。」[74]超越次第跟方法就是大乘禪法，特別是中國禪宗的核心價值，然而前文已論這是對上上根器者而言的直截教法，一般人仍須有下手方便處，所以在著眼於最高的「無方法、無次第」之下，入於次第的修持仍是法師在教學上的大宗。[75]

綜觀以上討論，可以見得聖嚴法師對於大眾的實修教導包含了兩個面向，一者是對多數大眾談「次第禪法」的重要，另一者則是對已切入修行之徒眾或上根器者，提點超越次第的禪法，這中間可說是受到天台止觀禪修的教學所影響。天台的三種止觀是以「圓頓止觀」為最圓滿，智顗曾解釋圓頓止觀云：

> 圓頓者，初緣實相造境即中無不真實，繫緣法界一念法界，一色一香無非中道，己界及佛界眾生界亦然。陰、入皆如，無苦可捨；無明、塵勞即是菩提，無集可斷；邊、邪皆中正，無道可修；生死即涅槃，無滅可證。無苦、無

---

[74] 釋聖嚴，《漢藏佛學同異答問》，收錄於《法鼓全集》3-10，臺北：法鼓文化，2020 紀念版，頁 83。

[75] 聖嚴法師說：「沒有方法，實在太難了，因此在四祖、五祖都有方法，宋以下的公案話頭及默照，也是方法。現在我所教的方法，也與次第禪有關，因為一般人還是需要次第。」（《漢藏佛學同異答問》，頁 83）又云：「例如天台智顗，大力闡揚的止觀法門，是從次第止觀而到圓頓止觀，故對於五停心觀，著墨也多。中國禪宗雖然主張不落階梯、頓悟成佛，這對於初心學佛的人，能夠很快得力的，實在太少。」（《禪鑰》，收錄於《法鼓全集》4-9，臺北：法鼓文化，2020 紀念版，頁 48）

> 集故無世間，無道、無滅故無出世間。純一實相，實相外更無別法，法性寂然名「止」，寂而常照名「觀」。雖言初、後，無二無別，是名「圓頓止觀」。[76]

智顗說明了圓頓乃「一念法界即是實相」，因此「無道可修、無集可斷」，正與禪法的「無方法、無次第」若合符節。雖然「圓頓」乃天台止觀的究極目標，但智顗並未因此忽視「初淺後深，如彼梯隥」[77]的「漸次止觀」，事實上，天台所傳不論是「漸次止觀」或「圓頓止觀」都是依於「實相」為根基，[78]而其差異仍然是與適應眾生不同根器有關，聖嚴法師曾提到天台三種止觀的對機云：「引導凡夫行者修漸次止觀，三乘人修不定止觀，大乘圓人修圓頓止觀。」[79]由是天台宗指導一般人修持「漸次止觀」，教導上根器者修持「圓頓止觀」的模式，落實在聖嚴法師的禪法教學中，便呈現為三十七道品「次第禪法」與禪宗「頓悟禪法」的雙軌範例。

---

[76] 智顗說，《摩訶止觀》卷 1，《大正藏》第 46 冊，頁 1 下－2 上。

[77] 智顗說，《摩訶止觀》卷 1，《大正藏》第 46 冊，頁 1 下。

[78] 智顗說，《摩訶止觀》卷 1：「天台傳南岳三種止觀：一、漸次；二、不定；三、圓頓。皆是大乘，俱緣實相，同名止觀。」（《大正藏》第 46 冊，頁 1 下）

[79] 釋聖嚴，《評介》，收錄於《法鼓全集》3-6，臺北：法鼓文化，2020 紀念版，頁 134。

（二）直觀空性的菩薩道

在佛教的修持徑路上，「我執」是障礙解脫道的重要問題，如《俱舍論》說：「由我執力諸煩惱生，三有輪迴無容解脫。」[80]因此如何覷破我執便是實修的根本目標。大乘佛教的瑜伽唯識中則將「我執」分為「人我執」與「法我執」二類，[81]其中聲聞解脫道所要斷除的是屬於「人我執」這一類。

「我執」即是對「我」具有恆常不變的認知與執著，而「我」的組成不外乎物質面與精神面，也稱之為「色法」及「心法」，如聖嚴法師說：「一般凡夫執五蘊的色心二法所成身為我。」[82]是以，在道品的修持方面，便是由觀照「色法」與「心法」為下手著力處，諸如「四念處」觀修的對境「身、受、心、法」四者統合即是「色、心」二法，[83]所以四念處就是破除執著色、心為「我」的重要修持，聖嚴法師解釋道：

---

[80] 玄奘譯，《阿毘達磨俱舍論》卷 29，《大正藏》第 29 冊，頁 152 中。

[81] 真諦譯，《攝大乘論釋》卷 10：「身見有二種，一因、二果。法我執是因，人我執是果。」（《大正藏》第 31 冊，頁 221 中）

[82] 釋聖嚴，《華嚴心詮——原人論考釋》，收錄於《法鼓全集》7-14，臺北：法鼓文化，2020 紀念版，頁 151。

[83] 聖嚴法師說：「什麼是四念處呢？四念處就是身、受、心、法四種觀想。身，就是我們的身體；受，是我們的身體對外界種種接觸刺激的感受；心是對於受所產生的反應、執著；法是身、受、心所產生的一切。就個人來說，身、受、心本身就是法，身、受、心之外沒有法。」（《禪的世界》，頁 23）

> 四種顛倒裡的根本法是「我」，因為「我」，而錯認存在是常的、永恆的。永恆感從哪裡來呢？從接受而來，受從哪裡來？受從身體而來，身體是物質的，心是精神的，但是精神不離物質而作用，身受心動，身心的感受加起來，就成了我，這是小我。從物質界小我的身體，到禪定中有定的感受的大我、大身，都假想以為恆常，執著以為有我。修四念處，正可以破四顛倒，出三界。[84]

四念處的修法雖然是為了生起破除「我執」的智慧，[85]然而，就聲聞教的「四念處」修持來說，是透過分析式觀照「我」的無常，來解除對色、心構成有「我」的執著，所對治的主要是二我執中的「人我執」，稱之為「析空觀」。[86]相較於此，同樣面對色、心二法的執著，大乘佛法的觀修就有些不同，不僅能針對「人我執」，進一步還涉及「法我執」的

---

[84] 釋聖嚴，《禪的世界》，頁 23-24。

[85] 聖嚴法師說：「修持四念處可以培養我們對身體、覺受、心念及一切現象的覺照。當我們明瞭這種種因素都是無常的，都是因緣和合產生的，便明白一切事物都沒有恆常的自性，而我們的智慧也因此增長了。」（《三十七道品講記・四念處講記》，頁 32）

[86] 聖嚴法師云：「三藏小乘教，教人於五蘊、六入、十二處、十八界，用苦、空、不淨、無我的四觀，主要是對蘊、處、界或陰、界、入的三大科所構成的自我中心，以修四念處等道品，觀察透析而皆歸於空，目的是在滅除人我執，故稱為『析色入空』。」（《天台心鑰——教觀綱宗貫註》，頁 46）又云：「此處的析空觀，是教凡夫鈍根，分析五陰身心的色法心法，如剝芭蕉樹般地，層層剖析，終歸於空，是為人空，亦名人我空，觀成則離三界分段生死。」（《天台心鑰——教觀綱宗貫註》，頁 140）

面向。

根據說一切有部的思想，雖然承認「人我」的無常，卻認為色、心等「法」是「三世實有」的，如《俱舍論》說：

> 由契經中世尊說故，謂世尊說：「苾芻當知，若過去色非有，不應多聞聖弟子眾於過去色勤脩厭捨。以過去色是有故，應多聞聖弟子眾於過去色勤脩厭捨。」……毘婆沙師定立去、來二世實有。若自謂是說一切有宗，決定應許實有去、來世，以說三世皆定實有故，許是說一切有宗。謂若有人說三世實有，方許彼是說一切有宗。[87]

又《大毘婆沙論》也提到：「然諸有者，有說二種：一、實物有，謂蘊、界等。二、施設有，謂男、女等。」[88]由於將蘊、界等色、心法說為實有，而蘊、界所成之「我」（男、女等）為施設有，因此，有部被視為是主張「我空法有」的立場。大乘佛教則由龍樹菩薩《中論》思想發展，其云：「諸法有異故，知皆是無性；無性法亦無，一切法空故。」[89]這便是申明《般若經》「法空」的觀點，當然也是聖嚴法師觀待大乘佛教修法的重要部分。[90]

---

[87] 玄奘譯，《阿毘達磨俱舍論》卷 20，《大正藏》第 29 冊，頁 104 中。

[88] 玄奘譯，《阿毘達磨大毘婆沙論》卷 9，《大正藏》第 27 冊，頁 42 上。

[89] 鳩摩羅什譯，《中論》卷 2，《大正藏》第 30 冊，頁 18 上。

[90] 聖嚴法師說：「大乘主張諸法皆空，不僅人我執的身心非我，法我執的諸法亦非實有。」（《華嚴心詮——原人論考釋》，頁 152）

以此，聖嚴法師即拈出大乘「四念處」的觀修特點說：「在大乘佛法的修行上，四念處觀慧的修法是直接觀空。這是源自於《大般涅槃經》的思想，透過觀身是空，觀受、心、法是空，就可以證得智慧。」[91]所謂的「直接觀空」並非只著眼於現象上的無常變異，而是就著一切現象與現象背後的本質，都能體解它們的緣起與無常，[92]這就有別於分析五蘊所成之「我」是無實的「析空觀」，已經是進入大乘空觀的範疇：

> 通教是對根器稍利的二乘人及初機大乘人，教以直接體驗陰、界、入所構成的自我及自我所依的一切現象，無非緣生而無自性，每一念當下的自我本身，便是空的，故名「體色入空」。[93]

---

[91] 釋聖嚴，《三十七道品講記・四念處講記》，頁 32。曇無讖譯，《大般涅槃經》卷 2：「苦者計樂、樂者計苦，是顛倒法。無常計常、常計無常，是顛倒法。無我計我、我計無我，是顛倒法。不淨計淨、淨計不淨，是顛倒法。有如是等四顛倒法，是人不知正修諸法。」（《大正藏》第 12 冊，頁 377 中）又：「眾生亦爾，為諸煩惱無明所覆，生顛倒心，我計無我、常計無常、淨計不淨、樂計為苦，以為煩惱之所覆故。雖生此想，不達其義，如彼醉人於非轉處，而生轉想。我者即是佛義，常者是法身義，樂者是涅槃義，淨者是法義。」（《大正藏》第 12 冊，頁 377 中）《大般涅槃經》是指將凡夫對世間的四顛倒見轉為出世間的涅槃四德，而聖嚴法師的說釋便是以空性見作轉化。

[92] 以「身念處」為例，聖嚴法師說：「要怎麼直接觀空呢？對於身體，要了解身體的本質與色相本來就是空的，是無常的、因緣所生的，若真能如此看待，智慧就產生了。」（《三十七道品講記・四念處講記》，頁 33）即是以身的現象、本質都是無常的觀照。

[93] 釋聖嚴，《天台心鑰——教觀綱宗貫註》，頁 46。

此處所言「體色入空觀」（體空觀）是天台通教菩薩所修，與析空觀最大的不同是針對身、受、心、法等，並不是透過分析的方式觀照其組成沒有一個真實的「自我」，而是直觀陰、界、入的緣起本來就是「無自性」，聖嚴法師在解釋「七覺支」的「念覺支」時也提到：

> 大乘的菩薩在修念覺支的時候，對這些「法」是不憶、不念的。不像小乘的念覺支，是觀照四念處的身、受、心、法，那是有所憶念的。此處的不憶不念，即是於念而無念，頓斷對一切法的攀緣心及依賴心，猶如禪宗菩提達摩所說的「理入」和「絕觀」，直入不思議的空、無相、無願的三解脫門。[94]

「於念而無念」即是觀照色、心諸法的空性，不再緣取諸法有實，所以蕅益智旭（1599－1655）說修體空觀乃明「陰、界、入皆如幻化，當體不可得」[95]，那麼，除了色、心二法所構成沒有一個真實的自我，陰、界、入等法也不可得，此即屬於大乘「法空」觀能破「法執」的內涵了。[96]

雖然四念處的大乘觀法是「直接觀空」，但實際的修持

---

[94] 釋聖嚴，《三十七道品講記．七覺支講記》，頁 195。

[95] 智旭述，《教觀綱宗》，《大正藏》第 46 冊，頁 939 下。

[96] 太虛大師（1899-1947）說：「若通教修體空觀兼能空法執。若不能空法執但空我執者，僅成藏教析空觀耳。」（《太虛大師全書．第四編．大乘通學》，臺北：善導寺佛經流通處印行，1970 年，頁 979-980）

卻不簡單，[97]所以在聖嚴法師的教學中，並未擯棄次第禪觀的面向，由於他的本懷還是在大乘利益眾生的精神，所以他認為自利為主的解脫道只是修行的過渡，[98]若能在解脫道的次第修持中加上菩薩道的「直接觀空」，就可以朝著破除兩種我執邁進。[99]

四、禪修與道品修持的關係

從上述解脫道的次第禪修或菩薩道的直觀空性，聖嚴法師皆不諱言要修有所成對一般人而言都是相當困難的。然而，三十七道品修持若只停留在理論的詮釋，亦難獲得生活實益，無非成為空中樓閣般不切實際，所以他在教學上除了提出大、小乘經教的佐證外，更切實指導日用所行的道品修持方法。

---

[97] 聖嚴法師說：「這種直觀的方法聽起來很容易嗎？可以不用四念處，看到現象直接就說，『啊！這是空的，那是空的』嗎？不行，沒那麼容易。我們需要精進努力修行，才有辦法達到那樣的境界。」（《三十七道品講記．四念處講記》，頁 35）

[98] 如其曾云：「聲聞法側重出離心的解脫行，厭三界苦趣，求速脫五蘊；雖離我執，未離法執，不算究竟。」（《三十七道品講記．四如意足講記》，頁 95）

[99] 聖嚴法師說：「既然如此，何不一開始就邊修解脫道，邊修菩薩道？這樣便可以從『我空』進入『法空』。這個『空』是空去一切法的本性，甚至涅槃法其本身的性質也是空的。因為二乘人的涅槃還會退失，會從酒醉中醒過來，所以是無常，不是永恆，而無常法的本質就是空，稱為『空性』。」（《聖嚴法師教話頭禪》，頁 178）

（一）禪修與道品實踐的結合

對於禪者在日常生活如何應用道品，聖嚴法師曾以「四念處」為例開示道：

> 但是，在普通人的平常生活中，也不是無緣修習四念處的觀法。事實上，我在指導禪修時，常常勸勉禪眾，要時時照顧好各人自己的身心，應當：「身在哪裡，心在哪裡。」「手在做什麼，心在做什麼。」「吃飯時吃飯，睡覺時睡覺。」如能做到，則行住坐臥的四大威儀，無一項、無一時、無一處不是修行。凡是一舉手、一投足，舉心動念處，全部生命的動靜運作，也都是用功辦道的場合。這就是中國禪宗祖師們所提倡「禪在平常日用中」的大道理所在。此即是將次第禪觀的四念處觀法，用於中國禪宗的微妙之處。[100]

四念處所觀照的「色法、心法」也就是「身、心」二者，法師所說的「身在哪裡，心在哪裡」便是要初學者透過四念處觀，達到身心的清明，並逐漸獲得如前述能破除「我執」的智慧，對於禪者的四念處修法，他曾做了明確的解說：

> （觀身法）從粗大的肢體動作，至關節、皮膚、頭部的

---

[100] 釋聖嚴，《禪的世界》，頁 29。

五官、腦部、胸腹的五臟、腰部、臀部、四肢等的活動，從粗而細，從外而內，從大而小，從點而面，從局部而全身，逐層觀照，乃至明察秋毫，隨時隨地，都能清清楚楚。[101]

（觀受法）因為觀察受苦受樂，苦樂本身僅僅是受，觀受是受而非苦樂，心即能夠明淨安靜，不為苦樂的觸受與覺受而影響情緒。[102]

（觀心法）如何觀心？即是向起心動念處用功，觀照每一個念起念滅處，究竟是在想些什麼？心相如何？心情如何？每一念的相應處，究竟是跟五受的哪幾受有關？又跟三毒的哪幾毒相連？觀心之時，不是不許心念活動，而是明察心念在做什麼。[103]

（觀法法）一切的思想、觀念、分別、執著，均是從心相、身相、物相產生的印象及符號，既然已用觀身、觀受、觀心等方法，照見那些現象均非永恆的實法，當然也就沒有實我、常我、真我可求了，故將此法觀成，當下即證無我的實相無相。[104]

---

[101] 釋聖嚴，《禪的世界》，頁 30。
[102] 釋聖嚴，《禪的世界》，頁 32。
[103] 釋聖嚴，《禪的世界》，頁 32-33。
[104] 釋聖嚴，《禪的世界》，頁 33。

就法師所說可見，他教導的方法是培養一種專注與清楚的態度，這與「念」是有密不可分的關係。據《成唯識論》所述，「念」為：「於曾習境，令心明記，不忘為性，定依為業。謂數憶持曾所受境，令不忘失，能引定故。」[105] 這是透過對「身、受、心、法」所呈現的現象加以觀察，能了知現象、感受、心念的活動狀態，並清楚執持於心中，由此體解不僅身、心構成的個體無常、無我，一切諸法也都非恆常真實，此即貼合於上述大乘「體空觀」的觀修方法。

值得注意的是，雖然三十七道品分有七科的內容，在《三十七道品講記》中卻可以得見聖嚴法師是將第一科「四念處」的修持貫串了其他六科。除了前述「四正勤」本是針對四念處修法的平衡與調整，「四如意足」也是在修四念處觀之後對三摩地的加強。而且在四正勤的修持中，法師更提及以精進行持四念處能捨離五蓋而產生五種善根（「五根」），[106] 而「五力」則是五根的加深力用。另外，於「七覺支」的念覺支、「八正道」的正念，法師也同樣都以「四念處」的修持為範例。[107]

---

[105] 玄奘譯，《成唯識論》卷 5，《大正藏》第 31 冊，頁 28 中。

[106] 釋聖嚴，《三十七道品講記・四正勤講記》，頁 56。另，聖嚴法師也說：「這五種根又名無漏根，無漏就是從煩惱得解脫。如何培養這五種根？就是要先修『四念處』——主要是修觀、修定；然後用『四正勤』來修四念處——以精進的心既修觀慧，又修禪定；再以四正勤的功能修四種神足，即『四如意足』，四種神足就是四種定。觀慧和禪定的功能產生之後，信心就會穩固，第一根的信就產生了。」（《三十七道品講記・五根五力講記》，頁 107-108）

[107] 釋聖嚴，《三十七道品講記・七覺支講記》，頁 157-161；《三十七道品

進一步從聖嚴法師教導的禪修次第來說，是讓大眾從「散亂」的當下開始訓練：「我常說禪的修行應依照以下的次第：散心，集中心，統一心，無心。先把散亂的念頭集中起來，再從集中心到統一心，最後一舉從統一心進入無心。」[108] 而他在詮釋七覺支的「念覺支」時，則使用了同樣的禪修概念：

> 念覺支，就是使心念集中，從散亂心而成集中心，由集中心而成統一心。也就是在修行道品次第時，常常要思惟；思惟，就是觀照。而且非常用心地注意它、留心它，留心自己的智慧和禪定是同樣的重要。[109]

「專注觀照」是禪修也是道品的共同下手處，能將日常散亂的心往內收攝，法師所教導的不論是念佛、數呼吸、四念處觀等，都是以「專注觀照」達成集中心、統一心的方法，[110] 他認為教門的次第禪修與禪宗頓悟並無衝突，尤其許多學者常常強調禪宗修行是完全不需要次第，然而法師解釋由「散

講記・八正道講記》，頁 236-237。

[108] 釋聖嚴，《心的詩偈——信心銘講錄》，收錄於《法鼓全集》4-7，臺北：法鼓文化，2020 紀念版，頁 34。

[109] 釋聖嚴，《三十七道品講記・七覺支講記》，頁 157-158。

[110] 聖嚴法師說：「平日的『我』是非常散漫不踏實的，故可稱為散亂心的我。我們必須要用方法來調理身心，以數呼吸、持佛名號、觀身受法等等，來達到集中心、專一心、統一心的境界。其中觀身受法，是指觀身體動作的感覺，『觀』後，還須加上『照』及『提』的工夫。」（《禪的世界》，頁 108）

亂心」到「集中心」、「統一心」不可能完全不需要方法，有方法就有次第，[111] 因此從結合禪修的角度來說，在聖嚴法師的教學系統中，三十七道品的修持便應當是安排在延續「集中心」與「統一心」的次第裡。[112] 對學者而言，具體的方法較於高深的理論或證悟的目標相對實際許多，法師很切實地提點：「用方法時，雖然有雜念、有妄想、有瞌睡，但是朝著提起方法的方向去努力，將散亂、昏沉的心，變成集中心，這就是修行的次第。」[113] 但須要留意的是，不論是「集中心」或「統一心」都只是訓練「散亂心」的過程，並不是禪修的最終目標。就禪宗的「頓悟」來說，讓心達到穩定

[111] 聖嚴法師說：「小參時有人告訴我，他認為天台的止觀似乎是有次第，默照的禪法是否也有次第？我回答他：『禪法本身無次第，修行的過程則是有次第的。』禪法的本身是無相、無我的，既然是無相、無我，怎麼還會有次第？但是修行是有方法的，既然有方法，就必定有次第。運用方法的時候，會發現從散亂心變成集中心，從集中心變成統一心。一般人常誤將統一心當成開悟，但就禪法而言，統一只是進入無心的前一個層次，無心是超越集中心和統一心的。到了無心層次，才是悟境，才是無漏的智慧現前，這個次第是非常的清楚。」（《聖嚴法師教默照禪》，收錄於《法鼓全集》4-16，臺北：法鼓文化，2020 紀念版，頁 145）

[112] 事實上，關於訓練集中心與統一心的次第，應當是從三十七道品前的「五停心」就開始，甚至是修五停心而達集中心、統一心後，才真正進入三十七道品的修持，因此聖嚴法師說：「所謂五停心觀，就是能讓散亂的妄想心，變成集中心以及統一心的五種方法，那就是：不淨觀、慈悲觀、因緣觀、念佛觀、數息觀。五停心觀是在尚未修行四念處之前必須具備的修行基礎，也就是禪定的基礎，有了集中心和統一心之後，才算進入三十七道品的第一階段。」（《三十七道品講記‧七覺支講記》，頁 152-153）

[113] 釋聖嚴，《聖嚴法師教默照禪》，頁 146。

的集中、統一狀態，只是開悟的前方便，但也只有讓「心」處於相對穩定的狀態下，才有機會產生開悟的結果，[114] 所以三十七道品的修持可以說就是禪宗開悟的基礎。

（二）簡別開悟與證果

雖然聖嚴法師教導的禪修次第是從「散亂心」趨向「集中心」與「統一心」，但他很明確表達，「統一心」並不是禪宗的開悟，統一心至多只能到達甚深的禪定，若執著在統一心的狀態中，不僅離開悟相當遙遠，終究只是外道禪定，既然如此，統一心便也與聲聞的解脫有很大的不同，他解釋「統一心」說：

> 所謂統一心，即是天人合一，就是個人的身心和所處時空環境合而為一的體驗，是屬於四禪八定的層次。可是在佛教來講，最終要超越於自己的身心和身心所處的環境，既要化解個人的小我或私我，也要消融跟宇宙同體的大我或神我，才是解脫定。[115]

由於「統一心」的體驗雖然消融了個人的身心與環境，卻仍

[114] 聖嚴法師說：「然而統一心和開悟是兩回事，必須要善根深厚，以及正確的佛法指導，也就是三法印——諸行無常、諸法無我、涅槃寂靜，再加上練習集中心、統一心之後，才可能觸發開悟的狀況出現。」（《聖嚴法師教默照禪》，頁 184）

[115] 釋聖嚴，《禪的理論與實踐》，收錄於《法鼓全集》4-18 冊，臺北：法鼓文化，2020 紀念版，頁 46-47。

存在著一個宇宙同體「大我」的概念，[116] 此便仍有「我執」存在，所以絕不至解脫之境。因此，須要進一步連「統一心」都捨卻，將「大我」的體驗同時拋下，然後才能到達禪宗的開悟之境，法師將其稱之為「無心」。[117]

不過，往下還要釐清的問題是，禪宗的「無心」、「開悟」並不能等同於聲聞佛教的涅槃解脫。雖然「無心」是開展邁向「無我」的智慧，然而「開悟」本身並非已經斷除了所有的我執煩惱，也不是一開悟便成就了究竟的佛果菩提，對禪宗的行者而言，最初「無心」、「開悟」的體驗只是真正修持的開始：

> 以禪宗的方法，可達到無心的目的；達此目的之後，也不能保證永遠處於無心狀態，否則便已成佛。但是能有一次這種無心的經驗，即稱為「見性」，或名為「破參」。從此之後，奠定了信心，還得繼續不斷地努力修行，以期

---

[116] 聖嚴法師說：「因為尚有心在，我們叫它『統一心』或『一心』。此時感受到的是一種大我的存在，到這種程度的人信心堅固，覺得可以放下小我，而有完成大我的可能。」（《心的詩偈——信心銘講錄》，頁117）

[117] 聖嚴法師說：「從散亂變成集中時，集中心就是真心嗎？當然不是。如果心真能集中就不會散亂了，可見散亂心和集中心都是不真實的，既然這些心都不真，那就表示『無心』了。既然本來就『無心』，那我們修行很容易成功呀！雖然我們現在還沒到達『無心』的階段，但知道沒有『心』這回事，我們的信心也就建立起來了。目前我們只要有信心就好，是不是達到了『一心』或『無心』都沒關係，只要相信『散亂心』、『集中心』、『一心』都是假的，自然會精進用功而又不急躁、不失望。」（《心的詩偈——信心銘講錄》，頁67）

將無心的狀態，維持得愈來愈久。[118]

換句話說，若以解脫為目的修持道品，徹底斷除我執煩惱後，便能證入阿羅漢涅槃，然而，從大乘佛教的眼光看來，這並非究竟涅槃之處，[119] 所以雖然同樣以「無我」為修持方向，聲聞乘與菩薩乘的生命素質畢竟不同，這是聖嚴法師在解說「三十七道品」時處處強調的一點。由於禪宗屬「利益眾生」為主的大乘教法，修持次第禪觀只是為了見性開悟而做根基，並不以立刻斷除自身煩惱為目標，[120] 所以在見性開悟之後，仍須時時保持正念，將「無心」之境遍布於整體生命中。

聖嚴法師很明確指出，禪宗的見性並非立即入於聖道果位的意思，所以與修持聲聞教法的入流向不可同日而語，見性對禪者而言是對佛法具備更大的信心，使其能在持續修持中利益眾生，法師說：

---

[118] 釋聖嚴，《禪的生活》，《法鼓全集》4-4，臺北：法鼓文化，2020 紀念版，頁 199。

[119] 聖嚴法師解釋《法華經》提到的二乘人涅槃說到：「二乘人所得的涅槃，並不真實，那就像是一座由魔術師幻化出來的城池一樣，看來暫時有，究其實則無。」（《絕妙說法——法華經講要》，收錄於《法鼓全集》7-8，臺北：法鼓文化，2020 紀念版，頁 112）

[120] 聖嚴法師說：「以中國禪宗的修行來說，雖然是重視開悟的，但開悟並不一定要入次第禪定，只要能夠見到自性或空性，便算開了小悟。開了小悟，並非完全沒有煩惱，而是清楚知道自己的煩惱並沒有斷，也清楚知道自己的心有時候沒有辦法控制自己。」（《三十七道品講記．四如意足講記》，頁 80）

> 禪宗的見性，也不能與聲聞初果的見道位相混。大乘法貴在菩提心的菩薩行，不為自求速成。迷人漸修，悟時頓悟；悟後起修，發大悲心，歷劫潤生。聲聞法側重出離心的解脫行，厭三界苦趣，求速脫五蘊；雖離我執，未離法執，不算究竟。[121]

見道位在聲聞乘屬初果向，是真正進入解脫道的開始，[122]於二執中則是專對我執下手覷破，為的是解脫三界之苦，這與大乘禪宗以大悲願力悟後起修著實有很大的差異。換言之，若修持道品入解脫道見道位未來必定脫離三界苦趣，但因法執未離，並非究竟涅槃；而以道品為基礎朝向菩薩道的行者，若能破參開悟，則依所悟繼續於三界中留惑，順應大悲廣利眾生，未來成就無上菩提佛果，這也是聖嚴法師禪修教學的最終目標。

五、結語

三十七道品是佛教四聖諦中「道諦」的主要內容，就著聲聞解脫道而言，次第修持三十七道品對達到涅槃解脫有其重要性，然而，中國佛教多以大乘教法自居，尤其禪宗講求「頓悟」，歷來禪師便較少闡釋次第修持三十七道品的必

---

[121] 釋聖嚴，《三十七道品講記．四如意足講記》，頁 94-95。

[122] 印順法師說：「聖道共十六心，八忍，八智，現觀四諦。在十五心中，名為見道，是預流初果向。十六心——道類智，就是證果。」（《說一切有部為主的論書與論師之研究．第十三章》，《印順法師佛學著作集》第 36 冊，臺北：正聞出版社，1992 年，頁 683）

要。不過，法鼓山創辦人聖嚴法師認為，雖然禪宗的頓悟非有修持次第，但實踐必然有其方法，而方法就涉及次第，因此，三十七道品的實修對禪宗行者來說，便可納入為頓悟的前行方法，是故他在教導禪法時，也採用了三十七道品的修持。

關於聖嚴法師對三十七道品的詮釋，主要收錄於《法鼓全集》的《三十七道品講記》，編者蒐羅法師歷來針對七科道品列為六講（五根、五力為同一講）。本文以《三十七道品講記》為核心，探討聖嚴法師對於三十七道品在解脫道與菩薩道的共同行持與不共目標的重要性，藉以呈現其從解脫道邁向菩薩道的詮釋特色。

由於早期經典對「道諦」的指陳多為「八正道」，雖亦有其他六科道品內容，但並未形成一完整次第修學的必然徑路，直至部派佛教《阿毘達磨》逐漸確認「三十七道品」的階次。根據《俱舍論》對於道品次第的說明，除了前五科外，見道位與修道位便有「七覺支」與「八正道」的不同搭配，聖嚴法師揉合了《俱舍論》及《瑜伽師地論》等，並承繼傳統漢傳佛教與北宋初的天台宗教說，舉出了「五個修證次第」，是將七覺支安排於見道位、八正道安排於修道位。此外，他還參照了《大智度論》認為「四念處」、「四正勤」偏重觀慧，是屬於「資糧位」修；「四如意足」偏重禪定，是在「加行位」修，這便與有部提出「四念處」屬「資糧位」、「四正勤」及「四如意足」都攝屬於「加行位」有所不同。

至於實修部分，聖嚴法師是依據傳統聲聞教論典及天台宗的「止觀」修持次第說明在進入三十七道品前須先修「五停心」，事實上，若從《成實論》的討論亦可見整個三十七道品皆屬於「止觀」修持的內容。且就聲聞解脫道而言，禪定的修行要有所成並不容易，但法師也提到，若用大乘禪宗的方法，禪定修持是以「輕安」為目標，進一步從「即止即觀」的修法達到開發處世的智慧，這便是在日用生活中實修。更重要的是，雖然三十七道品是聲聞解脫道實修的主要內容，聖嚴法師一方面從大、小經論肯認道品次第的安排，另一方面則透過禪宗超越次第的直截教法，通攝不同根器的弟子，使不同根性者皆能於禪法中獲益，進一步則會歸道品修法於大乘「直觀空性」的甚深內涵中。

法師是重視實際的，他認為不論解脫道的次第修持或「直觀空性」都是不容易達成，他將這些教法以「身在哪裡，心在哪裡」的日常觀照做為教學策略，這其實就是「四念處」修持的內容，在他的詮解中，四念處貫穿了整個三十七道品，他巧妙地將三十七道品放入禪修教學中深化「集中心」、「統一心」的部分，使得道品修持成為禪修的一環、開悟的基礎。

最後要討論的是，法師很清楚大、小乘教法的目標不同，簡別了禪宗開悟與聲聞證果的差異，法師以大乘禪師之姿充分表達了禪宗的大乘性格，不以個人解脫為主要目的，因此，「開悟」只是修行、利益眾生的開始，而不是離開三界的涅槃，所以在開悟的階段性目標後，接著便要於三界中廣利眾生，透過聖嚴法師《三十七道品講記》的詮釋，便可見得他將聲聞解脫道的修持導向於大乘禪宗菩薩道的本懷。

參考文獻

一、藏經部分

失譯，《般泥洹經》，《大正新修大藏經》（以下簡稱《大正藏》）第 1 冊，臺北：新文豐，1983 年。

法賢譯，《信佛功德經》，《大正藏》第 1 冊，臺北：新文豐，1983 年。

瞿曇僧伽提婆譯，《中阿含經》，《大正藏》第 1 冊，臺北：新文豐，1983 年。

瞿曇僧伽提婆譯，《增壹阿含經》，《大正藏》第 2 冊，臺北：新文豐，1983 年。

求那跋陀羅譯，《雜阿含經》，《大正藏》第 2 冊，臺北：新文豐，1983 年。

實叉難陀譯，《大方廣佛華嚴經》，《大正藏》第 10 冊，臺北：新文豐，1983 年。

曇無讖譯，《大般涅槃經》，《大正藏》第 12 冊，臺北：新文豐，1983 年。

鳩摩羅什譯，《大智度論》，《大正藏》第 25 冊，臺北：新文豐，1983 年。

玄奘譯，《阿毘達磨大毘婆沙論》，《大正藏》第 27 冊，臺北：新文豐，1983 年。

玄奘譯，《阿毘達磨俱舍論》，《大正藏》第 29 冊，臺北：新文豐，1983 年。

鳩摩羅什譯，《中論》，《大正藏》第 30 冊，臺北：新文豐，1983 年。

玄奘譯，《瑜伽師地論》，《大正藏》第 30 冊，臺北：新文豐，

1983 年。
玄奘譯，《成唯識論》，《大正藏》第 31 冊，臺北：新文豐，1983 年。
真諦譯，《三無性論》，《大正藏》第 31 冊，臺北：新文豐，1983 年。
真諦譯，《攝大乘論釋》，《大正藏》第 31 冊，臺北：新文豐，1983 年。
鳩摩羅什譯，《成實論》，《大正藏》第 32 冊，臺北：新文豐，1983 年。
宗泐、如玘同註，《般若波羅蜜多心經註解》，《大正藏》第 33 冊，臺北：新文豐，1983 年。
宗密述，《大方廣圓覺修多羅了義經略疏》，《大正藏》第 39 冊，臺北：新文豐，1983 年。
普光述，《俱舍論記》，《大正藏》第 41 冊，臺北：新文豐，1983 年。
慧遠撰，《大乘義章》，《大正藏》第 44 冊，臺北：新文豐，1983 年。
灌頂撰，《天台八教大意》，《大正藏》第 46 冊，臺北：新文豐，1983 年。
智顗說，《摩訶止觀》，《大正藏》第 46 冊，臺北：新文豐，1983 年。
智顗撰，《法界次第初門》，《大正藏》第 46 冊，臺北：新文豐，1983 年。
智旭述，《教觀綱宗》，《大正藏》第 46 冊，臺北：新文豐，1983 年。
諦觀錄，《天台四教儀》，《大正藏》第 46 冊，臺北：新文豐，1983 年。
德清撰，福善日錄，《憨山老人夢遊全集》，《嘉興大藏經》第 22

冊，臺北：新文豐，1987 年。
通妙譯，《中部經典》，《漢譯南傳大藏經》第 9 冊，高雄：元亨寺妙林出版社，1995 年。

二、聖嚴法師著作

釋聖嚴，《評介》，《法鼓全集》3-6，臺北：法鼓文化，2020 紀念版。
釋聖嚴，《漢藏佛學同異答問》，《法鼓全集》3-10，臺北：法鼓文化，2020 紀念版。
釋聖嚴，《禪的生活》，《法鼓全集》4-4，臺北：法鼓文化，2020 紀念版。
釋聖嚴，《心的詩偈——信心銘講錄》，《法鼓全集》4-7，臺北：法鼓文化，2020 紀念版。
釋聖嚴，《禪的世界》，《法鼓全集》4-8，臺北：法鼓文化，2020 紀念版。
釋聖嚴，《禪鑰》，《法鼓全集》4-9，臺北：法鼓文化，2020 紀念版。
釋聖嚴，《動靜皆自在》，《法鼓全集》4-13，臺北：法鼓文化，2020 紀念版。
釋聖嚴，《神會禪師的悟境》，《法鼓全集》4-14，臺北：法鼓文化，2020 紀念版。
釋聖嚴，《聖嚴法師教默照禪》《法鼓全集》4-16，臺北：法鼓文化，2020 紀念版。
釋聖嚴，《聖嚴法師教話頭禪》，《法鼓全集》4-17，臺北：法鼓文化，2020 紀念版。
釋聖嚴，《禪的理論與實踐》，《法鼓全集》4-18 冊，臺北：法鼓文化，2020 紀念版。
釋聖嚴，《絕妙說法——法華經講要》，《法鼓全集》7-8，臺北：

法鼓文化，2020 紀念版。
釋聖嚴，《天台心鑰——教觀綱宗貫註》，《法鼓全集》7-9，臺北：法鼓文化，2020 紀念版。
釋聖嚴，《三十七道品講記》，《法鼓全集》7-11，臺北：法鼓文化，2020 紀念版。
釋聖嚴，《佛法綱要——四聖諦、六波羅蜜、四弘誓願講記》，《法鼓全集》7-12，臺北：法鼓文化，2020 紀念版。
釋聖嚴，《華嚴心詮——原人論考釋》，《法鼓全集》7-14，臺北：法鼓文化，2020 紀念版。

三、專書

木村泰賢著，釋依觀譯，《阿毘達磨佛教思想論》，新北：臺灣商務，2020 年。
釋太虛，《太虛大師全書》，臺北：善導寺佛經流通處印行，1970 年。
釋印順，《成佛之道》，《妙雲集》第 12 冊，新竹：正聞出版社，2000 年。
釋印順，《說一切有部為主的論書與論師之研究》，《印順法師佛學著作集》第 36 冊，臺北：正聞出版社，1992 年。

四、期刊論文

釋長慈，〈說一切有部觀四諦十六行相滅行滅緣入見道之修道次第初探——以《大毘婆沙論》、《俱舍論》及其註釋書為中心〉，《福嚴佛學研究》第 8 期，2013 年 4 月，頁 79-122。

From the Fulfillment of Liberation Path to the Realization of Bodhisattva Path:

Based on Interpretation of the *Commentary on the Thirty-Seven Aids to Enlightenment* by Master Sheng Yen

Chin-Chang Tsai

Assistant Research Fellow, The Chung-Hwa Institute of Buddhist Studies

Abstract

The "Thirty-Seven Aids to Enlightenment" is categorized within the Noble Truth of Path in the fundamental Buddhist teachings of the Four Noble Truths. That is composed of the Four Foundations of Mindfulness, the Four Proper Exertions, the Four Steps to Magical Powers, the Five Roots, the Five Powers, The Seven Factors of Enlightenment, and the Noble Eightfold Path. In Sravaka Buddhism, such practice leads to the Path of Liberation, in which by mastering these thirty-seven aids to enlightenment to cut off the arising of dukkha and to reach Nirvana. In the *Commentary on the Thirty-Seven Aids to Enlightenment*, Master Sheng Yen introduced the thirty-seven aids respectively via understandable talks and emphasized on the practical fulfillment on daily basis. As a monk of Chinese Buddhism, Master Sheng Yen further evolved these thirty-seven aids to ideas of Bodhisattva Path from a solid foundation of practice on the original Liberation-Path approach in early Buddhism. Such a development has turned this self-liberation based approach into a basis for altruistic perfection and been integrated in a progressive Chan teaching that is more feasible to be carried out in modern life and workable for the ordinary people. Based on the *Commentary on the Thirty-Seven Aids to Enlightenment*, this study will explore how Master Sheng Yen connected the practice of Liberation Path with the realization of Bodhisattva Path and what the structure of this progressive Chan teaching is. Furthermore, this will lead to how Master Sheng Yen performed the modernization of traditional Chinese Buddhism and integrated both the Liberation Path and Bodhisattva Path to demonstrate the self-enhancing and altruistic nature of Mahayana Buddhism and Chinese Chan Buddhism.

Keywords: Liberation Path, Bodhisattva Path, the thirty-seven aids to enlightenment, Master Sheng Yen

禪修、持戒與倫理
——以聖嚴法師思想為核心*

朱麗亞
東海大學哲學系博士候選人
比利時根特大學語言與文化學系博士候選人

摘要

本文旨在於探究，聖嚴法師之禪學與戒學思想中，「持戒」具有什麼樣的時代意義？自聖嚴法師與一行禪師這兩位當代著名禪師，對於佛教根本戒之一「邪淫戒」所做出之創新詮釋談起，擬進一步理解其現代化詮釋所奠基之義理基礎何在？「持戒」此一修行法門，於兩位禪師現代化之佛教倫理觀中，均具有不可取代的重要性。尤其，聖嚴法師是如何看待「禪修」與「持戒」間之關聯？按照聖嚴法師的詮釋，佛戒一方面做為出世解脫道之基礎，另方面亦是入世的、契合世間倫理之善法。惟隨著社會主流價值之變遷，戒做為佛教倫理基礎，如何可能因應充滿變數的新時代？

* 感謝兩位匿名審查人惠賜寶貴的審查意見，有助於作者修正訛誤並思考相關議題，對於文章修訂與日後研究方向，有莫大助益，於此致上誠摯謝意。本文首先發表於「第九屆漢傳佛教與聖嚴思想國際學術研討會」，獲得主持人辜琮瑜老師、回應人常寬法師及與會聽眾之回饋，受益良多，謹於此向主辦單位致謝。

關鍵詞：聖嚴法師、持戒、禪修、倫理

一、前言

聖嚴法師是公認的禪師，與一行禪師相似，皆以振興佛教做為己任。❶本文以聖嚴法師思想做為最主要的研究對象，輔以一行禪師思想。主要探究的是，佛教之「戒」具有什麼樣的當代意義？持戒與「禪修」、持戒與「倫理」間具有什麼樣的關係？

筆者首先指出，聖嚴與一行這兩位當代著名的禪師，皆不拘泥於傳統典籍所載之教條，而是突破文義框架，回歸佛陀之本懷，秉持著最初佛陀制戒的精神——維護三業清淨，就一切戒律的根本即五戒，提出與時俱進、因應社會變遷的創新詮釋，形同現代化的佛教倫理觀。

接著，闡述現代佛教與傳統戒律之間的緊張關係，聖嚴法師與一行禪師皆承繼自太虛大師之佛教改革，❷均強調基本戒律之持守。如一行禪師主張「不持戒則無法禪修」，❸

---

❶ 兩位禪師之間存有良好的情誼，例如一九九五年一行禪師曾來臺與聖嚴法師展開「禪與環保」對談，一九九七年聖嚴法師出版 *Complete Enlightenment*（《完全證悟》）則由一行禪師為之作序。參《人生》雜誌第 463 期，「憶念一行禪師專題」，臺北：法鼓文化，2022 年 3 月。

❷ DeVido, Elise Anne. 2009. “The Influence of Chinese Master Taixu On Buddhism In Vietnam,” *Journal of Global Buddhism* 10, pp. 413-458.

❸ 原文如下：In many talks, the Buddha spoke about the Threefold Training of precepts, concentration, and insight. The practice of the precepts (shila) is the practice of Right Mindfulness. If we don’t practice the precepts, we aren’t practicing mindfulness. I know some Zen students who think that they can practice meditation without practicing precepts, but that is not correct. The heart of Buddhist meditation is the practice of mindfulness, and mindfulness

持戒對於佛教修行而言，具高度重要性與必要性。那麼，聖嚴法師又是如何闡述「禪修」與「持戒」間之關聯？佛戒，做為解脫道的基礎，亦是契合世間之善法，然而值得思考的是，它與俗世的一般「倫理」如何可能相通？

二、現代化之佛教倫理觀

聖嚴法師言「我是試著做復活戒律的工作，而不是食古不化的說教。」立足於傳統，聖嚴以宗教師的身分，藉由嚴謹的學術研究方法，針對佛典中繁複的戒條提出新穎的詮釋，將之轉化為當代社會所能理解並承受的規範，使佛法與戒律得以適用於迅速變化的今日世界。

> 流傳於今日世界的佛教戒律，我們已知道，遇到了許多問題，若不加以釐清，將會有礙於佛法的推廣。……佛教

---

is the practice of the precepts. You cannot meditate without practicing the precepts. 見 Thich Nhat Hanh, 1998. *The Heart of the Buddha's Teaching: Transforming Suffering into Peace, Joy, and Liberation*. Harmony. p. 83. 中譯本：「佛陀在多次說法中談論戒、定、慧三學，持戒就是修習正念，若不持戒，就不是在修習正念。我知道有些學禪的人以為可以不用持戒而禪修，這種想法是錯誤的。佛教禪修的核心即是修習正念，而修習正念即是持戒，不持戒根本無法禪修。」參釋一行（Thich Nhat Hanh）著，方怡蓉譯，《佛陀之心——一行禪師的佛法講堂》，臺北：橡實文化，2008 年，頁 84。本文以為，一行禪師所稱「不持戒根本無法禪修」，言簡意賅，惟略為武斷。中譯本所謂「禪修」，原文使用的是 meditate 這個動詞，於此，或許亦能譯為「不持戒則無法靜慮」或「不持戒則無法收攝心念」。畢竟，禪修（meditate）所指涉，即是心的修持，或心的訓練。

的傳統戒律到了今日世界，雖已面臨種種需要省思改進的問題，然其可以設法補救，卻不可輕言廢棄。❹

關於傳統戒律於今日世界所遭逢之問題，聖嚴法師曾舉出數例，包括五戒中的不飲酒戒、邪淫戒，與新興在家佛教團體無視比丘僧團地位等問題。❺限於篇幅，本文暫僅以邪淫戒之現代化詮釋做為實例，一則由於聖嚴法師就此一根本戒，已有相當篇幅之論述足以做為研究對象，二則是按照聖嚴法師，對於在家佛子而言，邪淫戒是五戒之中最應優先持守的戒法，是學佛的基礎。❻如《律制生活》：「佛教徒中的在家弟子，只要一進佛門之後，最好能受五戒，如果不受五戒，也應學習五戒，五戒不能全持，最少要持邪淫一戒。」❼

至於，邪淫戒的內容為何，縱然傳統佛典包括《優婆塞

---

❹ 釋聖嚴，《菩薩戒指要》，《法鼓全集》1-6，臺北：法鼓文化，2020 紀念版，頁 17-18。

❺ 同上註，頁 17。

❻ 此處感謝兩位匿名審查人之一所提醒，五戒除了邪淫戒，尚有其他四戒（殺生戒、偷盜戒、妄語戒、飲酒戒）。聖嚴法師是否與如何對於其他四戒做出相對應之現代化詮釋，尚待日後補充。關於五戒及其內容，參釋聖嚴，《戒律學綱要》（四版），臺北，法鼓文化，2022 年，頁 89-126。

❼ 釋聖嚴，《律制生活》，《法鼓全集》5-5，臺北：法鼓文化，2020 紀念版，頁 256。

戒經》❽、《正法念處經》❾、《大智度論》❿等有諸多繁瑣且不盡相同之記載，聖嚴法師並不拘泥於教條之文義框架，而是另闢蹊徑，順應世間社會之變遷、時而更新其戒學詮釋，形同（後）現代化的佛教倫理觀。

例如，於其早期著作，一九六五年成書之《戒律學綱要》，聖嚴法師云「邪淫戒」成重罪不可悔有四項要件：非夫婦、有淫心、是道與事遂。⓫然，事隔三十載，一九九五年所成書之《菩薩戒指要》，⓬法師認知到當下之社會現

---

❽ 《優婆塞戒經》卷 6，〈24 經業品〉：「若於非時、非處、非女、處女、他婦、若屬自身，是名邪婬。……若畜生、若破壞、若屬僧、若繫獄、若亡逃、若師婦、若出家人，近如是人，名為邪婬。出家之人無所繫屬，從誰得罪？從其親屬、王所得罪。惡時、亂時、虐王出時、怖畏之時，若令婦妾出家剃髮，還近之者，是得婬罪。若到三道，是得婬罪。若自若他在於道邊、塔邊、祠邊、大會之處，作非梵行，得邪婬罪。若為父母、兄弟、國王之所守護，或先與他期，或先許他，或先受財，或先受請，木埿、畫像及以死尸，如是人邊作非梵行，得邪婬罪。若屬自身而作他想，屬他之人而作自想，亦名邪婬。」（CBETA 2023.Q4, T24, no. 1488, p. 1069a4-16). 1509, p. 156c4-11）

❾ 《正法念處經》卷 1：「云何邪婬？此邪婬人，若於自妻，非道而行，或於他妻，道非道行；若於他作，心生隨喜；若設方便，強教他作。是名邪婬。」（CBETA 2023.Q4, T17, no. 721, p. 2c19-21）

❿ 《大智度論》卷 13，〈1 序品〉：「邪婬者，若女人為父母、兄弟、姊妹、夫主、兒子、世間法、王法守護，若犯者，是名邪婬。若有雖不守護，以法為守；云何法守？一切出家女人，在家受一日戒，是名法守。若以力，若以財，若誑誘；若自有妻受戒、有娠、乳兒、非道，如是犯者，名為邪婬。如是種種乃至以華鬘與婬女為要，如是犯者，名為邪婬。如是種種不作，名為不邪婬。」（CBETA 2023.Q4, T25, no. 1509, p. 156c4-11）

⓫ 釋聖嚴，《戒律學綱要》，頁 110。

⓬ 此處感謝兩位匿名審查人之一所提醒，應當回溯聖嚴法師特定著作最初

象，⓭即實然（Is）層面與「舊有的」應然（Ought to be）道德規範間，存在著顯著落差，他提出質疑道：在離婚率極高的現代世界，法律上的婚姻制度不再等於安定的保障，則實際上長相廝守的同居伴侶，無害於家庭和社會，何必視之為邪淫？⓮

又例如二〇〇〇年時，聖嚴法師公開表示：只要同性戀能做到四安即「安心、安身、安家、安業」，有足夠的能力「成家立業，安頓身心」，同性戀是可以被接受的。聖嚴如

成書之當年，以示法師早在該時期（1995）即覺察到社會變遷之現象（例如性倫理價值之劇變），因而有必要就在家戒法（例如邪淫戒）之詮釋做相應之調整，以助於戒律及佛法於此世間之運用。

⓭ 釋聖嚴，《律制生活》：「根據英美兩國的調查報告，美國女人，百分之五十，婚前已非處女，英國與此相同。在美國女人中，一半以上只曾與一個男人發生關係，三分之一曾與兩個到五個男人發生關係，百分之十三與六人以上發生關係。英國女人有二分之一，曾經祕密地希望與另外的男人發生關係。美國女人有百分之二十六，在婚後與丈夫以外的男人發生關係。這是英美兩國的調查報告，可能不適用於中國社會，但此邪淫事實的比例，已夠使我們怵目驚心了。準一般而言，女人除了妓女之外，犯邪淫罪，是比較困難而稀少的，男人則較方便得多，因為男人嫖妓，不算犯法。英美的女人既然如此，其男人自也更不用說了！所以英美的家庭無法得到相當的穩定，今日東方人的家庭，也在大大地動搖了，故於今日而談佛教所制的邪淫法門，頗為切要。」（《法鼓全集》5-5，頁 255-256）

⓮ 聖嚴法師說：「對於邪淫的界定，原來是指在已婚夫婦以外的男女性關係，如今的單身男女，未有法律上的婚姻，卻是生活在一起，長相廝守，形同夫妻，也算邪淫嗎？他們彼此相悅，又不妨害家庭和社會，罪在何處？但其沒有約束，隨時可以分離，缺少相互的保障，也是一種不安定的現象；然在離婚率極高的現代世界，法定的婚姻，也不等於安定的保障，何必一定要把男女同居，視為邪淫？」參釋聖嚴，《菩薩戒指要》（四版），臺北：法鼓文化，2022 年，頁 17。

此異於主流價值的創新詮釋，形同先鋒，於當時的臺灣畢竟是少數，故直到二〇一六年，值同性婚姻合法化辯論、憲法法庭大法官即將釋憲之際，才被新聞媒體讚譽為「16 年前的大智慧」、「真正的智者」。⓯ 猶如學者鄧偉仁指出，聖嚴法師之建設人間淨土，不僅是宗教課題，更是社會改造工程，因此結構性與制度性的社會議題，亦受到其正視。⓰

聖嚴法師對於傳統戒法的詮釋風格，是寬容、慈悲且與時俱進的，其立論基礎不僅在於形式上佛陀「隨方毘尼」之遺命——戒律之隨方而變，隨著各該時代、地域與民族而有所調整，更是奠基於佛陀制定戒律的實質意義——維護身、口、意三業之清淨。猶如薩莉・金（Sallie King）指出入世佛教（或翻作人間佛教）的特色之一，是立足於傳統的佛教哲學與倫理，透過當代佛教領袖之新詮，使佛法得以適用於今日社會所遭遇之種種問題，這麼做的動機是出於傳統的佛教德行「慈悲」。⓱

亦如王宣曆所述，聖嚴法師具有強烈的時代感與使命感，面對當前社會由現代到後現代之變遷，法師以無我的立

⓯ 相關新聞，見 www.storm.mg/article/197517、www.setn.com/news.aspx?newsid=204198，以及 www.rti.org.tw/news/view/id/2010401。（檢索日期均為 2023/6/1）

⓰ 鄧偉仁，「佛教倫理與理想社會的建設」（法鼓文理學院心靈環保研究中心 106 學年「心靈環保講座」），https://www.youtube.com/watch?v=i6FcqmESmHE（檢索日期：2023/6/1）。

⓱ King, Sallie B. 2009. *Socially Engaged Buddhism*, Honolulu: University of Hawaii Press, p. 11.

場不斷解構每一個舊有、既存的立場。因而能夠不斷地融入異質化、多元化的後現代社會。⓲直言之，聖嚴法師懷抱著創新的思維，為突破窠臼，甚至不畏推翻自己舊有的立場，率先提出因時、因地制宜的佛學詮釋。引領佛弟子，邁向詭譎多變的明日世界。其〈後現代佛教〉即指出：

> 現代主義的西方社會，強調個人與自我；所以後現代主義是以個人為立場，對社會提出批判與解構。如果從這個角度來看，佛教則是以無我為立場，一旦解構了每一個立場，豈不就是無我的立場呢！佛教教我們要不斷打破舊有的框架，不斷融入現代不同文化的社會，這似乎就跟後現代哲學接軌了。⓳

極為相似地，一行禪師同樣覺察到當代社會主流價值觀之遞變，而重新詮釋佛教在家戒法。使傳統「五戒」搖身蛻變為「五項正念修習」，徹底顛覆教條主義。例如第三項正念修習，⓴對應到傳統第三戒「邪淫戒」，禪師卻為之命名

⓲ 王宣曆，〈人間性、場域性與解構性——聖嚴法師論如何建設現代社會為人間淨土〉，收錄於聖嚴教育基金會學術研究部編，《聖嚴研究》第十三輯，臺北：法鼓文化，2020 年 11 月，頁 569-570。

⓳ 釋聖嚴，《人間世》，《法鼓全集》8-6，臺北：法鼓文化，2020 紀念版，頁 43。

⓴ 第三項正念修習：「覺知到不正當的性行為所帶來的痛苦，我承諾培養責任感，學習保護個人、伴侶、家庭和社會的倫理和安全。我知道性欲並不等於愛，基於貪欲的性行為會為自己和他人帶來傷害。如果沒有彼此的同意和真愛，沒有深刻和長久的承諾，我不會和任何人發生性行

為「真愛」，內含慈、悲、喜、捨四元素（即傳統佛教「四無量心」），強調伴侶之間的相互理解。尤特別的是，其所謂「真愛」並不拘泥於婚姻關係，這一點與聖嚴法師後期，即一九九五年《菩薩戒指要》成書之際，對於構成邪淫與否，所採的寬容、慈悲態度極為類似。

三、禪師與持戒

漢傳佛教自太虛大師之改革以來，即以佛教現代化為目的，以大乘之入世精神，做為中介橋樑，使佛法足以適應多元化的現代社會。臺灣的聖嚴、星雲、證嚴等法師，以及越南的一行禪師，均繼承了太虛大師「人生佛教」理念或受到印順法師「人間佛教」之影響，而推動佛教之現代轉型。

聖嚴法師曾表示，近代人物之中他最佩服的對象即是太虛大師，理由是：

> 我佩服他一生都以宗教師的身分要求自己。他的生活不離戒律，他的言談不離佛法。儘管當時許多守舊的長老

為。我願從支持和信任我的家庭成員、朋友和共修團體，尋求對這真摯關係的心靈支持。我會盡力保護兒童免受性侵犯，同時防止伴侶和家庭因不正當的性行為而遭受傷害與破壞。認識到彼此身心相連，我承諾學習用適當的方法照顧我的性能量，培養慈、悲、喜、捨這四個真愛的基本元素，藉以令自己和他人更幸福。覺知到人類經驗的多元性，我承諾對任何性別認同或性取向不存分別心。修習真愛，我知道我們將會美麗地延續到未來。」參釋一行（Thich Nhat Hanh）著，彭凱欣譯，《幸福》，香港：皇冠出版，2014 年，頁 67-68。

> 們，……認為他不像個和尚，但他的目的是保護佛教、振興佛教，而這也是他一生的志願。[21]

聖嚴法師主張，正信的佛教「不是世俗化，但是人間化」，[22]是積極地「化俗」而不是消極地「被俗化」。亦即，回歸佛教的根本精神，為攝化人類而走向世俗社會的人群，以佛法淨化人心。至於，如何順應大環境之變遷，既不與社會脫節，亦不與世俗同流？關鍵就在於，佛教戒律的持守。[23]

聖嚴法師強調：「不能因為參與世俗事務，迷失了自己的方向和立場，導致失去清淨身口意三種行為的精神。」[24]

---

[21] 釋聖嚴，〈代序：紀念一代宗師〉，白德滿（Don A. Pittman）著，《太虛——人生佛教的追尋與實現》，臺北：法鼓文化，2008 年，頁 3。

[22] 釋聖嚴，《動靜皆自在》：「什麼是正信的佛教？（一）不是世俗化，但是人間化：人與人之間，彼此互相真誠關懷，但不會情緒化和涉入私人感情的恩怨是非。（二）不是鬼神教，但有人天教：承認和相信鬼神的存在，但不依賴鬼神。知道人死後能生天界，但不以生天為依歸。無論在人間或天上，均須合乎相當的道德標準。（三）不是厭世的，但是出世的：無限制地對社會付出關懷、貢獻，但不期待自己的努力會得到回饋。（四）不是戀世的，但是入世的：為了幫助有需要的人，參與社會世間的一切，但不貪戀執著。」（《法鼓全集》4-13，臺北：法鼓文化，2020 紀念版，頁 31）

[23] 王宣曆，〈人間性、場域性與解構性——聖嚴法師論如何建設現代社會為人間淨土〉，《聖嚴研究》第十三輯，頁 548-551。

[24] 釋聖嚴，《法鼓山的方向：護法鼓手》：「近數年來，臺灣佛教的復興，乃基於人間化的關係。但是，人間化絕不可淪為世俗化。因此，印順法師一再地提示：正信正統的佛教，第一，不可變成梵（天）化，就是神化；第二，不能流為世俗化，不能因為參與世俗事務，迷失了自己的方向和立場，導致失去清淨身口意三種行為的精神。我再提出，第三，也不得形成只為學問而學問的學究式佛教。現在世界各地的佛教，

這也是印順法師所一再提示，縱然兩位法師走的是不一樣的道路。㉕關於聖嚴法師之人間佛教，于君方這麼說：

> 如同美國佛教徒提倡的入世佛教，人間佛教的特點是積極的社會關懷。聖嚴是禪師，卻用淨土宗的用語宣揚人間佛教。他在著作和演講中強調，淨土不在娑婆世界以西的遙遠國度，而是在此時此世間即可建設淨土。㉖

于氏這段話，有兩點特別值得著墨。首先，她明確指出聖嚴是禪師，這是公認的事實，尤其在海外以禪師著名。惟聖嚴法師曾說：「我不是禪師，我只是教導你們修行的方法。」㉗一身承繼禪宗曹洞、臨濟二法脈，卻調侃自己不是

上焉者學術化，中焉者梵天化，下焉者就是世俗化。真正純淨的佛法，僅在少數人之間。」（《法鼓全集》9-5，臺北：法鼓文化，2020 紀念版，頁 153）

㉕ 釋聖嚴，〈如何研究我走的路〉：「我走的是太虛大師的路，也是我師父東初老人的路，因為我認知到：漢傳佛教的包容性、涵融性及適應性，可以順應我們這個時代，發揮其普及化、人間性及人性化的功能；而印度大乘佛教的中觀、唯識，雖然哲學觀念很強，但應用於人間，其普遍性及生活化的推廣、應用，則仍有商量的餘地。」參聖嚴教育基金會學術研究部編，《聖嚴研究》第一輯，臺北：法鼓文化，2010 年 3 月，頁 19-20。

㉖ 于君方著，方怡蓉譯，《漢傳佛教專題史》，臺北：法鼓文化，2022 年，頁 294。

㉗ 釋聖嚴，《禪的生活》：「以中國古代的佛教型態來講，我不是禪師；以今天的日本型態看，我也不是禪師，這在《禪的體驗‧禪的開示》、《禪門囈語》兩書的自序中，已有聲明。雖然我也主持禪七，教人打坐參禪，但我也常告訴弟子及有緣親近我、跟我學禪打七的人說：『我不

合格的禪師，或許是因為真正的禪師，在當代社會極難以追尋。㉘對於聖嚴法師而言，足以稱作「禪師」者必須具備五個條件：正見、禪修的體驗、正法的傳承、福德因緣，並懂得觀機逗教、適應眾生的方便法門。㉙

再者，于君方所謂「美國佛教徒提倡的」入世佛教，難免使讀者誤以為入世佛教為美國佛教徒所首倡，她會這麼說，恐怕是由於「入世佛教是當代全球佛教的主流思潮」所生之誤解。實際上，入世佛教（Engaged Buddhism）此一概念之使用，肇始自一行禪師於一九六四所著《入世佛教》（*Le Bouddhisme engagé*），㉚如薩莉・金指出「入世佛教」興起於二十世紀的亞洲佛教國家，針對諸多危機所做出的回應，尤其是二戰、冷戰與越戰所造成不計其數之傷亡。㉛ 大衛・馬克馬漢（David McMahan）亦指出這些史實，正是促成佛教現代主義（Buddhist Modernism）的重要

是禪師，我只是教導你們修行的方法。』」（《法鼓全集》4-4，臺北：法鼓文化，2020 紀念版，頁 81）

㉘ 林佩瑩，〈《楞伽經》與聖嚴禪學〉，收錄於聖嚴教育基金會學術研究部編，《聖嚴研究》第十輯，臺北：法鼓文化，2018 年 5 月，頁 131。

㉙ 釋聖嚴、丹・史蒂文生（Dan Stevenson）著，梁永安譯，《牛的印跡——禪修與開悟見性的道路》（二版），臺北：商周出版，2009 年，頁 282-299。

㉚ 見梅村官網，https://plumvillage.org/books/1964-dao-phat-di-vao-cuoc-doi-buddhism-entering-into-society（檢索日期：2023/9/29）；以及劉宇光，《左翼佛教和公民社會：泰國和馬來西亞的佛教公共介入之研究》，桃園：法界，2019 年，頁 392-393。

㉛ King, Sallie B. 2018. “The Ethics of Engaged Buddhism in Asia.” In *The Oxford Handbook of Buddhist Ethics*. Oxford University Press, p. 495.

因素之一。[32] 一行禪師率先以「入世佛教」詞彙，標示著他於戰爭期間所提倡的和平運動與社會改革。[33]

一行禪師是促成西方現代佛教的關鍵人物。[34] 勇於對傳統佛教典籍所載之經文，提出不同見解，因而招致守舊人士之撻伐。[35] 提倡諸多創新，包括前述正念五項修習，形同五戒 2.0（更新版）。強調「應用佛學」（Applied Buddhism），修行在於日常。

如同聖嚴法師《禪的生活》：「禪法不離開日常生活，而且是普遍於一切處的。」即馬祖道一禪師所說「道在平常日用中」、「平常心是道」。縱使是尚未開悟的凡夫俗子，

---

[32] 此處所謂現代主義 “Modernism”，指的是一切根基於「新教改革」、「科學革命」與「歐洲啟蒙運動」、「浪漫主義」與後續所衍生之社會知識。馬克馬漢認為，佛教現代主義的發生，並非出自於互感興趣之文化交流，而是出自於競爭、危機，以及對於殖民主義暴力之回應。然而，不宜將佛教現代主義歸納為單一模式，因為它具有多重面向。見 McMahan, 2008. *The Making of Buddhist Modernism*. Oxford University Press, pp. 43-44。

[33] 一行禪師首次使用了「入世佛教」這個詞彙以刻畫他於戰爭期間所提倡的和平運動與社會改革，並將指涉範疇擴展至更廣層面，例如正念飲食。他主張，要激發社會行動，必須先滋養良善的覺知。藉著滋養內在的和平，繼而帶給世界和平。參 McMahan, *The Making of Buddhist Modernism*, p. 457。

[34] 現代佛教的形成，較為近代的關鍵人物尚包括達賴喇嘛（Dalai Lama）、丘揚創巴（Chögyam Trungpa）、亞倫・沃茲（Alan Watts）、鈴木俊隆（Shunryu Suzuki）、僧護（Sangharakshita）。見 McMahan, *The Making of Buddhist Modernism*, pp. 20-21。

[35] 瑟琳・莎德拉（Celine Chadelat）、柏納・波杜安（Bernard Baudouin）著，林心如譯，《一行禪師傳記——正念的足跡》，臺北：時報文化，2018 年，頁 55。

亦能於日常生活中，運用禪的方法，守護身心清淨。聖嚴法師說道：

> 佛教的修行是以有漏的正法為基礎，以無漏的正法為目標，用禪的方法達到目標。正確的禪法是無漏正法，是根本法，唯有開悟的人才能體驗到無漏正法。對於未開悟的人，禪宗祖師教他們在日常生活中，時時刻刻把煩惱放下，守住正念，吃飯時，心在吃飯；挑水時，心在挑水；睡覺時，不胡思亂想，心也在睡覺；如此常將身心守護住。[36]

一行禪師則是援用明末讀體律師（1601－1679）的《毗尼日用切要》，改寫為適合在家眾日常之偈頌（Gatha）。[37] 自許為詩人，他的禪修指引饒富詩意，例如「讓佛陀吸呼，我不需要呼吸」（Let the Buddha breath. I don't need to breath.）。類此傾向於浪漫主義、帶有西方新教教會風格之新佛教，[38] 促使禪修運動之居士化、去宗教化，看似有利於佛教精神之傳

---

[36] 釋聖嚴，《佛法綱要——四聖諦、六波羅蜜、四弘誓願講記》，《法鼓全集》7-12，臺北：法鼓文化，2020 紀念版，頁 131。

[37] 例如《毗尼日用切要》：「睡眠始寤，當願眾生，一切智覺，周顧十方。」（CBETA 2023.Q3, X60, no. 1115, p. 157a7 // R106, p. 129a4 // Z 2:11, p. 65a4）以及梅村版本：「清晨醒來我微笑，全新二十四小時，我願活在正念中，慈悲之眼視眾生。」見 https://plumvillage.org/articles/mindfulness-verses-for-daily-living（檢索日期：2023/9/29）。

[38] 關於新教化的現代佛教，參 David L. McMahan, *The Making of Buddhist Modernism*, pp. 19-20。

播，卻可能致生風險，即本末倒置的效果，使佛教被誤解或被簡化為「不需虔信」、「毋庸遵循教條」，甚至忽略了「戒律」如此基本且重要之修行法門。[39]猶如聖嚴法師曾提醒：

> 若言今日世界的佛教徒們，不需戒律的拘束，雖可製造「自由自在」的假印象，卻會為佛教慧命的存續帶來真危機。例如一九八四及八五年時，日本系統的美國佛教界，幾乎到處鬧著禪師的緋聞，好幾位「老師」，從此消聲匿跡，有幾位「老師」，雖厚起臉皮撐了下來，但已使佛教受到了極大的傷害。另於一九九〇年時，有一位西藏大喇嘛的繼承人，因同性戀而死於愛滋病，便使該一曾在美國擁有一百數十個中心的團體，土崩瓦解。此皆是不重視基本戒律的後果，不可不慎也。[40]

一行禪師所倡導正念修習，表面上脫離「戒」的形式，不直言禁戒，不以權威立場，而採第一人稱口吻，例如「我知道」、「我願學習」與「我承諾」，極順應當代個人主義之時代風格。惟其內容，終究是佛教根本戒之精華。[41]如是

---

[39] David L. McMahan, *The Making of Buddhist Modernism*, p. 13. 以及鄧偉仁，〈一個佛教現代主義的審視：佛教禪修與身心療癒〉，《玄奘佛學學報》第 30 期，2018 年 9 月，頁 15-17。

[40] 釋聖嚴，《菩薩戒指要》，《法鼓全集》1-6，頁 18-19。

[41] 五項正念修習，與傳統五戒逐一對照著，相較於佛典所載之「止持戒」，一行禪師將「不殺」擴張詮釋至內在心理層面之「不暴力、不歧視、不執著」；將「不飲酒」之精神擴張至不攝取有毒的四種食糧，不

迎合時代潮流、創造新穎禪法、賦予五戒新詮等巧思，是否如學者們所提出的質疑，[42]弄巧成拙，反噬了佛教核心價值？

筆者以為，一行禪師仍舊強調「持戒」之重要。按照他的創新詮釋，尸羅波羅蜜，即是戒律，即是正念修習。[43]惟如何辨證「持戒」、「禪修」與「正念修習」三者間之關係，尚待進一步考察。[44]

四、持戒與禪修

聖嚴法師曾言：「佛教的產生，起源自禪修」。所謂

接觸有害的網站、電影、書刊和談話等。並且，將積極的「作持戒」納入在「正念修習」中，例如「保護人、動物、植物和礦物的生命」（不殺）、「和需要的人分享我的時間、能量和財物」（不偷）、「真誠地說話，使用能夠滋養信心、喜悅和希望的話語」（不妄語）。詳參梅村官網，https://plumvillage.org/mindfulness/the-5-mindfulness-trainings（檢索日期：2023/6/1）。

[42] 鄧偉仁，〈聖嚴法師華嚴與如來藏思想之脈絡化與再脈絡化詮釋與反思〉，收錄於聖嚴教育基金會學術研究部編，《聖嚴研究》第十五輯，臺北：法鼓文化，2022 年 8 月，頁 162-163。

[43] Thich Nhat Hanh, *The Heart of the Buddha's Teaching*. 2015, p. 194. 中譯本參釋一行（Thich Nhat Hanh）著，方怡蓉譯，《佛陀之心——一行禪師的佛法講堂》，頁 201。

[44] 此處感謝其中一位審查委員提醒，「持戒」如何可能化約為「正念修習」，需要更細膩地論證。尤應注意，佛教傳統「正念」，與西方正念（mindfulness）有別，不應混淆，參鄧偉仁，〈一個佛教現代主義的審視：佛教禪修與身心療癒〉，《玄奘佛學學報》第 30 期，2018 年 9 月，頁 1-30。

「禪修」並不是禪宗專有的法門，禪便是佛教。㊺本章主要討論，聖嚴法師是如何看待「持戒」與「禪修」間的關係。

關於禪、禪宗與禪定等概念，聖嚴法師已有所論述。㊻他指出「禪定」這項收心、攝心不受外境動搖之工夫，亦是道教、基督教、印度外道等宗教所具有。而佛教的特色在於，強調「脫落禪定之貪著」的智慧。㊼

禪定，只是佛教修持眾多手段之一種，它不是目的。聖嚴法師強調「持戒」必須與「禪定」同時修持：

㊺ 釋聖嚴，《動靜皆自在》：「佛教的產生，起源自禪修，故有『從禪出教』及『藉教悟宗』兩種說法。（一）從禪出教：一般人均存有錯誤觀念，以為修禪是專為禪宗而設的法門，只有禪宗才需要禪修。實際上，原始佛教和佛教理論的出現，都是我們的佛祖——釋迦牟尼佛透過修行禪定而創立。直至後期，歷代祖師們亦同樣經歷著深厚的禪修基礎和體驗，實證實修，新的見地不斷湧現，才分支出各種宗派的理論和修行方法。因此，禪便是佛教，禪修亦非禪宗專有的法門。」（《法鼓全集》4-13，頁 27）

㊻ 釋聖嚴，《學術論考》：「禪與禪定有層次上的不同，中國人提到禪，往往聯想到禪宗，而中國禪宗所體證的禪與印度的禪定，有層次上的不同。中國禪宗的禪，是指破除無明煩惱之後的心地妙用，也就是智慧本身。智慧是無限的，它不能用任何語文，或任何形式來詮釋，卻能產生無窮的妙用；印度的禪那（dhyāna）是指禪定，中文義譯為思惟修或靜慮，意思是收攝散心，繫於一境，不令動搖，進而達到三昧（samādhi）的境界。」（《法鼓全集》3-1，臺北：法鼓文化，2020 紀念版，頁 60）

㊼ 釋聖嚴，《正信的佛教》：「禪定的工夫並不是佛教獨有的，佛教獨有的是指導禪定並脫落禪定之貪著的智慧，因為，禪定雖是不受外境動搖的內證工夫，一旦進入禪定，受到禪悅之樂，便容易貪戀禪悅之樂而不思離開禪定了。」（《法鼓全集》5-2，臺北：法鼓文化，2020 紀念版，頁 108）

> 戒對於佛教徒的功能，好像戰場的防禦工事對於戍守士兵的功能。若不先把五戒十善持好，根本沒有佛教徒的氣質；如不持戒而修禪定，也會落入魔境。[48]

畢竟，佛教修行「禪修」之終極目的，在於「解脫」。聖嚴法師說：

> 中國的禪宗，雖然以禪為宗，卻是重開悟而不重禪定。悟，就是智慧的開發，唯有開發了悟透諸法實相的智慧，才能解脫生死而出離三界。[49]

解脫，是佛教的特色，乃其他宗教所無。可分作「一般倫理」、「一般宗教」、「佛教」三個層次說明：

> 教人成為一個好人，乃是一般倫理的共同要求；教人求生天國，乃是一般宗教的共同希望。所以也受佛教的重視，並且列為基本的修養，所以稱為五乘共法。教人超越人天而入於涅槃，乃是佛教的特色。[50]

一言以蔽之，聖嚴法師指出佛陀的應化工作就是

---

[48] 同上註，頁 107。

[49] 同上註，頁 107-108。

[50] 釋聖嚴，《比較宗教學》，《法鼓全集》1-4，臺北：法鼓文化，2020 紀念版，頁 406。

「解脫」：

> 佛教的出現，是由於釋迦世尊的應化人間。釋迦世尊的應化工作，總括一句：做的就是解脫工作。佛教的解脫道，目的是在解脫這一個「我」的觀念，而能得到絕對的自在。[51]

綜上，聖嚴法師主張，佛教的根本思想是絕對「無我」的，因此，真正的菩薩必然也是無我的、抱持著出離心的，所謂「三輪體空」——對於作者、受者、所作所受的事物，不存有一絲功德的心念。如此，方稱得上是大自在、大解脫、真正的菩薩。[52]畢竟，在「空性」的立足點上，沒有絲毫我的存在餘地。如《金剛經》所云，菩薩必須脫離我相、人相、眾生相與壽者相之束縛。

關於佛陀的教導，一行禪師指出：

> 在四十五年的弘法中，佛陀一再強調：「我的教導唯有苦與苦的轉化」。[53]

---

[51] 釋聖嚴，《學佛知津》，《法鼓全集》5-4，臺北：法鼓文化，2020紀念版，頁89。

[52] 同上註，頁85。

[53] Thich Nhat Hanh, 1998. *The Heart of the Buddha's Teaching: Transforming Suffering into Peace, Joy, and Liberation*, p. 4. 中譯請參釋一行（Thich Nhat Hanh）著，方怡蓉譯，《佛陀之心——一行禪師的佛法講堂》，頁8。值得一提的是，菩提比丘（Bhikkhu Bodhi）對於這句話，曾提出其不同見解，他主張佛陀尚有許多關於苦與滅苦「之外」的教導。參 https://

禪師主張透過「空解脫門」，經由禪觀——這世間所呈現的萬象都是相互依存的，如《華嚴經》中的因陀羅網，藉此得以幫助修行者脫離「同／異」、「一／多」這類對立概念的束縛，繼而去除「我」的概念。[54]如同《金剛經》「見諸相非相，即見如來」之教導，「我」是「非我」（non-self）的一切元素所組成，以「空性」做為中道，破除「我」與「非我」之二元對立。[55]

承前，禪修的終極目標是解脫。聖嚴法師於〈佛教在二十一世紀的社會功能及其修行觀念〉提醒，正確的佛教修行，必須結合兩者：一是人天善法，[56]因佛教本質即重視社會關懷；二即是出離生死、證得涅槃之解脫法門。

> 佛教的修行觀，主要是以解脫道為著眼的，也就是從認知四聖諦的苦、苦集、苦滅，而修滅苦之道，這是佛法的根本思想和基本功能。修滅苦之道，便是解脫道。……如果不以解脫道為終極目標，僅修人天善法，從事社會關懷，便成隨順世俗的福利事業，不合佛法救世的宗旨；如

---

tricycle.org/magazine/i-teach-only-suffering-and-end-suffering/（檢索日期：2023/8/29）。

[54] 釋一行（Thich Nhat Hanh）著，周和君譯，《觀照的奇蹟》，臺北：橡樹林，2012 年，頁 113-114。

[55] 同上註，頁 152-154。

[56] 所謂人天善法，意指人乘與天乘的善法，即五戒十善，是一乘與二乘的共通善法，故稱人天善法為五乘（人、天、聲聞、緣覺、菩薩）的共法。

> 果只顧修行四聖諦法而自求解脫，便成缺少慈悲心的自了漢，不合佛陀說法化世的本懷。必須將出離生死之苦、證得涅槃之樂的解脫法門，結合了人天善法的社會關懷，落實於人間，分享給大眾，才是正確的修行觀念。57

聖嚴強調，正確的修行態度與觀念，應重視「內心的自在」。58論禪的意境，簡單地說，即是「解脫自在」，包括心與身兩個層面。甚至，佛教的修行方法中，任何一種方法都是在求解脫自在。59

現世中「自在解脫」的境界，當如何達到？法師提出簡單的判準，供修行者自我檢視，即「心不染著、不起煩惱者」。60具體的修行方法，則是透過持戒與禪定雙管齊下。

聖嚴法師說：「禪定是休止煩惱的途徑，而戒律能預防煩惱的發生。」61亦即，戒律的功能在於事前預防煩惱之滋生；若煩惱已然存在，則緩解之道，有賴禪定。他又說「身體行為的改善要靠持戒，心的行為改善則靠修行禪定的工夫」。62總而言之，戒律與禪定兩種法門是相輔相成，是故

---

57 釋聖嚴，〈佛教在二十一世紀的社會功能及其修行觀念〉，《學術論考》，《法鼓全集》3-1，頁 461-462。

58 釋聖嚴，《動靜皆自在》，《法鼓全集》4-13，頁 34。

59 釋聖嚴，《禪與悟》，《法鼓全集》4-6，臺北：法鼓文化，2020 紀念版，頁 161。

60 釋聖嚴，《學術論考》，《法鼓全集》3-1，頁 464-465。

61 同上註，頁 92-110。

62 釋聖嚴，《禪的世界》：「佛陀告訴我們要用生活的實踐來達成目標，第一要持戒。所謂持戒的意思是，我們應該做的必須努力去做，不應該

「持戒安身，修定攝心，依空慧乃得解脫。」[63]

按照聖嚴之觀點，戒是修道的基礎方法，慧是修道所得的效果，而修行的根本方法在於「禪定」。[64]戒、定、慧之間，經常保有連鎖的關係，無法分割。[65]其《禪門修證指要》：

> 禪是鍊心之法，是戒定慧三學的總綱；離戒定慧三學而別有佛法可修，那一定是受了外道的愚弄。……正確的禪者，必定是戒定慧並重的切實修行者，不做浮光掠影的牽強附會，不為光影聲色的境界所動，不因身心的任何反應而起執著。此在《楞嚴經》、《摩訶止觀》等著述中，均有明確的指示，否則便稱為魔境現前。中國佛教所用「禪」字的意思，是依戒修定，依定發慧的智慧行，它與

做的，對自己、對別人無益的，就不要做。一方面我們的心也是需要調整，如何調整自己的心是相當難的，最好的方法就是要修禪定的一種工夫。所以身體行為的改善要靠持戒，心的行為改善則靠修行禪定的工夫。因此若能配合佛教的理論，認識空與無常，那就叫作智慧。如果不能配合禪定和持戒，僅僅知道無常和空，那只是知識層面的了解，對我們日常生活幫助不大。必須加上持戒和禪定的修持，才能夠真正在實踐上一面理解空與無常，一面使自己的生活跟空與無常相應。」（《法鼓全集》4-8，臺北：法鼓文化，2020 紀念版，頁 164-165）

[63] 釋聖嚴，《學術論考》，《法鼓全集》3-1，頁 464-465。

[64] 釋聖嚴，《禪的體驗．禪的開示》：「佛法的總綱，稱三種無漏之學，那就是戒定慧。其中以禪定為修道的根本方法，戒是修道的基礎方法，慧是修道所得的效果。」（《法鼓全集》4-3，臺北：法鼓文化，2020 紀念版，頁 42）

[65] 釋聖嚴，〈中國佛教的特色——禪與禪宗〉，《學術論考》，《法鼓全集》3-1，頁 92-119。

布施持戒等的福德行，必須相應，始能成就。❻❻

如嚴瑋泓教授所述，在聖嚴法師之禪學詮釋中，「禪修」與「戒律」均是修道的方法，前者是根本，後者是基礎，缺一不可。所指向目的，均是成就智慧乃至於解脫。嚴瑋泓認為此種思想可稱為「禪戒一如」、「以禪攝戒」或「禪不離戒」，亦即，禪法與戒律均可做為佛教倫理的基本內涵，二種法門密不可分。❻❼主要理由在於，戒律是佛教修行實踐的共法，亦當然是禪佛教之道德實踐基礎。縱然，禪修之終極目的是解脫，即所謂「心靈的無住」，然而心靈的不取、不著，並不表示禪實踐者得以恣意違背日常軌則、戒律規範，或因果業報法則。

總之，正確的禪者與正確的修行，均必須奠基在「戒、定、慧」之修行法門之上。若捨去三無漏學的基本修持，便無法稱作「真正的禪者」。據此，「禪」解脫自在之境界，並不等於無拘無束、恣意妄為。聖嚴法師以禪宗三祖僧璨大師所著《信心銘》說明：

禪師不須守戒嗎？在〈信心銘〉中，有兩行文字描繪一個真正達到徹底覺悟的人，其行為是不受任何固定的方式

❻❻ 釋聖嚴，《禪門修證指要》，《法鼓全集》4-1，臺北：法鼓文化，2020 紀念版，頁 5-7。

❻❼ 嚴瑋泓，〈聖嚴法師禪學詮釋中的倫理向度〉，收錄於聖嚴教育基金會學術研究部編，《聖嚴研究》第十一輯，臺北：法鼓文化，2018 年 11 月，頁 76。

限制，他已經不必依持任何戒律或規則，那便是：「任性合道，逍遙絕惱」及「究竟窮極，不存軌則」的境界。[68]

關於「究竟窮極，不存軌則」，法師詮釋如下：

> 此二句是說修行到了最後沒有一定的軌則，不可以、也不需要以世間的道德或倫理來衡量它，它對一切事物是最自然地反應，對眾生不同的需求也自然產生不同相應之道。對一般人而言，不依人間的知識、倫理、道德的軌則是不行的，可是大智大慧的人就用不到軌則了。[69]

對於一般的禪實踐者而言，正確的修行本應奠定在三學，尤其是戒增上學之基礎。縱然是大智大慧的開悟者，例如菩薩，為攝化眾生而做出表面上不符戒法規範之行為，亦必須發自「出離心」。若欠缺佛教最根本的出離心，僅是抱持著菩提心，恐難稱作真正的菩薩。[70]

好比禪宗《十牛圖》最後一圖「入廛垂手」，象徵的

---

[68] 釋聖嚴，《禪的生活》，《法鼓全集》4-4，頁 166。

[69] 釋聖嚴，《心的詩偈——信心銘講錄》，《法鼓全集》4-7，臺北：法鼓文化，2020 紀念版，頁 125-127。

[70] 聖嚴法師「以出離心做為菩提心之基礎」此一論點，回答了一個極為重要的問題，例如關大眠（Damien Keown）曾提出：為菩薩方便而例外調整戒律、設置新的行為規範，使菩薩於行饒益有情時得以破戒，此種新道德究竟能偏離傳統至何種程度？參 Keown, Damien. *Buddhism: A Very Short Introduction*. Oxford University Press. p. 107。

是修行者於成就道業、得到解脫自在之後，自然而然生起廣度眾生的大慈悲心，無關乎個人的意志、理想或使命感，而是修行到最後、水到渠成所生之必然結果。[71]做為一個覺悟者，菩薩知道如何運用善巧方便，有能力示現為任何形象之人物，以滿足眾生所需。[72]

一行禪師則認為「入廛垂手」的境界，類似孔子所謂隨心所欲不逾矩。要能自由來去，又不違背戒律的精神，必須具備的前提是：真正的解脫。這樣的高度，無法藉由模仿，唯有透過內在的證悟方能達到。[73]之所以，禪者能隨心所欲、自由來去，超越一切標準與規範，理由在於佛教倫理思想是站在「相即互入」的角度：就現象層面來看，存在著生與死、有與無；但從本體來看，樂與苦等對立概念是相即互入的，終極實相超越一切善惡對錯。[74]

---

[71] 釋聖嚴，《禪的體驗．禪的開示》，《法鼓全集》4-3，頁 114。

[72] 釋聖嚴、丹．史蒂文生（Dan Stevenson）著，梁永安譯，《牛的印跡——禪修與開悟見性的道路》，頁 333-334。

[73] 一行禪師，《佛陀之心——一行禪師的佛法講堂》：「已達到證悟境界的人，能隨心所欲而不違反戒律。在第二聖諦的第三階段，你只要做自己就可以了，形式並不重要。可是，要小心！你首先要有真正的洞見，真正的解脫。」鑒於此段譯文，與禪師原文略有差異，筆者自行翻譯如下：「你可以自由來去，這是無為的作為。苦不再生起。這種境界無法透過模仿而得。你必須透過內在的證悟方能達到。」原文為：You are free to come and go as you please. This is the action of non-action. Suffering no longer arises. This stage is not something you can imitate. You have to reach this stage of realization within yourself. Thich Nhat Hanh, *The Heart of the Buddha's Teaching: Transforming Suffering into Peace, Joy, and Liberation*, p. 41。

[74] 釋一行（Thich Nhat Hanh）著，鄧伯宸譯，《好公民——打造覺悟的社

五、戒與倫理

本章接著探討，按聖嚴法師之觀點，「戒」與「倫理」間互動關係為何？佛教基本戒，與當代倫理之間的渠道何在？

所謂倫理，聖嚴法師說：「『倫理』，是指人際間的互動，每一個人可以同時扮演好幾個角色，善盡每個角色的本分、責任，就是倫理觀念的落實。」[75]他又說：

> 「倫理」如果用佛教的語言來講，稱之為「法住法位」，也就是說，每一個現象都有它一定的位置。每個人在不同的時間、環境中，都有他不同的位置；每一樁事物，在不同的時間、情況下，都有不同的立場和位置，我們要加以尊重，這就是倫理。[76]

另，法師主張「倫理需有道德的配合」，[77]甚至「倫理就是道德」，道德指的是不傷害他人，不讓社會因自己而損失、受害或困擾。[78]倫理亦是一種仁慈，是一種菩薩的悲

會》，新北：立緒文化，2013 年，頁 108-109。

[75] 釋聖嚴，《法鼓山的方向：理念》，《法鼓全集》9-1，臺北：法鼓文化，2020 紀念版，頁 130。

[76] 釋聖嚴，《福慧自在——金剛經講記與金剛經生活》，《法鼓全集》7-2，臺北：法鼓文化，2020 紀念版，頁 102。

[77] 釋聖嚴，《法鼓山的方向：理念》，《法鼓全集》9-1，頁 130。

[78] 釋聖嚴，《生死皆自在——聖嚴法師談生命智慧》，《法鼓全集》

心，在自利的要求之餘，必須要利他；唯有利他的自利，才是最有保障的。[79]

至於何謂「佛教倫理」？聖嚴法師說道：

> 佛教倫理的基礎在於戒；以戒的類別、戒條的多少和輕重的等級，來區別佛教徒的層次。例如在家的優婆塞、優婆夷只須受五戒，最多加上今日受持的八戒。……佛教徒因為戒律的倫理關係，而自然形成權利共享、責任與義務分擔，上下尊卑各安其位、各盡其職、彼此照顧，相互尊重、恭敬、愛護、教養、適時、適處、適位。[80]

戒，做為佛教倫理的基礎，有其根本上的重要，如《華嚴經》云：「戒是無上菩提本。」弟子對於戒律的尊重與遵守，是佛教的根本精神。[81]通稱的「戒律」二字內涵，宜理解為「戒律儀」（śīla-saṁvara）。[82]聖嚴法師指出：「律儀的功能，是由攝護身口意等三業，而進入『常一其心』的禪

8-15，臺北：法鼓文化，2020 紀念版，頁 35。

[79] 釋聖嚴，《法鼓山的方向：理念》，《法鼓全集》9-1，頁 141。

[80] 「中華國際佛學會議」第一屆會議以「佛教倫理與現代社會」做為專題，參釋聖嚴，《致詞》，《法鼓全集》3-7，臺北：法鼓文化，2020 紀念版，頁 118-119。

[81] 釋聖嚴，《戒律學綱要》，頁 25。

[82] 《人間淨土》：「『戒律』二字的內容，宜為『戒律儀』（śīla-saṁvara）。」《法鼓全集》9-8，臺北：法鼓文化，2020 紀念版，頁 104。

定，開發『如實知見』的智慧。」[83]極類似《華嚴經》「因戒生定」、「因定發慧」之修行次第。[84]

佛教對於戒的最基本要求是「諸惡莫作」，[85]凡是有害於身心、家庭、社會、國家、人類，乃至一切有情眾生的事，均涵蓋在五戒十善的範圍，皆不應為。[86]戒的功能在於，防止身、口、意三業發生過失，消滅三業炎火，使之「清涼」。[87]律，則在於「調伏」不良的行為或性格。[88]

至於戒律的內在精神，終極意義指向出離生死之解脫。聖嚴法師說：

> 佛教的戒律很多，但皆不離五戒的基本原則，一切戒都

---

[83] 例如《雜阿含經》卷 11 亦有云：「云何律儀？眼根律儀所攝護，眼識識色，心不染著，心不染著已，常樂更住，心樂住已，常一其心，一其心已，如實知見，如實知見已，離諸疑惑，離諸疑惑已，不由他誤，常安樂住。耳、鼻、舌、身、意，亦復如是，是名律儀。」（CBETA 2023.Q3, T02, no. 99, pp. 75c25-76a1）

[84] 《楞嚴經》云：「攝心為戒，因戒生定，因定發慧，是則名為三無漏學。」（CBETA 2023.Q1, T19, no. 945, p. 131c14-15）

[85] 神秀大師說：「諸惡莫作名為戒，諸善奉行名為慧，自淨其意名為定。」參釋聖嚴，《拈花微笑》，《法鼓全集》4-5，臺北：法鼓文化，2020 紀念版，頁 174。

[86] 釋聖嚴，《正信的佛教》，《法鼓全集》5-2，頁 36。

[87] 《大乘義章》卷 1 云：「言尸羅者，此名清涼，亦名為戒。三業炎非，焚燒行人，事等如燒，戒能防消，故名清涼，清涼之名，正翻彼世，以能防禁，故名為戒。」（CBETA 2023.Q1, T44, no. 1851, p. 468a16-19）

[88] 律有「調伏」之義，《清淨毘尼方廣經》云：「毘尼，毘尼者調伏煩惱，為知煩惱，故名毘尼。……煩惱不起，是畢竟毘尼。」（CBETA 2023.Q1, T24, no. 1489, p. 1078b4-5）

> 由五戒中分支開出，一切戒的目的，也都為了保護五戒的清淨。五戒是做人的根本道德，也是倫理的基本德目，五戒的究竟處，卻又是了生脫死的正因。

五戒，一方面做為人世間基本的倫理德行，另一方面，終極目的在於了生脫死。除了聖嚴法師，漢傳的印順大師《成佛之道》、藏傳佛教的宗喀巴大師《菩提道次第廣論》，皆主張戒律是世間善法，亦是出世善法，且是成就無上佛果的共同善法。[89]

值得思考的是，佛教戒律如何可能與世間倫理相通？畢竟，宗教的教條、倫理的標準、道德的尺度，均由於時代、環境及對象的不同而失卻其可通性。[90]當前社會變遷迅速之快，傳統典籍所載的戒法，如何可能突破文義的框架而「古為今用」？

此問題，牽涉到佛教戒律的內容，是根據「倫理的要求」而來。與其他宗教教條不同，佛陀所制定種種戒規並非出自神的旨意，亦非關上對下的權威，而是合乎人性、出於理智、隨著世間倫理的要求而產生，因此具有變通性與適應性。[91]故，聖嚴法師強調：

---

[89] 釋聖嚴，〈戒律與人間淨土的建立〉，《人間淨土》，《法鼓全集》9-8，頁 125-126。

[90] 釋聖嚴，《禪的體驗．禪的開示》，《法鼓全集》4-3，頁 201。

[91] 釋聖嚴，《菩薩戒指要》：「由於時代的遞演、環境的遷移，二千五百數十年前，佛陀為了適用於印度社會而制的戒律，未必能夠適應於無盡的空間及無窮的時間。故在佛陀將入滅時，於《長阿含經》的《遊行

佛制的戒律，是因事制宜、因時制宜、因地制宜的設施。為了使得弟子們保持身心清淨，保持僧團的形象；為了成就自己的道業，為了成就他人的信心，使得正法久住人間。[92]

既然「佛教的戒律，是根據倫理的要求而來」。[93]則隨著社會與法律變遷，後現代社會之倫理觀不若以往存在著單一準則，言人人殊，價值多元。所謂「倫理的要求」儼然與過去不再相同，那麼佛教戒律之內容，尤其五戒，攸關廣大在家眾德行之基本德目，是否亦應隨著新的倫理要求，而有所微調或翻新？若未能隨著新的「世間倫理」而產生新的「佛教倫理」（或新的佛戒詮釋），恐怕有與社會現實脫節之風險。

關於倫理觀的汰舊換新，法師這麼說：

臺灣就像走在新舊倫理觀的十字路口，新的倫理未見成功，舊的倫理卻又在褪失之中。該何去何從？努力的方

經》中，告知阿難：『自今日始，聽諸比丘，捨小小戒。』《毘尼母經》卷三稱此為『微細戒』；《五分律》卷二十二也說到『餘方不以為清淨者，皆不應用』、『餘方必應行者，皆不得不行』。這都說明了佛陀制戒，不是一成不變，其實是有相當大的變通性及適應性。」（《法鼓全集》1-6，頁 11）

[92] 釋聖嚴，《人間淨土》，《法鼓全集》9-8，頁 107。

[93] 釋聖嚴，《正信的佛教》：「佛教的戒律，並不像其他的宗教是出於神意的約命，所以也不像其他的宗教含有神祕性。佛教的戒律，是根據倫理的要求而來，所以也是純理性的。」（《法鼓全集》5-2，頁 35）

> 向，首先應建立人人能夠接受的新秩序，珍惜每一個人的生命、尊重每一個人的身分、尊敬每一個人的人格，形成一股各守其分、各盡其責、各尊其當所尊的風氣，新世代的道德律自然就產生了。[94]

回到前述，聖嚴法師所謂「五戒做為基本的倫理項目」，以佛教根本戒律當作社會生活共通的守則。[95]尤其殺、盜、妄、淫為根本戒，即性戒。法師強調，若把五戒當作佛制的戒律受持，意義便大不相同於世間的道德。因佛制的戒是第一義戒，與一般世戒有別。特殊之處，主要有二：[96]

首先，是否持戒、守戒是出於各個修行者的自由意願，無關乎佛陀或任何神祇的命令。因佛教的戒律講求自律（autonomy）的精神，而非他律，[97]關切的是修持者個人意

---

[94] 釋聖嚴，《人間世》，《法鼓全集》8-6，頁 90。

[95] 聖嚴法師說：「佛教的戒律基礎，也可稱為基本的倫理觀念，若從信仰生活的中心而言，即是皈依佛、法、僧的三寶，從社會生活的實踐面而言，即是不得殺生、偷盜、邪淫、妄語、飲酒的五戒；將此向內心做起，便是戒除貪欲、瞋恚、邪見的三毒。概括而言，即成十善業道而分作三組，稱為三業清淨，即能達成淨化自心、淨化社會的目的：1. 身業清淨者，不殺生、不偷盜、不邪淫；2. 口業清淨者，不妄語、不綺語、不兩舌、不惡口；3. 意業清淨者，不貪欲、不瞋恚、不邪見。」參釋聖嚴，《菩薩戒指要》，頁 16。

[96] 釋聖嚴，《戒律學綱要》，頁 93-96。

[97] 釋印順，《佛法概論》：「身、語根本戒的受持不犯，不但是他律的不可作，也是自律的覺得不應該作。這例如不殺，不使一切有情受殺生苦，也是給一切有情以安全感；進一步，更要愛護有情的生命。戒不即

念的清淨，外在的行為（身業、口業）固然應合乎戒法的要求，最重要的是內在之心不雜染（意業）。必須是出自清淨心，自發地「為所當為，不為所不當為」，而不是陷入貪功著相的魔境，而存有一絲欣求心。[98]

其次，持守佛戒具有雙重目的，既為造福人世間，亦為出世解脫。佛教的戒律一方面做為增進人間安樂的、契合世間的善法，另一方面則是出離生死的解脫道。惟，世間乃是因緣合和而成，隨著條件變化所呈現世間森羅萬象，衍生出不同時代的倫理要求、不同民族的風俗習慣、不同地域所適用不同法令，例如墮胎合法與否、同性伴侶是否能締結婚姻等當代倫理議題，不同地域的法律規範有極大不同。則，佛教戒律做為入世的、契世間的善法，究竟如何可能呢？

聖嚴法師曾一再強調：「佛教倫理，除了戒律，別無其他，唯有社會每一角落都能接受佛教的戒律，佛法才能推廣，否則只是空口說白話，佛教便與社會脫節了。」[99]然而，回到之前提及之問題，傳統的戒律如何活用於迅速變遷的今日社會？聖嚴法師提示：

> 戒律的條文是死的，社會的演變是活的。要以死板的條文，硬生生地加在每一個戒律的條文是死的，社會的演變是活的。要以死板板的條文，硬生生地加在每一時代的

是慈悲的實踐嗎？」（CBETA 2023.Q3, Y08, no. 8, pp. 231a13-232a2）

[98] 釋聖嚴，《禪的體驗．禪的開示》，《法鼓全集》4-3，頁 131-132。

[99] 釋聖嚴，《菩薩戒指要》，《法鼓全集》1-6，頁 162。

> 每一個佛弟子頭上，實在是一件困難的事，也是一件不合理的事。……事實上，如果真的全部遵照條文而行，確也有一些問題。因為《五分律》卷二十二中有如此的說明：「佛言……雖是我所制，而於餘方不以為清淨者，皆不應用；雖非我所制，而於餘方必應行者，皆不得不行。」可知佛的戒律，並不刻板，只要不違背律制的原則，即可隨方應用，自也可以隨著時代的潮流而應用，唯其如何隨方隨時應用者，必須熟習戒律之後，方可靈活圓融，方可不違律制的原則。[100]

如同嚴瑋泓〈聖嚴法師戒律思想之倫理學義蘊〉指陳，法師所述「戒律與倫理」兩者間之關係乃是「相即」難以二分。由於戒律起源於隨犯隨制，依不同的違犯事實而逐一制定。[101] 據此，聖嚴法師主張，戒律能夠隨著不同時空環境而做相應之調整。

戒律精神所建構的佛教倫理，隨著不同的時空或社會文明，而開展出不同樣貌。例如一行禪師順應西方文化、另闢蹊徑、發展出「擁抱禪」。聖嚴法師理解也認同禪師的創新，稱「一行禪師還是有道理的」，[102] 但他同時也認為這項

---

[100] 釋聖嚴，《戒律學綱要》，頁 55-56。

[101] 有點類似，但並不完全相同於刑法學的罪刑法定主義，如我《刑法》第一條明定：「行為之處罰，以行為時之法律有明文規定者為限。」

[102] 釋聖嚴，《佛法綱要——四聖諦、六波羅蜜、四弘誓願講記》：「有一次，我在東初禪寺看到目前旅居法國的越南籍禪師一行禪師的徒弟們，彼此見了面會互相擁抱，我問他：『出家人可以互相擁抱嗎？』一行禪

創新僅適合西方社會，基於隨地方而制規矩之原則，若挪用至我們的社會，恐不妥當。

兩位禪師畢生所致力，均是振興佛教、佛教現代化之解構與建構，惟基於所在地域、所處風俗民情之不同，因而對於同一禪法或戒法，產生了正（適用）、反（不適用）看似對立之態度。筆者以為，這正好巧妙地反映出，大乘佛戒即便是出家的比丘與比丘尼戒，並不呆板，而是善巧地隨著東、西文化差異，而各自發展出相對應的實踐方式。

大乘佛教「戒律」於此世間之應用，藉由佛陀「隨方毘尼」與「小小戒可捨」等遺教之落實，使「佛法」得以適應異文化、異法令與異民族，因為戒律與佛法是不能分割的。[103] 關

師回答說：『我們出家人之間，只有同性可以擁抱，異性是不能擁抱的。』我問他為什麼一定要擁抱呢？他說：『這是表示親切、安慰的意思。』而且在歐美的社交禮儀中，也是一件極普通的事，所以當一行禪師要離開時，我也擁抱了他一下，他很開心地笑了起來。事實上，照出家的比丘及比丘尼戒來說，不論同性或異性之間，都是不可以擁抱的，可是在西方社會中，大家都習慣以擁抱來表示親切，所以一行禪師還是有道理的。至於我在我們的僧團，因為都是中國人，倒沒有這個必要，否則會讓持戒者批評我們。」（《法鼓全集》7-12，頁 67-68）

[103] 聖嚴法師說：「佛法既對世界有益，佛教的戒律也必有其存續和推廣的價值。因為，佛教的戒律，跟佛陀的教法是無法分割的。佛陀的教法是屬於觀念及理論的疏導；佛教的戒律則是配合著佛陀的教法而實踐於日常生活中的具體規範。因此，在律典中對於戒律的稱謂叫作『正法律』，即是為了實踐佛陀宣示的正法而設定的規律。不過，由於時代的遞演、環境的遷移，二千五百數十年前，佛陀為了適用於印度社會而制的戒律，未必能夠適應於無盡的空間及無窮的時間。故在佛陀將入滅時，於《長阿含經》的《遊行經》中，告知阿難：『自今日始，聽諸比丘，捨小小戒。』《毘尼母經》卷二稱此為『微細戒』；《五分律》卷

於「隨時毘尼與隨方毘尼」，聖嚴法師說道：

> 毘尼就是律制。律制的性質和現代各國的法律相同。法律乃為各個國家民族之風俗與習慣的延伸。佛教的戒律條文之中，有的根本不適於在印度以外的地區來實行，這就是它有地方性的色彩。有些規定，根本是由於隨順當時民間乃至外道的習俗而制。後世的律師們，為了尊古崇佛，所以不敢改動。其實，佛在《五分律》卷二十二中已經明白地告訴了我們：「雖是我所制，而於餘方不以為清淨者，皆不應用；雖非我所制，而於餘方必應行者，皆不得不行。」這叫作隨方毘尼。根據隨方而變的原則，自亦可以隨著時代的不同而作適應性的求變，仍為佛所許可。[104]

傳統佛典中所載各種戒條，其內容之制定，不單純是依據佛教義理，並且參考了「當時」即制定戒法之時的社會所存在之習俗、法律或道德觀。[105]因此，事隔二千五百年，不合時宜的情況自然可能發生，這是聖嚴法師所不諱言的。重要的是，基於隨時與隨方毘尼、隨方而變之原則，若希望佛

二二也說到：『餘方不以為清淨者，皆不應用』、『餘方必應行者，皆不得不行。』這都說明了佛陀制戒，不是一成不變，其實是有相當大的變通性及適應性。」參釋聖嚴，《菩薩戒指要》，頁 10-11。

[104] 釋聖嚴，《學佛知津》（二版），臺北：法鼓文化，1995 年，頁 11。

[105] 釋聖嚴，《禪與悟》：「所謂戒律，是依據佛教思想的特色，參考當時社會的法律與道德觀所制定：應該做的必須要做，不需要做的不必做，不應做的不得做。」（《法鼓全集》4-6，頁 318）

陀的戒法能持續運用於今日世界，自然必須隨著新的環境、新的時代而有所變通。

聖嚴法師之《戒律學綱要》作於一九六五年，書中法師以《優婆塞五戒相經》所云「若優婆塞，共婬女行婬，不與直（同值）者，犯邪婬不可悔，與直無犯。」為例，指出印度民族位處熱帶地區，對性關係較隨便，嫖妓是尋常之事；然而「今日中國人」的習俗觀念並不認同這樣的行為。[106] 如是，按照聖嚴法師的詮釋，針對《優婆塞五戒相經》該段經文，不宜訴諸權威、僅憑字面上文義，即斷定是否觸犯邪婬。而應考量當下所處時空環境，尤其是一般人民觀感，方合情合理。

值得思考的是，當代民主法治之臺灣，距法師撰寫《戒律學綱要》之際，已逾半個世紀。今日社會氛圍，不論謂之「世風日下」或美其名為「自由多元」，社會變遷所生影響，例如法律明文規定「政府得因地制宜，規劃性交易專區」。[107] 這難道意味著，傳統是非善惡的邊界愈來愈模糊，

---

[106] 《戒律學綱要》：「在《優婆塞五戒相經》中說：「若優婆塞，共婬女行婬，不與直（同值）者，犯邪婬不可悔，與直無犯。」（《大正藏》二十四．九四三頁上）這是說，受了五戒的在家信士，給錢嫖妓，不為犯戒。此乃由於印度是熱帶民族，對於男女關係，非常隨便。男人嫖娼妓，是普遍尋常的事，所以不禁，但在大乘菩薩戒中，若非地上的菩薩，為了攝化因緣者，不得有此行為。即在今日中國人的習俗觀念中，狎妓而淫的行為，斷非正人君子的榜樣。我們既然信佛學佛，並且受了五戒的人，自亦應該視為邪淫了。」參釋聖嚴，《戒律學綱要》，頁111。

[107] 社會秩序維護法第 91 條之 1 第 1 項：「直轄市、縣（市）政府得因地制

個人主義當道，牽動著主流價值觀之轉變？

六、結語

本文自聖嚴法師與一行禪師談起，其相似處包括：均是禪師、皆以復興佛教做為己任；且在在強調「持戒」之必要，卻不拘泥於傳統佛教典籍中之教條。而是回歸佛陀制戒的精神，開展出現代化的佛教倫理觀。

五戒是一切戒律之根本，亦是基本的德行項目。隨著社會變遷、當代親密關係之轉變，兩位禪師各自對邪淫戒提出新穎的詮釋。其超越文義框架、破除不合時宜的窠臼，使「持戒」具備了時代意義，實則均是植基於傳統戒律的內在精神——維護三業清淨，並指向解脫。

關於「持戒與禪修」，一行禪師主張，禪修必須以「持戒」做為前提，有所為與有所不為。聖嚴法師則主張，佛教起源自禪修，而禪修終極目的在於出離生死之解脫，新時代正確的修行，必須結合出離心與菩提心；禪的境界是，解脫自在，而真正的禪實踐者勢必修持「戒、定、慧」三無漏學；若是菩薩，為了攝化眾生而行善巧方便，應基於出離心所為，始不違背戒律的精神。

至於「戒與倫理」間的關係，按聖嚴法師的觀點，佛戒既是解脫道的基礎，亦是契合世間倫理之善法。佛陀制定戒律，本是基於人性、依著世間倫理的要求而來。故隨著不

宜，制定自治條例，規劃得從事性交易之區域及其管理。」

同時空、法令，或不同文化、民族等變數，對於傳統戒條的詮釋，應因時、因地或因事制宜而有所變通，以期使佛法適應新環境，不與真實社會脫節。這不僅是基於佛陀「隨方毘尼」之遺命，更是由於佛戒本質之特殊性使然，著重的是，修持者之意念清淨與心不雜染。倘能出自清淨心，自發地「為所當為，不為所不當為」，這或許就是禪的境界，而不存軌則了！

參考文獻

一、中文古籍文獻

劉宋・求那跋陀羅譯，《雜阿含經》，CBETA, T02, no. 99。
後秦・鳩摩羅什譯，《金剛般若波羅蜜經》，CBETA, T08, no. 235。
東晉・佛馱跋陀羅譯，《大方廣佛華嚴經》，CBETA, T09, no. 278。
元魏・瞿曇般若流支譯，《正法念處經》，CBETA, T17, no. 721。
唐・般刺蜜帝譯，《大佛頂如來密因修證了義諸菩薩萬行首楞嚴經》，CBETA , T19, no. 945。
清・讀體彙集，《毗尼日用切要》，CBETA, X60, no. 1115。
劉宋・佛陀什共竺道生等譯，《彌沙塞部和醯五分律》，CBETA, T22, no. 1421。
宋・求那跋摩譯，《優婆塞五戒相經》，CBETA, T24, no. 1476。
北涼・曇無讖譯，《優婆塞戒經》，CBETA, T24, no. 1488。
後秦・鳩摩羅什譯，《清淨毘尼方廣經》，CBETA, T24, no. 1489。
後秦・鳩摩羅什譯，《大智度論》，CBETA, T25, no. 1509。
隋・慧遠撰，《大乘義章》，CBETA, T44, no. 1851。

二、聖嚴法師《法鼓全集》2020 紀念版（https://ddc.shengyen.org/?doc=main）

釋聖嚴，《比較宗教學》，《法鼓全集》1-4，臺北：法鼓文化，2020 紀念版。
釋聖嚴，《菩薩戒指要》，《法鼓全集》1-6，臺北：法鼓文化，2020 紀念版。

釋聖嚴，《學術論考》，《法鼓全集》3-1，臺北：法鼓文化，2020 紀念版。
釋聖嚴，《致詞》，《法鼓全集》3-7，臺北：法鼓文化，2020 紀念版。
釋聖嚴，《禪門修證指要》，《法鼓全集》4-1，臺北：法鼓文化，2020 紀念版。
釋聖嚴，《禪的體驗．禪的開示》，《法鼓全集》4-3，臺北：法鼓文化，2020 紀念版。
釋聖嚴，《禪的生活》，《法鼓全集》4-4，臺北：法鼓文化，2020 紀念版。
釋聖嚴，《拈花微笑》，《法鼓全集》4-5，臺北：法鼓文化，2020 紀念版。
釋聖嚴，《禪與悟》，《法鼓全集》4-6，臺北：法鼓文化，2020 紀念版。
釋聖嚴，《心的詩偈——信心銘講錄》，《法鼓全集》4-7，臺北：法鼓文化，2020 紀念版。
釋聖嚴，《禪的世界》，《法鼓全集》4-8，臺北：法鼓文化，2020 紀念版。
釋聖嚴，《動靜皆自在》，《法鼓全集》4-13，臺北：法鼓文化，2020 紀念版。
釋聖嚴，《正信的佛教》，《法鼓全集》5-2，臺北：法鼓文化，2020 紀念版。
釋聖嚴，《學佛知津》，《法鼓全集》5-4，臺北：法鼓文化，2020 紀念版。
釋聖嚴，《律制生活》，《法鼓全集》5-5，臺北：法鼓文化，2020 紀念版。
釋聖嚴，《福慧自在——金剛經講記與金剛經生活》，《法鼓全集》7-2，臺北：法鼓文化，2020 紀念版。

釋聖嚴，《佛法綱要——四聖諦、六波羅蜜、四弘誓願講記》，《法鼓全集》7-12，臺北：法鼓文化，2020 紀念版。
釋聖嚴，《人間世》，《法鼓全集》8-6，臺北：法鼓文化，2020 紀念版。
釋聖嚴，《生死皆自在——聖嚴法師談生命智慧》，《法鼓全集》8-15，臺北：法鼓文化，2020 紀念版。
釋聖嚴，《法鼓山的方向：理念》，《法鼓全集》9-1 冊，臺北：法鼓文化，2020 紀念版。
釋聖嚴，《法鼓山的方向：護法鼓手》，《法鼓全集》9-5，臺北：法鼓文化，2020 紀念版。
釋聖嚴，《人間淨土》，《法鼓全集》9-8，臺北：法鼓文化，2020 紀念版。

三、專書、期刊與單篇論文

人生雜誌編輯部編，《人生》第 463 期，「憶念一行禪師專題」，臺北：法鼓文化，2022 年 3 月。
王宣曆，〈人間性、場域性與解構性——聖嚴法師論如何建設現代社會為人間淨土〉，收錄於聖嚴教育基金會學術研究部編，《聖嚴研究》第十三輯，臺北：法鼓文化，2020 年 11 月，頁 543-584。
林佩瑩，〈《楞伽經》與聖嚴禪學〉，收錄於聖嚴教育基金會學術研究部編，《聖嚴研究》第十輯，臺北：法鼓文化，2018 年 5 月，頁 107-138。
劉宇光，《左翼佛教和公民社會：泰國和馬來西亞的佛教公共介入之研究》，桃園：法界，2019 年。
鄧偉仁，〈傳統與創新：聖嚴法師以天台思想建構「漢傳禪佛教」的特色與意涵〉，收錄於聖嚴教育基金會學術研究部編，《聖嚴研究》第八輯，臺北：法鼓文化，2016 年 6 月，頁 133-

158。
鄧偉仁，〈一個佛教現代主義的審視：佛教禪修與身心療癒〉，《玄奘佛學學報》第 30 期，2018 年 9 月，頁 1-30。
鄧偉仁，〈聖嚴法師華嚴與如來藏思想之脈絡化與再脈絡化詮釋與反思〉，收錄於聖嚴教育基金會學術研究部編，《聖嚴研究》第十五輯，臺北：法鼓文化，2022 年 8 月，頁 137-168。
鄧偉仁，「佛教倫理與理想社會的建設」（法鼓文理學院心靈環保研究中心 106 學年「心靈環保講座」），https://www.youtube.com/watch?v=i6FcqmESmHE（檢索日期：2023/6/1）。
釋太虛，《優婆塞戒經講錄》，臺北：佛陀教育基金會，2002 年。
釋聖嚴，《學佛知津》，臺北：法鼓文化，1995 年，二版。
釋聖嚴，〈如何研究我走的路〉，聖嚴教育基金會學術研究部編，《聖嚴研究》第一輯，臺北：法鼓文化，2010 年 3 月，頁 19-20。
釋聖嚴，《建立全球倫理——聖嚴法師宗教和平講錄》，臺北：法鼓文化，2015 年。網路版：https://www.shengyen.org/books-grid.php?s=3。
釋聖嚴，《戒律學綱要》，臺北：法鼓文化，2022 年 6 月，四版。
釋聖嚴，《菩薩戒指要》，臺北：法鼓文化，2022 年 3 月，四版。
嚴瑋泓，〈論佛教倫理學的「忍辱」與「寬容」：以「阿難受責」的案例為線索〉，《揭諦》第 24 期，2013 年，頁 101-139。
嚴瑋泓，〈聖嚴法師戒律思想之倫理學義蘊〉，收錄於聖嚴教育基金會學術研究部編，《聖嚴研究》第六輯，臺北：法鼓文化，2015 年 6 月，頁 65-94。
嚴瑋泓，〈聖嚴法師禪學詮釋中的倫理向度〉，收錄於聖嚴教育基金會學術研究部編，《聖嚴研究》第十一輯，臺北：法鼓文化，2018 年 11 月，頁 413-446。

四、中譯文獻

于君方著，方怡蓉譯，《漢傳佛教專題史》，臺北：法鼓文化，2022 年。

白德滿（Don A. Pittman）著，鄭清榮譯，《太虛——人生佛教的追尋與實現》，臺北：法鼓文化，2008 年。

瑟琳．莎德拉（Celine Chadelat）、柏納．波杜安（Bernard Baudouin）著，林心如譯，《一行禪師——正念的足跡》，臺北：時報文化，2018 年。

釋一行（Thich Nhat Hanh）著，方怡蓉譯，《佛陀之心——一行禪師的佛法講堂》，臺北：橡實文化，2008 年。

釋一行（Thich Nhat Hanh）著，周和君譯，《觀照的奇蹟》，臺北：橡樹林，2012 年。

釋一行（Thich Nhat Hanh）著，鄧伯宸譯，《好公民——打造覺悟的社會》，新北：立緒文化，2013 年。

釋一行（Thich Nhat Hanh）著，彭凱欣譯，《幸福》，香港：皇冠出版，2014 年 10 月。

釋聖嚴、丹．史蒂文生（Dan Stevenson）著，梁永安譯，《牛的印跡——禪修與開悟見性的道路》，臺北：商周出版，2009 年，二版。

五、外文

Cozort, Daniel, and James Mark Shields (eds). 2018. *The Oxford Handbook of Buddhist Ethics*. New York: Oxford University Press. https://play.google.com/books/reader?id=OLNSDwAAQBAJ&pg=GBS.PP1

DeVido, Elise Anne. 2009. "The Influence of Chinese Master Taixu On Buddhism In Vietnam." *Journal of Global Buddhism*, 10 Special Focus: Buddhist Activism and Chinese Modernity, 413-458.

Keown, Damien. 2005. *Buddhist Ethics: A Very Short Introduction.*

Oxford University Press.

Keown, Damien. 2013. *Buddhism: A Very Short Introduction.* Oxford University Press.

King, Sallie B. 2005. *Being Benevolence: The Social Ethics of Engaged Buddhism. University of Hawaii Press*. https://play.google.com/store/books/details?id=25YBEAAAQBAJ

King, Sallie B. 2009. *Socially Engaged Buddhism.* University of Hawaii Press. https://play.google.com/store/books/details?id=J40BEAAAQBAJ

King, Sallie B. 2018. "The Ethics of Engaged Buddhism in Asia." In *The Oxford Handbook of Buddhist Ethics*. Oxford University Press. https://play.google.com/store/books/details?id=OLNSDwAAQBAJ

McMahan, David L. 2008. *The Making of Buddhist Modernism.* Oxford University Press. https://play.google.com/store/books/details?id=GMNViIBK0wQC

McMahan, David L. 2012. *Buddhism in the Modern World.* Routledge Press. https://play.google.com/books/reader?id=ghoiBQAAQBAJ&pg=GBS.PR5

Nhat Hanh, Thich. 1988. *The Sun My heart.* Parallax Press.

Nhat Hanh, Thich. 1998. *The Heart of the Buddha's Teaching: Transforming Suffering into Peace, Joy, and Liberation*. Harmony. https://play.google.com/store/books/details?id=XJkmCgAAQBAJ

Nhat Hanh, Thich. 2020. *Interbeing* (4th ed.). Parallax Press. https://play.google.com/store/books/details?id=eMWyDwAAQBAJ

Sheng Yen. 1999. *Complete Enlightenment*. Shambhala Publications.

Chan Practice, Śīla, and Ethics:
Focus on the Thoughts of Master Sheng Yen

Li-ya Chu
PhD Candidate, Department of Philosophy, Tunghai University
PhD Candidate, Department of Languages and Cultures, Ghent University

Abstract

This article aims to explore the contemporary significance of "practicing the precepts" in Master Sheng Yen's Chan Buddhism and his thoughts about śīla. The discussion begins with the reinterpretation of "abstaining from wrongful sex," one of the fundamental Buddhist precepts, by two prominent Chan Masters, Master Sheng Yen and Thich Nhat Hanh. To delve into the philosophical underpinnings of their modernized interpretations, this article will examine the indispensable nature of "practicing the precepts" as a core Buddhist practice in the contemporary ethical frameworks of these two Chan Masters. In particular, how does Master Sheng Yen perceive the relationship between "Chan practice" and the "observance of precepts"? According to Master Sheng Yen, śīla, on the one hand, serves as the cornerstone of the Buddhist path to liberation beyond this world. On the other hand, śīla refers to good teachings in this world that are in line with and support secular ethics. However, given the evolution of prevailing ethical values, how can śīla, the fundamental Buddhist ethical principle, be adapted to the new era of uncertainty?

Keywords: Master Sheng Yen, precepts (śīla), Chan practice, ethics

心靈環保之環境教育
——以法鼓心靈環保教育園地為例

釋果光
法鼓文理學院心靈環保研究中心主任

黃信勳
法鼓文理學院人文社會學群社會企業與創新碩士學位學程助理教授

黃星齡
法鼓文理學院心靈環保研究中心環境教育人員

摘要

法鼓心靈環保教育園地（Dharma Drum Campus for Environmental and Spiritual Education）為以法鼓文理學院（Dharma Drum Institute of Liberal Arts, DILA）校園設置之環境教育設施場所，於二〇二二年底由環保署（現為環境部）核准設立，二〇二三年三月二十九日舉行揭牌儀式後，正式對外推出環境教育課程。

本研究試圖探討什麼是心靈環保的環境教育？與當代生態、環保觀點的連結為何？自然環保的校園規畫有何護生理念與作法？本園地的環境教育課程特色為何？如何呈現融合佛法、漢傳禪法、自然環保的教案內涵？

為回答上述問題，本文首先進行心靈環保與環境教育的對話，透過心靈環保與環境教育、佛法與生態環境、禪修與五感體驗、人間淨土與永續發展四個面向，回顧文獻之發展，歸納出心靈環保之環境教育理論，做為教案設計理論之基礎。第二，爬梳法鼓文理學院創辦人聖嚴法師於創校時之校園護生理念及作法。依照「自然環保」的原則設計的校園，在低環境衝擊建築、水土保持、靜心步道和里山倡議（the Satoyama Initiative）等方面，展現了環境資源的獨特特色。這四面向相互輔助，相互增益，共同體現了校園的環境友好性。以此園地的自然條件、生態景觀做為環境教育課程系列發展之基底。

第三，依據本研究所建構之課程研發理論基礎：以心靈環保為核心，具華嚴法界觀門之生態環保思想，融合漢傳禪法之環境教育教案設計，透過放鬆身心、經行、直觀、虛空觀、海印三昧等禪法，使學員打開五感，體驗大自然；並引導學員感受人與大自然的關係，反思人類行為對自然生態之影響，如何改變自身之行為，以達成聯合國永續發展之目標（Sustainable Development Goals, SDGs），亦是建設人間淨土的進程。教案設計模式採經驗學習圈理論（Experiential Learning Theory）之架構，心流學習法（Flow Learning）為活動設計的步驟，並以「慢行聽禪——和大自然在一起」教案為例，檢視心靈環保環境教育之落實。最後，總結本環境教育場域的理念與教案發展現況及課程方案、專業人力、環境資源、經營管理四個面向發展願景，期許整個團隊合作，正是華嚴法界觀門之運作，在事與理間體驗融合，朝向「事事無礙」之境界，共同使園地成為「散播友善環境知能的光源地」。

關鍵詞：心靈環保、環境教育、華嚴思想、漢傳禪法、永續發展目標（SDGs）

一、前言

法鼓文理學院（Dharma Drum Institute of Liberal Arts, DILA，以下簡稱學院）在校園建設的過程，秉持著創辦人聖嚴法師（以下簡稱創辦人或法師）的「自然環保」及「自然倫理」理念，以「環保為優先，盡量不破壞自然。建築要像是從大地生長的有機體，與大自然融和無礙。不蓄意替大自然化妝，也盡量不建高樓。一切以『本來面目』為原則。（《法鼓山故事》，頁 41）」❶

由於校園地貌屬山坡地，創辦人（2007）在構思開闢校地之時，校園各項建設皆力求「保護生態、減少對環境的衝擊」，即已留意生態環保問題。建築依山勢興建，避免移山填壑，盡量保留原始地貌植生。從移樹、整地、打地基之過程，用心地保護山上的原生種生物；包括野溪的水族、林間的飛鳥、昆蟲，乃至一草一木，寧可付出更多的時程、經費，也不忍將地貌剷除填平改變，以免造成各種生物的毀滅及遷移。❷期望保護維持各種生物在此的生存。

基於法鼓山核心理念及環境教育的推廣，二〇一六年開始，學院前校長惠敏法師責由前心靈環保研究中心（Mind-

---

❶ 見法鼓文理學院，https://www-old.dila.edu.tw/about/campus_guide（2021-12-11）。參考釋聖嚴，〈法鼓山建築的一些想法〉，《法鼓山故事》，《法鼓全集》9-9，臺北：2020 紀念版（2007 年初版），頁 41。取自：https://ddc.shengyen.org/?doc=09-09-007。

❷ 見釋聖嚴，〈無一處不是景觀〉，《法鼓山故事》，《法鼓全集》9-9，頁 96。取自：https://ddc.shengyen.org/?doc=09-09-015。

Life Environment Research Center，以下簡稱中心）主任，啟動環境教育設施場所申設之籌備。二〇二〇年中心正式規畫向新北市環保局提出申設「環境教育設施場所」，並將此場域命名為「法鼓心靈環保教育園地」（Dharma Drum Campus for Environmental and Spiritual Education，以下稱本園地）。二〇二一年八月，筆者接續前主任的環境教育規畫，繼續進行環教設施場所申請案，歷經環保署環訓所（現為環境部國家環境研究院）的教案設計輔導，幾番教案修改，於二〇二二年二月底正式送件申請，因逢疫情嚴峻，審查延宕，於年底方取得環境教育設施場所之認證。二〇二三年三月二十九舉行揭牌儀式後，正式向社會大眾推出環境教育課程。

此環境教育場所之設置，旨在於推廣環境教育，以培養具備環境倫理信念，擁有環境知識和技能，並能做出理想環境行為的人，進而為永續發展做出貢獻。透過於校園舉辦之環境教育課程，對內講求從心出發，以「心靈環保」為依歸，對外實踐「自然環保」，倡導「護生」並建立正確的生態保育觀及珍惜自然資源，使校園能成為「散播友善環境知能的光源地」。

筆者接續申請案過程中，從專業指導教授、新北市環保局、環保署環訓所❸人員於教案輔導的回饋中，感受到以佛法的思維來呈現心靈環保的環境教育，是大眾所期待的。緣

---

❸ 現為環境部國家環境研究院。

此，更深入思考什麼是心靈環保的環境教育？與當代生態、環保觀點、永續發展的連結為何？自然環保的校園規畫有何護生理念與作法？如何將漢傳禪法融入於環境教育課程教案，呈現融合佛法、漢傳禪法、自然環保的教案？

為回答上述問題，本文首先進行心靈環保與環境教育的對話，透過心靈環保與環境教育、佛法與生態環境、禪修與五感體驗、人間淨土與永續發展四個面向，回顧文獻之發展，分析、歸納出心靈環保之環境教育理論，做為教案設計理論之基礎。第二，爬梳學院創辦人聖嚴法師於創校時之校園護生理念及作法，以此園地的自然條件、生態景觀做為環境教育課程系列發展之基底。第三、依據本研究所建構之課程研發理論基礎，將漢傳禪法融入校園景觀設施，規畫設計心靈環保之環境教育教案。最後總結本環境教育場域的理念與教案發展現況，並提出未來發展之願景。

二、文獻回顧

有關環境教育的國際發展及國內現況為題的研究已相當豐富（汪鴻男，2020），本研究特別針對以佛法、心靈環保觀點的環境教育、生態環境倫理之開展做探討。緣於創校理念，本園地以心靈環保所開展之「自然環保」、「自然倫理」，做為環境教育課程之發展理念，本研究從「心靈環保與環境教育」、「佛法與生態環境」、「禪修與五感體驗」、「人間淨土與永續發展」四個面向探討文獻。

（一）心靈環保與環境教育

1. 環境教育之意涵

依據臺灣於二〇一〇年通過，並於二〇一一年正式實施的《環境教育法》，乃從學校、社會、企業、政府機關等面向，建立環境教育策略架構。法規第三條就「環境教育」做了定義：

> 指運用教育方法，培育國民瞭解與環境之倫理關係，增進國民保護環境之知識、技能、態度及價值觀，促使國民重視環境，採取行動，以達永續發展之公民教育過程。（《環境教育法》第 3 條）❹

《環境教育法》第一條說明，推動環境教育以達到永續發展為目標，對國民產生幾個層次的學習：（1）了解個人及社會與環境的相互依存關係，（2）增進全民環境認知、環境倫理與責任，（3）進而維護環境生態平衡、尊重生命、促進社會正義，（4）培養環境公民與環境學習社群。❺

就環境教育之發展歷史，由以地點為導向的「在環境中（In Environment）教育」演變為以內容為導向的「關於環境（About Environment）的教育」，再發展為以目的為導向

❹ 參考《全國法規資料庫》，《環境教育法》，取自：https://law.moj.gov.tw/LawClass/LawAll.aspx?pcode=o0120001（檢索日期：2023/5/23）。

❺ 同上註。

的「為了環境（For Environment）的教育」，並且與永續發展（Sustainable Development）的願景結合，再成為「永續發展教育」（王鑫，2011；葉欣誠，2012、2017）。學習對象則無限制，各種年齡層、性別、種族均適合；若具備可見的環境問題，於適當的教學場地，有助於老師發揮其職能，以喚起學員對環境的同理心和同情心，並達到與環境合一之境界（王鑫，2011）。❻

由此而知，目前推動的環境教育，主要在解決環境永續的議題，強調是在一個適合的環境場域，透過課程設計探討環境的問題，從認知、情意、技能三個層面來達成教學目標，即喚起學員了解與環境的倫理關係、對環境產生一體的感知或與自然產生連結感，進而產生護生的動力。

2. 佛教之環境教育

佛教的教育是否包含環境教育？佛教的創始者釋迦牟尼佛，身為一國之太子，選擇離開皇宮，於自然的環境下修行，夜睹明星而悟道（《五燈全書》，頁 701）❼。悟道後教化眾生的場域，釋曉雲（1998）描述如下：

> 佛教之園林生活，自然教化，在原始佛教，釋尊昔日行化攝眾，與諸弟子禪行安養於竹林、祇園，大林園等、靈

---

❻ 見王鑫，〈推薦序〉，周儒著，《實踐環境教育——環境學習中心》，臺北：五南出版社，2011 年。

❼ 《五燈全書》卷 116：「臘八上堂。我佛世尊。昔年於此夜。睹明星悟道。」（CBETA, X82, no. 1571, p. 701, a21-22 // Z 2B:15, p. 84, b3-4 // R142, p. 167, b3-4）

鷲山下、王舍城中，許多風景幽美樹木青蒼之勝地，都是佛陀及諸弟子所至之處。（釋曉雲，1998，頁 97）❽

釋曉雲（1998）亦提出《阿含經》中，記載佛陀在大自然之林野中禪修及教化弟子之事蹟，是自覺淨化之自然教育，是「活」的教育，一種心境活潑明淨的培養，亦稱為覺之教育；強調「讓我們回歸大自然的世界」，向大自然請教學習。認為現代教育為多重知識，忽略心意善法之培養；佛教教育則是透過眼、耳、鼻、舌、身、意六根，從見聞嗅嘗覺知，處處提高自覺，乃從人性自覺悟性。高柏園（2016）進而闡釋：「覺之教育在學校的園林境教設施中，如何有效結合覺之教育、環境倫理與環境美學，通過校園景觀與境教之推展，形成對環境的真參與、分享與相生。」❾

佛教的教育體系包括戒、定、慧三學，其中戒律即是倫理，包括人的身心關係、人與人的關係、人與社會的關係、及人與自然的關係。釋菁澤（2017）提出佛陀弟子們於境教中學習戒律、禪修以轉識成智，生起慈悲心及智慧心，而自覺、覺他、覺行圓滿。佛陀在教化眾生時，經常以大自然為素材，透過佛陀體證的四聖諦——苦、集、滅、道，教導眾生離苦的方法（道），引導修學方向及方法。由此，佛教在

---

❽ 釋曉雲，〈佛陀之自然教育論〉，收錄於《覺之教育》，臺北：原泉出版社，1998 年，頁 97。

❾ 高柏園，〈覺之教育的環境倫理與環境美學〉，《應用倫理評論》第 60 期，2016 年，頁 75-91。

詮釋環境教育，則帶出更深廣的意涵。

3. 心靈環保之環境教育設施場所

法師提倡「心靈環保」正是要強調「環保從心做起！」在於幼華（1998）主編《環境與人》一書中之序文中強調：

> 我一向以為救世界，必先救人心，環境保護也當先從淨化人心著手。所以多年來提倡心靈環保運動，鼓勵勤儉節約，要打從每個人的內心做起。否則不論如何作法，總不免是頭痛醫頭，腳痛醫腳的措施。環保科技若能配合心靈淨化，則可標本兼治了。（釋聖嚴，《書序》，頁 118）❿

佛教道場本於佛法的精神，尊重自然、護生的作為自然形成，然佛教團體申請環境教育設施場所並不多，慈濟靜思堂於高雄及臺中以「環保／節能設施」類型設置場所。其課程內容融合了心靈環保與環保科技，值得推廣！

由佛教團體所辦大學中，南華大學以「水土保持」類型於二〇二〇年認證環境教育設施場所；本園地則是第二所佛教所辦大學正式設立的環境教育場所，亦為「水土保持」類型。兩所學校均因地處山坡地，建校過程強化的水土保持設施，足以做為環教教案的素材。本園地除了水土保持教案系列，更有靜心步道、里山倡議系列，透過禪悅境教，使參與

---

❿ 釋聖嚴，〈序於幼華居士編著《環境與人》〉，《書序》，《法鼓全集》3-5，臺北：法鼓文化，2020 紀念版，頁 118。取自：https://ddc.shengyen.org/?doc=03-05-032。

者能放鬆靜心，深刻感受自己與環境的連結性。如同法師提倡「心六倫」中之「自然心倫理」思維，自然就是人類共同的大身體，人類身處其中，應珍惜並善盡保護之責（《法鼓山的方向：理念》，頁 158）。⓫

（二）佛法與生態環境

人類在一九五〇年代開始覺察環境危機（洪如玉，2014）。一九六二年，Rachel Carson 出版《寂靜的春天》（*Silent Sprint*）一書，揭發化學藥劑對生物的傷害、環境的威脅、生態系統的破壞，特別是對鳥類和其他野生動物的影響，還討論了農藥對人類健康的潛在風險。此書帶動了生態保育議題之開展，本文就環境倫理發展的歷史脈絡（王從恕，2001；楊深坑、洪如玉，2004）之人類中心主義（Homocentrism, Anthropocentrism）、生態中心主義（Ecocentrism）及佛教生態學，做一探討。

1. 人類中心主義（Homocentrism, Anthropocentrism）

以人類為世界乃至宇宙中心的觀點已存在於西方文明達數千年之久，認為人類以外的生物及大自然乃為滿足人類的需求而存在（White, 1967）。此時人類將自己放在一個與其他生靈分隔，並凌駕非人類之上的位置（Rust, 2020）。此論點區隔人類與非人類，為二元論。人類外世界被視為是資源或物體的集合，有待人類所用，此存在著人類的一種權力

⓫ 參考釋聖嚴，《法鼓山的方向：理念》，《法鼓全集》9-1，臺北：法鼓文化，2020 紀念版，頁 158。取自：https://ddc.shengyen.org/?doc=09-01-017。

位階，對非人類世界的壓迫（Rust, 2020），被認為是造成當今環境汙染與環境惡化的重要根源（王從恕，2001）。

2. 生態中心主義（Ecocentrism）

相對於人類中心主義，非人類中心主義（Anti-Anthropocentrism）包括生命中心主義（Biocentrism）及生態中心主義（Ecocentrism）。前者為「個體論（Individualism）」，重視生命個體價值，然只有生命本身具有價值，物種和生態系則無。源於 Jeremy Bentham（1789）的「動物會感受痛苦」理論、Peter Singer（1976, 1979）探討「動物解放」、Tom Regan（1980, 1983）提倡「動物權」、Albert Schweitzer（1915）提出「尊重生命」（Reverence for Life）、及 Paul Taylor（1981, 1986）的「尊重自然」（Reverence for Nature）學說。（王從恕，2001）

生態中心主義為「整體論」（Holism），重視生態系整體價值，兩大主軸為「土地倫理」（The Land Ethic）、「深層生態學」（Deep Ecology）。

（1）土地倫理：Aldo Leopold（1949）代表作《沙郡年記》（*A Sand County Almanac*，1949 年出版）中的〈土地倫理篇〉（Land Ethics）正是表達其思想的佳作。其將倫理關係分成三個層次：第一階段是個人與個人間的關係、第二階段是個人與社會的關係、第三階段是人類與環境的關係。一反人類對大地只有權力而沒有義務的觀念，建構「生命社區」（Biotic Community）思維，範圍擴大包含土壤、水、植物、動物，統稱大地，認為生命社區整體才是道德考量對象，生物個體則不是。認為人類亦為社區的一員，是相互依存的，反思人類與環境如何維持和諧關係，乃當年倫理觀的重大突破。（釋恒清，1995；陳慈美，1997；王從恕，2001；徐雪麗，2006；徐佐銘，2018）

（2）深層生態學：Arne Naess（1973, 1989）認為若只是為了反對環境汙染和資源耗竭，僅是「淺層生態學」，必須以哲學取向，更深層地追溯出環境問題的哲學根源。Naess受到東方哲學的影響，提出「深層生態學」之兩大核心概念為「自我實現」（Self-Realization）與「生命中心平等說」（Biocentric Equalitarianism）。Naess將自我分作心理意義的自我（ego）、社會性的「我」（self）與形而上的大我（Self）——「生態大我」（Ecological Self）。由此開展生物多樣性共生之「自我實現」。而「生命中心平等說」主張人類與其他生物應該享有相等的權利和尊重，這是在體證「自我實現」的生命意境後，必然會達成的結論。（釋昭慧，2016）

釋恆清（1995）、程進發（2006）、釋昭慧（2014, 2016）等均從佛法的角度探討生態中心主義之大地倫理及深層生態學。整體論面臨兩大質疑：一是「自然主義」的謬誤（Naturalistic Fallacy）——認為生態系統應維持「完整而穩定」。其二是「環境法西斯主義」（Ecofascism, Environmental Fascism）——為了整體的福祉，可以犧牲個體的利益。「大地倫理」的生命社區構想，受到佛學學者的肯定，然亦從佛法的角度推翻此兩項論點，依據無常的法則，生態系統亦是無常變化，無法永恆維持「完整而穩定」的狀態。尤其從維持生態系統的穩定性辯解狩獵的正當性，違反佛法眾生平等、不殺害眾生之精神。

儘管楊惠南（2005）、林朝成（2002, 2003）認為深層生態學所談的「生態大我」為梵我思想，未達到無我之境界；釋昭慧則認為「深層生態學」雖然用「自我」或「大我」的語彙，卻是極大化的「共生」關係，是一套心量無限擴大，終而達致「無我」，並能產生利他之「同體大悲」、「四無量心」。就前述整體論的兩個疑問——自然主義謬誤及環境法西斯主義，前者，「深層生態學」呈現生命與生命間無限連結的網狀連結中，上下四方無限擴散以消融自我，便不必爭辯自己是否落入「自然主義的謬誤」。後者，因「自我實現最大化」的同時，整體生物圈「非人類生命」的存在亦最大化，可以「普遍的共生」來表達這種和諧關係。在自我實現的過程當中，若有其他生命的自我實現受到阻礙時，人類的自我實現也將會受阻。因此，一種行動的規範要求於是會在這裡出現，不會落入環境法西斯主義的模式。釋聖玄（2014）羅列佛教七大生態思想：緣起說、無我論、天台宗「性具」、華嚴宗「一即一切，一切即一」、「無緣大慈、同體大悲」、眾生平等、無情有性；加以對比深層生態哲學的四大特質：自我實現、打破「唯人中心主義」藩籬、整體觀（Holism）、生物中心的平等性（Biocentric Equality），由此突顯二者互即互入的融攝，同時指出值得彼此借鑒深化的空間。

釋昭慧（2016）以佛法的角度分析整體論及個體論之生態主義，總結佛教環境倫理之系統圍離於兩邊之緣起中道系統理論：

佛教環境倫理學既是「整體論」，也是「個體論」，它可以不拘泥於「整體」與「個體」之「一合相」，而超拔「整體」或「個體」之「自性見」，以建構一套「離於（「整體」與「個體」）二邊，說於（緣起）中道」的系統理論。⓬

3. 佛教生態學

從佛法的角度思考生態議題，一九七〇年代以來，已有相當豐富成果（Ives etc., 2017; Mary Evelyn Tucker and John Grim, 2017）。Allan Hunt Badiner（1990）主編 *Dharma Gaia: A Harvest of Essays in Buddhism and Ecology* 一書，收錄二十五篇探討佛法與生態的論文，依據佛教緣起及空性之教義，從華嚴學派「因陀羅網」（Indra's-net）、日本「依正不二」（Eshofuni）、一行禪師「相即相入」（Interbeing）、及大乘佛教《華嚴經》、《法華經》、《維摩詰經》之觀點，強調人類與大自然相互依存之宇宙觀。Tucker & William（1997）出版 *Buddhism and Ecology: The Interconnection of Dharma and Deeds* 一書，收錄十九篇論文，探討泰國、日本、印度、美國等各國動植物、生態、環境保護的觀念及作法。David Loy（2018）提出生態佛法（Ecodharma），推動生態菩薩道（Ecosattva Path），強調面對生態的困境，必須以菩薩道的精

⓬ 釋昭慧，〈「深層生態學」的自我實現與自我解構——環境倫理學「整體論」與佛法觀點的回應（之二）〉，《法印學報》第 6 期，2016 年，頁 21。

神面對，以禪修培養平等心，也能培養支持平等心的洞見：覺知「空」中沒有好壞，亦無得失。強調體證空性以自利，奉獻於生態而利他之生態菩薩道。長年致力於佛教與生態學的 Stephanie Kaza（2019），提出綠色佛教（Green Buddhism），認為物種迅速消失，全球溫度上升，我們面臨的生態危機比以往任何時候都更加緊迫；在此充滿不確定的時代，試圖提供佛法及慈悲的行動方案。

東方的研究，如林朝成（1993, 1994）、黃連忠（1996, 2004）、劉峰（2014）、賴賢宗（2016）、釋昭慧（1999, 2016）等均從華嚴思想的視角探討生態。賴賢宗（2016）在研究中指出：

> 生態學（Ecology）之最基本原則是整體性和地球共生，「共生」相應於佛教之「共業」與「行願」思想，「整體性」相應於「緣起」思想，而此二者皆結合於華嚴法界觀之「事事無礙法界」。[13]

法界緣起觀強調世界為一整體的有機系統，每一事物都是在周圍條件的和合作用下而成，任何事物不能獨存自立，而是相互影響、彼此作用、不可互缺。基於此觀念，佛教強調眾生平等之慈悲心，並以智慧心落實於生活中，貫徹實踐

---

[13] 賴賢宗，〈從「華嚴法界觀」談地球共生與佛教生態思想〉，發表於「2010 華嚴全球論壇」，中華民國佛教華嚴學會、臺北大學通識中心主辦，2010 年 9 月 3 日至 5 日。

對生物、植物之護生，對各種自然資源之保護。

學愚（2014）主編《生態環保與心靈環保——以佛教為中心》收錄十八篇青年佛教學者之論文，立足佛教生態環保與心靈環保的理論與實踐，從藏傳、南傳、漢傳佛教不同面向闡述觀點，包含華嚴法界緣起的生態環保思想及實踐案例。⓮

法師（1993）於《聖嚴法師心靈環保》一書自序中說明心靈環保雖是創新名詞，根源於《維摩經》的「隨其心淨則佛土淨」及《華嚴經》〈夜摩天宮菩薩說偈品〉、〈夜摩宮中偈讚品〉中，覺林菩薩承佛威力，遍觀十方而說的偈頌：

> ……心如工畫師，能畫諸世間，五蘊悉從生，無法而不造。如心佛亦爾，如佛眾生然，應知佛與心，體性皆無盡。若人知心行，普造諸世間，是人則見佛，了佛真實性。心不住於身，身亦不住心，而能作佛事，自在未曾有。若人欲了知，三世一切佛，應觀法界性，一切唯心造。⓯

法師由此引申人心染惡或人心淨善，對人間社會的負面及正面影響之關鍵，推動轉染汙心為清淨心的「心靈環保」。提倡的自然環保，即是以心靈環保為核心的生態保育作為。

⓮ 參考學愚主編，《生態環保與心靈環保——以佛教為中心》，上海：上海古籍出版社，2014 年。

⓯ 出自《大方廣佛華嚴經》卷 19〈夜摩宮中偈讚品 20〉，CBETA, T10, no. 279, p. 102, a9-b1。

紀俊吉（2018）從華嚴思想「法界緣起」、「四法界」⑯標示出教育的可能性與漸進原則，提出教師應抱持「事事無礙」的角度面對受教者，並不斷地回到「教」與「學」的轉換過程中，帶著隨時要有自我轉換的意識及態度，逐步地精進自身涵養。故法界緣起觀無論從環境生態保護或環境教育，均提供極具啟發性的視角。

（三）禪修與五感體驗

深層生態學、佛教生態學探討人與自然之關係，如何讓人類體驗人與自然的連結、融合統一，甚至超越二元，是很重要的課題。Frantz 與 Mayer（2013）指出環境教育方案主要目標應促進人與自然的聯結。緣此，將五感體驗融入環境教育課程設計中，愈見普遍。

二千六百年前，佛陀在印度菩提伽耶的菩提樹下禪坐開悟，在大自然中禪定、觀照、開發眾生平等之慈悲，洞悉宇宙運行真理之智慧，可以說是開展大自然療癒力量的最佳典範。Mary-Jayne Rust（2020）研究指出，禪修與在自然中，均有助於人的自然連結感；Sara Unsworth 等（2016）透過分組實驗，第一組是禪修者參加於大自然中的禪期，第二組為大學生參加一個大自然行程，隨機指派同學每天早坐或不早坐。此研究實證若在大自然中禪修，所產生人與自然的相互連結感更強。

---

⑯ 四法界：包括事法界、理法界、理事無礙法界、事事無礙法界。

人類與大自然連結主要是透過視覺、聽覺、嗅覺、味覺和觸覺「五種感官」的體驗，簡稱五感體驗。日本色彩學學者野村順一（1996），在其著作《色の秘密——最新色彩學入門》中提到五感機能的比例分別是：視覺為 87%、聽覺 7%、觸覺 3%、嗅覺 2%、味覺 1%。若能於大自然中透過五感體驗活動，可以打開並平衡我們的五感與大自然溝通。

大自然對身心健康的影響，已有研究指出自然環境能提昇正向的生理狀況、認知與健康情形，進而達到注意力恢復效益（林業試驗所，2020）。Rachel 與 Stephen Kaplan（1989, 1995）早期以功能演化的觀點提出「注意力恢復理論」（Attention Restoration Theory, ART），並強調環境具有的某些特徵能夠促進人們的恢復效益，這些特徵除牽繫著人類的心理歷程或狀態外，並提供知覺恢復性的經驗（Laumann et al., 2001）。Kaplan 夫婦認為恢復性環境具備四項組成特徵分別為：遠離日常生活、魅力性、延伸性與相容性四種特徵。

從在自然禪修及自然恢復力的研究，在一個具備恢復性條件的環境場域，透過禪修元素及五感體驗設計的活動，是環境教育絕佳的課程規畫。

（四）人間淨土與永續發展

「建設人間淨土」是法鼓山的理念，創辦人指出「人間淨土的建設及理想現象可由《正法華經》卷二的〈應時品〉看出：『平等快樂，威曜巍巍，諸行清淨，所立安穩，米穀豐賤，人民繁熾，男女眾多，具足周備。』（《禪與悟》，頁 136）。」然而，由於人類在發展過程中，不斷地追求物質的成長，導致經濟、社會、環境的失衡，並未朝向《正法華經》所描述的景象發展。

面對全球的經濟、社會和環境挑戰，聯合國組織強調必須在兼顧環境的前提下推動經濟發展，才能找到實現永續發展目標（Sustainable Development）的方法。⓱一九八七年，聯合國布倫特蘭委員會（United Nations Brundtland Commission）將「永續」（Sustainable）定義為：「既滿足當代人的需求，又不損害後代人滿足其需求的能力。」並開始積極尋求解決方法。張子超（2019）指出：「永續發展是人類對於發展的意涵一次非常重要的典範轉移，從追求生存的溫飽，到物質的大量囤積與消費，進化到現在的均衡發展與公平正義。」⓲因此，永續發展與開創人間淨土的理念是一致的。

二〇一五年，聯合國發表了《翻轉世界：2030 年永續發展議程》（*Transforming our world: the 2030 Agenda for Sustainable Development*），旨在促進人類（People）、地球（Planet）、繁榮（Prosperity）、和平（Peace）和夥伴關係（Partnership）等重要元素的綜合發展。此議程呼籲全球團結合作，致力於在二〇三〇年前消除貧窮和飢餓，實現尊嚴、公正、包容的和平社會，同時保護地球環境並促進

⓱ 參考聯合國永續（Sustainability）網頁，https://www.un.org/en/academic-impact/sustainability。

⓲ 張子超，〈環境教育議題融入的課程發展：以永續發展為例〉，《台灣教育》第 717 期，2019 年，頁 55-64。

人類共榮發展，確保當代和未來世代都能享受安居樂業的生活。同時，宣布了「2030 永續發展目標」（Sustainable Development Goals, SDGs），共包括十七個目標（Goals）和一百六十九個具體目標（Targets）。

二〇一六年，斯德哥爾摩韌性中心（Stockholm Resilience Centre）前主任 Johan Rockström 和 Pavan Sukhdev 提出了一個新的視角，探討永續目標與經濟（Economy）、社會（Society）和環境（生物圈，Biosphere）之間的關聯性，並以立體結婚蛋糕模型來呈現，詳見圖一和表一。[19]

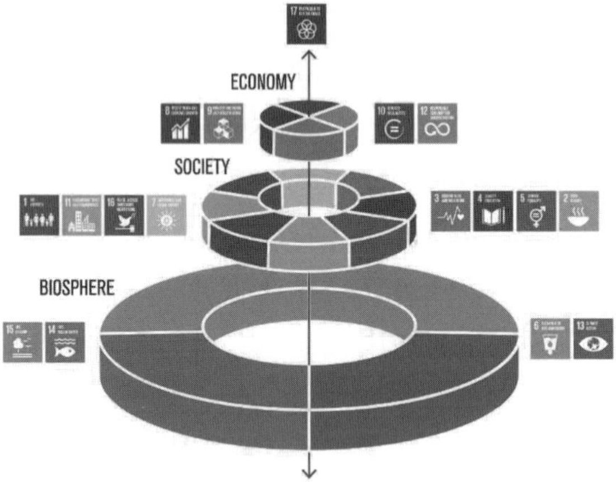

圖一：聯合國永續發展目標之立體結婚蛋糕模型 [20]

---

[19] 參考斯德哥爾摩韌性中心網站："A new way of viewing the Sustainable Development Goals and how they are all linked to food"。https://www.stockholmresilience.org/research/research-news/2016-06-14-the-sdgs-wedding-cake.html。

[20] 資料來源同上。

表一：聯合國永續發展目標之立體結婚蛋糕模型

層次分類	聯合國永續發展目標（SDGs）
總體	SDG17「永續發展夥伴關係」
經濟	SDG8「就業與經濟成長」、SDG9「永續工業與基礎建設」、SDG10「消弭不平等」、SDG12「責任消費與生產」
社會	SDG1「消除貧窮」、SDG2「終結飢餓」、SDG3「健康與福祉」、SDG4「優質教育」、SDG5「性別平等」、SDG7「可負擔的永續能源」、SDG11「永續城鄉」、SDG16「制度的正義與和平」
環境	SDG6「淨水與衛生」、SDG13「氣候行動」、SDG14「永續海洋與保育」、SDG15「陸域生態」

資料來源：斯德哥爾摩韌性中心網站

這個模型清楚地呈現了以環境為基礎，將「社會」和「經濟」建立在「環境」之上的關係。它顯示了生態環境對人類社會和經濟的支撐作用，並將永續發展目標（SDGs）串聯在一起，以視覺化的方式彰顯了「環境保護」的重要性。此外，模型還探討了涉及人與人、人與社會、人與自然環境之間的「倫理」議題，這些議題貫穿了十七個永續發展目標的內容。

基於環境問題與人類行為息息相關，透過教育的過程，傳達環境相關的概念、態度等，以達到環境保護和永續發展的目的，是環境教育所努力的方向（蘇宏仁等，2021）。我國教育部響應聯合國永續發展教育，提出「新世代環境教育發展」（New-generation Environmental Education Development, NEED）學習藍圖[21]，宣導將聯合國永續發展目標融入環境教

[21] 參考教育部全球資訊網即時新聞（上版日期：2021/6/5），https://www.edu.tw/News_Content.aspx?n=9E7AC85F1954DDA8&s=F2CEE60C153A6EE1。

育課程中。

而「人間淨土」的理念是從人心淨化做起，透過心的轉化而改變個人行為，進而影響家人、社會、整個環境，較聯合國永續發展目標更為深入。法鼓山於一九九七年之年度主題為「人間淨土」，創辦人於年初發表〈「人間淨土」是什麼？〉，提示當年法鼓山年度重點活動精神：

> 建設人間淨土的理念，不是要把信仰中的十方佛國淨土，搬到地球世界上來，而是用佛法的觀念，來淨化人心，用佛教徒的生活芳範淨化社會，通過思想的淨化、生活的淨化、心靈的淨化，以聚沙成塔，水滴石穿的逐步努力，來完成社會環境的淨化和自然環境的淨化。（《聖嚴法師年譜》，頁 1080-1081）

以一種自然、儉樸的方式生活，即是在遵循自然倫理。這指的是以「四福」[22]來保護及保育自然環境的倫理原則，將有助於維護自然生態系統，如法師所言：

> 自然倫理的關懷主體是自然生態，包括生物與非生物的資源和環境。非生物的資源，例如金屬、石油、煤等礦藏，雖不是生命，但與生態有關。因此，這裡所說的自然倫理關懷，除了直接保護有機生態之外，還包括間接保持

[22] 四福：知福、惜福、培福、種福。

各種資源之間的平衡與永續，凡是自然界的一草一木、一塊石頭，都跟人類的生存有關，人類使用它們，就應該珍惜它們、保護它們。㉓

我們應該透過我們的行動，像是少砍樹、多種樹、美化環境、保護水資源及重視水土保持等，正是朝向 SDG6「淨水與衛生」、SDG13「氣候行動」、SDG14「永續海洋與保育」、SDG15「陸域生態」目標前進，來珍惜我們唯一且僅有的地球。（釋果光，2023）。

以上從心靈環保與環境教育、佛法與生態環境、禪修與五感體驗、人間淨土與永續發展四個面向進行文獻回顧，建構「以心靈／自然環保為核心，具華嚴法界觀之生態環保思想為基礎，融合漢傳禪法於校園景觀，邁向人間淨土／永續發展目標」之教案設計理論。

三、自然環保之校園規畫

本學院乃依據法鼓山的使命㉔：「以心靈環保為核心，弘揚漢傳禪佛教，透過三大教育㉕，達成世界淨化。」而創

㉓ 釋聖嚴，《心六倫》，臺北：法鼓文化，2019 年，頁 36-37。

㉔ 參考法鼓山聖嚴法師數位典藏，「法鼓山的理念架構」，https://www.shengyen.org/bio-thought-list.php。

㉕ 三大教育指大學院教育、大普化教育、大關懷教育，大學院教育包括法鼓文理學院、中華佛學研究所、法鼓山僧伽大學等教育、研究單位。參考法鼓山聖嚴法師數位典藏，「三大教育」，https://www.shengyen.org/bio-thought-p2.php。

辦，並透過四種環保[26]、心五四運動[27]、心六倫[28]等方法實踐。源於推動法鼓山四種環保之一的「自然環保」理念，法師對於校園工程與建築即有最初的構想：「環保優先，盡量不破壞自然。法鼓山的建築，要像是從大地生長的有機體，與大自然融諧無礙；也不蓄意替大自然化妝。盡量不建高樓。」[29]

為恪守創辦人理念，在此近二十五公頃的校園，各項建設皆力求「保護生態」、「減少對環境的衝擊」，因此在構思如何開闢山林之際，即已留心生態環保問題，建築依山勢興建，避免移山填壑，盡量保留原始地貌植生，維持 50% 以上的森林覆蓋率，並保留 30% 的保育區（圖二）。而這分布於校園外圍的 30% 未開發的保留區，能夠保有物種棲地的連續性，另一方面，中間 70% 的校地雖有建築，但仍維持 50% 以上的植被，這 50% 的植被，除原生樹木外，人工植栽的部分是以複層式植栽（喬木、灌木、草地）方式處理，對生物來說能發揮跳島作用，以上作法能發揮生態廊道的功

---

[26] 四種環保：心靈環保、禮儀環保、生活環保、自然環保。參考《法鼓山的實踐——四種環保》，https://www.shengyen.org/freebook/pdf/ 四種環保 .pdf。

[27] 心五四運動：四安——安心、安身、安家、安業；四它——面對它、接受它、處理它、放下它；四要——需要的不多，想要的太多，能要、該要的才要，不能要、不該要的絕對不要；四感——感恩、感謝、感化、感動；四福——知福、惜福、培福、種福。參考《法鼓山的行動方針——心五四運動》，https://www.shengyen.org/freebook/pdf/ 心五四運動 .pdf。

[28] 心六倫：家庭倫理、生活倫理、校園倫理、自然倫理、職場倫理、族群倫理。參考《法鼓山的新時代倫理觀——心六倫》，https://www.shengyen.org/freebook/pdf/ 心六倫 .pdf。

[29] 釋聖嚴，《法鼓山故事》，《法鼓全集》9-9，頁 41。取自：https://ddc.shengyen.org/?doc=09-09-007。

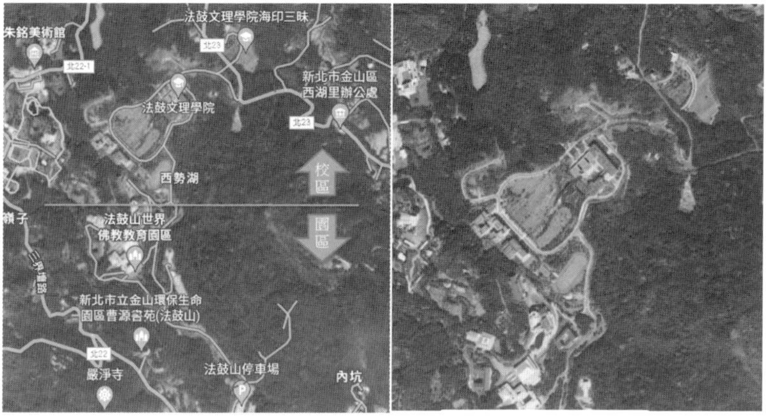

圖二：法鼓文理學院周園 30% 保育區示意圖

資料來源：Google 地圖

能，從生態面向來看，能避免棲地破碎化，也使校園建設能平衡人與生態的需求。

法師以佛教修行的角度，詮釋自然環保。將身心世界視為修行者的道器與道場；亦將所處的自然環境，視為自己身體的一部分來看待，也如同自己的家庭、床鋪、座位等來看待。強調保護自然環境的重要，範圍包括動物、植物、乃至一切生物生存的環境，無論空中、地面、海洋，乃至地下的一切資源，都要善加保護。（《平安的人間》，頁 143）[30]

依「自然環保」精神所規畫的校園，將環境資源特色具體展現在低環境衝擊建築、水土保持、靜心步道、里山倡議四個方面，彼此相輔相成、相得益彰。

[30] 參考釋聖嚴，《平安的人間》，《法鼓全集》8-4，臺北：法鼓文化，2020 紀念版，頁 143。取自：https://ddc.shengyen.org/?doc=08- 04-2-013。

（一）低環境衝擊建築

本校由國內名建築師姚仁喜設計，榮獲「104 年第卅六屆台灣建築獎佳作獎」、「104 年 WAF 世界建築獎決選——高等教育類」及「105 年度新北市環境影響評估開發案評選獎項」之「營運期間類銀級獎項」㉛。上述獎項顯示了本校落實環評承諾事項之積極作為成果。

以上述原則所施作的整地工程得以大幅度減少擋土牆的修築，改以一千五百九十個台階消化山坡地高差，形成的階台建築群與自然呼應，形塑出最具特色的校園景觀。其中更利用綠屋頂、平台、迴廊與通橋串聯每個空間（圖三），或延伸或錯落的活動場域，使得室內室外景致自然和諧，建築材質更是特別選用石、木、磚等簡單建材，以呈現沉穩樸實

圖三：法鼓山文理學院建築群的空間配置——綠屋頂、平台與迴廊（黃星齡攝）

㉛ 參考黃信勳，〈105 年度新北市優良環境影響評估開發案獲獎紀實〉，法鼓文理學院圖書資訊館新聞，2016 年 10 月 20 日，https://lic.dila.edu.tw/node/13376。

的自然風格，外牆選用能因應金山多雨潮濕氣候的清水模、鈦鋅板、抿石子等綠建材，讓整體建築雖是新建，卻有歲月古感，像是從大地長出的有機體。置身其中，有如被大自然環抱，充分展見「境化教育」的功能。

建築物全面引進綠建築手法，凡舉自然通風、引進室外光線，地勢較低樓層，則使用多處天井採光，減少陰暗處，也帶入戶外景色，大量建構空中花園，使下層的屋頂就是上層的露台綠地，種植植栽，以減少直接頂樓受熱，也可增加綠色植栽面積，達到減碳的方案之一。空間照明節能，以建築設計增加自然光的使用率。

（二）水土保持

本校地處山坡地，水土保持設施與相關避災措施相當重要。為避免傳統山坡地開發時大量挖填土方，本校建築物皆規畫以低矮的建築，依著山勢錯落而建，如圖四。其餘少部分無法避免的整地工程，也盡量採用對環境低衝擊之工法，採用生態工法之擋土牆、邊坡等多種水土保持設施，以達到保水、固土、減少逕流等減災功能，讓植物可以附生在邊坡上，也讓順勢成形的一階階台地與草坡成為學院的環境印象。因維持 50% 以上高面積的植被覆蓋率（圖五），使得廣大校地得以利用植物根系穩固土壤，發揮水土保持之效，其餘因整地而必須遷移的樹，也不惜延長工期與額外耗資，將其妥善移植到鄰近園區，待建築完成後再移回校區，為保持山林地形原貌做最大努力。

圖四：建築物依山勢而建（黃星齡攝）

圖五：植被率占 50% 以上

資料來源：法鼓文理學院校園環境導覽，https://www.dila.edu.tw/campus1。

學校整地時，以移植樹木取代最省力的作法——砍伐，為了讓每一棵原生樹木皆能獲得生養，工程建設調整建築物的配置，以保留原始山林。例如為了與七棵已有百年樹齡的雀榕樹和諧共存，而將圖書資訊館的地基後退十公尺。校園原生樹木的移植，採用全株連同地被一起移植的工法，進行斷根、在原地養鬚根，再搬移至法鼓山園區所需的各個新定點，共進行了兩年多。（《法鼓山故事》，頁 97）[32]

校園廣場、步道舖面皆採用自然石材與友善環境之工法修築，停車場使用植草磚，避免下雨時地面泥濘不堪，又可維持良好透水性，以增加地層含水量，減少不透水層與逕流；校園中規畫有一座長一〇八公尺的「大願橋」，可從東區的綜合大樓，跨越六個沉砂池（名為「六度池」，圖六），做為調節疏洪之用，遇強降雨時，能爭取下游地帶更多緩衝時間，達到減災目的。

圖六：沉砂滯洪池（六度池）（黃星齡攝）

[32] 釋聖嚴，《法鼓山故事》，《法鼓全集》9-9，頁 97。取自：https://ddc.shengyen.org/?doc=09-09-015。

（三）靜心步道

校區建有多條步道，以步道塑造出一個寧靜幽雅的校園步行文化，行走在花木扶疏、溪水環抱的步道中，沿著步道拾級而上，聆聽潺潺流水，體驗自然之美，自我淨化。步道坡度平緩，適合大眾來此親近自然，放鬆身心。藉由往返步道，體驗建築物與自然融合的和諧之美，無形中培養出欣賞自然之美的能力，乃本校境化教育重要的一環。其中，校園景觀則選擇當地或原生品種多層次植栽，以盡量回復生物多樣性的環境。所植種的植物，包括金山當地所產的平戶杜鵑、皋月杜鵑、山櫻花、吉野櫻、小葉赤楠等，以及臺灣原生植物，如楠木類、桑科榕屬、森氏紅淡比等樹種。行走於步道之中，更能了解本校物種、棲地之豐富，自然環境之得天獨厚。

目前校園設有東區、東北區、西區與西北區共四大區步道，各有特色。其中有以楓香林、櫻花林為主之東北區步道，以絕美溪流為主之法印步道，還有生意盎然，擁有豐富物種的西區步道，得以登高望遠之西北區步道、能欣賞海天一色、落羽杉四季變化的東區海印步道與成佛之道，如圖七。

以下介紹適合進行「靜心步道」教案系列之教學據點之步道特色與教學資源。

1. 法印步道

法印溪沿途順著法印溪由下而上，通到禪悅書苑的步道，走進「法印步道」（圖八），沿途潺潺流水聲不絕於

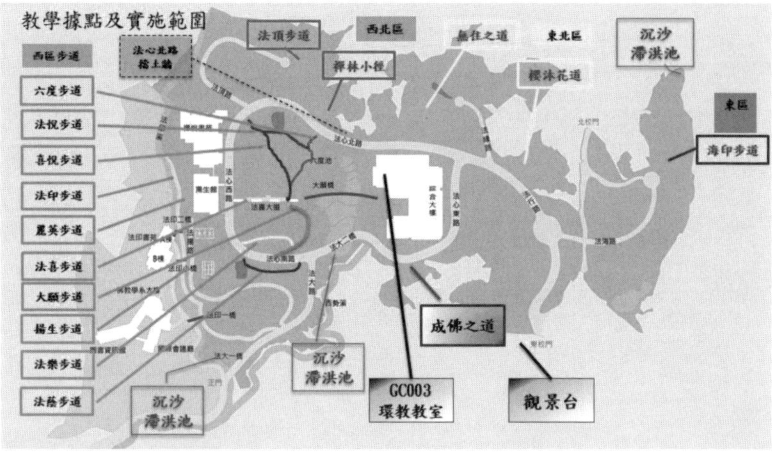

圖七：校園步道圖

資料來源：心靈環保研究中心製作

耳，是聽溪觀水以及體驗步道的經行好據點，一進入步道中，溪流水質清澈、水中生態豐富，全長約三百公尺，坡度和緩上升，一路到法印溪近禪悅書苑之處為法印步道盡頭。步道沿途種植許多肖楠，盡頭處有許多高大的榕樹，旁邊以砌石堆疊的坡坎與擋土牆，有一處根系交錯盤住土石的樹，可展示出植物根系對水土的穩固作用，是很好的天然教室示範區。

2. 禪林小徑

從法心北路經行入「禪林小徑」（圖九），是很適合慢行聽禪、五感體驗的自然教室。此處聲音非常地豐富，小溪的潺潺水聲、原生樹林引來的鳥聲、蟬聲、風聲，橢圓形的石階梯，自然讓人駐足此處，或坐、或立、或躺，用心聆聽大自然的聲音，穿透樹梢眺望虛空，心與自然融合一體！

圖八：法印步道（釋果光攝）

圖九：禪林小徑（釋果光攝）

3. 無住步道、櫻沐花道

從禪林小徑往北的步道，途經無住廣場，再延著小溪旁的無住步道拾階而上，來到無住涼亭及植栽區（圖十、十一）。在此聆聽大自然的聲音、與樹做朋友，是絕佳的場域。涼亭開展出上、中、下三條步道，相互連結；順著櫻沐花道而行，四季不同的風光，亦可感受遼闊的天空、右瞰校園景觀，心境隨之開闊。

圖十：無住步道（黃星齡攝）

圖十一：櫻沐花道（黃星齡攝）

4. 海印三昧

從校區綜合大樓出發往東北方向走，經過法心東路右轉法海路，左轉穿越校區的隧道，眼前是「海印三昧」石及遼闊的天際，接著來到一片大草地，遠方眺望東海，基隆嶼、燭台嶼歷歷在目，如圖十二。沿著草地邊界，一排落羽杉步道、鄰接沉砂池，形成獨具風格的祕境！此處依山眺海，海天一色盡收眼底，為本校獨樹一格的絕佳教學據點。來到此處，透過經行、直觀、虛空觀、海印三昧，五感自然放開，體驗自我與大自然的融合與超越。

圖十二：海印三昧（徐浩雲攝）

（四）里山倡議

里山（Satoyama）源自於日本，是一種人地和諧的地景類型，而非地名，亦即促進「社會—生態—生產」的地景復育與永續性管理模式，「里山」的概念就是人、聚落與自然環境的關係。

里山倡議（the Satoyama Initiative）正式啟動於二〇一〇年十月日本名古屋舉辦之聯合國第十屆生物多樣性公約大會中，由聯合國大學高等研究所（UNU-IAS）與日本環境省共同倡議之「里山倡議國際夥伴關係網絡（The International Partnership for the Satoyama Initiative，簡稱 IPSI）」。中文中將「夥伴關係（partnership）」後面加上「網絡」二字，以強調這種夥伴關係是建立在全球各地夥伴之間的網絡交流活動，包括分享實務經驗、相互學習和借鑑等（李光中，2018）。[33]

里山倡議的核心理念是「保全活用」社會—生態—生產地景（socio-ecological production landscapes, SEPLs），增進人類福祉，並促進實現生物多樣性公約三大目標（李光中、王鑫，2015），達成「社會與自然和諧共生」的願景（UNU-IAS, 2010: 2）。

法鼓文理學院於二〇一九年正式成為臺灣里山計畫北區基地，針對北區自然環境與各夥伴在地特性，探討更細緻的里山地景營造模式，並強化各區之間的聯絡，增進里山夥伴交流及學習機會，除建立臺灣里山倡議夥伴關係網絡外，更於二〇二一年設置「臺灣里山故事館」[34]，呈顯北區重要里山夥伴之發展，將里山倡議的意義與價值拓展至一般社會大眾，布建長流性的教育推廣場所，透過流轉的參訪者，逐步讓里山倡議之理念滲入臺灣。秉持友善環境、與環境共存共榮之理念，以「與地方共存共榮、向地方學習」為思考取徑，期能建立起大學與所在地方（社區）的夥伴關係，更積極地對地方做出貢獻。

---

[33] 參考李光中，〈里山倡議的核心概念、推動架構和實踐案例〉，收錄於釋惠敏、黃信勳主編，《心靈環保講座選輯（三）：四生和合之鄉村社區營造》，新北：法鼓文理學院，2018 年，頁 135-139。

[34] 里山故事館已於 2023 年 11 月 22 日撤展。

四、心靈環保教育園地環境教育課程

法鼓心靈環保教育園地之環境教育課程，依據校園景觀特色，規畫三個系列：靜心步道、水土保持、里山倡議。目前先進行靜心步道及水土保持兩個系列的課程教案各一個。本節說明本園地環境教育課程發展理念、教案設計理念、教案設計實例、及課程回饋。

（一）環境教育課程發展理念

緣於創校理念，本園地以「自然環保」、「自然倫理」，作為環境教育課程之發展理念，於第二節文獻回顧整理出幾個特點：1. 以心靈環保為核心，2. 具華嚴法界觀之生態、環保觀念，3. 融合漢傳禪佛教之課程，4. 邁向人間淨土暨聯合國永續發展目標，如表二所示。

表二：法鼓心靈環保教育園地環境教育課程發展理念

	環境教育	法鼓心靈環保教育園地
1. 核心	環境保護	心靈環保（自然環保）
2. 思想	生態學	佛教生態學（華嚴法界觀門）
3. 課程	五感體驗	漢傳禪法、五感體驗
4. 目標	聯合國永續發展目標	人間淨土、SDGs

比對一般環境教育與本園地教案的發展理念，說明如下：

1. 以心靈環保為核心

一般環境教育課程以環境保護為核心，本園地則深一層強調環保要從心做起，法師（1993）詮釋環境本身不會製造任何汙染，植物或礦物也不會為人類環境帶來汙染，環境的汙染乃由人類所造成的，不僅汙染物質環境，更汙染精神環境，從語言、文字、符號，種種形象以及各種思想觀念等都會為人類的心靈帶來傷害。法師強調：「物質環境的汙染不離人為，而人為又離不開人的『心靈』。唯有人們的『心靈』清潔，物質環境才不會受到汙染。因此，我們討論環境的汙染，就必須從根源著手，也就是要從『心靈』開始。」（《禪門》，頁 100）㉟

心靈環保即「心清淨」之意，當從內心清淨向外開展至整個身心世界、宇宙之清淨，我們視身心世界，都是修行佛法的道器和道場。體認「我們對所處的自然環境，要將它當成是自己身體的一部分來看待」，亦可以「當成是自己的家庭、自己的床鋪、自己的座位來看待」。若能以寬廣的清淨心看待環境，保護自然環境的觀念將非常地深切，所有植物、動物，及動植物的生存環境，包括地面、地下、海洋、空中等的一切資源，都要善加保護。（《平安的人間》，頁 143）㊱

2. 華嚴法界觀之生態環保觀念

生態環保思想的演進，於文獻回顧已闡述，本研究乃基於佛教生態學之華嚴法界觀思想。依據法師於 1998 年於達

㉟ 一九九三年法師以「心靈環保」為主題，講於北投復興崗政治作戰學校。參考釋聖嚴，《禪門》，《法鼓全集》4-10，臺北：法鼓文化，2020 紀念版，頁 100。取自：https://ddc.shengyen.org/? doc=04-10-010。

㊱ 釋聖嚴，《平安的人間》，《法鼓全集》8-4，頁 143。取自：https://ddc.shengyen.org/?doc=08-04-2-013 。

賴喇嘛對談前所編製的〈漢傳佛教傳乘發展系統表〉華嚴宗義及之後於東初禪寺講解《大乘起信論》時，所解說四大緣起做一彙整如表三：

表三：法界觀門、華嚴觀行、法界緣起對照表

<table>
<tr><th>四法界</th><th>華嚴觀行</th><th>四大緣起</th><th>思想</th></tr>
<tr><td>事法界</td><td>—</td><td rowspan="2">業感緣起</td><td>小乘有部之說</td></tr>
<tr><td rowspan="2">理法界</td><td rowspan="2">真空觀</td><td>中觀之說</td></tr>
<tr><td>阿賴耶緣起</td><td>唯識之說</td></tr>
<tr><td>理事無礙法界</td><td>理事無礙觀</td><td>真如緣起、如來藏緣起</td><td>《維摩經》之說，不二法門</td></tr>
<tr><td>事事無礙法界</td><td>周遍含容觀</td><td>法界緣起</td><td>《華嚴經》之說</td></tr>
</table>

資料來源：參考聖嚴法師所整理的「漢傳佛教傳承發展系統表」（聖嚴法師與達賴喇嘛對談前所整理，一九九八年五月一日草擬於紐約）、《大乘起信論講記》（1998 年）。

法師詮釋「法界」是指一切現象以及遍滿於現象的真理，故有無量。依據華嚴宗判攝為四種法界：事法界、理法界、理事無礙法界及事事無礙法界。事法界是現象，理法界是真理，理事無礙法界是真理和現象乃一體兩面，事事無礙法界則是任何一現象的本身即是真理的全體（《公案一〇〇》，頁 31-32）。[37]法師強調「華嚴宗的法界緣起論，主張一多相融、大小相攝、前後相應、內外相通，有如梵天宮中的珠網，珠珠相映相入，產生重重無盡的繁興大用。」

[37] 釋聖嚴，《公案一〇〇》，《法鼓全集》4-12，臺北：法鼓文化，2020 紀念版，頁 31-32。取自：https://ddc.shengyen.org/? doc=04-12-010。

（《漢傳佛教的智慧生活（修訂版）》，頁 80）[38]

華嚴法界觀為二元融合思想，可建構萬物相互依存、共生共融、自利利他的生態環保觀念。

3. 融合漢傳禪佛教

漢傳禪法乃以達到身心平衡、精神穩定、智慧心與慈悲心的開發為目的。[39]校園環境在自然環保的理念下，形塑了豐富的自然景觀，包括山林步道、溪流、沉砂池、草皮等。處於其間，無論行、住、坐、臥可以運用的禪法包括：經行、直觀、聽溪、觀雨、虛空觀、海印三昧等禪法。故本園地的課程教案，將運用校園的自然環境，融入漢傳禪法於課程設計中，引導每位到訪的民眾，打開五感（眼、耳、鼻、舌、身），體驗身心的平靜與穩定，能更深刻體驗環境與人相互依存之關聯性，深植生態環保的重要性及落實地球永續。

（1）經行

經行是將禪法用在走路中，「經」是持續不斷、經常不變的意思。「經行」意為行走的過程中，心不被自己內心的妄念及外在的環境所打斷（《聖嚴法師教禪坐》，頁 30）。[40]可以分為慢步經行、快步經行以及自然經行或散步經行。法師所寫的〈走路健康〉墨寶內容，說明經行的心法，此乃非常適用

---

[38] 釋聖嚴，《漢傳佛教的智慧生活（修訂版）》，《法鼓全集》5-8，臺北：法鼓文化，2020 紀念版，取自：https://ddc.shengyen.org/? doc=05-08-1-008。

[39] 釋聖嚴，《聖嚴法師教禪坐》，《法鼓全集》4-15，臺北：法鼓文化，2020 紀念版，頁 105。

[40] 同上註，頁 30。

於戶外經行：

> 走路健康鍊身，更可修行鍊心，快走驅遣妄情，慢走發慧習定。
>
> 首先放鬆放空，處於無事狀中。
>
> 快走不作思想，快走身心一致，快走心在境中，快走心境雙忘。
>
> 慢走垂眉抱拳，慢走呼吸舒暢，慢走意在腳步，不管沿途風光。
>
> 對境不作取捨，必能心境兩忘。
>
> ——聖嚴法師

（2）直觀

法師對直觀的定義為：

> 所謂直觀是以心觀境之時，不給名字，不加形容，不做比較。這個自我和一切境界，本是非常平安的，了無差別的，直觀法便能使你把相對的境跟你合而為一。（《抱疾遊高峰》，頁 85）[41]

至於直觀的操作方法，採取耳根或眼根，只選擇其中一者。若用耳根，是將耳根當作吸音板或收音器，不斷地接

---

[41] 釋聖嚴，《抱疾遊高峰》，《法鼓全集》6-12，臺北：法鼓文化，2020 紀念版，頁 85。取自：https://ddc.shengyen.org/?doc=06-12-015。

收自然界的各種聲音。若用眼根，一九九五年法師在英國威爾斯舉行禪七時，做了清楚的指導，包含微觀與宏觀兩種方式：

> 一是僅看一樣事物的局部，或是一根草、一塊石頭、一粒沙子。另一是向大處、遠處、廣闊處看，可以聽、看一切聲音、一切景色。不要加上自己的判斷和經驗知識的說明，細可以細若牛毛之尖端，大可以大至無限的太空之外。（《行雲流水》，頁 325）42

無論在園地中的山林步道中經行、溪畔聽溪水聲、草地上眺望遼闊的景色，均可用直觀法門，體驗心與境合而為一，感受人與環境的相互依存關係；進而升起護生之心。

直觀法門若進一步深入，可用中觀法，觀相對的境是空，觀與境合一的我也是虛妄、非真有，體驗空觀。此時，境是存在的，但不會當作與我對立，也不會當作與我統一；當體驗一切都有，就是沒有我，也沒有非我，空去一切執著，便是觀空成就。如《金剛經》所說的「若見諸相非相，則見如來」、《心經》所言，以般若空慧，照見五蘊無我。（《抱疾遊高峰》，頁 85-86）43

（3）海印三昧

---

42 釋聖嚴，《行雲流水》，《法鼓全集》6-8，臺北：法鼓文化，2020 紀念版，頁 325。取自：https://ddc.shengyen.org/?doc=06-08-065。

43 釋聖嚴，《抱疾遊高峰》，《法鼓全集》6-12，頁 85-86。

「海印三昧」是校園景觀中，極富特色的一個景點。處於此片草地上，向北海岸眺望，可以感受到遼闊的海天一色。「海印三昧」乃出自《華嚴經》，依《佛光大辭典》之定義：

> 海印者，約喻以立名，即以大海風止波靜，水澄清時，天邊萬象巨細無不印現海面；譬喻佛陀之心中，識浪不生，湛然澄清，至明至靜，森羅萬象一時印現，三世一切之法皆悉炳然無不現。三昧，義為定，華嚴大經即依此定中所印現之萬有而如實說，故稱此為海印定中同時炳現之說。（《佛光大辭典》，頁 4165）[44]

海印三昧乃華嚴五教之圓教，可依法界觀門次第而修，即真空觀、理事無礙觀、周遍含容觀；即為四法界之理法界、理事無礙法界、事事無礙法界。

法師於一九九五年對僧團僧眾們的中級禪訓班培訓中，依經典中海印三昧的內涵，指導「海印三昧」禪法：

> ①觀心的廣大，如無限深廣的大海。
>
> ②若心中產生一個念頭，不要計較它，回到自己是一個無限深廣的大海，無邊、無底，沒有任何可執著的。
>
> ③自己就是海，所以任何東西進入心裡，都是那麼自

[44] 釋慈怡主編，《佛光大辭典》，高雄：佛光，1988 年，頁 4165。取自：https://www.fgs.org.tw/fgs_book/fgs_drser.aspx。

然、自在，無論聲音、雜念進來，任何東西進來，恢復到自己是海。無論內境、外境，都可視為海裡的小泡泡。

包容無限，煩惱心、外邊的刺激，如同海能容一切的魚、蝦、海藻等等，是無限深廣的海。（《1995 年中級禪訓班教材》）㊺

依「海印三昧」於華嚴思想之義理及法師指導之禪法設計教案，期望來到此的參與者，透過心與大自然的連結，能體驗心無限廣大之伸展，包容萬事萬物，亦體會萬物是相依相存之共同體，因而升起感恩、慈悲之護生之心。

4. 人間淨土與聯合國永續發展目標

創辦人建設人間淨土之理念，是通過思想的淨化、生活的淨化、心靈的淨化，以聚沙成塔、滴水穿石的逐步努力，來完成社會環境的淨化和自然環境的淨化；此亦相應於聯合國永續發展目標（SDGs）。

十七項聯合國永續發展目標，可分為經濟、社會、環境三個面向，如表一。本園地之水土保持、靜心步道、里山倡議三個系列之教案設計，將依照每個教案主題，進行一個或多個永續發展目標之連結。經濟面向之 SDG12「責任消費與生產」，社會面向之 SDG3「健康與福祉」、SDG4「優質教育」，環境面向之 SDG6「淨水與衛生」、SDG13「氣候行動」、SDG15「陸域生態」，很適合在此場域做引導及探討。

㊺ 聖嚴法師於一九九五年一月在農禪寺教導法鼓山僧團僧眾中級禪訓班課程之教材。

（二）教案設計理念

有鑑於現代社會成人的學習，朝向講述學科知識減少、活動設計增加，學習目標在強化環境的態度與價值觀判斷，培養對環境問題解決的能力，鼓勵分工合作的社會多元學習。本園地教案設計理論採用大衛．庫伯（David Kolb）的經驗學習圈理論及約瑟夫．柯內爾（Joseph Cornell）心流學習法㊻，不僅適用於現代的學習取向，更是修行過程的模式，非常地適合用於本園地的教案設計。

1. 經驗學習圈理論（Experiential Learning Theory）㊼

相較於單向式的知識傳授，經驗學習圈理論透過經驗而學習，此理論為大衛．庫伯於一九八四年所開展的學習理論。學習模式採四個階段步驟，形成一個循環圈，如圖十三：經驗（Concrete Experience, CE）、反思（Reflective Observation, RO）、歸納（Abstract Conceptualization, AC）、應用（Active Experimentation, AE）（David A. Kolb, 1984）。各階段步驟說明如下：

㊻ 感謝陳文億校友提供教案設計理論資訊。

㊼ Kolb, D. A. (1984). Experiential learning: *Experience as the source of learning and development*. Englewood Cliffs, NJ: Prentice Hall.

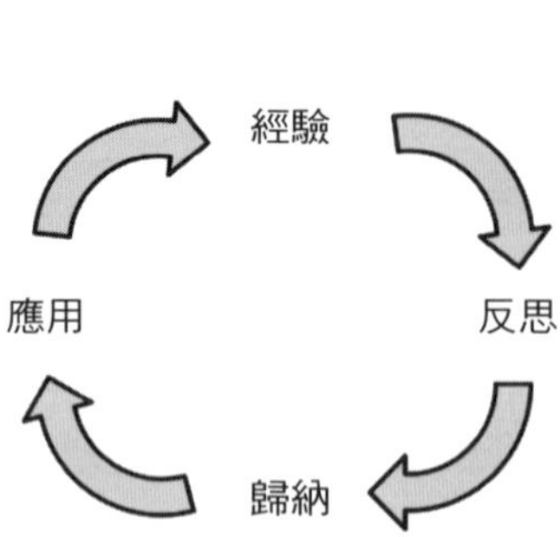

圖十三：David Kolb 經驗學習圈理論圖 ㊽

（1）經驗：設計體驗式活動或學習工具，讓學員透過活動而產生具體的體驗。（2）反思：學員從體驗式活動得到經驗，再討論與反思。（3）歸納：學員將當下的想法和感受轉化成概念和點子的層次。在這個步驟中，他們可以將想法與對世界的看法相融合，甚至創建新的心智圖，來展示事物的位置和運作方式。（4）應用：學員將先前所體驗到的，嘗試運用於新作為。

這四個階段形成一個循環的學習過程，不斷地重複，使得知識更為精進落實並內化為我們的底層認知，因此成為我們遇事情時成為自己行事的依據（又稱為經驗學習環）。

2. 心流學習法（Flow Learning）㊾

心流學習法為美國自然教育學家 Joseph Cornell（1979）

㊽ 參考《訓練》網站：https://zh.trainings.350.org/resource/the-experiential-learning-cycle/（檢索日期：2024/04/13）。

㊾ 又譯為順流學習法，參考 Sharing Nature Worldwide 網站：https://www.sharingnature.com/（檢索日期：2024/4/13）。

所倡導，透過喚醒熱忱（Awaken Enthusiasm）、集中注意力（Focus Attention）、親身體驗（Direct Experience）、靈感分享（Share Inspiration）四個步驟，達致學習目標。

（1）喚醒熱忱：學習的動力來自於熱忱，缺乏熱忱則難以學習，並且無法得到有意義的自然體驗。所謂熱情，並非指跳躍興奮，而是指一種強烈的個人興趣和警覺的流動。

（2）集中注意力：學習取決於專注力。光有熱忱是不夠的，如果心念過於散亂，仍是無法深刻覺察到自然。做為領導者，我們希望引導學生將熱情轉化為安定的專注。

（3）親身體驗：設計身臨其境的自然體驗活動，使學員可以與自然建立一個深遠的聯結。親身體驗活動建立於學員的熱忱及接受的能力之上，安靜及饒富深遠意義。

（4）靈感分享：透過反思和與人分享釐清及強化個人經驗。分享使人們無法言說但通常是普遍的感受浮出水面，一旦交流，人們就會感受到與話題和彼此之間更緊密的聯繫。

在每個階段的活動設計上，則應把握五個原則：（1）少教導多分享，（2）善接納多感受，（3）集中注意力，（4）先觀察體驗再說話，（5）學習過程充滿歡樂氣氛。[50]這些原則正是推廣環境教育最佳的設計。

---

[50] 參考李俊緯、周穎宗、徐霈馨等著，《森林療癒了誰？——里山社區的行動參與》，臺北：行政院農業委員會林業試驗所出版，2020 年，頁 32。

（三）教案設計實例

本園地依場域資源特色，發展三大教案主題：水土保持、靜心步道、里山倡議，如圖十四：

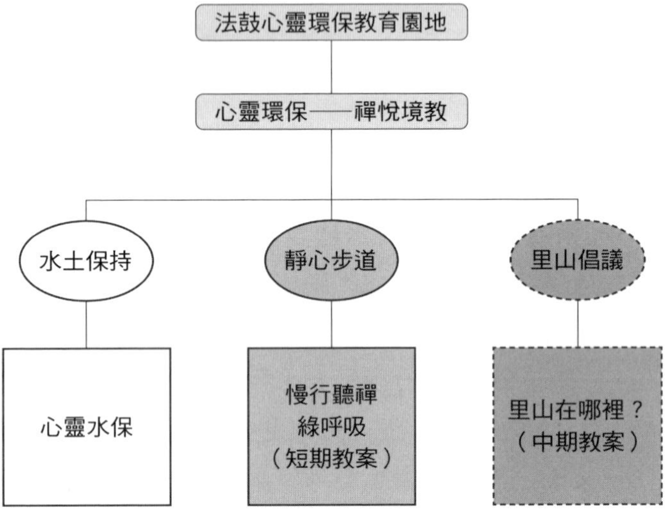

圖十四：課程發展架構圖

就三大教案主題，首先研發水土保持及靜心步道系列教案各一個，就課程名稱、簡介、對象、時數、地點之資訊，彙總如表四，兩個教案的教學目標如表五。

表四：心靈環保——禪悅境教課程方案彙總表

編號	課程名稱	課程簡介	課程對象	課程時數	操作地點
1-1	心靈水保——保持山林原貌	山坡地占臺灣土地總面積的四分之三，本校地處山坡地，故水土保持乃重要議題，本校設有各項水保設施，能讓學員了解各項水保設施的功能及重要性，並建立正確的山坡地利用觀念，更重要的是能夠藉由這些設施連結到背後所秉持的心靈環保理念，體驗到自然環保的意涵。	成人	2小時	環教教室、無住廣場、法心北路路段、禪林小徑、法心北路與法心西路交叉口、法心西路、法印二橋、法心西路、法印二橋經籃球場、六度池、觀景台或綜合大樓3樓綠屋頂
2-1	慢行聽禪——和大自然在一起	採用禪修的經行方式，行走在山林間幽靜的步道中，享受大自然的寧靜。 或坐、或立、或躺在溪邊，聆聽溪水聲、大自然的聲音，逐漸與大自然融合，深層的體驗大自然的微妙。	成人	2小時	環教教室、（行經大願橋→法喜大道→法心西路）法印步道、無住廣場

資料來源：法鼓心靈環保教育園地經營管理規畫書。

表五：教案教學目標

心靈水保——保持山林原貌	慢行聽禪——和大自然在一起
1. 認知： (1) 認識水土保持的基本方法。 (2) 認識校園如何適地開發。 (3) 認知保持山林原貌的重要性。 2. 情意： (1) 願意體認原地貌環境的物理及生態穩定的平衡性，向大地取經。 (2) 願意親近大自然。 (3) 願意在生活中實踐陸域生態保育。 3. 技能： (1) 練習身體放鬆、親近自然的方法。 (2) 建立在生活中實踐陸域生態保育的方式。	1. 認知： (1) 認知禪修的基本觀念及放鬆方法。 (2) 認知人類與生態環境相依相存的觀念。 (3) 認知環境永續的重要性。 2. 情意： (1) 願意學習自我覺察並尊重環境。 (2) 願意聆聽及體驗大自然的聲音。 (3) 願意在生活行為中考量永續性。 3. 技能： (1) 練習身體放鬆、經行的方法。 (2) 練習直觀、聽溪等漢傳禪法。 (3) 建立友善環境的生活方式。

運用經驗學習圈理論及心流學習法之教案設計步驟，兩個教案設計之結構如表六。環境教育課程的標準架構為：說明、暖身、發展、統整四階段，前三步驟即經驗學習圈理論之經驗階段；心流學習法的喚醒熱忱、集中注意力及親身體驗。課程標準結構的統整，即為心流學習法之心靈分享，可以運用經驗學習理論的反思、歸納、應用的手法規畫。

表六：法鼓心靈環保教育園地教案結構

經驗學習圈理論	課程架構	心流學習法	心靈水保 ——保持山林原貌	慢行聽禪 ——和大自然在一起
經驗	說明		引起動機： 1. 校園設計理念：保持山林原貌 2. 土壤沖刷小實驗：植被對土石沖刷的影響	引起動機： 1. 經行 —— 身在哪裡，心在哪裡 2. 法鼓山步道之美
	暖身	喚醒熱忱	1. 實際體驗、觀察園區水土保持建設 2. 自然經行	活動： 我的夥伴在哪裡？
	發展	集中注意力	活動： 「心靈水保」找一找	1. 心放在環境聲音上和大自然在一起 2. 放鬆引導 3. 聆聽大自然聲音
		親身體驗	1. 放鬆引導 2. 打開感官親近一棵樹——五感體驗 3. 自然經行	1. 經行 2. 聽溪
反思	統整	靈感分享	綜合活動——分享	綜合活動——分享
歸納			總結： 1. 為何校園建設要保持山林的原貌？ 2. 息息相關的生態	總結： 1. 為何與大自然在一起？ 2. 聖嚴法師：平安的五個層次
應用			生活中實踐環保： 引導行為的反思與邁向聯合國永續發展目標（SDGs）的行動力 1. SDG15 保育陸域生態	生活中實踐環保： 引導行為的反思與邁向聯合國永續發目標（SDGs）的行動力 1. 清潔劑的選用、水資源 SDG6 2. 永續消費 SDG12

資料來源：本研究整理

教案結構可以分為兩大區塊，第一階段為經驗學習圈理論之「經驗」階段，為一般課程架構之說明與暖身活動，在心流學習法中則為喚醒熱忱、集中注意力、親身體驗三個活動設計；體驗活動搭配五感體驗，引導學員打開五感，與大自然產生連結。心靈水保教案設計「土壤沖刷實驗」、「心靈水保找一找」、「打開感官——親近一棵樹」三個體驗活動；慢行聽禪課程除了「我的夥伴在哪裡？」活動，以透過經行、聆聽聲音、直觀進行與大自然連結的體驗。

第二階段則是透過心流學習法之靈感分享，一方面統整體驗活動所帶來的反思、歸納，另一方面更帶入環境教育主題，例如為何建設的過程要思考保留山林的原貌？為何與大自然在一起？引導學員思考聯合國永續發展目標之行動方案，成為回到家應用在生活中之行動力。

（四）課程回饋

本園地於本年（2023）三月二十九日揭幔後，先推出「心靈水保——保持山林的原貌」課程，三至五月間，每個月均有兩個場次，共進行六場次課程，其中前三場於校內對全校師生開放報名，後三場為外部報名參加；六場次共一百零八位參與者。六場課程均於結束前作課程學習單及滿意度調查。課程學習單共回收一百零八份問卷，滿意度調查採 google 表單方式，僅收到八十三份回覆表單。

課程學習單的題目為 1. 從校園照片看水土保持工法。2. 三個體驗活動：土壤沖刷小實驗、心靈水保找一找、打開感官——親近一棵樹，之喜歡程度。3. 感想與回饋。六次課程整體統計，三個體驗活動，以「心靈水保找一找」活動最受歡喜，非常喜歡占 73%，其次為「土壤沖刷小實驗」，非常喜歡占 63%，非常喜歡「打開感官——親近一棵樹」的比例為 56%。

課程感想回饋部分，三場校外的場次，學員均為正向肯定，包括水土保持的重要性，本園地對自然照護的用心，此處帶給學員寧靜、安定力量，感謝義工的解說與服務。校內三個場次，除了正向肯定，亦提供建議，包括戶外體驗時間希望加長，課程內容可再加強深度，親近一棵樹活動所選樹大小之影響、及希望能以五感體驗增強對樹的認識。參與學員的鼓勵，加強解說者的信心，校內師生的建議，可以在解說義工的培訓上加強與改進。

滿意度調查總共收到八十三份電子表單，如表七所示，行政服務的滿意度方面，平均滿意度高達 88%，教學服務方面的滿意度：1. 講師的表達能力，非常滿意為 73%、滿意為 22%。2. 課程教法多元有趣，非常滿意為 70%、滿意為 25%。3. 課程能引發對環境教育的興趣，願意持續參與類似課程，非常滿意為 77%，滿意為 17%。

整體而言，本園地在創辦人自然環保理念的引導下，弟子們及建設工程人員的用心遵循及規畫水土保持與施作，以及長期於生態環保維護著力，營造了一個禪悅境教、寧靜安定的自然環境，來者能放鬆安心，更能學習水土保持的重要及作法，是環境教育的絕佳場所。

表七：「心靈水保－保持山林原貌」課程滿意度調查（單位：%）

非常不滿意→非常滿意	1. 非常不滿意	2. 不滿意	3. 普通滿意	4. 滿意	5. 非常滿意
1. 行政服務滿意度					
1-1 報名程序	0	0	5	8	87
1-2 報到流程	0	1	2	11	86
1-3 研習場地	0	0	1	5	94
1-4 時間安排與掌控	0	0	2	16	82
1-5 整體服務態度	0	0	2	6	92
2. 課程服務					
2-1 課堂講師的表達能力	0	0	2	22	73
2-2 課程教法多元有趣	0	1	1	25	70
2-3 課程能引發對環境教育的興趣，願意持續參與類似課程	0	0	2	17	77

資料來源：心靈環保研究中心

五、結論暨未來展望

（一）結論

法鼓心靈環保教育園地在創辦人的理念下蘊釀而生，本文從環境教育課程之發展理念、校園之自然環保規畫、教案設計理念及教案系列四個角度，建構本園地之環境教育特色，如表八：

表八：法鼓心靈環保教育園地環境教育特色

課程發展理念	自然環保校園	教案設計理念	教案系列
1. 以心靈環保為核心	1. 水土保持	1. 經驗學習圈理論	1. 水土保持： 1-1 心靈水保——保持山林原貌
2. 具華嚴法界觀之生態、環保觀念	2. 靜心步道	2. 心流學習法	2. 靜心步道： 2-1 慢行聽禪——和大自然在一起
3. 融合漢傳禪法	3. 里山倡議		3. 里山倡議
4. 邁向人間淨土暨聯合國永續發展目標	4. 低環境衝擊建築		

資料來源：本研究整理

本研究所建構之課程研發理論基礎為以心靈環保為核心，具華嚴法界觀之生態環保思想，融合漢傳禪法之環境教育教案設計，透過放鬆身心、經行、直觀、虛空觀、海印三昧等禪法，使學員打開五感，體驗大自然；並引導學員感受人與大自然的關係，反思人類行為對自然生態之影響，如何改變自身之行為，以達成聯合國永續發展之目標（SDGs），亦是建設人間淨土的進程。

園地為依「自然環保」精神所規畫的校園，將環境資源特色具體展現在低環境衝擊建築、水土保持、靜心步道、里山倡議四個方面，開展出水土保持、靜心步道及經營管理三個系列的教案課程。

教案設計採經驗學習圈理論及心流學習法設計理念。首先設計出水土保持系列一個教案：心靈水保——保持山林原貌；靜心步道系列一個教案：慢行聽禪：與大自然在一起。園地揭幔以來，已對校內師生及校外民眾啟動課程，得到正向的回響及友善的建議。

（二）現況及未來展望

環境教育的推動可從課程方案、專業人力、環境設施、經營管理四個面向規畫，現就每個面向的重點，整理如下表：

表九：法鼓心靈環保教育園地現況與未來展望規畫

面向	重點	短期（1-2 年）	中期（3-4 年）	長期（5 年）
課程方案	課程需求調查	親子課程需求	機構、社區需求	—
	教案研發	成人 -1、國小 -1	里山 -1、成人 -1	2 個
	教案教學手冊	2-4 個	2 個	2 個
專業人力	義工招募、培訓	培訓 1 次 / 年	1 次 / 年	1 次 / 年
	參訪活動	1 次 / 年	外部增能	外部培力工作坊
	建立夥伴關係	體系 2 單位、體系外 2 單位	1-2 單位	與 NPO 建立夥伴關係
環境設施	生態調查	iNaturelist 調查 [51]	解說告示牌、規畫動植物圖鑑	製作校園動植物生態圖鑑
經營管理	推廣文宣	FB 設置、網站規畫、網路報名機制	網站建置、製作場所簡介	協力夥伴網站連結

資料來源：本研究整理

[51] 本園地於《愛自然 - 臺灣》（iNaturalist Taiwan）觀察平台設置之生態調查社群為「法鼓文理學院」，https://www.inaturalist.org/projects/fc16149b-8836-4ba3-9806-59f6c6290033。

1. 課程方案

本園地除了已設計之成人課程，亦積極規畫兒童及親子課程，目前正進行北北基地區的親子課程需求，為教案發展奠基。教案教學手冊的編輯，已先完成「心靈水保——保持山林原貌」教案手冊，接續將進行「慢行聽禪——和大自然在一起」教案手冊。

2. 專業人力

人力方面，除了環境教育人員，培養環境教育義工亦非常重要。本園地於二〇二一年開始進行每年一度的義工招募及培訓課程，共招募兩批約二十位義工參與，每週定期值勤及參與環境教育的行政業務和課程解說。今年上半年研究者於學校開設「心境不二研究專題」做為增能課程，融合華嚴法界觀之生態環保思想、漢傳禪法之體驗，以及生態環保專家們的專題演講、同學們的行動方案設計。今年下半年與合作夥伴大願教育基金會—園藝治療部、建蓁環境教育基金會於本園地開設林園療癒嚮導認證培訓課程，環教人員及義工多位參與學習，有助於解說及教案設計能力的增長。

3. 環境設施

環境資源與硬體設施方面，園地之生態調查是基礎工作，本園地於二〇二二年三月在 iNaturalist 生態調查平台設置「法鼓及周邊基本生態調查」社群，後於二〇二三年十一月縮小範圍設置「法鼓文理學院」社群，至目前共有三十位觀察者參與，累積二百五十八種物種，包括動物及植物。[52]除

---

[52] 本園地於二〇二二年三月在《愛自然 - 臺灣》（iNaturalist Taiwan）觀察

了持續累積物種調查，更加強鑑定進行，此調查資料之分類整理，將可進行動、植物圖鑑，並成為教案發展的基礎。

4. 經營管理

經營管理面向，目前側重於文宣推廣的經營，首先著力於「法鼓心靈環保教育園地」臉書[53]的經營，亦正在進行網站的規畫、建置，以及網路報名機制的建構。期許未來能有專屬的網站，讓網路文宣、報名均更順暢，並與更多的協力夥伴透過網站連結。

值得一提的是，合作夥伴對本園地具極正向的影響力，目前已簽屬合作協議書的法鼓山世界佛教教育園區、法鼓山社會大學、大願教育基金會—園藝治療部、阿里磅農場均帶動更多單位的合作關係，感受到華嚴因陀羅網式之連結與正向力量。

從事本園地環境教育之規畫及推動過程，從自然環境生態調查中體會「生物多樣性」的奧妙與美好。邀請專家演講及與各協力夥伴合作辦理培訓、教案開發，體會到「因陀羅網式」的合作模式，感受到彼此間相即相融的和諧。整個團隊合作，正是法界觀門之運作，在事與理間體驗融合」，朝向「事事無礙」之境界，共同使園地成為「散播友善環境知能的光源地」。

平台設置「法鼓及周邊基本生態調查」社群，累積至二〇二四年四月共有二十六位觀察者參與，一千六百四十三種物種。此社群調查範圍包括整個金山地區，為求更精確調查園地生態，二〇二三年十一月以園地範圍設置平台，調查資料累積包含前平台於園地之調查資料。

[53] 法鼓心靈環保教育園地臉書網址：https://www.facebook.com/mlercee/。

參考文獻

一、中文

《大方廣佛華嚴經》，CBETA, T10, no. 279。

《五燈全書》，CBETA, X82, no. 1571。

王從恕（2001），〈西方環境倫理概要〉，《科學教育月刊》第241期，頁26-34。DOI: 10.6216/SEM.200107_(241).0003。

王鑫（2011），〈推薦序〉，周儒著，《實踐環境教育——環境學習中心》，臺北：五南出版社。

行政院環境保護署（2017），《環境教育法》，取自：https://law.moj.gov.tw/LawClass/LawAll.aspx?pcode=o0120001，檢索日期：2023/5/14。

吳鈴筑、張子超（2017），〈探討供四部門環境教育設施場所認證之發展概況：以100至104年間資料為例〉，《環境教育研究》第13卷第1期，頁99-136。

李光中、王鑫（2015），〈借鏡國際里山倡議經驗〉，《臺灣林業》第41卷第1期，頁24-37。

李光中（2018），〈里山倡議的核心概念、推動架構和實踐案例〉，收錄於釋惠敏、黃信勳主編，《心靈環保講座選輯（三）：四生和合之鄉村社區營造》，新北：法鼓文理學院，頁135-139。

李俊緯、周穎宗、徐霈馨等（2020），《森林療癒了誰？里山社區的行動參與》，行政院農業委員會林業試驗所出版，頁32。

汪鴻男（2021），《地方本位環境教育推動社區永續發展之研究——「雲林縣口湖鄉成龍溼地社區」之個案》，法鼓文理學院環境教育碩士學位學程碩士論文。

於幼華主編（1998），《環境與人》，臺北：遠流出版社。
林朝成（1993），〈心淨則國土淨——關於佛教生態觀的思考與挑戰〉，《佛教與社會關懷學術研討會論文集》，臺南：中華佛教百科文獻基金會，頁 179-193。
林朝成（1994），〈佛教的生態主張〉，《成功大學中文學報》第 2 期，頁 173-183。
林朝成（2002），〈基進生態學與佛教的環境關懷（上）〉，《弘誓》第 60 期，頁 51-60。
林朝成（2003a），〈基進生態學與佛教的環境關懷（中）〉，《弘誓》第 61 期，頁 42-51。
林朝成（2003b），〈基進生態學與佛教的環境關懷（下）〉，《弘誓》第 62 期，頁 80-85。
阿爾多・李奧帕德（Leopold, Aldo, 1949）著，吳美真譯（2005），《沙郡年記——李奧帕德的自然沈思》（*A Sand County Almanac*），臺北：天下文化。
洪如玉（2014），〈深層生態學內涵探究及其教育蘊義〉，《新竹教育大學教育學報》第 31 卷第 2 期，頁 103-133。DOI: 10.3966/199679772014123102004。
紀俊吉（2018），〈華嚴思想對教育哲學的啟示〉，《華嚴專宗國際學術研討會論文集（下冊）》，臺北：財團法人臺北市華嚴蓮社，頁 389-412。
徐佐銘（2018），〈論李奧波德的生態中心主義——以《沙郡年記》中的威斯康辛州和沙郡為例〉，《應用倫理評論》第 64 期，頁 391-413。
徐雪麗（2006），《李奧波《沙郡年記》土地倫理思想之研究》，國立臺中教育大學環境教育研究所碩士學位論文。
高柏園（2016），〈覺之教育的環境倫理與環境美學〉，《應用倫理評論》第 60 期，頁 75-91。

張子超（2019），〈環境教育議題融入的課程發展：以永續發展為例〉，《台灣教育》第 717 期，頁 55-64。
野村順一（1996），《色の秘密——最新色彩學入門》，東京：文藝春秋。
陳慈美（1997），〈生態保育之父李奧波「土地倫理的啟示〉，刊於林朝成編，《環境價值觀與環境教育論文集》，臺南：國立成功大學台灣文化研究中心發行，頁 101-116。
程進發（2006），〈佛教與西方環境倫理學之整體論的對比——以深層生態學為例〉，《玄奘佛學研究》第 5 期，頁 107-126。
黃信勳（2016），〈105 年度新北市優良環境影響評估開發案獲獎紀實〉，法鼓文理學院圖書資訊館新聞，2016 年 10 月 20 日，https://lic.dila.edu.tw/node/13376。
黃連忠（1996），〈從「法界觀」談地球共生與環保思想〉，《妙林》第 8 卷第 10 期，頁 31-39。
黃連忠（2004），〈《華嚴法界觀門》的思想結構與現代意義〉，《大專學生佛學論文集（七）》，臺北：華嚴蓮社。
楊深坑、洪如玉（2004），〈生態中心論的哲學解析及其在生態教育學建構上的蘊義〉，《師大學報：教育類》第 49 卷第 2 期，頁 1-18。http://dx.doi.org/10.29882/JTNUE.200410.0001。
楊惠南（2005），《愛與信仰——台灣同志佛教徒之平權運動與深層生態學》。臺北：商周出版社。
葉欣誠（2012），〈全國環境教育的推動與展望〉，《環境工程會刊：環境教育與人培》第 23 卷第 4 期，頁 1-15。
葉欣誠（2017），〈探討環境教育與永續發展教育的發展脈絡〉，《環境教育研究》第 13 卷第 2 期，頁 67-109。
瑪莉‧塔克、鄧肯‧威廉斯（Mary Evelyn Tucker and Duncan Ryūken Williams, 1997）著，林朝成、黃國清、黃美霜譯（2010），《佛教與生態學——佛教的環境倫理與環保實踐》（*Buddhism*

and Ecology: The Interconnection of Dharma and Deeds），臺北：法鼓文化。

瑪莉－珍・羅斯特（Mary-Jayne Rust, 2020）著，周大為、陳俊霖、劉慧卿譯（2022），《地球就是諮商室——超越人類中心主義，邁向生態心理治療》（*Towards an Ecopsychotherapy*），臺北：心靈工坊。

賴賢宗，《從「華嚴法界觀」談地球共生與佛教生態思想》，發表於「2010 華嚴全球論壇」，中華民國佛教華嚴學會、臺北大學通識中心主辦，2010 年 9 月 3 日至 5 日。

學愚主編（2014），《生態環保與心靈環保——以佛教為中心》，上海：上海古籍出版社。

蕭淑碧、張子超（2018），〈自然體驗對意識能量共振之效益研究——以「心流學習法」為例〉，《宗教哲學》第 86 期，頁 143-173。

釋果光（2023），《心靈環保經濟學（增訂版）》，臺北：法鼓文化。

釋恆清（1996），〈草木有性與深層生態學〉，《佛教與社會關懷學術研討會論文集》，臺南：中華佛教百科文獻基金會，頁 17-41。

釋昭慧（2014），〈「離於二邊，說於中道」——「大地倫理」之環境整體論與佛法觀點的回應（之一）〉，《法印學報》第 4 期，頁 1-20。

釋昭慧（2016），〈「深層生態學」的自我實現與自我解構——環境倫理學「整體論」與佛法觀點的回應（之二）〉，《法印學報》第 6 期，頁 1-24。

釋菁澤（2017），〈佛陀環境教育親近自然世界觀〉，《問哲》第 2 期，頁 16-20。

釋慈怡主編（1988），《佛光大辭典》，高雄：佛光，頁 4165。取自：https://www.fgs.org.tw/fgs_book/fgs_drser.aspx。

蓋瑞‧斯奈德（Gary Snyder, 2010），譚瓊琳、陳登譯（2018），《禪定荒野：行於道，醉於野，在青山中修行，與萬物平起平坐》（*The Practice of the Wild*），臺北：果力文化。

蘇宏仁、楊樹森、游能悌等（2021），《環境教育與永續發展（2版》。

釋聖玄（2014），〈深層生態學與佛教生態觀的融攝及其深化〉，收錄於學愚主編，《生態環保與心靈環保——以佛教為中心》，上海：上海古籍出版社。

釋聖嚴（1993），《聖嚴法師心靈環保》，臺北：法鼓文化。

釋聖嚴（2019），《心六倫》，臺北：法鼓文化。

釋聖嚴（2020a），《書序》，《法鼓全集》3-5，臺北：法鼓文化，2020 紀念版。

釋聖嚴（2020b），《致詞》，《法鼓全集》3-7，臺北：法鼓文化，2020 紀念版。

釋聖嚴（2020c），《禪與悟》，《法鼓全集》4-6，臺北：法鼓文化，2020 紀念版。

釋聖嚴（2020d），《禪門》，《法鼓全集》4-10，臺北：法鼓文化，2020 紀念版。

釋聖嚴（2020e），《公案一〇〇》，《法鼓全集》4-12，臺北：法鼓文化，2020 紀念版。

釋聖嚴（2020f），《聖嚴法師教禪坐》，《法鼓全集》4-15，臺北：法鼓文化，2020 紀念版。

釋聖嚴（2020g），《漢傳佛教的智慧生活（修訂版）》，《法鼓全集》5-8，臺北：法鼓文化，2020 紀念版。

釋聖嚴（2020h），《行雲流水》，《法鼓全集》6-8，臺北：法鼓文化，2020 紀念版。

釋聖嚴（2020i），《抱疾遊高峰》，《法鼓全集》6-12，臺北：法鼓文化，2020 紀念版。
釋聖嚴（2020j），《平安的人間》，《法鼓全集》8-4，臺北：法鼓文化，2020 紀念版。
釋聖嚴（2020k），《法鼓山的方向：理念》，《法鼓全集》9-1，臺北：法鼓文化，2020 紀念版。
釋聖嚴（2020l），《法鼓山的方向：創建》，《法鼓全集》9-2，臺北：法鼓文化，2020 紀念版。
釋聖嚴（2020m），《法鼓山故事》，《法鼓全集》9-9，臺北：法鼓文化，2020 紀念版。
釋曉雲（1998），《覺之教育》，臺北：原泉出版社。

二、西文

Badiner, Allan Hunt (1990), *Dharma Gaia: A Harvest of Essays in Buddhism and Ecology.* Calif.: Parallax Press.
Bentham, Jeremy (1789), *An Introduction to the Principles of Morals and Legislation*. New York: Dover Publications. Edited by J. H. Burns & H. L. A. Hart (1780).
Cornell, Joseph (1979), *Sharing Nature with Children: A Parents' and Teachers' Nature-awareness Guidebook*, Ananda Publications.
Carson, Rachel (1962), *Silent Sprin*g, Houghton Mifflin Harcourt Publications.
Frantz, Cynthia M. and F. Stephan Mayer (2013),.The Importance of Connection to Nature in Assessing Environmental Education Programs. Studies In Educational Evaluation 41. DOI: 10.1016/j.stueduc.2013.10.001.
Ives, Chris and Duncan Ryuken Williams (2017), Buddhism and Ecology Bibliography. The Forum on Religion and Ecology. https://fore.yale.edu/files/buddhism_11-4-2017.pdf

Kaplan, Rachel, & Kaplan, Stephen (1989), *The Experience of Nature: a psychological perspective*. NY: Cambridge University Press.

Kaplan, Rachel, & Kaplan, Stephen (1995), The restorative benefits of nature: Toward an integrative framework. *Journal of Environmental Psychology*, 15(3), 169-182. https://doi.org/10.1016/0272-4944(95)90001-2

Kaza, Stephanie (2019), *Green Buddhism: Practice and Compassionate Action in Uncertain Times*. Colorado: Shambhala Publications.

Kolb, David A. (1984), *Experiential Learning: Experience as the Source of Learning and Development*. Englewood Cliffs, NJ: Prentice Hall. https://www.researchgate.net/publication/235701029_Experiential_Learning_Experience_As_The_Source_Of_Learning_And_Development

Laumann, K., Gärling, T., & Stormark, K. M. (2001), Rating scale measures of restorative components of environments [Electronic version]. *Journal of Environmental Psychology*, 21(1), 31-44.

Loy, David R. (2018), *Ecodharma: Buddhist Teachings for the Ecological* Crisis. MA: Wisdom Publications.

Regan, Tom (1983), The Case for Animal Rights. in R. G. Botzler etc. (eds.) (1993), *Environ mental Ethics* (2nd). McGraw-Hill, 351-358.

Schweitzer, Albert (1923), Reverence for Life. in L. P. Pojman (eds.) (1994) *Environmental Ethics*. Jones and Bartlett Publishers, Inc., 65-70.

Singer, Peter (1976), All Animals Are Equal. in L. P. Pojman (eds) (1994) *Environmental Ethics*,. Jones and Bartlett Publishers, Inc., 33-39.

Singer, Peter (1979), Equality for Animals in R. G. Botzler etc.(eds) (1998) *Environmen tal Ethics.* (2nd), McGraw-Hill, 359-365.

Taylor, Paul (1981), Biocentric Egalitarianism. in L. P. Pojman (eds)

(1994) *Environmental Ethics*, Jones and Bartlett Publishers,Inc., 71-83.

Taylor, Paul (1986), Respect for Nature. in R. G. Botzler etc.(eds) (1998) *Environmental Ethics*. (2nd), McGraw-Hill, 366-379.

Unsworth, Sara, Sean-Kelly Palicki, Jim Lustig (2016), The Impact of Mindful Meditation in Nature on Self-nature Interconnectedness. *Mindfulness* 7, 1052-1060. DOI:10.1007/s12671-016-0542-8

White, Lynn (1967), The Historical Roots of Our Ecologic Crisis. *Science* 155: 1203-1207. https://www.cmu.ca/faculty/gmatties/lynnwhiterootsofcrisis.pdf

三、網路資源

《訓練》網站：https://zh.trainings.350.org/resource/the-experiential-learning-cycle/

法鼓山聖嚴法師數位典藏：https://www.shengyen.org/index.php

教育部全球資訊網即時新聞：https://www.edu.tw/News_Content.aspx?n=9E7AC85F1954DDA8&s=F2CEE60C153A6EE1

斯德哥爾摩韌性中心網站：https://www.stockholmresilience.org/research/research-news/2016-06-14-the-sdgs-wedding-cake.html

愛自然 - 臺灣（iNaturalist Taiwan）：https://taiwan.inaturalist.org/

聯合國永續（Sustainability）網頁：https://www.un.org/en/academic-impact/sustainability

Sharing Nature Worldwide 網站：https://www.sharingnature.com/

PSE Environmental Education:
Dharma Drum Campus for Environmental and Spiritual Education

Guo-Guang Shi
Adjunct Assistant Professor, Department of Buddhist Studies, Dharma Drum Institute of Liberal Arts

Hsin-Hsun Huang
Assistant Professor, Social Enterprise and Innovation Master's Degree Program, Humanities and Sociology Cluster, Dharma Drum Institute of Liberal Arts

Hsingling Huang
Environmental Education Staff, Center for Spiritual Environmental Protection, Dharma Drum Institute of Liberal Arts

Abstracts

The Dharma Drum Campus for Environmental and Spiritual Education is an environmental education facility established on the campus of the Dharma Drum Institute of Liberal Arts (DILA). It was approved by the Environmental Protection Administration at the end of 2022, and after the unveiling ceremony on March 29, 2023, it officially launched environmental education courses.

This study attempts to explore the concept of "Environmental and Spiritual Education " - what it entails, its connection to contemporary ecological and environmental perspectives, and the principles and practices of nature conservation in campus planning with a focus on life protection. What are the distinctive features of the environmental education curriculum at this site? How is the curriculum designed to integrate Buddhist teachings, Chan meditation practices, and principles of natural conservation?

To address the above questions, this article engages in a dialogue between protecting the spiritual environment (PSE) and environmental education. Through four dimensions—PSE and environmental education, Buddhism and ecological environment, Chan practice and the five senses experience, and the pure land of humanity and sustainable development, constructing the theoretical foundation of the curriculum design.

Second, we examine the campus's environmental protection philosophy and practices when it was founded, including water and soil conservation, meditation trails, mountain conservation initiatives, and low-impact architecture. These provide the basis for the development of the environmental education curriculum series in this campus's natural conditions and ecological landscapes.

Third, based on the curriculum development theory constructed in this study, with "protecting the spiritual environment" as the core, EcoDharma as the philosophical background, and environmental education lesson plans incorporating Chan practice, we guide students through relaxation, walking meditation, direct contemplation, space contemplation, and ocean seal samadhi (Sagara-Mudra-Samadhi), allowing them to open five senses and experience nature. We also lead them to reflect on the relationship between humans and nature, how human behavior affects the natural environment, and how to change their own behavior to achieve the United Nations' sustainable development goals (SDGs) and to build a pure land on earth. The lesson plan design model adopts the framework of experiential learning theory, with the flow learning method as the activity design step, and uses the "slow walking and deep listening in meditation—staying together with nature" lesson plan as an example to examine the implementation of PSE in environmental education.

Finally, summarizing the philosophy of this environmental education site along with the current development of teaching plans, curriculum proposals, professional manpower, environmental resources, and operational management, we envision collaborative efforts across the entire team. It is akin to the operational method of the Huayan Dharmadhatu, experiencing integration between actions and principles, striving towards a state of "unobstructedness" in all matters, collectively transforming the site into a " an inspirational source for spreading environmentally-friendly knowledge and skills."

Keywords: Protecting the Spiritual Environment (PSE), Huayan Thought, Chan Meditation, Sustainable Development Goals (SDGs)

Evolution, Efficacy, and Orthodoxy:
Sheng Yen's Thought on Popular Religion in the 1980s

Justin R. Ritzinger
Associate Professor, Department of Religious Studies, University of Miami, USA

Abstract

This piece examines Master Sheng Yen's critical engagement with popular religion at an important moment in his career, the 1980s, when Taiwan was opening up politically, socially, and religiously, and he was beginning to build the mass following that would make him one of the most influential Buddhist figures in the country and the Chinese-speaking world. Focusing on two 1988 collections of short pieces for popular audiences, *Common Questions in the Practice of Buddhism* (*xuefo qunyi* 學佛群疑) and *A Buddhism for Tomorrow* (*mingri de fojiao* 明日的佛教), we find Sheng Yen positioning Buddhism in competition with popular religion in a marketplace of magical power while also guarding against the threat he felt it presented to Buddhism's integrity and guiding it to a higher religious level. In this response is revealed the interplay between modern conceptualizations of "religion" and dynamics of Chinese religious fields established in the late imperial period.

Keywords: Sheng Yen, popular religion, orthodoxy, religious evolution, Buddhist modernism

1. Introduction: The Remainder and its Resurgence ❶

"Religion" (*zongjiao* 宗教) has been a consequential category in modern Chinese history. Arriving at the outset of the twentieth century with social, legal, and scientific force, the neologism played a key role in the modernizing projects of various elites and state actors seeking to remake society for a new era. While the proper role of "religion" in a modern China was a subject of debate, the term was broadly understood according to what has been termed the "Christian normative" or "Christian secular" model. In this model, to be modern a state must be secular and to be secular it must stand outside of a discrete social entity known as "religion," understood according to the world religions framework that takes Christianity as its paradigmatic example. A "religion" has its own clergy, its own canon, and its own church-like structures. It is spiritual, ethical, and socially beneficial. This model led to a transformation of the religious field as various traditions attempted to reorganize themselves along these lines in order to receive legal recognition and protection (Goossaert 2008, Nedostup 2009, Goossaert and Palmer 2011). Buddhism, whose "discovery" played an important role in the development of this framework in the West (Masuzawa 2005, 122-146), quickly mounted this hurdle, organizing to be legally recognized and protected as a "religion." The diffused and decentralized religiosity of local temples, neighborhood ritualists, and spirit mediums, in contrast, was not readily assimilated to the new category. Instead, the nameless tradition came to be seen a mere miscellany of dark "superstition" (*mixin* 迷信), emblematic of all that was backward and wasteful, leaving its property subject to expropriation and its practices to

❶ This paper has benefitted from the feedback of several individuals, including Teng Wei-jen 鄧偉仁 , Kan Cheng-tsung 闞正宗 , Ben Brose, and Bev McGuire, as well as the anonymous reviewers. I would also like to express my appreciation to the Sheng Yen Foundation 聖嚴基金會 for its support.

prohibition. Prior to 1949 the Nationalist regime attempted to eliminate such superstition if only unevenly and with varying degrees of intensity. Following the retreat to Taiwan, its tolerance of popular practices increased, but the government continued to view popular practice as something to be regulated and reformed until the end of the Martial Law era (Chang 2017, 299).

This was the milieu of Master Sheng Yen's 聖嚴 (1931-2009) youth. Ordained in 1943 at the Guangjiao Monastery 廣教寺 in Jiangsu, Sheng Yen was educated in the Jing'an seminary (*Jing'an foxueyuan* 靜安佛學院) where he began to be shaped by the currents of reformist Buddhism championed by Taixu 太虛 (1890-1947). This reformism has been seen as a species of Buddhist modernism, which is typically depicted as distancing itself from superstition though demythologization and rationalization, though recent scholarship has complicated this picture (Ritzinger 2017). As China started to fall to Communist forces, Sheng Yen returned to lay life in 1949 and joined the army as a telegraph operator to escape. In Taiwan he served another twelve years before reordaining under Dongchu 東初 in 1961. ❷

While still a layman, Sheng Yen emerged as a fierce defender of Buddhism in a difficult time, wielding his pen against missionary Christianity, which he saw in those days as Buddhism's key competitor (Pacey 2020, 77-87). He would produce two monographs in the service of this cause, *Research into Christianity* (*Jidujiao zhi yanjiu* 基督教之研究) and *The Science of Comparative Religion* (*Bijiao zongjiaoxue* 比較宗教學). The latter work is of particular interest here. Scott Pacey has highlighted the central role that cultural evolutionism plays in this text. He sees it as using this framework to pursue a polemical agenda, articulating a theory of religious evolution that places Buddhism, rather than Christianity, at the zenith of progress (Pacey

---

❷ For a detailed biography of Master Sheng Yen through the 1980s, see Yu 2022, 14-44.

2020, 159-163). Focused on displacing the Western religion from its privileged position, this work gives short shrift to Chinese popular religiosity. It barely appears in that work save as passing examples of uncivilized beliefs, primitive remainders unworthy of serious consideration. When Sheng Yen left Taiwan to pursue a PhD Japan in 1969, he almost certainly thought the tradition fated for the dustbin of history.

No doubt, then, it was something of a surprise after he returned to Taiwan in 1978 to see that Taiwan's rapid economic growth and modernization were not consigning popular practices to the margins, but rather fueling a powerful resurgence. In the years that followed, community temples became deterritorialized and marketized, plying their wares to an increasingly affluent populace, while democratization began to make them increasingly important players in politics. The alienation caused by rapid urbanization fueled demand for spirit mediums and loosening social controls allowed previously banned organizations such as Yiguan dao 一貫道 to operate openly. Meanwhile, the increasingly casino-like character of the economy, in which the stock market made and broke fortunes overnight, seemingly without regard to traditional virtues of hard work and thrift, led many to turn to sources of supernatural power, including amoral deities such as the Eighteen Lords (*shiba wangye* 十八王爺) (Yu 2022, 60-62; Chang 2017, 299-300; Lin 2015; Weller 2007, 355). As a result, it became clear to Sheng Yen that this tradition, which had come to be called "popular religion" (*minjian xinyang* 民間信仰) by scholars if not the populace at large, was a major competitor and, in fact, a primary "other" against which "orthodox Buddhism" needed to define itself. Sheng Yen had long been concerned to elucidate for popular audiences what he saw as "orthodox Buddhism" (*zhengxin de fojiao* 正信的佛教) [3] but now he began to routinely criticize

[3] This, of course, was the title of one of his most influential works (Sheng Yen 1965 and 2007).

popular religion. As Jimmy Yu has observed, he objected to salvationist groups' appropriation of the trappings of Buddhism, popular rites' "materialist and self-serving ethos," and opportunistic mediums' encouragement of passive dependency, offering instead a program of moral cultivation in which difficulties were to be resolved by one's own efforts (*zi li* 自力) (Yu 2022, 62-64).

This essay seeks to add to the picture of Sheng Yen's critical engagements with popular religion presented by Yu by bringing it into dialogue with the evolutionary viewpoint discussed by Pacey and the broader "religious question" identified by Goossaert and Palmer. Our primary focus will be two works published in 1988. *Common Questions in the Practice of Buddhism* (*xuefo qunyi* 學佛群疑) ❹ and *A Buddhism for Tomorrow* (*mingri de fojiao* 明日的佛教). Both works collect pieces first published in Sheng Yen's *Humanity* magazine (*rensheng* 人生) in the mid-1980s. *Common Questions* was a regular column answering a set of questions most of which were posed by a lay follower and his friends and family. *A Buddhism for Tomorrow* gathered editorials and articles by Sheng Yen addressing the "ills of the day" (*shibi* 時弊). Both were dictated to disciples in spare moments after morning services rather than written by the master's own pen (Sheng Yen 1988a, 3; Sheng Yen 1988b, 4). The texts therefore are outward facing, addressed to the mass market of ordinary Buddhist readers by a figure still building his following. They are also comparatively casual: occasionally somewhat inconsistent off-the-cuff responses rather than systematic arguments. Our purpose in this examination is not a comprehensive account of Sheng Yen's evolving views of popular religion, but an investigation of one pivotal moment of transformation—the 1980s when Taiwan was beginning to open up politically, culturally, and religiously, and Sheng Yen was building the mass following that would make him one of the most influential Buddhist figures in the country—informed by a consideration of

---

❹ I follow Dharma Drum's own translation of the title here (Sheng Yen 2017).

the views he articulated in the 1960s.

What we find here is not the dismissal of popular religion as simple baseless superstition that theories of both Buddhist modernism and cultural evolutionism might lead us to expect. Instead, we see Sheng Yen positioning Buddhism in a marketplace of magical power in competition with popular religion, a formless opponent that Buddhists must carefully distinguish their religion from but also seek to guide and elevate, lest it pull Buddhism down to its own primitive level and absorb it. In this complex engagement is revealed the interplay between modern conceptualizations of "religion" and dynamics of Chinese religious fields established in the late imperial period.

2. Evolution: "Religion" and its Levels

To understand Sheng Yen's engagements with popular religion in the 1980s, it is helpful to first examine the conception of religion that he formulated in the 1960s. Although his views changed over the years, there were nonetheless key orientations formed at this time that would continue to shape his thought. *The Science of Comparative Religion* (*bijiao zongjiaoxue* 比較宗教學) purports to offer an objective, scientific account of religion. In it, Sheng Yen situates his project within the world religions paradigm, defining it as the "comparative study of each religion's founder, doctrine, rituals, history." Yet his understanding of religion is more particular than just the Christian normative model. He presents an evolutionary account of religion that draws on early Western theorists, including E.B. Tylor, as refracted through Japanese theologian Antei Hiyane's 比屋根安定 (1892-1970) 1929 *History of World Religions* (Sekai shūkyō shi 世界宗教史) [5] He locates religion's origins in universal and complex psychological needs,

---

[5] For a survey of classical cultural evolutionism in the West, see Carneiro 2018, 1-74.

primarily fear of disaster at the hands of forces beyond human control. From this emerges sacrifice to allay these fears and a class of shamans to commune with or subdue these forces. Out of this substrate, religion develops according to a threefold schema. At the lowest level is "natural religion" (*ziran de zongjiao* 自然的宗教), which includes "primitive natural religion" (*yuanshi de ziranjiao* 原始的自然教) and polytheism (*duoshen jiao* 多神教). This is followed by "ethical religion" (*lunli de zongjiao* 倫理的宗教), comprised of "religions of law" (*falü jiao* 法律教), such as Brahmanism and early Judaism, as well as the ethical teachings (*lunli jiao* 倫理教) of Islam, Zoroastrianism, and prophetic Judaism. At the highest level stand the "universal religions" (*pubian de zongjiao* 普遍的宗教) [6] of Buddhism and Christianity (Sheng Yen 1968, 10-16). While Sheng Yen includes Christianity in the highest stage of evolution, Pacey notes that he simultaneously historicizes it. Rather than depict it springing forth from revelation or the inspiration of spiritual geniuses, he presents it as a product of its contexts, highlighting its origins in, and therefore continuing contamination by, "primitive religion." [7] Buddhism alone is painted as truly "transhistorical" and the pinnacle of evolution (Pacey 2020, 167-169).

Whereas Christianity occupies a central place in *The Science of Comparative Religion*, Chinese popular religion scarcely figures in the text at all. The chapter on Chinese religion, where we might expect to find temple cults and local ritualists discussed, is devoted to ancient religion and Daoism. Popular deities like Wenchang 文昌 and Guandi 關帝 are referred to as part of the Daoist pantheon but only in passing and the latter under the rubric of "other lesser

---

[6] Tomoko Masuzawa has demonstrated that "universality" was a key factor in Buddhism being constructed as a "world religion" in the West (Masuzawa 2005, 121-146).

[7] Interestingly, EB Tylor did something similar in his unpublished *Natural History of Religion* (Larsen 2013, 479).

deities" (*qita de xiaoshen* 其他的小神) (Sheng Yen 1968, 199-200). Popular practices such as divination based on the "eight characters" (*ba zi* 八字) of one's time of birth are mentioned in the chapter on "the religions of uncivilized peoples" (*wei keihua minzu de zongjiao* 未開化民族的宗教) (Sheng Yen 1968, 50). Popular religion is thus still a nameless tradition with no identity of its own. It was either subsumed into Daoism or presented as a miscellany of primitive practices, religious survivals that had been left behind by evolution.

In *Common Questions* and *A Buddhism for Tomorrow*, we see the legacies of these paradigms and orientations. In place of a fully articulated evolutionary theory, though, we see a simpler contrast between "great religions" ❽ and "primitive" popular religion, paired with a vague but pervasive discourse of "levels" (e.g. *cengmian* 層面 , *cengci* 層次). Exemplified by Buddhism and Christianity, the two "universal religions" of his earlier schema, "great religions" are defined according in almost exactly the same terms used in *The Science of Comparative Religion*: "great religions all have their own tradition (*chuangcheng* 傳承) with a founder, history, doctrine, rituals, and community" (Sheng Yen 1988b, 193). That is to say, great religions have historical continuity through time and distinct, mutually exclusive *identities*. They must, moreover, be *ethical and rational* (Sheng Yen 1988a, 185).

Point for point, popular religion fails to meet this standard in Sheng Yen's view. It is not properly a religion at all, as Sheng Yen sees it, but rather a "primitive form of religious phenomena" (*yuanshi xingtai de zongjiao xianxiang* 原始型態的宗教現象), mere "religious behavior related to people's customs" (*gen minsu xiangguan de zongjiao xingwei* 跟民俗相關的宗教行為) (Sheng Yen 1988b, 192-193). Without a defined identity and clear boundaries, popular religion is just "a polytheism that

---

❽ This, of course, is simply a synonym for the so-called "world religions."

grabs from here and there in an incoherent jumble" (*dongla xiche qipinbacou de duoshen chongbai* 東拉西扯、七拼八湊的多神崇拜) (Sheng Yen 1988b, 193). It is essentially the same across cultures, differing only in its incidentals, because origins lie in universal human weakness. When human capability, be it physical or mental, reaches its limits, it is only natural to seek supernatural aid in order to "alleviate the turmoil in our hearts, the disputes in our families and societies, and the torments inflicted by our natural environments" (*shujie xinzhong de kunrao, jiating he shehui de jiufun, ziran huanjing de zhemo* 紓解心中的困擾、家庭和社會的糾紛、自然環境的折磨) by means of divination, spirit mediums, sacrifice, and so on (Sheng Yen 1988b, 192-193). It is thus primarily focused on material gain (*gongli* 功利) and utility (*gongyong* 公用) (Sheng Yen 1988a, 185).

3. Efficacy: Competing in the Marketplace of Magical Power

This universal need is the demand that drives a marketplace of magical power. Contrary to what many theories of Buddhist modernism might lead us to expect, Sheng Yen does not approach this in demythologized, psychologized terms. That is, he does not see the services of popular religion as a palliative placebo to ease the pain of harsh reality. Instead, he affirms the existence of supernatural forces and their ability to aid human beings but promotes a Buddhist understanding of the nature of these powers that makes clear the superiority of Buddhist forms of assistance. Though he would not have conceived of it in such terms, he was thus effectively positioning Buddhism as a competitor in this marketplace.

According to Sheng Yen, popular religion is produced precisely by the meeting of ghostly power and the human need to resolve practical problems (Sheng Yen 1988a, 68). Ghosts and spirits (*guishen* 鬼神) are not psychological projections for Sheng Yen but real beings with real power (Sheng Yen 1988a, 185).

However, they are by their very nature unreliable, problematic, and disreputable. Ghosts and spirits are characterized by a fearful fluidity, "coming and going without a trace and floating swiftly without stop" (*lai qu wu zong, piao hu bu ding* 來去無蹤、飄忽不定) (Sheng Yen 1988b, 124). Lacking fixed abode, they also lack fixed identity. One can never be confident of whom one is dealing with, in Sheng Yen's view. They may claim to be a well-known deity like Guandi or Nezha 哪吒 or even a bodhisattva but in fact are simply "nameless ghosts and spirits" (*wuming guishen* 無名鬼神) (Sheng Yen 1988b, 157-158, 261). They are not proper deities but "low class" (*cengci hen di* 層次很低) beings without wisdom, no different in their afflictions than human beings. Lacking an understanding of karma, they are purely transactional. If you have a request, they may fulfill it, Sheng Yen explains, but "they are like gangsters and underworld figures in [human] society. If you are their follower, they will receive their protection. As for the social balance of morality and values, they don't understand it or care to" (Sheng Yen 1988a, 69). ❾ Faced with such petty powers, the proper response is that of Confucius, to "respect ghosts and spirits, but keep one's distance" (*jing guishen er yuan zhi* 敬鬼神而遠之) (Sheng Yen 1988b, 156).

Most ghosts and spirits are unable to exert power on their own, however. They require spirit mediums (*lingmei* 靈媒). Mediums are ritualists of the primitive substrate to Sheng Yen, equivalent to "wizards," "witches," "sorcerers," "medicine men," and "shamans." He singles these figures out for particular criticism and often seems to take them as paradigmatic of popular religion as a whole. Like the ghosts and spirits that they traffic with, they have real power but are unreliable and problematic. (Sheng Yen 1988b, 122). Ghosts and spirits may work through mediums in various

---

❾ Arthur Wolf observed that the comparison of ghosts to gangsters was common in Sanxia 三峽, his field site southwest of Taipei, in the 1960s (Wolf 1974, 170).

ways. They may transmit messages to the medium, who is aware that there is an external entity telling him or her what to say and do. They may also possess the medium's body in which case the medium may mistakenly believe that they have awakened or are themselves a god. Finally, they may possess an object to produce spirit-writing (Sheng Yen 1988a, 65). Mediums may thus use their power to dispatch ghosts to drive out other ghosts, to entreat spirits to offer assistance and guidance, and to fulfill various practical desires (Sheng Yen 1988b, 122), the sort of practices Sheng Yen associates with "savage societies" (*yeman shehui* 野蠻社會) (Sheng Yen 1988a, 185). Not all mediums actually have these abilities, but many do (Sheng Yen 1988b, 157).

These powers may prove effective in the short term, but the results are limited, temporary, and ultimately harmful. Because the underlying karmic conditions for the alleviation of distress remain unchanged, karma will ultimately reassert itself. The attempt to contravene it (*weibei* 違背) will only bring additional retribution. Sheng Yen compares this to a loan or an illusion, or more vividly to a person getting high on drugs or a squid eating its own flesh to survive (Sheng Yen 1988b, 123-124). Immediate pleasure and short-term solutions are secured at the cost of future pain. In the meantime, currying the favor of ghosts and spirits wastes time and treasure (Sheng Yen 1988b, 128). More fundamentally, any such "superstitious belief in mysterious other-power" (*mixin tali de shenmi* 迷信他力的神祕) risks a loss of agency as people lose confidence in their own ability (Sheng Yen 1988a, 65). Traffic with ghosts and spirits can also be addicting for the medium. They become reliant and less capable of independent action. Yet ghosts and spirits are forever coming and going. Therefore, mediums are always seeking to cultivate new connections with ghosts in order to stave off their karmic retribution (Sheng Yen 1988b, 123-124).

To achieve the same ends and more without the risks, Sheng Yen offers Buddhism as a rational, moral alternative. "In terms of the fundamental function of faith" (*xinyang* 信仰), he declares, Buddhism "is identical to popular religion." It can resolve all the problems for which people turn to spirits and their mediums. The difference is that Buddhism is rational (*heli* 合理). It can turn poverty to wealth, danger to safety, low status to high, but it does so in according (*he* 合) to the principle (*li* 理) of karma. While popular religion seeks to change circumstances without altering the underlying karmic conditions, Buddhism demands moral effort on the part of supplicants. This does not mean, however, that they are on their own. They can seek and receive the protective support of the (named and reputable) Buddhas and bodhisattvas, but they must do so according to the "rational principle" (*heli de yuanze* 合理的原則) of sympathetic resonance (*ganying* 感應) between other-power and self-power by engaging in self-cultivation and work for the benefit of self and others (Sheng Yen 1998a, 68-69; Sheng Yen 1988b, 81). Even the simple act of taking refuge in the three jewels can help to change one's fate by securing the protection of thirty-six virtuous deities as promised in the sutras (Sheng Yen 1988b, 74). Sheng Yen regards this as a rationalization of the fundamental religious urge to magic equivalent to what monotheism achieves by directing all entreaties to a single deity. This points to another sense in which the Buddhist alternative is also rationalized: internal integration. Whereas Sheng Yen sees popular practice as a mere miscellaneous jumble—give Yuexia Laoren 月下老人 a doughnut to find a husband, Wenchang some onions to pass a test—the myriad Dharma gates of Buddhism are interlinked and organized around the unifying goal of developing moral discipline, concentration, and insight. There is thus no need to switch from one gate to another based on the desires of the moment. One need only diligently cultivate oneself on a daily basis and practical benefits will spontaneously manifest in one's life without even being sought and by the same action one will advance to the level of benefitting self and other and achieving liberation (Sheng Yen 1988b, 193-195).

To summarize, Sheng Yen is positioning Buddhism in a marketplace of magical power. He is not rejecting the existence of the supernatural powers of popular religion, much less his own tradition. Instead, he argues that Buddhism meets the same fundamental human needs as popular religion with a greatly superior product. Where popular religion relies on "nameless ghosts and spirits," Buddhism relies on its own pantheon of named Buddhas and bodhisattvas. Where popular religion can be amoral, pursuing benefit without regard to right and wrong, Buddhism secures benefits through self-cultivation and moral action. Where popular religion is irrational, contravening the principle of karma by appealing to the other-power of a heterogenous miscellany of figures and practices to change one's situation without addressing the underlying karmic conditions, Buddhism follows the rational principle of sympathetic resonance between the other-power of the Buddhas and bodhisattvas and the self-power of the supplicant's cultivation and moral reform through integrated and coherent Dharma gates. Buddhism's superiority lies in some of the very characteristics that make it an evolved "religion" rather than a primitive superstition: a coherent identity, morality, and rationality.

4. Orthodoxy: Guarding Buddhism, Guiding Popular Religion

The relationship between Buddhism and popular religion is more complex and considerably more fraught than mere market competition, though. The very things that make popular religion primitive and inferior also make it a kind of asymmetric threat, like a guerilla force to a standing army or a virus to a complex organism. Moreover, the threat is inescapable in Sheng Yen's view. Since popular religion is a natural response to universal human need, it is effectively a universal substrate of religiosity. Thus, "because since ancient times popular religion has been part of the foundation of social structure, everywhere Buddhism has spread, it has necessarily entered into relationship with popular religion. Either Buddhism draws popular religion into orthodox Buddhism, or Buddhism is absorbed into popular religion" (Sheng Yen 1988a, 68). Buddhism is thus locked into a struggle in which popular religion is both an existential threat and the object of a civilizing mission.

Popular religion is a threat precisely because it lacks the distinct, coherent identity that characterizes "great religions." Without the core elements of a religion, it borrows from others, transgressing the boundaries that constitute a religion's identity. Popular religion adopts the founders of other religions as objects of worship (Sheng Yen 1988b, 193) and treats Buddhas and bodhisattvas as simply another group of deities (Sheng Yen 1988a, 156). Its spirits impersonate Buddhas and bodhisattvas and its mediums claim to be their manifestations or spokesmen (b260-261). Since it has no stable canon, principles, or teachings (*chang jing, chang li, chang fa* 常經、常理、常法) (Sheng Yen 1988b, 156, Sheng Yen 1988a, 70) of its own, it adopts Buddhist scriptures and Buddhist ideas but distorts their meaning, denying the doctrines of karma and dependent origination (Sheng Yen 1988a, 65-66), or else it passes off spirit-written texts as the word of the Buddha (Sheng Yen 1988b, 190-191). For this reason, Sheng Yen refers to the more organized expressions of popular religion such as salvationist groups as "outer paths attached to the Dharma" (*fu fofa waidao* 附佛法外道).[10] These groups are founded upon ghosts, spirits, and mystical experiences but lack theoretical foundation or a historical tradition, so they latch onto Buddhism for support. (Sheng Yen 1988a, 95-96). Even one of the more innocuous expressions of popular religion, morality books (*shanshu* 善書), is seen as problematic for its mingling Buddhist ideas with those of other traditions in a polytheistic framework (Sheng Yen 1988a, 156).

Yet, still more pernicious than popular religion borrowing from Buddhism is Buddhists borrowing from popular religion.

---

[10] The term seems to originate with Zhiyi's 智顗 *Mohe zhiguan* 摩訶止觀 (CBETA T46, 1911: 132b22-c5). Today it is especially associated with the apocryphal Surangama Sutra's 楞嚴經 warning that meditators can be misled by Maric imposters (CBETA T19, 945: 149b16-151b15).

This could occur for several reasons. One is ignorance. Sheng Yen worries, for instance, that less informed followers of the Buddha will see Buddhist books interspersed among morality books and conclude that morality books are Buddhist and belong in Buddhist monasteries. This, he argues, would be like Buddhist monastics handing out copies of the Bible (Sheng Yen 1988a, 156). Another is misguided attempts to accommodate the demands of popular religion that "lower the level of Buddhist faith" (*jiangdi fojiao xinyang de cengci* 降低佛教信仰的層次). In Sheng Yen's view, identifying ghosts and spirits as manifestations of Buddhas and bodhisattvas or including divination blocks, phoenix altars, and images of local gods in Buddhist spaces is a mistake. This will only lead Buddhism to be misidentified as a form of polytheism of the same grade (*liulei* 流類) as popular religion (Sheng Yen 1988b, 193). The final possibility is a craving for mystical experiences. A vogue for such things in Taiwan in the 1980s led, in Sheng Yen's view, to Buddhists being taken in by spirit mediums and charlatans claiming advanced attainments. Their followers thought that they were practicing Esoteric Buddhism but had in fact been taken in by an outer path (Sheng Yen 1988a, 66). [11]

The danger here is a disruption of Buddhism's own integrity. Sheng Yen laments, "There is nothing to fear from visible outer paths but if some number of monastics and laity become followers of outer paths, what would we do?" (Sheng Yen 1988a, 28; see also Sheng Yen 1988a, 97) That is, a clearly distinct outer path like Christianity poses no threat. The real issue is loss of boundaries and cohesion. If the lines between the two traditions become blurred and non-Buddhist elements infiltrate Buddhism, then Buddhism itself becomes a miscellany, its rational order and integration lost, and it is "absorbed" into the lumpen mass of popular practice. This fear of absorption and loss of identity appears a number of

---

[11] Sheng Yen had substantial concerns about Esoteric Buddhism as well (Yu 2022, 69-70)

times in these works. Sheng Yen speaks of concerns that Buddhism will "easily become mixed with popular religion and merge into polytheism" (Sheng Yen 1988b, 194-195) and that Buddhists will lose their own heritage (*shu dian wang zu* 數典忘祖 (Sheng Yen 1988a, 183) and "mistake a guest for their father" (*ren ke wei fu* 認客為父) (Sheng Yen 1988b, 156). Given the framework that Sheng Yen works with, this is a fear of both devolution and loss of status.

Maintaining Buddhism's identity and position requires insistence on strict orthodoxy, in Sheng Yen's view, in order to "make clear the difference from popular religion" (Sheng Yen 1988a, 68). Orthodoxy for him is defined by the word of the Buddha (*shengyan liang* 聖言量), crystalized in certain core doctrines, and codified in the canon. As befits a "great religion," the ultimate foundation (*yiju* 依據) of orthodoxy is the word of the founder (Sheng Yen 1988a, 28), its unique point of origin. From this spring Buddhism's defining characteristics. These are the teachings of the Buddha that delineate the tradition's unique character and underwrite its intellectual coherence. Chief among these for Sheng Yen are the doctrines of karma and conditioned arising (Sheng Yen 1988b, 189) as well as the four Dharma seals (*si fayin* 四法印) (Sheng Yen 1988a, 28). ⓬ Ultimately it is adherence to these standards that determines whether something is authentically Buddhist. Thus, even though Sheng Yen admits that the Mahayana is historically later and thus not the word of the Buddha himself, it is nevertheless authentic because it does not, in his view, depart from these principles of original Buddhism (Sheng Yen 1988b, 264). This orthodoxy is embodied by the canon. Historically, the threat that Buddhism confronted in Taiwan is not new, according to Sheng Yen. Orthodox Buddhism has "often

---

⓬ Fabrications are impermanent, dharmas are without self, sensations are suffering, and nirvana is quiescence 諸行無常、諸法無我、諸受是苦、涅槃寂靜 . From the time of the early canons, the role of the Dharma seals, whether four or three, was to authenticate teachings. Sheng Yen is thus drawing on a long history of Buddhist concerns with authenticity and orthodoxy.

faced threats and been in danger of extinction." The reason that it still remains is that "the canon in various languages has preserved the original meaning of the Dharma" (Sheng Yen 1988a, 95). Its stable and bounded character, quite different from the whisperings of nameless ghosts and spirits, serves as an anchor for orthodoxy. In the absence of an awakened teacher, one can always consult the canon (Sheng Yen 1988b, 264-265) and when presented with a text claiming to be a sutra, one need only consult a catalogue to determine its authenticity (Sheng Yen 1988b, 191). These features give Buddhism the "unified" (*tongyi* 統一) and stable (*wending* 穩定) character that he finds lacking in popular religion (Sheng Yen 1988b, 156) but it must be carefully guarded. "If one departs from the sutras by a single word," Sheng Yen notes, "then it is the same as the word of Mara" (Sheng Yen 1988b, 191). If one explains the Dharma from any viewpoint other than its own, it is no longer truly Buddhism. Even a historical viewpoint must be approached with caution (Sheng Yen 1988a, 182).

If Buddhism can maintain its integrity and avoid dissolving into popular religion, it can serve as an agent of evolution, guiding popular religion to a more advanced state. This is the solution with which Sheng Yen ends his editorial "Taiwan's Religious Problem" (*Taiwan de zongjiao wenti* 臺灣的宗教問題). According to him, popular religion's traffic with ghosts is something that in need of "correction and reform" (*jiuzheng huadao* 糾正化導). Even in its more reasonable forms, its emphasis on material gain and utility is "selfish" and creates affliction. Instead, he argues "we should seek wisdom to guide our…actions, in order to purify ourselves and our society." For this to happen, though, popular religion must

> be raised to a higher level, but this requires guidance from Buddhism and assistance from educational and cultural circles. Today, compulsory education has been extended to nine years. There should be no illiteracy. If elementary and middle school textbooks can incorporate guidance for and explanations of religious thought, and if newspapers, magazines, and conscientious individuals in cultural circles

> can report positively on Buddhism more and offer research on, analysis of, and guidance for popular religion more…people's level can gradually be raised. In a pluralistic society, religious homogeneity is impossible and unnecessary. Buddhism, moreover, has never opposed other religions. On the contrary, it tolerates and incorporates all religious values and arranges them hierarchically (*cengcihua* 層次化). For a religion to become a religion, at minimum it should conform to human social ethics (*renjian lunli* 人間倫理) and the rational standards modern people strive for. Any rational faith, even if its followers do not understand, cannot be counted a superstition. Any irrational faith will have an abnormal effect on people's minds and bring more disturbances to a complex society (Sheng Yen 1988a, 186).

While this is not a systematic program, the general outlines of what Sheng Yen is advocating are clear. As the more evolved religion, it falls to Buddhism to place popular religion, and effectively the populace as a whole under a kind of tutelage. Buddhism will, if not absorb popular religion as indicated elsewhere, place it within a larger framework of values, rationalizing and ethicizing it. This will raise it to the level of a religion just as Greek philosophy did to Christianity in Sheng Yen's understanding. In this way, the "abnormal" social effects of irrational superstition can be avoided (Sheng Yen 1988a, 70) and social progress secured. This requires assistance from secular agencies to reach the population at large but the burden of this civilizing mission belongs to Buddhism.

We can identify in Sheng Yen's thinking here the intermingling of several different historical legacies. Theories of cultural evolution, for one, have often come with such developmental agendas. Tylor's *Primitive Culture* famously ends with the assertion that "the science of culture is essentially a reformer's science" and an exhortation to stamp out "the remains of crude old culture which as passed into harmful superstition" (Larsen 2013, 477). Cultural evolutionism was also tied to racial stratifications and Sheng Yen's fear of Buddhism intermixing with its evolutionary inferior and thus "devolving" might be a metaphoric analogue to concerns with miscegenation. More immediately, the civilizing mission that Sheng Yen sets for Buddhism echoes the Nationalist regime's approach to modernization, which saw Taiwanese local society as backward and in need of the party's guidance in order to secure development. [13] Sheng Yen himself draws a parallel here in his discussion of ghost month. After describing the excesses that emerged as the festival devolved from its Buddhist and Confucian roots into popular superstition, he notes that the government has been promoting a "frugal worship campaign" (*jieyue baibai yundong* 節約拜拜運動) even as Buddhists have been encouraging marking the occasion with offerings to monks (Sheng Yen 1988a, 38). The legacy of Confucian paternalism is also at play. In his concern for the uplift of the masses and reform of excessive and amoral cultic practices, Sheng Yen resembles the officials of the imperial period. Sheng Yen often invokes Confucius' attitude toward ghosts and spirits and his claim that a rational faith is not a superstition even if its followers do not understand it recalls *Analects* 8.9: "The common people can be made to follow it, but they cannot be made to understand it" (translation Slingerland 2001, 24). Finally, given the critique of popular religion as seeking a kind of short cut, we may identify a kind of middle-class moralism that exhorts the poor to work hard and play by the rules in order to pull themselves up by the bootstraps and avoid wasteful and unproductive vices and the lure of get rich quick schemes.

5. Conclusion: Walls, Membranes, and Thresholds

The stance that Sheng Yen adopts toward popular religion in *Common Questions* and *A Buddhism for Tomorrow* is thus rather

---

[13] It is worth remembering here that Sheng Yen was subjected to ten years of Nationalist propaganda during his time in the army as Pacey points out (2020, 79). While this experience did not define his thought, it is not surprising to find its influence.

conflicted. On the one hand, he insists on strict differentiation. To be orthodox is precisely to be distinct from popular religion. Orthodox Buddhism is a "great religion" with a unique identity constituted by its own founder, canon, rituals, etc. where popular religion is a hopeless polytheistic hodgepodge of elements borrowed from others. Orthodox Buddhism is moral and rational, offering practices that operate according to known principles, where popular religion is amoral and irrational, offering only the services of capricious ghosts and spirits. When operating in this vein, Sheng Yen seems to be engaged in a rather conventional project of defining orthodoxy. Working within a world religions paradigm, he is seeking to build a wall between popular religion and his own tradition to serve as a secure boundary.

On the other hand, there is also an inescapable continuity and unavoidable interaction. Buddhism and popular religion are necessarily in relationship wherever Buddhism has spread. This is because the function of popular religion and Buddhism as "faith" is the same. Each seeks to address the fundamental human needs that are the evolutionary origin of religion. Each must offer solutions to practical problems that lie beyond the limits of human strength and ingenuity. Sheng Yen may feel that the Buddhist product is superior to that of popular religion, but each responds to the same demands. Here, the boundary is always necessarily crossed. It is not a wall but a membrane. In one scenario, popular religion is like a virus. Unable to exist on its own, it invades the Buddhist cell, destroying the host's integrity and replicating itself. In the other, Buddhism incorporates popular religion into a higher order through a kind of endosymbiotic absorption.

This idea of boundaries as walls or membranes was developed by Robert Weller in his study of the cult of Mazu. Boundaries as walls define identity by demarcating and separating an inside and outside. Boundaries as membranes also mark an inside and an outside but one that is dependent upon certain types of crossing. Weller illustrates this through an analysis of shifting character of the boundaries between Taiwan and China over the twentieth century.

The political separation of Taiwan under Japanese colonialism and the Cold War created new wall-like boundaries that fostered novel territorial identities within the cult while with the advent of Reform and Openness these boundaries became membranous, crossed by pilgrimages that recalled the maritime connections of earlier eras. This marked not a return to the past, however, but an increase in complexity as new and old boundaries and identities interacted in mutually transformative ways (Weller 2019).

Something analogous is at work in Master Sheng Yen's writings. In the twentieth century, modernizing elites and state actors attempted to impose the walled boundaries of "religion" onto the porous religious field of the late imperial period. While distinctions among traditions had been maintained at more elite levels, the level of vernacular religion was characterized by what Kenneth Dean and Edward Davis have termed the "syncretic field." In their theorization, vernacular religion was shaped by two polar attractors: sagehood (*sheng* 聖) and supernatural power (*ling* 靈). The first designates the ideals of sagely morality and self-cultivation, while the second refers the promise of efficacious solutions to practical problems. The latter was particularly associated with hybridity and eclecticism as supplicants and ritualists incorporated ever more sources of power into their repertoires (Dean 1998; Davis 2001). As I have suggested elsewhere, in the modern period the new categories of "religion" and "superstition" were superscribed onto this field without erasing it. "Sagehood" could be assimilated under the acceptable religiosity of the Christian normative model in which a "religion" was a discrete bounded tradition with a founder, canon, and rational, ethical teachings. "Supernatural power," on the other hand, with its apparent irrationality and promiscuous hybridity was classed as "superstition" (Ritzinger 2023, 153).

With democratization in the 1980s, the government in Taiwan lost interest in maintaining strict divisions among religions or defining acceptable or unacceptable religion. This led to the reemergence of a more fluid religious marketplace at just the moment that economic growth and urbanization were fueling a surge in both supply and demand. This was not a return to the status quo of the late imperial period, however. Rather, as we have seen, it has led to an increase in complexity as religious actors have negotiated and contested boundaries and identities new and old.

We see this complexity in Sheng Yen's thought. Maintaining the prestige of being a "great religion" requires separation, crafting a bulwark of orthodoxy to divide Buddhism from the primitive religiosity surrounding it and maintain its integrity and status. Yet competition in the marketplace of magical power requires a continuity of function that preserves the possibility of crossing. He wants a wall, but he needs a membrane. In her research on contemporary lay Buddhists, Esther Maria Guggenmos addressed this continuity and the crossings it enables. She argues that the continuities between Buddhism and popular religion make for a low threshold to entry into Buddhism from the larger religious culture, giving it a kind of integrative power, though the threshold for leaving is likewise low (Guggenmos 2017, 327-328, 343). Weller in his classic 1987 study on the Ghost Festival (*zhongyuan pudu* 中元普度) also noted that this continuity allowed Buddhist monks to draw temple-goers in through a phased reinterpretation of popular practices rather than a repudiation that they might balk at (Weller 1987, 163-165). Sheng Yen's contemporaneous approach asserts functional continuity but offers a more antagonistic reinterpretation of popular practice. Sheng Yen does not reject supernaturalism but claims it, touting the virtues of Buddhism's version and disparaging popular religion's. It is a *religionization of magic* rather than a disenchantment. He seeks to define an acceptable magic according to the Christian-normative model. It is to be rational, moral, and evolved. He juxtaposes this against popular religion—the irrational, amoral, primitive other. This opposition is critical not simply to compete in the marketplace but to avoid competing on popular religion's own terms, as simply one more purveyor of power among many. Buddhism's status as a religion renders it both distinct from the larger religious field and also self-sufficient. Self-cultivation will naturally lead to material benefits and the search for material benefits will naturally progress to self-cultivation. Like Christianity it will answer all needs, low and high, rather than occupying just certain niches in the religious marketplace as it had in the late imperial period. Sheng Yen thus wants to draw people in and keep them there.

Our investigation here may help to shed light on some conflicting survey data. One of the best sources of longitudinal data on religion in Taiwan is the Taiwan Social Change Survey (*Taiwan shehui bianqian diaocha* 臺灣社會變遷調查), which has been conducted annually in four-year cycles since 1984, around the time the essays considered here were published. It has shown that over the last four decades, precisely the period in which Buddhism has risen to unprecedented prominence, the percentage of Taiwanese identifying with Buddhism has been shrinking in inverse proportion to the percentage identifying with popular religion. Both Guggenmos and David Schak have argued that the very prominence of the three major Buddhism organizations—Foguang shan 佛光山 , Tzu Chi (*Ciji* 慈濟 , and Sheng Yen's own Dharma Drum Mountain (*Fagu shan* 法 鼓 山)—is responsible. They have posited that these organizations have come to exemplify "Buddhism" in the Taiwanese imagination, leading to individuals engaged in what we might term Buddhist-inflected popular religion to reclassify their identification from "Buddhism" to "popular religion" (Guggenmos 2017, 327; Gries, Su, and Schak 2012, 627-628). Sheng Yen's engagement with popular religion in the 1980s shows that this was not merely an inadvertent side-effect of increased visibility but also a deliberate attempt by certain religious actors to reshape the religious field. The publication of the articles considered here as well as their collection in *Common Question* and *A Buddhism for Tomorrow* are actions taken in that effort. The shrinking number of survey respondents who identify with Buddhism may thus represent a strange sort of success.

However, this cannot be taken at face value. As Gries, Su, and Schak have shown, forced-choice surveys do a poor job of representing actual religiosity in Taiwan because in practice people's choices are not exclusive. In a survey that they conducted that allowed participants to assign a degree of belief to more than one tradition, more than 60% of them reported some degree of belief in Buddhism (Gries, Su, and Schak 2012, 630). We might suggest then that it is primarily at the conceptual level that a hard boundary is in place. Insofar as Buddhism continues to offer access to magical power many continue to "believe" in it even if they do not identify with it when forced to choose one side of the wall of the other. At the level of lived religion, the boundary remains porous.

This study may also offer us useful angle from which to understand the creation of Dharma Drum as well. Sheng Yen was not only concerned with competition, after all. There was also the civilizing mission to guide popular religion and by extension all of society to higher levels of cultural development. While this was never seriously pursued with regard to popular religion, using Buddhism to guide cultural evolution can be seen as Dharma Drum's *raison d'etre*. The first part of its motto, after all, is to "uplift the character of humanity," or translated otherwise to "raise people's quality" (*tisheng ren de pinzhi* 提昇人的品質). The Fivefold Spiritual Renaissance Campaign, one of the signature programs of Sheng yen's later career, can be seen as an example of this. It offers guidelines for wholesome living in the modern world—how to cultivate a peace in oneself and one's family; how to manage desires; how to resolve difficulties; how to get along with others; and how to cultivate gratitude and blessings. It is, in short, the sort of "human social ethics and rational standards" Sheng Yen associated with modernity. The goal of cultural transformation and modernization is also implicit in its Chinese name *Xin wusi yundong* 心五四運動, literally "The Mental May Fourth Movement," which alludes to the iconic 1920s movement that sought to break with the past and create a new culture for a new China (Dharma Drum Mountain Cultural Center. n.d.). Moreover, Dharma Drum did in fact develop a media arm and public relations office capable of influencing news coverage to assist in this project (Chen 2009). All this suggests that, even though popular religion ceased to be a focal point after the 1980s, the assumptions and orientations that underlay the civilizing mission Sheng Yen laid out in "Taiwan's Religious Problem" continued to inform his later career.

The present essay is a very limited case study of one informative moment in the career of one important figure. Its treatment of these themes can only be suggestive. The hope is that it will spur additional research on the intersection of Buddhism and popular religion in the modern and contemporary period. Buddhism has been exercised throughout the last century to draw lines between itself and popular practice. Yet as we have seen here, often, if not always, it has drawn them only been to immediately transgress them, just as the state did between the secular and the religious (Nedostup 2009). Sheng Yen is not the only figure to define orthodoxy or position Buddhism in relation to popular religion, nor his approach the only way to do so. His own master Dongchu conducted a survey of Buddhism in Taiwan for the Buddhist Association of the Republic of China in 1950 and found it insufficiently orthodox (Jones 1999, 112) and his successors at Dharma Drum continue to seek to teach the organization's understanding of Buddhism to followers who, as Yu has noted, sometimes still turn to popular religion for worldly benefits like healing (Yu 2022, 60). Foguang shan takes a less antagonistic approach to establishing the superiority of Buddhism. Adopting the ritual idiom of popular religion, it holds an annual "When Buddha Meets the Gods Event" (*shenming lianyi hui* 神明聯誼會, [14] a procession of deity images to the Buddha Memorial Center at Foguang shan in which 3000 temples took part in 2016 (Yao and Gombrich 2022, 68). Additional research into this rich vein of material will help both to add nuance to our understanding of the

---

[14] I follow Foguang shan's own translation here.

religionization of Chinese religious fields but also enrich our grasp of Taiwanese Buddhism as a local, lived religion.

References

Chang Hsun 張珣. 2017. "A Resurgent Temple and Community Development: Roles of the Temple Manager, Local Elite and Entrepreneurs." In *Religion in Taiwan and China: Locality and Transmission*, edited by Chang Hsun and Benjamin Penny, 293-327. Taipei: Institute of Ethnology, Academia Sinica.

Davis, Edward L. 2001. *Society and the Supernatural in Song China*. Honolulu: University of Hawai'i Press.

Dharma Drum Mountain Cultural Center. n.d. "The Fivefold Spiritual Renaissance Campaign." Accessed September 1, 2023. https://www.shengyen.org/eng/ti-04.html

Dean, Kenneth. 1998. *Lord of the Three in One: The Spread of a Cult in Southeast China*. Princeton: Princeton University Press.

Goossaert, Vincent. 2008. "Republican Church Engineering: The National Religious Associations in 1912 China." In *Chinese Religiosities: Afflictions of Modernity and State Formation*, edited by Mayfair Mei-hui Yang, 209-32. Global, Area, and International Archive. Berkeley: University of California Press.

Goossaert, Vincent, and David A. Palmer. 2011. *The Religious Question in Modern China*. Chicago: University of Chicago Press.

Gries, Peter, Jenny Su, and David Schak. 2012. "Toward the Scientific Study of Polytheism: Beyond Forced-Choice Measures of Religious Belief." *Journal for the Scientific Study of Religion* 51 (4): 623-37.

Guggenmos, Esther-Maria. 2017. *"I Believe in Buddhism and Traveling": Denoting Oneself a Lay Buddhist in Contemporary Urban Taiwan*. Würzburg: Ergon Verlag.

Jones, Charles Brewer. 1999. *Buddhism in Taiwan: Religion and the State, 1660-1990*. Honolulu: University of Hawai'i Press.

Larsen, Timothy. 2013. "E. B. Tylor, Religion, and Anthropology." *The British Journal for the History of Science* 46 (3): 467-85.

Masuzawa, Tomoko. 2005. *The Invention of World Religions, or, How*

European Universalism Was Preserved in the Language of Pluralism. Chicago: University of Chicago Press.

Nedostup, Rebecca. 2009. *Superstitious Regimes: Religion and the Politics of Chinese Modernity.* Cambridge, Mass: Harvard University Asia.

Pacey, Scott. 2019. *Buddhist Responses to Christianity in Postwar Taiwan: Awakening the World*. Amsterdam: Amsterdam University Press.

Ritzinger, Justin. R. 2017. *Anarchy in the Pure Land: Reinventing the Cult of Maitreya in Modern Chinese Buddhism*. New York: Oxford University Press.

Ritzinger, Justin R. 2023. "Vernacular Modernism: Humanistic Buddhism from Below in Bade, Taiwan." *Journal of Chinese Religions* 51 (1): 137-59.

Sheng Yen 聖嚴 . 1965 (2020). *Zhengxin de fojiao* 正信的佛教 [Orthodox Buddhism]. *Fagu quanji* 法鼓全集 [The complete works of Master Sheng Yen]. Part 5, volume 2. Taipei: Fagu wenhua 法鼓文化 . https://ddc.shengyen.org/

Sheng Yen 聖嚴 . 1966 (2020). *Bijao zongjiaoxue* 比較宗教學 [The science of comparative religion]. *Fagu quanji* 法鼓全集 [The complete works of Master Sheng Yen]. Part 1, volume 4. Taipei: Fagu wenhua 法鼓文化 . https://ddc.shengyen.org/

Sheng Yen 聖嚴 . 1988a (2020). *Mingri de fojiao* 明日的佛教 [A Buddhism for Tomorrow]. *Fagu quanji* 法鼓全集 [The complete works of Master Sheng Yen]. Part 3, volume 8. Taipei: Fagu wenhua 法鼓文化 . https://ddc.shengyen.org/

Sheng Yen 聖嚴 . 1988b (2020). *Xuefo qunyi* 學佛群疑 [Common Questions in the Practice of Buddhism]. *Fagu quanji* 法鼓全集 [The complete works of Master Sheng Yen]. Part 5, volume 3. Taipei: Fagu wenhua 法鼓文化 . https://ddc.shengyen.org/

Sheng Yen. 2007. *Orthodox Chinese Buddhism*. Translated by Douglas Gildow and Otto Chang. Elmhurst, NY: Dharma Drum Publications.

Sheng Yen. 2017. *Common Questions in the Practice of Buddhism*. Taipei and New York: Sheng Yen Education Foundation.

Slingerland, Edward Gilman, trans. 2005. "Kongzi (Confucius) 'The

Analects.'" In *Readings in Classical Chinese Philosophy*, edited by Ivanhoe, P. J., and Bryan W. Van Norden, 2nd ed. Indianapolis: Hackett Publishing.

Weller, Robert P. 1987. *Unities and Diversities in Chinese Religion*. Seattle: University of Washington Press.

Weller, Robert P. 2019. "Goddess Unbound: Chinese Popular Religion and the Varieties of Boundary." *The Journal of Religion* 99 (1): 18-36.

Wolf, Arthur P. 1974. "Gods, Ghosts, and Ancestors." In *Religion and Ritual in Chinese Society*, edited by Arthur P. Wolf, 131-82. Stanford: Stanford University Press.

Yao, Yu-Shuang, and Richard F. Gombrich. 2022. *Chinese Buddhism Today: Conservatism, Modernism, Syncretism and Enjoying Life on the Buddha's Light Mountain*. Bristol: Equinox Publishing.

Yu, Jimmy. 2022. *Reimagining Chan Buddhism: Sheng Yen and the Creation of the Dharma Drum Lineage of Chan*. New York: Routledge.

進化、靈力、正信
——聖嚴法師 1980 年代對民間信仰的思想

芮哲
美國邁阿密大學宗教學系副教授

摘要

這篇文章探討聖嚴法師在他生平的一個重要時刻——即八〇年代——對於民間信仰的批判性思考。是時，臺灣在政治、社會和宗教方面不斷開放，聖嚴法師也崛起成為最傑出的宗教領袖之一。本文關注聖嚴法師一九八八年面向大眾讀者的兩部短文集：《學佛群疑》和《明日的佛教》。研究發現，聖嚴將佛教置於靈力市場中與民間信仰競爭之中，同時也防範其對佛教完整性造成的威脅，並將民間信仰引導至更高的宗教層次。這項回應揭示了現代「宗教」概念與帝制時代晚期建立的中國宗教動態之間的相互作用。

關鍵詞：聖嚴法師、民間信仰、正信、宗教進化論、佛教現代主義

入世佛教的跨文化傳播
——梅村的策略 *

汲喆
法國國立東方語言文明學院社會學教授
東語－聖嚴近現代漢傳佛教講座教授

摘要

越南的一行禪師在一九八〇年代移居法國並在法國南部建立了禪修中心梅村，自此，其以「入世佛教」為旗幟的現代主義運動便面臨著如何在異文化的環境中生存和發展的挑戰。以梅村為例，本文考察了在跨文化背景下的佛教弘法事業所要處理的三個主要問題：一是表述問題，即如何在當代西方語境中闡明佛教的基本觀念與要求；二是組織問題，即如何有效地完成信眾動員、組織集體活動，並建設可持續的佛教團體；三是修行問題，即如何設計與傳授適應當地人需要、且便於操作的解脫技術。在這三個方面，一行禪師都開展了諸多極具創造性的實踐，從而創立了當代佛教跨國傳播的一種獨特典範。

* 本項研究由財團法人聖嚴教育基金會資助，為聖嚴漢傳佛教研究中心的研究子計畫之一，曾在二〇二三年六月三十日發表於在臺北舉辦的第九屆漢傳佛教與聖嚴思想國際學術研討會。作者感謝兩位匿名審稿人的意見。

關鍵詞：一行禪師、梅村、入世佛教、現代主義、全球在地化

一、導言：佛教現代主義的經與緯

十九世紀中期以後，現代化的浪潮席捲全球，整個東亞及東南亞地區的政治、經濟與文化均處在千年未有之大變局中，各地佛教也面臨嚴峻挑戰。為了在新的價值觀與制度體系下贏得合法性並在新的社會結構中維持其地位，一些佛教領袖開啟了以現代化為導向的變革。隨著二戰結束和殖民體系的解體，佛教伴隨著跨國移民從亞洲開始向北美和歐洲傳播，這一潮流又與一九六〇年代之後西方後工業社會條件下的文化多元主義相融合，在一九八〇年至九〇年代漸成大觀。統而觀之，在過去的一個多世紀中，佛教展現出了諸多新的型態，擇其要者，便有諸如斯里蘭卡的「基督教式的佛教」、日本的「禪佛教」、華人社會的「人間佛教」以及在美加地區的「西方佛教」等等。這些運動的訴求並不相同，所推崇的倫理風格、組織模式和美學品味也相去甚遠，但總地來看，它們均力圖在佛教與現代觀念和制度之間建立某種正向的關係，以回應現實的政治壓力、社會需求和宗教競爭。因此，為了分析的便利，我們不妨將它們都劃歸到「現代佛教」或「佛教現代主義」的範疇中。

當代佛教的這些變化很早就引起了學界的注意。自上個世紀六〇年代以來，有關「佛教現代主義」的研究絡繹不絕，最近二、三十年間尤其積累了一些重要作品❶。根據這

---

❶ 例如 Heinz Bechert, “Buddhistic Modernism: Present Situation and Current Trends.” in *Buddhism into the Year 2000: International Conference Proceedings*,

些研究，「去傳統化」、「去神學化」、「個體主義」、「經驗主義」、「強調科學」、「重視平等」等等，被看作是佛教現代主義的主要表現。這些抽象的概括在一定程度上為我們理解當代佛教提供了有益的理論啟發。但是，筆者結合個人對佛教現代主義運動的研究和觀察，卻難免對這種描述有一些疑慮。在我看來，此類研究往往從西方社會中對於現代主義的某些片斷式理解出發，為了突出現代主義的特徵，刻意強調了古與今的對照。然而，由於缺乏在佛教歷史傳統中的感同身受，其所理解的「古」多來自於文獻中的某些觀念而非對宗教實踐的歷史考察，其所理解的「今」又受限於作者所處的特定西方社會中的文化濾鏡。在這個問題上，一個鮮明的例子就是「冥想」，也就是禪修。所謂冥想在既有的研究中常被看作是佛教現代主義的特徵之一，是與少數現代菁英的反文化運動聯繫在一起的。但顯然，這是一個典型的具有西方特殊性的地方性事實。我們知道，在東亞，禪修是漢傳佛教中一種相當普遍的實踐，而很多禪修者並不是今天所理解的那種受過充分教育、諳熟文本文化的菁英階層的成員。把強調冥想看作是佛教現代主義的表徵，不僅是以管窺豹式的描述，而且混淆了現代主義中的古今之別與佛教傳播中的文化差異。類似的，所謂「去神學化」、

ed. Dhammakaya Foundation, Bangkok: Dhammakaya Foundation, 1994; Donald S. Lopez, *Modern Buddhism: Readings for the Unenlightened*, London: Penguin, 2002; David L. McMahan, *The Making of Buddhist Modernism*, New York: Oxford University Press, 2008.

「個體主義」等等現象也絕非現代佛教所獨有。佛教傳統中既有高度神學化的面相，也有強調實踐和反對經院式哲學的面相；而佛教中對個體自我的重視也其來有自，其根源在於自力解脫的理念。佛教的這些特點可能與西方人較熟悉的基督教傳統形成了比較鮮明的對照，但由德國經典社會學韋伯（Max Weber）奠基的宗教類型學對此其實早有詳盡的分析。

更進一步講，對佛教現代主義的理解還存在著另外一些嚴重的問題。例如，在很多研究中，對現代主義這一概念本身往往缺乏明確而有說服力的闡述。既有的作品多採取描述性定義，即列舉現代主義的種種特點，但鮮少能夠提出一種對現代主義的實質性定義。換言之，現代主義所依託的「現代性」到底為何？在探詢這個根本問題時，又需要有效地處理一些具體的問題。例如，在我們強調現代佛教是科學、平等、尊重個體的宗教之前，我們應該的問題是：科學的本質是什麼？什麼是「平等」？什麼是「傳統」？什麼是所謂的「個體主義」？古代的個體主義與現代的個體主義有何區別？等等。這些問題極為複雜，它直指當代人文社會科學的核心，超出了佛教研究本身，更不是本文所能充分探討的。在此我們僅限於指出，對佛教現代主義的描述性理解不僅在事實上而且在理論上都是有待商榷的。

本文打算轉變一下佛教現代主義研究的焦點，不是去討論何為佛教現代主義，而是從具體的實例出發，考察佛教現代主義如何可能。筆者認為，應把佛教現代主義更明確地置於佛教的全球化過程中加以理解，即強調佛教現代主義中的一些傾向不僅來自於古今之變，同時也來自於佛教行動者在跨文化傳播中的策略選擇。特別是，除了通常歐美作者慣用的處在異文化中的佛教的接受者的視角之外，還應當注意到佛教的傳播者即弘法者的視角。這樣一來，佛教現代主義中「古—今」之時間維度就會因「東—西」之維度而得到補充，並可以與宗教的全球化、地方化等問題結合起來。質言之，我們認為，對現代佛教的討論應當注意到縱、橫兩個方面。從縱的方面來講，佛教現代主義是「古今之變」在佛教領域的反映，也就是佛教行動者面對現代性的挑戰在觀念、制度和實踐層面進行的革新。從橫的方面來講，佛教現代主義又是東方與西方之間文化交流的產物❷。佛教現代主義不僅意味著佛教行動者要主動化解傳統與現代之間的緊張，同時也常常意味著在異文化中為佛教找到新的扎根之處。很多時候，宗教的所謂的現代主義現象在很大程度上都是由於跨境傳播和跨文化傳播而催生出來的。

「古今之變」與「東西交融」可以看作是佛教現代主義的「經」與「緯」，現實的層面上它們總是交錯在一起的，但在分析的層面上，注意到這兩個維度有助於我們更好地揭

---

❷ 當然，洛佩茲（Donald S. Lopez Jr.）曾經指出，現代佛教就是一種跨國佛教，它自成一體，超越了文化、國家和教派的界限，而且其主要文本基本上都是英語寫就的。見 Donald S. Lopez, Jr., "Introduction," in *A Modern Buddhist Bible: Essential Readings from East and West*, Boston, MA: Beacon Press Books, 2002。在我看來，他雖然強調了現代佛教的跨文化特徵，但所持的仍是一種西方菁英視角的看法，忽略了非西方世界自身的現代主義傳統。

示佛教現代化的動力，因為它們分別促成了當代佛教的更新。例如，可以認為，一些現代主義佛教的類型主要是因應本土社會的現代化而產生的，像日本在十九世紀末、二十世紀初的一些帶有現代民族主義色彩的佛教運動，亦或是誕生於中國二十世紀上半葉的人間佛教。這類佛教運動比較多地體現了古今之變。另一些佛教運動的現代主義特徵則主要是為了因應「他者社會」的當下情境而產生的變化。這方面的案例有在西方流行的日本「禪佛教」以及一九六〇年以後進入西方的藏傳佛教的種種本土化了的型態。

在「東西交融」的視域中，跨國傳播構成了當代漢傳佛教一個重要面相，並在過去半個多世紀中重新形塑了臺灣佛教的面貌。在人間佛教旗幟下的佛光山、慈濟、法鼓山等大型佛教團體，其跨國弘法都是它們的現代化路徑之一。對上述佛教運動的研究已經在很大程度上豐富了我們對佛教現代主義運動的認識。在本文中，我們將聚焦於長期在歐美弘法的越南釋一行（Thích Nhất Hạnh, 1926-2022）禪師，並主要從其在法國梅村的實踐出發，討論這一禪宗團體的跨國傳播策略。需要指出的是，本文無意全面考察梅村組織的全球化過程與後果，也不會深入探討一行禪師所傳禪法的實質內容。我們僅限於從傳播學的進路，嘗試理解佛教在跨國情境中被激發出來的宗教表現形式的變化。我們期待以此初步而有限的研究，為認識今天華人世界的佛教現代主義的發展與分化提供一個來自域外的、又與我們相對熟悉的日本禪佛教運動頗為不同的比較視角。

一行禪師一九四二年十六歲時在順化的慈孝寺出家，

一九四九年受具足戒，一九六六年接法成為臨濟宗第四十二代傳人。由於痛感於戰亂頻仍，並受到太虛大師（1890－1947）在一九三〇年代提出的「人間佛教」思想的影響❸，他在青年時期即投入到佛教現代教育和社會服務的工作當中。一九六八年，一行禪師來到法國，動員國際力量謀求越南和平，協助法國當局接納越南難民。一九八二年，他在法國南部距離波爾多（Bordeaux）不遠的地方建立了修行中心「梅村」（Plum Village）。此後，他立足法國，往來歐美，闡發其「正念」（mindfulness）思想，並逐步建立了「相即」（interbeing）團體，且使之成為西方社會中一支備受矚目的佛教力量，在法國和美國影響尤巨。一行禪師的眾多著述大多已被譯成中文，在華人世界也受到諸多信眾的歡迎。在臺灣，一行禪師與法鼓山的聖嚴法師有著頗為深厚的行誼。一九九五年一行禪師第一次來臺，訪問的首站便是農禪寺，並與聖嚴法師進行了「禪與環保」的對談；二〇一一年他第二次來臺則到訪了法鼓山園區。❹

一行禪師是「入世佛教」（Engaged Buddhism）❺的

---

❸ 有關這一點，見 DeVido, Elise A. 2009. "The Influence of Chinese Master Taixu on Buddhism in Vietnam," *Journal of Global Buddhism* 10, pp. 413-458。

❹ 參見《人生》雜誌第 463 期，「憶念一行禪師專題」，2022 年 3 月。

❺ 二〇二三年六月三十日，在臺北舉辦的第九屆漢傳佛教與聖嚴思想國際學術研討會上，陳維武先生曾惠告筆者，"Engaged Buddhism" 事實上是一行禪師對「人間佛教」英文翻譯。不過，在此我們仍採「入世佛教」這一慣用的說法。

主要提倡者，曾於一九六七年被小馬丁・路德・金（Martin Luther King, Jr., 1929-1968）提名為諾貝爾和平獎候選人，他對越南和平運動的貢獻以及他從佛教立場爭取社會公義的理念已經廣為人知。入世佛教最初鼓勵佛教徒通過有組織的社會參與減少由於戰爭和不公正的體制造成的人間苦難，隨後在其數十年的發展過程中，又不斷加入新的宗教與道德論述，如今已成為現代主義佛教的重要分支。正如 Alec Soucy 所指出的那樣，一行禪師籍由其入世佛教與正念之教，成為越南現代佛教的核心人物之一，既推動了佛教全球化的邁進，同時也重新發明了越南的禪宗傳統❻。在當代佛教研究領域，入世佛教已是廣受關注的課題❼。此外，一行禪師的

---

❻ Alec Soucy, "Thích Nhất Hạnh in the Context of the Modern Developments of Vietnamese Buddhism," *Oxford Research Encyclopedia of Religion 2021*, https://doi.org/10.1093/acrefore/9780199340378.013.944; "Zen in Vietnam: The Making of a Tradition," https://www.lionsroar.com/zen-in-vietnam-the-making-of-a-tradition/。楊健，〈一行禪師與越南佛教的國際化〉，載於《世界宗教文化》，2017 年 12 期，頁 57-60。

❼ 對一行禪師的入世佛教的研究，可參見 Sallie B. King, 1996, "Thich Nhat Hanh and the Unified Buddhist Church of Vietnam: Nondualism in Action," in Christopher S. Queen and Sallie B. King (eds.), *Engaged Buddhism. Buddhist Liberation Movements in Asia*, Albany: State University of New York Press, pp. 320-363; Janet W. Parachin, "Educating for an engaged spirituality: Dorothy Day and Thich Nhat Hanh as spiritual exemplars," *Religious Education*, 2000, v.95, n.3, pp. 250-68; Elise Anne DeVido, "Buddhism for this World: The Buddhist Revival in Vietnam, 1920-51 and its Legacy," in *Modernity and Re-enchantment in Post-Revolutionary Vietnam*, edited by Philip Taylor, Singapore: Institute of Southeast Asian Studies, 2007, pp. 250-296; Van Nam Nguyen, Phra Rajapariyatkavi, Bantaokul Sudarat, and

禪法、尤其是他的正念思想已經有相當多的學人做過介紹和評議❽；對於他在東、西方社會的影響以及與之相關的佛耶對話也有不少研究❾。但是，迄今為止，一行禪師在佛教西傳的過程中所採取的具體策略卻鮮少學術性的探討。有鑑於此，本文將主要考察一行禪師在法國建立梅村以後的弘法活動。筆者長期居住在法國，關注梅村在法國和中文世界的發展，並在過去二十年間多次參與梅村在波爾多地區和巴黎地區的活動。在這項研究中，我們將聚焦以下三個問題：一是

Techapalokul Soontaraporn, "A New Model of the Bodhisattva Ideal in Thich Nhat Hanh's Socially Engaged Buddhism," *The Journal of the International Association of Buddhist Universities*, 2019, v.12, n.2, pp. 27-39；范懷風，〈一行禪師的「入世佛教」活動：概念內涵與表現〉，載於《馬來西亞人文與社會科學學報》11 卷 1 期，2022 年，頁 29-45；Paul Fuller, *An Introduction to Engaged Buddhism*, Bloomsbury, 2022。

❽ 例如，陳盈霓，〈論一行禪師正念修行下的時間觀：以奧古斯丁為對比的宗教對話〉，載於《大專學生佛學論文集 2010》，2010 年，461-474 頁；阮友善，《一行禪師正念農禪之研究》，佛光大學碩士論文，2016 年；Phe Bach, Simon Brinkmann-Robinson, and W. Edward Bureau, "A Case Study and the Manifestation of Thich Nhat Hanh's Vision of the Five Mindfulness Trainings," *The Journal of the International Association of Buddhist Universities*, 2016, v.9, n.2, pp. 89-102；釋女萬義，《一行禪師禪法特色之研究》，法鼓文理學院碩士論文，2021 年。

❾ Walcher Davidson annd Prisca Rossella Mina, *Yoga and Master Thich Nhat Hanh's Teachings: The Practice of Self-Reflexive Projects Among Forty Individuals Inlate Modern Hong Kong*, BiblioBazaar, 2017; Jeffrey Daniel Carlson, "Pretending to Be Buddhist and Christian: Thich Nhat Hanh and the Two Truths of Religious Identity," *Buddhist-Christian Studies*, 2000, v.20, pp. 115-125; Mathias Schneider, "Buddha-Nature, and the Holy Spirit: On Thich Nhat Hanh's Interpretation of Christianity," *Buddhist-Christian Studies*, 2021, v.41, pp. 279-293.

表述問題，即如何向當代西方人闡明佛教的基本觀念與要求；二是組織問題，即如何有效地在當地完成信眾動員、組織集體活動；三是修行問題，即如何設計與傳授適應當代西方人需要的且方便操作的解脫技術。在這三個方面，一行禪師和梅村的實踐都極具創造性與現代主義色彩，樹立了當代佛教跨國傳播的一種獨特典範。

二、表述問題：佛教概念的跨文化翻譯

在跨文化的背景下，表述首先是一個翻譯的問題。社會科學中，翻譯的重要性曾由人類學家們率先揭示出來。他們在從事田野調查時發現，很難在異文化中找到其母語中的某些觀念，同樣，也很難在其母語中找到土著語言的一些表達。因此，翻譯曾被廣泛地認為是人類學的核心工作之一。英國人類學家埃文斯－普里查德（Edward Evan Evans-Pritchard）很早就指出，在社會人類學的田野工作中，最艱難的任務就是確定幾個關鍵字的意義，對這些詞的理解決定了整個調查的成敗⑩。李奇（Edmund Leach）甚至認為，人類學的根本問題就是翻譯；社會人類學者所從事的工作，就是找到合適的方法在不同文化之間進行翻譯⑪。宗教的傳播

⑩ Edward Evan Evans-Pritchard, *Social Anthropology*, London: Cohen & West, 1951, p. 80.

⑪ Edmund Leach, "ourselves and others," *Times Literary Supplement*, July 6, 1973, pp. 771-772. 另參見 Kyle Conway, "Cultural Translation: Two Modes," *TTR: Traduction, Terminologie, Rédaction*, 26(1), 2013, pp. 15-36；以及王銘銘，〈文化翻譯中的「誘」「訛」與「化」〉，載於王銘銘，《西方人

者在向異文化群體介紹其宗教時，也會遇到相似的困難。當一種宗教的內容被翻譯成非本民族的語言時，如何翻譯、譯與不譯都是難以拿捏的。只要選擇異文化中既有的詞語翻譯，就不可避免地要面臨引起誤解的風險。正如我們所知道的那樣，在西元一世紀之後的數百年間，當佛教從中亞和南亞地區傳入中國時，不得不採用了道家的一些語詞，以至於當時的人們常常以道擬佛⓬。此後，當基督教傳入中國時，也曾特意選擇了佛教與道教的部分詞彙，以至在佛教受到壓制時，基督教也曾受到牽連⓭。

佛教在向西方傳播時也面臨同樣的問題，但是各個團體所採取的策略卻相距甚遠。在介紹一行禪師的作法之前，我們不妨簡要地看一下日本「禪佛教」（Zen Buddhism）的西語翻譯，以便比較。這種翻譯策略可以概括為「陌生化」。儘管在講解時不能不採用西方既有的語詞來翻譯禪佛教的術語，但日本禪佛教的傳播者與修習者對於採取音譯顯然有更多的堅持。音譯實際上就是不譯，而是將日語對這些中文佛教概念的發音用拉丁字母加以轉寫。最顯而易見當然的就是“Zen”（禪）這個詞，它可以用“meditation”加以解釋，但是卻不可以譯成“meditation”，以表明是“Zen”是一個獨一無二的概念。其他常見的例子還包括“zazen”（坐禪）、

類學思潮十講》，桂林：廣西師範大學出版社，2005 年，頁 173-190。

⓬ 林傳芳，〈格義佛教思想之史的開展〉，載於《華岡佛學學報》，1972 年第 2 期，頁 45-96。

⓭ 譚立鑄，〈從基督教的漢化說開去〉，載於《讀書》，1997 年第 6 期，頁 89-94。

“kōan”（公案）、“zenji”（禪師）、“zendô”（禪堂）、“zengo”（漸悟）、“tongo”（頓悟）、“jakugo”（話頭）、“sôtô”（曹洞）、“rinzai”（臨濟），等等。

如前所述，不同的語言並非完全對稱，為了使某些概念不被誤解，音譯而非直譯有時也確有其必要。Zen 如此，中國的 Yin（陰）和 Yang（陽）也是如此。但是，另一些概念的音譯的必要性就不那麼顯著了，例如禪堂、禪師，這些詞語即使直譯成西文，似乎也不會造成意義上的損失。那麼，為什麼日本禪佛教的傳播者還是傾向於要以「陌生化」的方式加以音譯呢？從歷史的角度來看，這種傾向不能不說是與日本近代民族主義的興起密切相關的。這一點和宗教改革時期《聖經》被從拉丁語譯成歐洲各民族現代語言的情況有相似之處⓮，也就是普遍而神聖的語言被民族國家重新做了分割。日本禪所依據的經典文本當然都來自中國，並由漢字寫就。但是，向西方介紹禪宗的過程，卻給了一次對漢字傳統進行「重新書寫」的機會。通過翻譯——準確地說——也就是拉丁化轉寫這些中文術語的過程，通過對其日本發音的突出與強調，日本的 “Zen” 也就獲得了相對於中國「禪」的某種形式上的獨立性。事實上，日本禪佛教在二十世紀中期的幾十年內籍由西文翻譯創造了大量「新」詞，甚至為此要編著相應的詞典，以致在原有的梵、漢、藏、巴利文之外，似

⓮ 有關地方語言的興起與民族主義的關係，參見 Benedict Anderson, *Imagined Communities: reflections on the origin and spread of nationalism*, London: Verso, 1991，尤其是第三章和第五章。

乎又有了一個「日語」的佛教術語體系。另一方面，從傳播的角度來講，這種譯法也給西方讀者造成了一種距離感和陌生感。文字上的區隔使發言者具有了一種知識上的優勢，給聽眾造了一個不得不追問的情境，從而一種「日本的」傳統就在創造和解釋概念的過程中樹立起來了。例如 “satori” 這個詞，其意為開悟，然而保持日本發音的譯法使之要比直譯更顯神祕和難以捉摸。

雖然同樣是向西方介紹禪，一行禪師卻採取了完全不同的翻譯策略。他在演講當中也不時會回到越南語、甚至是中文原文對概念加以解說，但是在很多情況下，他更傾向於將這些概念意譯為平實的西文。下面讓我們借用一些案例來加以解說。

我們知道，慈悲與智慧是佛教學說的兩大支柱，通常的英文意譯分別是 “compassion” 和 “wisdom”。但是，有時一行禪師卻大膽的將它們譯作 “love” 和 “understanding”。這樣一來，“compassion” 和 “wisdom” 那種嚴肅的、高高在上的意味消失了；慈悲與智慧變成了日常語言中經常出現的愛與理解。我們可以質疑這種譯法是否能夠全面的體現概念的本意，但是不可否認的是，經由這樣的轉譯，它們與日常生活的聯繫一下子就變得不言自明了。「當下」也是禪宗中的一重要概念。當它被譯作 “present” 時，這一概念的哲學意味是相當強烈的。而一行禪師的譯法則靈活簡潔，例如 “Enjoy the moment” 為「享受當下」，“It’s now” 為「當下即是」。正如識者所言，這些日常的表達直接拉近了信眾與佛法的距離⓯。

在另一些案例中，翻譯不僅要使概念日常化，而還要對原義有所取捨。例如，在三法印和四聖諦中都包含的「滅」的概念（寂滅、涅槃，nirvāṇa），如果直譯的話，那就是“extinction” 或 “blowing out”。顯然，這些譯法不僅難以讓一個西方讀者理解其究竟，甚至還會讓人覺得消積壓抑。一行禪師則出人意料地提出，「滅」就是 “well-being”。初聽上去，對佛法比較熟悉的人可能會疑慮，這種譯法是否把至高的佛理降低為俗世的喜樂安寧。但細究之，它也確實體現了滅這個概念的「自在常樂」的那一重涵義⓰。再比如，「無分別智」中的「無分別」通常會譯為 “non-distinction”，也就是沒有區別，這是為了說明諸法之間、主客之間、表像與本質之間是平等無異的。但是，一行禪師則別出心裁地選用了 “non-discrimination” 的譯法。在英語的上下文中，這很容易讓人聯想到無「歧視」之義。於是，通過翻譯，一行禪師將無分別智的所指從哲學領悟轉向了社會公正。

一些原本意味嚴肅的儀式概念也因翻譯而變得柔和、積極了。例如，自恣（誦戒、布薩）儀式包含著自我批評和相互批評的意味，本來是令人緊張和充滿壓力的。但是，經一行禪師譯為 “Ceremony of begining anew”，即「重新開始」

⓯ 參見阮曼華，〈筆墨中聽禪師說法〉，《人生》雜誌第 463 期，2022 年 3 月，頁 68-73。

⓰ 對一行禪師的涅槃思想以及他將這一概念和基督宗教聯繫在一起加以討論的嘗試，見朱麗亞，〈一行禪師涅槃思想之初探〉，《全國佛學論文聯合發表會論文集（第 33 屆）》，2022 年 9 月 24 日，頁 1-12。

的儀式，一切就變得輕鬆而充滿希望了。類似的，佛教中的頂禮本來是一種標示屈服、敬慕的儀式。但一行禪師則將其說成是「觸摸大地」（Touching the Earth）。於是，原來那種自我降低的負面意義便被取消了。根據一行禪師的解釋，頂禮是用整個心身「感受大地」，既是為了向佛教表示坦誠，也是為了通過大地進入和祖先在一起的生命之流。

就此而言，一行禪師對「五戒」的詮釋最具創造性。原本他也曾用 “precept” 來翻譯「戒」，但是不久就放棄了這種譯法，而譯作 “Five Trainings”，即五項訓練，或者是 “The Five Mindfulness Trainings”，即「五項正念修習」，將戒律直接與一行禪師的「正念」學說結合在一起。「訓練」或「修習」與「禁戒」顯然不同，前者基於修行者的主動參與和期待，後者則有被動的意味。不僅如此，一行禪師對五戒的內容也做了更詳細的解釋，增加了許多和現代人的生活相關的內容。例如，有關原來的「不飲酒」承諾變成了「滋養和療癒」：

> 第五項正念修習：滋養和療癒
>
> 覺知到缺乏正念攝取所帶來的痛苦，我承諾修習正念飲食和消費，學習方法轉化身心，保持身體健康。我將深入觀察我所攝取的四種食糧，包括飲食、感官印象、意志和心識。我決不投機或賭博，也不飲酒、使用麻醉品或其他含有毒素的產品，例如某些網站、電子遊戲、音樂、電視節目、電影、書刊和談話。我願學習回到當下，接觸內在和周圍清新、療癒和滋養的元素。我不讓後悔和悲傷將我

> 帶回過去，也不讓憂慮和恐懼把我從當下拉走。我不用消費來逃避孤單、憂慮或痛苦。我將修習觀照萬物相即的本性，正念攝取，藉以保持自己、家庭、社會和地球眾生的身心安詳和喜悅。[17]

在此，一行禪師努力對五戒在當代西方社會中的擴展性應用做出了盡可能全面的詮釋。這是一種雙重的翻譯。一方面是古今翻譯，即將古代的菁英式、文學性的論述翻譯成今天通俗的日常語言。另一方面則是文化翻譯：將東方宗教的解脫觀念轉述為當代西方人可以理解的關於倫理、道德和價值的論述，同時將強制性的身體規訓轉化為個體對自我的自主性建構。這一策略從傳播學角度來講是十分成功的。多年來，一行禪師的著作在歐美宗教文學市場上始終保持著可觀的銷售量，其售書收入構成了梅村的一項重要經濟來源。

需要補充的是，在要考慮到某種特別的需求時，一行禪師也會調整翻譯策略。禪被譯為 “Zen” 就是一例。在多數情況下，一行禪師使用 “Zen” 而不是越南語發言的轉寫 “Thiền”。這當然是順勢而為，因為日本在禪學西漸的過程中占有先機，如今 “Zen” 在西方社會已經成為一個無需翻譯、嵌入日常語言中的外來詞彙，直接使用 “Zen”，很容

[17] 這一中譯取自梅村的官方網站：https://plumvillage.org/zh-hant/%E6%AD%A3%E5%BF%B5%E7%94%9F%E6%B4%BB%E7%9A%84%E8%97%9D%E8%A1%93/%E4%BA%94%E9%A0%85%E6%AD%A3%E5%BF%B5%E4%BF%AE。

易就能在西方信眾中獲得理解甚至認可 ⓲。而一個相反的例子則是一行禪師在梅村的尊稱 “Thây”，即越南語「師」或「師父」。雖然人們在活動中也會稱一行禪師為 “master”，但是較為投入或更具「內部人」身分的信眾則基本上只使用 “Thây” 這一特別的稱呼。這時，不譯所造成的獨一無二的特質有助於塑造權威，同時也有助於鞏固弟子的認同。

三、組織問題：開放的中心與靈活的規則

宗教的組織問題涉及諸多層面，在此我們主要討論的是在異文化背景下如何完成對在家信眾的弘法。從宗教團體的角度來看，弘法的目標是要讓更多人進入其中，並藉由宗教、亦即是道德和精神的理由形成特殊的紐帶，進而使團體得以維持、鞏固和發展。為此目標，需要在宗教團體與社會之間、信仰與生活之間建立多種溝通機制，以便完成社會動員。在佛教的故鄉亞洲，寺院針對當地民眾的活動可以自然而然地嵌入到社區生活當中。這時，社會動員可以通過一些宗教服務——如超度和消災延壽的儀軌——在信眾個人生活的關鍵時刻達成，也可以通過佛教節日的定期法會這種共同體的集體儀式達成。然而，在佛教並不是當地傳統的西方國家，舉辦類似活動的社會條件就完全不同了。一方面，由於

⓲ 不過，隨著中國和韓國對外傳播力量的增長，近些年來對「禪」的漢語發音 “Chan” 和韓語發音 “Son” 也愈來愈多地出現在西方語境中。特別是 “Chan”，在有些對佛教感興趣的西方人中，已經變成了一個較常使用的概念。

歐美絕大多數民眾與佛教沒有任何宗教意義上的紐帶[19]，原本在宗教傳播過程中扮演重要角色的家庭和社區也不再起任何作用。於是，佛教團體的宗教服務即使開展，基本上也僅限於少數亞裔移民。另一方面，佛教的節期對當地人來講當然也毫無意義。雖然有些虔誠的在地佛教徒了解佛教的傳統並願意參與寺院的活動，但法會的規模和影響在亞裔以外也可以說是微乎其微。

在這種情況下，梅村採取了多種策略，仍能使其活動保持對當地人的吸引力。首先，必須要創造佛教與社會之間更多的交流機會。為此，梅村保持全年向俗眾開放，僧俗共修。梅村地處法國南部鄉村，交通並不十分方便，但也正因地處鄉間，地價也比較低廉。自一九八〇年代以來，一行禪師陸續購置了三處相距不遠的農場土地，改造成了利於接待和組織活動的聚居點，以便安排前來參加禪修或稱為「隱修」（retreat）的訪客住宿，其最大接待能力可達至近千人。

同時，為了適應當地的時間節奏，宗教活動不再按照陰曆舉行，而是以星期為單位，把每週的週五做為為期一週的禪修單元開始的第一天。之所以設定在週五開始，主要是為了方便訪客，以便他們即使在無法完成一週修行的情況下，

---

[19] 以法國為例，法國佛教徒或對佛教有好感的人有六十萬左右，不到法國人口的百分之一，其中多數為亞裔。參見汲喆，〈法國華人佛教的組織模式：移民、宗教與全球化〉，載於《華林國際佛學學刊》第 1 卷第 1 期，2018 年 5 月，頁 171-192。

至少也可以在梅村度過週末。當然，來訪者在任何一天到達和離開都是完全自由的，只不過每個週五梅村會有車輛前往火車站接送，在其他日子裡訪客則需要自己準備交通工具。一年中，梅村關閉的時間不足一個月，平常都是完全開放的。一般而言，在一週的禪修中，來訪者會被按照他們所能掌握的語言分成「家庭」。每個家庭最多不超過二十人，有各自活動的固定場所，例如在某一棵大樹下或竹林中。每個家庭中會有兩三個僧人或者梅村的居士負責管理。每週的週一是休息日，其他每天主要的活動是法師講法、行禪、誦唱及各種全體或由家庭分組安排的集體活動。只要願意，每天從起床到睡覺都有活動可以參與。但活動的要求也是非常寬鬆的，是否參與全憑意願而非強制。法國以外的梅村，也大體保持了同樣組織方式。

梅村對本地時間框架的適應尤其體現在暑期的活動安排上。法國已有近百年的帶薪休假的制度，七、八月尤其是休假的高峰期，這時有孩子的家庭往往會全家外出旅行。因此，梅村的暑期禪修也更加豐富和緊湊，並設有專門為兒童組織的活動[20]。不包括僧團在內，夏季到法國梅村參加活動的人數可保持在二百至八百人之間。如果願意，人們可以停留更長的時間，全程參加長達四週的完整的夏季禪修。二〇一四年之前，當一行禪師的健康狀況尚好的時候，他還會帶

---

[20] 有關兒童及青少年活動的具體介紹，可參見梅村代表團二〇〇六年四月在首屆「世界佛教論壇」上的發言：〈佛教對二十一世紀的響應：西方弘法經驗談〉，http://www.wuys.com/paper/wbf/209.asp。

領僧團去歐洲其他地方、北美或亞洲參訪，而普通信眾也可以參與這些旅行。

此外，由於東亞的傳統節期失去了社會效用，一行禪師還發明了一些新的節日。在夏季禪修的連續四週中，每個週日都是一個節日，分別是祖先節、賞月節、和平節、母親節。祖先節主要是以前面述及的「觸摸大地」的方式紀念祖先。賞月節旨在體會活在當下的閒情。和平節上大家唱歌跳舞、表演節目；青少年被邀請撰寫一些有關戰爭與和平的思考，包括戰爭的後果、戰爭的原因、以及如何避免戰爭等等，這些思考最後還要奉至佛前。母親節又稱為玫瑰節，孩子們唱歌跳舞，表達對母親的愛，每人還要念自己寫的一段話、或者誦讀一行禪師的〈口袋裡的玫瑰〉的章節。在這個節日上，少女是母親的化身。先要由僧人和身著越南傳統盛裝的少女相互敬致玫瑰，而後這些少女再為所有人佩戴玫瑰（父母在者佩紅色，歿者佩白色）。在贈送與接受玫瑰的過程中，參與者都必須恭敬地禮佛三拜。所有這些節日都強化了人文主義關懷的普遍性，淡化了佛教做為亞裔族群文化傳統的特殊性。

一行禪師的另一個策略是充分考慮人群的不同社會學特徵來組織相應的活動㉑。他特別注重兒童和青少年在宗教活動中的地位，這一點與傳統佛教比較輕視兒童的作法形成了鮮明的對照。例如，一行禪師在講法時經常會請兒童坐在前

㉑ 同上註。

排或自己身邊，在行禪時也會帶領兒童走在最前。梅村還推行過一種「卵石禪」，請孩子散步時每人找到四顆卵石，分別代表花、山、水、空，以體味禪意。為了使弘法更具針對性，一九八五年，一行禪師首次以環保人士為對象舉辦了禪修營。此後，他又在歐洲和美國專門組織過針對藝術家、和平主義者、退伍軍人、員警、教師、心理諮詢師、商界和政界人士的專門禪修營。

最後，一行禪師還會圍繞特定的社會問題組織活動。例如，越南和美國在歷史上具有悲劇性的複雜關係。一行禪師曾把越南人和在越戰中當過軍人的美國人邀請到同一個活動中，讓他們相互擁抱，以消除心中的隔閡。類似地，一行禪師也曾組織巴勒斯坦和以色列衝突雙方的民眾一起到法國梅村來修行。

需要指出的是，雖然到梅村參加活動的西方人幾乎對佛教或亞洲文化抱有興趣，但是他們大多並非嚴格意義上的佛教徒，甚至對佛教了解甚少。對很多人來說，到梅村禪修更像是一種帶有文化意味的旅行體驗；每次活動中願意參加皈依三寶儀式的人也不多。即便是那些皈依或經常參加僧團活動的人，其實也並不十分確認自己是佛教徒。在這一背景下，由於禪修者缺乏對佛教的了解和制度性的身分認同，集體實踐的規則和內容也自然不能照搬在東亞社會中的作法。在漢傳佛教中，寺院內的儀式通常是高度結構性的，僧俗的角色以及各自的行動必須遵循預先確定的規則，對這些規則的破壞意味著對整個信眾群體的不尊重，會受到及時的糾正。在梅村，外來隱修者也被要求遵守一些基本的日常規範，例如禁止煙酒、禁止性行為、保持素食。但是，對集體活動的制度性要求卻極為靈活。

例如，每週五梅村的工作人員在接待新到訪者時，都要說明一些注意事項。然而，和傳統寺院形成鮮明對照的是，梅村強調的是「放鬆」而不是「規矩」。來訪者被告知要學會「自然」、「調柔」，不要強迫自己；如果有事就可以先去做自己的事，日程表只是一個指南，是否參與活動可以自選。僅以集體坐禪為例，這本應是傳統禪宗寺院最莊嚴的活動之一，可謂規矩森嚴，整個過程均須聽從指揮。我們知道，如果姿勢不正確，或者有昏沉之象，在一旁監督的禪師可以用一支香板擊打坐禪者的肩背部加以警策。但是在梅村，來訪者只需對坐禪有簡略的了解，各自按照各自舒服的方法行事即可。禪堂中還準備了椅子，供那些無法盤坐的人使用。有的人坐累了以後甚至在禪堂伏身小睡，也無人打擾。同樣，在佛像、菩薩像前的頂禮膜拜是佛教中最基本的、每天重複最多的儀式，傳統寺院對此有極為詳細的規定，包括身體各部分運動的先後次序、手與腳的恰當位置都應做到準確得體。對於這類儀式細節的把握程度，會被看作是一個人在多大程度融入佛教團體的表徵，也是區分佛教徒和非佛教徒的一個標誌。在梅村，雖然有關頂禮的細節也有詳盡的文字說明，但是，對於那些只是來參加一週隱修的來訪者來說是極為寬容的，而梅村也並不追求儀式型態上的整齊劃一。

儀式規則的軟化、強制性的削弱，使人出入佛教集體活動所要付出的成本大大減少。對宗教集體實踐的參與不再需要莊重的決斷，而盡可輕鬆地嘗試。這時，個體獲得了更多的「自由」，儀式也不再只是強化團體內部紐帶的手段，而成為宗教與世俗之間靈活互動的介面。

需要指出的是，本節所述的策略主要是針對西方對佛教感興趣的人士的。筆者曾訪問梅村中以越南僧俗信眾為主的寺院，他們的活動則更多地採取了傳統的形式。另外，信眾的身分也有層次上的區分。參加過梅村禪修活動的人為數眾多，但是，由一行禪師在一九六六年創辦的「相即共修團」（Order of Interbeing）的人數到二〇二二年他圓寂前也僅有二千左右，其中近半為越南人。這一團體的僧俗成員可以看作是一行禪師的弟子、梅村的真正成員。而共修團成員中，又只有少數人能得到「傳燈」，成為被認可的禪修導師。這種「傳燈」類似於漢傳佛教傳統上的「傳法」，需要經過一個特別的儀式，據說師徒雙方還要通過寫出詩偈相互印證。值得一提的是，在這一過程中，確實有一個實物的油燈由師徒相傳，做為信物。根據要求，「一般而言，僧尼必須出家最少八年才接受傳燈，而在家佛法導師也必須經過多年修習，積極參與相即共修團的活動，並獲得當地共修團推薦，才能成為佛法導師。」㉒一行禪師圓寂後，梅村的傳法在過去兩年間仍能正常進行。在法國的梅村，目前有十幾位僧尼做為常住的導師，其中最著名的是一行禪師的大弟子與多年合作者比丘尼真空（Chan Khong，1938 年生）法師。

㉒ 梅村，〈傳法導師〉，https://plumvillage.org/zh-hant/%E4%BD%9B%E6%B3%95%E5%B0%8E%E5%B8%AB。

四、修行問題：日常生活中的覺照

即使梅村基本上終年保持開放的狀態，絕大多數梅村的西方追隨者一年中也只能有少量時間來梅村參加集體修行。一種宗教思想和實踐要能夠迅速地產生影響，還必須切實地提出日常生活中的操作方法，使信眾能夠在俗世中維繫宗教信念。在這方面，一行禪師同樣展現了非凡的創造力。下面，讓我們看一下一行禪師發明的四項覺照的技巧[23]，每一項都自漢傳佛教傳統中推衍而出，但又針對當代日常生活做出了新的補充和闡發，可以說這些宗教創新同時展現了佛教現代主義的古／今和東／西兩個維度。

第一個技巧是默頌偈語，隨時警醒自己。在有關修習正念的教導中，一行禪師經常提到他青年時代在越南剛出家時做為教材使用的《毗尼日用切要》。此書為中國明末清初律宗僧人讀體（1601－1679）所編，書中彙集了一些短偈和咒語，申明了出家的人在日常事項中所應遵行的基本戒律，例如如何吃飯、在大小便後如何洗手、如何參加儀式。這些規定既是應用於實踐的，也是用來調整心態的：關鍵不是如何行動，而是在

---

[23] 陳維武先生曾提醒筆者，梅村的歌曲也可以看作是日常生活中修行的一種方便。的確，這些歌曲多以一行禪師的詩文為詞，以當代西方大眾音樂的曲調譜曲，溫婉清雅，既便於個人頌唱，也可以在集體活動中烘托氣氛。不過，一行禪師似乎並沒有明確地將歌曲做為一種修行方法加以闡述，所以在此我們暫不涉及。借此我們可以補充一點，梅村的早晚課既可以用傳統的方式念誦，也可以根據譯成西文的詞句，採用西方的「格利高力式」（Gregorian chant）唱法。

行動中要如何控制自己的意識。在一行禪師看來，這本小書雖然沒有一點哲學，講的都是有關修行的實際問題，但所涉及的「正是禪宗的本質」㉔。他認為這些偈子「便於在日用背誦，目的是為了幫助我們回到正念上來」㉕。

可是，出家人的寺院生活畢竟與現代在家人的生活不同。因此，自一九九二年起，一行禪師開始積累與現代生活相關聯的詩偈。他的《步入解脫》一書共收集了六十八個偈語，《當下一刻，美妙一刻》㉖則收集了四十九個，涉及到起床、刷牙、洗澡等日常生活以及聽鐘、進禪堂等寺院生活的不同場合。很多偈語是對傳統偈語的改寫，一些現代價值被加入進來，而有的單純的宗教性的內容則被刪去了。例如，在《毗尼日用切要》中，在洗手時要默念的偈語原本是這樣的：

以水盥掌　當願眾生　得清淨手　受持佛法

然後要默念咒語：

唵。主迦囉耶莎訶（三遍）

㉔ 釋一行（Thích Nhất Hạnh）著，汲喆譯，《禪的要領》，石家莊：虛雲印經功德藏，2002 年，頁 7。

㉕ 釋一行（Thích Nhất Hạnh）著，明潔、明堯譯，《步入解脫》，石家莊：虛雲印經功德藏，2002 年，頁 5。

㉖ 釋一行（Thích Nhất Hạnh）著，宣宇才譯，《當下一刻，美妙一刻》，石家莊：虛雲印經功德藏，2002 年。

而一行禪師所編輯的新偈則是：

> 雙手掬清流，洗我之塵垢。
>
> 我要善巧地使用這些水，保護我地球。

於是，原來希望眾生「得清淨手得佛法」的誓願變成了對自我的呵護；咒語不見了，而且洗手與節約用水、保護資源的環境保護的倫理聯繫起來了。

還有很多偈語則是一行禪師為那些只有在現代人的生活中才會出現的場景設計的，如開燈、打電話、看電視、駕車。

偈語可以做為隨時提醒我們注意當下的生活，但是它們畢竟是外在的。除非我們記得隨時召喚這些偈語，否則它們就不會起作用。相較而言，呼吸則可以被利用為一種內在於我們的身體的助記物，而且它永遠是當下的。一行禪師非常清楚這一點，他說㉗：

> 為了保持正念，你應該知道怎樣呼吸，因為呼吸是一個自然而極有效的工具，它能夠防止散亂。呼吸是一座橋，它把生命和意識聯繫起來，把你的身體和心念統一起來。無論什麼時候，如果你的心變得散亂，你都可以把呼吸當作工具，重新去控制你的心。〔……因此〕呼吸本身就是

㉗ 釋一行（Thích Nhất Hạnh）著，明潔、明堯譯，《正念的奇迹》，石家莊：虛雲印經功德藏，2002 年，頁 17-25。

正念。

梅村所提供的有關呼吸的技術比較細膩，包括用哪些部位呼吸，如何逐步控制呼吸的長度，在呼吸時如何重新認識自己的身體、身體與心靈的關係以及個體與世界的關係。毫無疑問，這些技術都不能說完全是一行禪師首創的。事實上，通過控制呼吸而實現自我控制，是佛教中各個宗派以及其他以出世冥想為修行法門的宗教所共同採用的方法。一行禪師對呼吸方法的講解，主要依據的是《四念處經》和《安般守意經》。依據這兩部經典對通過呼吸控制身心的方法的講解，已經分別收在他的《生命的轉化與療救》和《呼吸！你活著》這兩本書中㉘。

不過，傳統的呼吸術顯然都是和出世冥想聯繫在一起的。它常常僅僅做為一種禪定時的技術。而在一行禪師那裡，有意識的呼吸與日常生活的配合不僅是可能的，而且是必須的。幾乎在所有活動中，我們都可以通過調整呼吸實現覺照。當呼吸與行走結合起來時，便造就了一種特殊的禪：行禪。

經行當然也是佛教、特別是禪宗中的一種傳統的實踐，一般是指在一個地方轉圈步行，用以在飯後休息或坐禪的間歇中提起精神。但是，在一行禪師那裡，行禪被單獨提出成為一項獨立的、以身調心的活動。儘管行禪也常在坐禪的前

㉘ 明潔、明堯譯，石家莊：虛雲印經功德藏，2002 年。

後進行，但是原則上，它可以在任何行走的時候完成。這是一種非常緩慢的行走。顯然，它也當貫徹一行禪師所強調的正念：「在行走時，注意腳下你所將要踩下的地面位置，並在踩下時，專注地體會你的腳、地面及其間結合的關係。請把你的腳步想像成國王的玉璽一般。」㉙同時，行走還要配合呼吸，讓呼吸和步子保持一定的節奏。例如吸氣時走三步，呼氣時也走三步。為了做到這一點，可以在心裡面數步子。最後，還要在整個過程中保持微笑。行走、呼吸，數數、微笑，這是行禪的四個要素。但是，關鍵是要通過這種緩慢的行走達到一種完全平和、幸福的狀態，行禪者也因此使注意力通過身體回歸到自我：呼吸、腳與地面的接觸。

最後，鐘聲也被一行禪師用來提起覺照。幾乎在任何佛教寺院中都有鐘，但是在通常情況下，鐘在寺院主要用於報時、集眾。有一些小型的打擊樂器則是為了念佛時伴奏所用，或是在坐禪結束時的信號。但是在梅村，鐘的首要功能是提醒人們停下來，回歸到對自我的關注上面。「聞鐘則止」是梅村的日常修行之一。在任何鐘聲響起的時候——無論是傳統的大鐘、墻上的報時鐘還是是招集人們吃飯的鐘——無論你在做什麼，都要立刻停下來，至少緩慢的、認真地呼吸三次，提醒自己保持覺照。白天，梅村的鐘聲被調成每隔十五分鐘響一次，如果不是有集體活動的話，那麼世界每隔十五分鐘就會停下來一次。

㉙ 釋一行（Thích Nhất Hạnh）著，明潔、明堯譯，〈行禪指南（下）〉，《禪》，1995 年第 4 期，http://chan.bailinsi.net/1995/4/1995406.htm。

人們並不總是生活在禪修中心。因此，一行禪師鼓勵大家在家中準備一個小磬，這樣，敲鐘和聽鐘就可以成為個人日常生活中的修練。這時候，我們還可以同時利用鐘聲、呼吸和偈語回到當下。根據一行禪師的教導，在請鐘之前，要呼吸三次，然後，每敲一次鐘呼吸一次。最後再呼吸三次。

一行禪師還建議任何日常生活中突然發出的聲音——如電話聲、鬧鐘聲——都可以被當作鐘聲來看待。只要這些聲音響起，人們就應當停止交談，停止思考，回歸到專注的呼吸上面。正是通過這些技術，禪宗實踐的重點就從坐禪或出世苦行轉向在世俗世界的日常生活中的自我建構。

五、小結：從本土化到全球在地化

以上我們看到，在向西方社會弘法的過程中，一行禪師改變了佛教的論述和實踐形式。如果在其中我們可以看到「去傳統化」、「去神學化」、「個體主義」、「經驗主義」等等所謂現代主義的特徵，這並不出人意料，因為梅村的實踐既包含了一行禪師對西方社會條件的主動適應，也包含了他對現代人的生活處境的理解。

在一定程度上，梅村的禪修可以被看作是一種「西方化」了的佛教。但是可以推測，這一判斷在一行禪師眼中不會是負面的。事實上，一行禪師很早就自覺地注意到了禪的本土化問題。在他的早期著作《禪的要領》中，他曾指出[30]：

---

[30] 釋一行（Thích Nhất Hạnh）著，汲喆譯，《禪的要領》，石家莊：虛雲印經功德藏，2002 年，第五章，見「禪與西方」一節。

> 很多學者、僧人、藝術家、弘法者以及在家的修行人都曾力圖把禪移植到歐美。他們的努力成功了嗎？
>
> 從知識的角度，學者們——包括鈴木大拙、Edward Conze、Richard Robinson 和 Robert Thurman——的卓越貢獻已經激起了西方人對禪佛教的濃厚興趣。禪也影響了 Paul Tillich 等神學家和弗洛姆（Erich Fromm）、榮格（Carl Jung）等哲學家的思想。那麼，禪在西方是不是已經成為一種充滿活力的傳統了呢？眾多僧、尼和居士都在西方指導禪定修行，但是在我看來，這些禪修基本上還是東方式的，和西方文化是有距離的。直到現在，禪還處於在西方土壤中尋找紮根之處的過程中。西方的文化、經濟和心理條件都與東方大不相同。僅僅模仿中國或日本禪者用餐、打坐和著衣的方式，是不可能成為禪的修行人的。禪是生活，禪不是模仿。禪如果要真正紮根於西方，它必須採取西方的形式，與東方的禪有所不同的形式。

梅村數十年的經驗表明，這種在地化的努力同時也極大的促進了佛教的跨國傳播。這再一次說明，從文化社會學的角度來看，當代宗教的全球化既不只是單向的傳播，也不能簡單地理解為跨文化混合，因為全球化的動力和宗旨可以就是本土化本身。或許，我們可以用「全球在地化」（glocalization）[31]的概念來描述這一過程。這一概念的創造

---

[31] 「全球在地化」是英國社會學家 Roland Robertson 提出的概念，參見其 *Globalization: Social Theory and Global Culture*, London, Sage, 1992;

者羅伯遜（Roland Robertson）認為，全球與在地並不是相互對立的，而是相互滲透的，全球化總是通過具體的在地形式得以體現。因此，全球化一方面推進了世界文化或全球文化的發展，另一方面又系統地導致了本土化。簡言之，普遍性的特殊化和特殊性的普遍化是全球化的一體兩面。在佛教乃至一般宗教的跨國與跨文化傳播中，如何策略性地平衡全球與在地這兩個向度，在一定程度上決定了相關團體的特點與型態。

"Glocalization: Time-Space and Homogeneity-Heterogeneity," in Featherstone M., Lash S., Robertson R. (eds.), *Global Modernities*, London: Sage, 1995, p. 25-54。對這一概念的綜合性批判，參見 Victor Roudometof, *Glocalization: A Critical Introduction*, London and New York: Routledge, 2016。

參考文獻

一、中文

人生雜誌編輯部編，「憶念一行禪師專題」，《人生》雜誌第 463 期，2022 年 3 月。

王銘銘，〈文化翻譯中的「誘」「訛」與「化」〉，《西方人類學思潮十講》，桂林：廣西師範大學出版社，2005 年，頁 173-190。

朱麗亞，〈一行禪師涅槃思想之初探〉，《全國佛學論文聯合發表會論文集（第 33 屆）》，2022 年 9 月 24 日，頁 1-12。

汲喆，〈法國華人佛教的組織模式：移民、宗教與全球化〉，《華林國際佛學學刊》，2018 年第 1 期，頁 171-192。

阮友善，《一行禪師正念農禪之研究》，佛光大學碩士論文，2016 年。

阮曼華，〈筆墨中聽禪師說法〉，《人生》雜誌第 463 期，2022 年 3 月，頁 68-73

林傳芳，〈格義佛教思想之史的開展〉，《華岡佛學學報》，1972 年第 2 期，頁 45-96。

范懷風，〈一行禪師的「入世佛教」活動：概念內涵與表現〉，《馬來西亞人文與社會科學學報》第 11 卷 1 期，2022 年，頁 29-45。

梅村，〈佛教對二十一世紀的響應：西方弘法經驗談〉，2006 年 4 月，世界佛教論壇，http://www.wuys.com/paper/wbf/209.asp。

梅村，〈傳法導師〉，https://plumvillage.org/zh-hant/%E4%BD%9B%E6%B3%95%E5%B0%8E%E5%B8%AB（檢索日期：2024/5/15）。

陳盈霓，〈論一行禪師正念修行下的時間觀：以奧古斯丁為對比的宗教對話〉，《大專學生佛學論文集 2010》，2010 年，頁 461-474。

楊健，〈一行禪師與越南佛教的國際化〉，《世界宗教文化》，2017 年 12 期，頁 57-60。

譚立鑄，〈從基督教的漢化說開去〉，《讀書》，1997 年第 6 期，頁 89-94。

釋一行（Thích Nhất Hạnh），《五項正念修習》，https://plumvillage.org/zh-hant/%E6%AD%A3%E5%BF%B5%E7%94%9F%E6%B4%BB%E7%9A%84%E8%97%9D%E8%A1%93/%E4%BA%94%E9%A0%85%E6%AD%A3%E5%BF%B5%E4%BF%AE（檢索日期：2024/5/15）。

釋一行（Thích Nhất Hạnh）著，明潔、明堯譯，《正念的奇迹》，石家莊：虛雲印經功德藏，2002 年。

釋一行（Thích Nhất Hạnh）著，明潔、明堯譯，《生命的轉化與療救》，石家莊：虛雲印經功德藏，2002 年。

釋一行（Thích Nhất Hạnh 著，明潔、明堯譯，〈行禪指南（下）〉，《禪》，1995 年第 4 期，http://chan.bailinsi.net/1995/4/1995406.htm。

釋一行（Thích Nhất Hạnh）著，明潔、明堯譯，《步入解脫》，石家莊：虛雲印經功德藏，2002 年。

釋一行（Thích Nhất Hạnh）著，明潔、明堯譯，《呼吸！你活著》，石家莊：虛雲印經功德藏，2002 年。

釋一行（Thích Nhất Hạnh）著，宣宇才譯，《當下一刻，美妙一刻》，石家莊：虛雲印經功德藏，2002 年。

釋一行（Thích Nhất Hạnh）著，汲喆譯，《禪的要領》，石家莊：虛雲印經功德藏，2002 年。

釋女萬義，《一行禪師禪法特色之研究》，法鼓文理學院碩士論文，2021 年。

二、英文

Anderson, Benedict. *Imagined Communities: Reflections on the Origin and Spread of Nationalism*. London: Verso, 1991.

Bach, Phe, Simon Brinkmann-Robinson, and W. Edward Bureau. "A Case Study and the Manifestation of Thich Nhat Hanh's Vision of the Five Mindfulness Trainings." *The Journal of the International Association of Buddhist Universities* 9, no. 2 (2016): 89-102.

Bechert, Heinz. "Buddhistic Modernism: Present Situation and Current Trends." In *Buddhism into the Year 2000: International Conference Proceedings*, edited by Dhammakaya Foundation, Bangkok: Dhammakaya Foundation, 1994.

Carlson, Jeffrey D. "Pretending to Be Buddhist and Christian: Thich Nhat Hanh and the Two Truths of Religious Identity." *Buddhist-Christian Studies* 20 (2000): 115-125.

Conway, Kyle. "Cultural Translation: Two Modes." *TTR: Traduction, Terminologie, Rédaction* 26, no. 1 (2013): 15-36.

Davidson, Walcher, Prisca Rossella Mina. *Yoga and Master Thich Nhat Hanh's Teachings: The Practice of Self-Reflexive Projects Among Forty Individuals in Late Modern Hong Kong*. Charleston: BiblioBazaar, 2017.

DeVido, Elise A. "The Influence of Chinese Master Taixu on Buddhism in Vietnam." *Journal of Global Buddhism* 10 (2009): 413-458.

DeVido, Elise A. "Buddhism for this World: The Buddhist Revival in Vietnam, 1920-51 and its Legacy." In *Modernity and Re-enchantment in Post-Revolutionary Vietnam*, edited by Philip Taylor, 250–296. Singapore: Institute of Southeast Asian Studies, 2007.

Evans-Pritchard, Edward Evan. *Social Anthropology*. London: Cohen & West, 1951.

Fuller, Paul. *An Introduction to Engaged Buddhism*. London: Bloomsbury, 2022.

King, Sallie B. "Thich Nhat Hanh and the Unified Buddhist Church of Vietnam: Nondualism in Action." In *Engaged Buddhism. Buddhist Liberation Movements in Asia*, edited by. Christopher S. Queen and Sallie B. King, 320-363. Albany: State University of New York Press, 1996.

Leach, Edmund. "Ourselves and Others." *Times Literary Supplement*, July 6, 1973, 771-772.

Lopez Jr., Donald S. *Modern Buddhism: Readings for the Unenlightened*. London: Penguin, 2002.

Lopez Jr., Donald S. "Introduction." In *A Modern Buddhist Bible: Essential Readings from East and West*, xi-xviii. Boston: Beacon Press Books, 2002.

McMahan, David L. *The Making of Buddhist Modernism*, New York: Oxford University Press, 2008.

Nguyen, Van N., Phra Rajapariyatkavi, Bantaokul Sudarat, and Techapalokul Soontaraporn. "A New Model of the Bodhisattva Ideal in Thich Nhat Hanh's Socially Engaged Buddhism." *The Journal of the International Association of Buddhist Universities* 12, no. 2 (2019): 27-39.

Parachin, Janet W. "Educating for an Engaged Spirituality: Dorothy Day and Thich Nhat Hanh as Spiritual Exemplars." *Religious Education* 95, no. 3 (2000): 250-268.

Robertson, Roland. *Globalization: Social Theory and Global Culture*. London: Sage, 1992.

Robertson, Roland. "Glocalization: Time-Space and Homogeneity-Heterogeneity." In *Global Modernities*, edited by Mike Featherstone,

Lash Scott, and Roland Robertson, 25-54. London: Sage, 1995.

Roudometof, Victor. *Glocalization: A Critical Introduction*. London and New York: Routledge, 2016.

Schneider, Mathias. "Buddha-Nature, and the Holy Spirit: On Thich Nhat Hanh's Interpretation of Christianity." *Buddhist-Christian Studies* 41, (2021): 279-293.

Soucy, Alexander. "Thích Nhất Hạnh in the Context of the Modern Developments of Vietnamese Buddhism." *Oxford Research Encyclopedia of Religion*, 2021. https://doi.org/10.1093/acrefore/9780199340378.013.944.

Soucy, Alec. "Zen in Vietnam: The Making of a Tradition." *Lion's Roar*. Accessed May 15, 2024, https://www.lionsroar.com/zen-in-vietnam-the-making-of-a-tradition/.

Trans-Cultural Diffusion of Engaged Buddhism:
The Plum Village's Strategies

Ji Zhe

Professor of Sociology and Inalco-Sheng Yen Chair Professor of modern and contemporary Chinese Buddhism, Institut national des langues et civilisations orientales

Director, Centre d'études interdisciplinaires sur le bouddhisme

Abstract

Since Thích Nhất Hạnh's relocation to France and the establishment of his Plum Village in the 1980s, his modernist movement, operating under the auspices of "Engaged Buddhism," has seamlessly intertwined with endeavors to localize Buddhism in the Western context. This study delves into three fundamental challenges encountered by Thích Nhất Hạnh in the process of embedding Buddhist tradition within a cross-cultural milieu. First and foremost is the challenge of translation, necessitating a delicate balance in elucidating Buddhism's core tenets and requisites for contemporary Western audiences. Secondly, there lies the organizational challenge, which involves effective mobilization, orchestration of collective activities, and cultivation of sustainable group dynamics. Lastly, the aspect of practice emerges, demanding the development and dissemination of Buddhist self-cultivation techniques finely attuned to modern exigencies. Throughout these spheres, Thích Nhất Hạnh has spearheaded innovative approaches, thereby delineating a unique paradigm of contemporary Buddhist transnationalization.

Keywords: Thích Nhất Hạnh, Plum Village, Engaged Buddhism, modernism, glocalization

聖嚴思想論叢 16

聖嚴研究第十六輯

Studies of Master Sheng Yen Vol.16

編者	聖嚴教育基金會學術研究部
出版	法鼓文化
主編	辜琮瑜
封面設計	胡琡珮
地址	臺北市北投區公館路186號5樓
電話	(02)2893-4646
傳真	(02)2896-0731
網址	http://www.ddc.com.tw
E-mail	market@ddc.com.tw
讀者服務專線	(02)2896-1600
初版一刷	2024年8月
建議售價	新臺幣600元
郵撥帳號	50013371
戶名	財團法人法鼓山文教基金會—法鼓文化
北美經銷處	紐約東初禪寺 Chan Meditation Center (New York, USA) Tel: (718)592-6593 E-mail: chancenter@gmail.com

法鼓文化

國家圖書館出版品預行編目資料

聖嚴研究. 第十六輯 / 聖嚴教育基金會學術研究部編. -- 初版. -- 臺北市 : 法鼓文化, 2024. 08
面； 公分
ISBN 978-626-7345-39-9（平裝）

1.CST: 釋聖嚴 2.CST: 學術思想 3.CST: 佛教哲學 4.CST: 文集

220.9208 113009608